技能应用速成系列

SPSS 28.0 统计分析从入门到精通
（升级版）

李 昕　张明明　编著

电子工业出版社

Publishing House of Electronics Industry

北京·BEIJING

内 容 简 介

本书以 SPSS 28.0 为平台，由浅入深地全面讲解 SPSS 软件的相关知识，通过图文并茂的方式讲解各项操作，深入浅出，实例引导，讲解翔实，清晰、直观、易学易用。

全书分为三部分共 19 章，详细介绍 SPSS 基础概述、数据文件操作、数据文件整理、基本统计分析、参数检验、非参数检验、方差分析、相关分析、回归分析、聚类分析、判别分析、因子分析、对应分析、尺度分析、生存分析、时间序列分析、统计图形的绘制、SPSS 在企业经济活动和房地产市场中的应用等内容。本书涉及面广，涵盖了一般用户需要使用的各种功能。全书按逻辑顺序编排，自始至终结合实例进行描述，内容完整且每章相对独立，是一本详细实用的 SPSS 参考书。

本书适合高等院校统计分析专业的学生、科研人员、SPSS 用户和爱好者，以及希望从事 SPSS 软件技术相关工作的人员学习。

未经许可，不得以任何方式复制或抄袭本书之部分或全部内容。
版权所有，侵权必究。

图书在版编目（CIP）数据

SPSS 28.0 统计分析从入门到精通：升级版 / 李昕，张明明编著. —北京：电子工业出版社，2022.3
（技能应用速成系列）
ISBN 978-7-121-43031-2

Ⅰ. ①S… Ⅱ. ①李… ②张… Ⅲ. ①统计分析－应用软件 Ⅳ. ①C819

中国版本图书馆 CIP 数据核字（2022）第 035477 号

责任编辑：许存权（QQ：76584717）　　文字编辑：孙丽明
印　　刷：天津画中画印刷有限公司
装　　订：天津画中画印刷有限公司
出版发行：电子工业出版社
　　　　　北京市海淀区万寿路 173 信箱　邮编　100036
开　　本：787×1 092　1/16　印张：30　字数：768 千字
版　　次：2022 年 3 月第 1 版
印　　次：2025 年 8 月第 10 次印刷
定　　价：89.00 元

凡所购买电子工业出版社图书有缺损问题，请向购买书店调换。若书店售缺，请与本社发行部联系，联系及邮购电话：(010) 88254888，88258888。
质量投诉请发邮件至 zlts@phei.com.cn，盗版侵权举报请发邮件至 dbqq@phei.com.cn。
本书咨询联系方式：(010) 88254484，xucq@phei.com.cn。

前言

SPSS 是世界上最早的统计分析软件,以功能丰富、效率高、操作简便而著称,是非常适合进行数据分析的工具软件,在经济学、医学、教育学、管理学、心理学、广告学、统计学及商业、工业、林业、农业等各个领域都有广泛应用。

本书基于 SPSS 最新产品 SPSS 28.0 版本编写,该版本在界面设置、数据管理、报表和图标、编程能力等方面有很大改进和提高。本书采用"完全案例"的编写形式,与相关操作技巧结合紧密、与全书设计理念和创作构思相辅相成,专业性、层次性、技巧性等特点的组合搭配,使该书的实用价值达到了一个很高的层次。

1. 本书特点

本书由浅入深,适合各水平阶段的读者学习。书中结合作者的实际项目经验,讲解时穿插了大量应用技巧和实例。本书主要有如下特点:

循序渐进、通俗易懂。本书完全按照初学者的学习规律和习惯,由浅入深,由易到难安排每章节内容,可以让初学者在学习中掌握 SPSS 的所有基础知识及其应用技能。

步骤详尽、内容新颖。本书结合作者多年 SPSS 的使用经验与实际工作应用案例,将 SPSS 软件的使用方法与技巧详细地讲解给读者。本书在讲解过程中步骤详尽、内容新颖,讲解过程辅以相应图片,使读者一目了然,从而快速掌握书中所讲内容。

内容全面、结构合理。本书涉及基本统计分析、参数估计与假设检验、非参数检验、方差分析、相关分析、回归分析、聚类分析、判别分析等各个统计分析方法的使用,思路清晰、内容丰富。

案例丰富、技术全面。本书的每一章都是 SPSS 的一个专题,每一个案例都包含多个知识点。读者对照本书进行学习,同时可以举一反三,达到入门并精通的目的。

视频教学、轻松易懂。本书配备了高清语音教学视频,作者手把手地精心讲解,并进行相关点拨,使读者领悟并掌握每个案例的操作难点,轻松掌握并且提高学习效率。

2. 本书内容

本书基于 SPSS 28.0 软件版本,讲解了 SPSS 的基础知识和综合应用,主要分为三个部分,即基础知识、数据分析和综合应用,其中基础知识部分包括第 1~3 章,数据分析部分包括第 4~17 章,综合应用部分包括第 18~19 章。

第一部分:基础知识。从 SPSS 的发展简史、数据类型、数据编辑、数据排序等方面入手,使读者掌握 SPSS 的基础知识及数据分析前的数据整理方法,为其后的数据分析打下基础。

第 1 章 SPSS 基础概述　　　　　　第 2 章 数据文件操作
第 3 章 数据文件整理

第二部分:数据分析。全面讲解 SPSS 在统计分析中的应用,本部分以实用为目标,通过简明扼要的讲解,加以实例引导,使读者全面掌握各种统计方法的操作。

第 4 章 SPSS 基本统计分析　　　　第 5 章 参数检验
第 6 章 非参数检验　　　　　　　　第 7 章 方差分析
第 8 章 相关分析　　　　　　　　　第 9 章 回归分析
第 10 章 聚类分析　　　　　　　　 第 11 章 判别分析
第 12 章 因子分析　　　　　　　　 第 13 章 对应分析
第 14 章 尺度分析　　　　　　　　 第 15 章 生存分析
第 16 章 时间序列分析　　　　　　 第 17 章 统计图形的绘制

第三部分:综合应用。本部分以实例作为导向,通过全面的数据分析,培养读者的统计分析思想,进一步提高对 SPSS 的理解。

第 18 章 企业经济活动中的应用　　 第 19 章 房地产市场中的应用

3. 读者对象

本书适合 SPSS 初学者和统计分析从业人员学习,具体包含如下:

- ★ 相关数据分析从业人员　　　　★ 初学 SPSS 的技术人员
- ★ 大中专院校的师生　　　　　　★ 相关培训机构的教师和学员
- ★ 参加工作实习的"菜鸟"　　　 ★ SPSS 爱好者
- ★ 广大科研工作人员　　　　　　★ 初中级 SPSS 用户

4. 本书作者

本书主要由李昕、张明明编著,虽然作者在编写过程中力求叙述准确、完善,但由于水平有限,书中欠妥之处在所难免,请读者及同行批评指正,在此表示诚挚的谢意。

5. 读者服务

为了做好服务,编者在"算法仿真在线"公众号中为读者提供技术资料分享服务,有需要的读者可关注"算法仿真在线"公众号。同时编者还在公众号中提供技术答疑,解答读者在学习过程中遇到的疑难问题。读者可以访问"算法仿真在线"公众号获取视频&素材文件下载链接,也可以在相关栏目下留言获取帮助。读者也可以直接发邮件到编者邮箱 comshu@126.com,编者会尽快给予回复。

资源下载:

本书附带多媒体视频演示文件,本书所有范例用到的数据文件等素材都收录在百度云盘中,请根据以下地址进行下载。

链接: https://pan.baidu.com/s/18XFbdqt2DCoggUxxq88u8A

提取码: wh5k

编著者

目 录

第一部分 基础知识

第1章 SPSS 基础概述 ……………… 1
- 1.1 SPSS 简介 …………………………… 2
- 1.2 SPSS 基本操作 ……………………… 2
  - 1.2.1 启动 SPSS ……………………… 2
  - 1.2.2 退出 SPSS ……………………… 3
  - 1.2.3 卸载 SPSS ……………………… 3
- 1.3 SPSS 窗口及其功能 ………………… 3
  - 1.3.1 数据编辑窗口 …………………… 4
  - 1.3.2 结果输出窗口 …………………… 4
  - 1.3.3 语法编辑窗口 …………………… 5
  - 1.3.4 脚本编辑窗口 …………………… 6
- 1.4 SPSS 帮助系统 ……………………… 6
  - 1.4.1 "帮助"菜单 …………………… 6
  - 1.4.2 其他帮助方法 …………………… 7
- 1.5 本章小结 …………………………… 7

第2章 数据文件操作 ……………… 8
- 2.1 数据类型及定义 ……………………… 9
  - 2.1.1 数据类型 ………………………… 9
  - 2.1.2 定义变量 ………………………… 9
  - 2.1.3 操作符与表达式 ………………… 12
- 2.2 获取数据与查看数据的方法 ………… 13
  - 2.2.1 在 SPSS 数据窗口中直接录入数据 …………………………… 14
  - 2.2.2 直接读入 Excel 数据文件 ……… 14
  - 2.2.3 读入纯文本数据文件 …………… 15
  - 2.2.4 读入数据库文件 ………………… 20
  - 2.2.5 查看文件信息 …………………… 23
- 2.3 数据的编辑 ………………………… 23
  - 2.3.1 插入和删除变量 ………………… 24
  - 2.3.2 插入和删除个案 ………………… 24
  - 2.3.3 数据的复制、剪切和粘贴 ……… 25
  - 2.3.4 撤销操作 ………………………… 25
- 2.4 数据的输出 ………………………… 25
- 2.5 本章小结 …………………………… 26

第3章 数据文件整理 ……………… 27
- 3.1 数据排序 …………………………… 28
  - 3.1.1 个案排序 ………………………… 28
  - 3.1.2 变量排序 ………………………… 30
- 3.2 数据转置 …………………………… 30
  - 3.2.1 参数设置 ………………………… 30
  - 3.2.2 数据转置的 SPSS 实现 ………… 31
  - 3.2.3 数据转置的结果分析 …………… 32
- 3.3 数据文件的合并 …………………… 32
  - 3.3.1 个案合并 ………………………… 32
  - 3.3.2 变量合并 ………………………… 35
- 3.4 数据文件的结构重构 ……………… 39
  - 3.4.1 将选定变量重构为个案 ………… 40
  - 3.4.2 将选定个案重构为变量 ………… 43
- 3.5 分类汇总 …………………………… 44
  - 3.5.1 参数设置 ………………………… 44

    3.5.2 分类汇总的 SPSS 实现 ············ 46
    3.5.3 分类汇总的结果分析 ············ 46
  3.6 文件拆分 ························ 47
    3.6.1 参数设置 ··················· 47
    3.6.2 文件拆分的 SPSS 实现 ············ 47
    3.6.3 文件拆分的结果分析 ············ 48
  3.7 选择个案 ························ 48
    3.7.1 参数设置 ··················· 48
    3.7.2 选择个案的 SPSS 实现 ············ 50
    3.7.3 选择个案的结果分析 ············ 51
  3.8 个案加权 ························ 52
    3.8.1 参数设置 ··················· 52
    3.8.2 个案加权的 SPSS 实现 ············ 52
    3.8.3 个案加权的结果分析 ············ 53
  3.9 计算新变量 ······················ 54
    3.9.1 参数设置 ··················· 54
    3.9.2 计算新变量的 SPSS 实现 ·········· 55

    3.9.3 计算新变量的结果分析 ·········· 56
  3.10 对个案内的值计数 ················ 56
    3.10.1 参数设置 ·················· 57
    3.10.2 对个案内的值计数的 SPSS
           实现 ····················· 58
    3.10.3 对个案内的值计数的结果
           分析 ····················· 58
  3.11 变量的重新编码 ·················· 59
    3.11.1 重新编码为相同变量 ·········· 59
    3.11.2 重新编码为不同变量 ·········· 62
    3.11.3 自动重新编码 ··············· 64
  3.12 个案等级排秩 ···················· 66
    3.12.1 参数设置 ·················· 66
    3.12.2 个案等级排秩的 SPSS 实现 ······ 68
    3.12.3 个案排秩的结果分析 ·········· 68
  3.13 本章小结 ······················· 69

第二部分 数据分析

第 4 章 SPSS 基本统计分析 ············ 70
  4.1 频数分析 ························ 71
    4.1.1 参数设置 ··················· 71
    4.1.2 频数分析的 SPSS 实现 ············ 73
    4.1.3 频数分析的结果分析 ············ 74
  4.2 描述性统计分析 ·················· 76
    4.2.1 参数设置 ··················· 76
    4.2.2 描述性分析的 SPSS 实现 ·········· 77
    4.2.3 描述性分析的结果分析 ·········· 78
  4.3 探索性分析 ······················ 78
    4.3.1 参数设置 ··················· 79
    4.3.2 探索分析的 SPSS 实现 ············ 81
    4.3.3 探索分析的结果分析 ············ 81
  4.4 列联表分析 ······················ 86
    4.4.1 参数设置 ··················· 87

    4.4.2 列联表分析的 SPSS 实现 ·········· 91
    4.4.3 描述性分析的结果分析 ·········· 91
  4.5 本章小结 ························ 93

第 5 章 参数检验 ····················· 94
  5.1 假设检验 ························ 95
  5.2 平均值检验 ······················ 96
    5.2.1 参数设置 ··················· 96
    5.2.2 平均值检验的 SPSS 实现 ·········· 97
    5.2.3 平均值检验的结果分析 ·········· 98
  5.3 单样本 T 检验 ··················· 98
    5.3.1 参数设置 ··················· 99
    5.3.2 单样本 T 检验的 SPSS 实现 ······ 99
    5.3.3 单样本 T 检验的结果分析 ······ 100
  5.4 两独立样本的 T 检验 ············· 100
    5.4.1 参数设置 ·················· 100

  5.4.2 两独立样本 T 检验的 SPSS

    实现 ……………………………… 101

  5.4.3 两独立样本 T 检验的结果分析 … 102

 5.5 成对样本的 T 检验 ………………… 102

  5.5.1 参数设置 ……………………… 102

  5.5.2 成对样本 T 检验的 SPSS 实现 … 103

  5.5.3 成对样本 T 检验的结果分析 … 104

 5.6 本章小结 …………………………… 104

第 6 章 非参数检验 ………………………… 105

 6.1 卡方检验 …………………………… 106

  6.1.1 参数设置 ……………………… 106

  6.1.2 卡方检验的 SPSS 实现 ……… 107

  6.1.3 卡方检验的结果分析 ………… 108

 6.2 二项检验 …………………………… 109

  6.2.1 参数设置 ……………………… 109

  6.2.2 二项检验的 SPSS 实现 ……… 110

  6.2.3 二项式检验的结果分析 ……… 111

 6.3 游程检验 …………………………… 111

  6.3.1 参数设置 ……………………… 111

  6.3.2 游程检验的 SPSS 实现 ……… 112

  6.3.3 游程检验的结果分析 ………… 113

 6.4 单样本 K-S 检验 …………………… 113

  6.4.1 参数设置 ……………………… 113

  6.4.2 单样本 K-S 检验的 SPSS 实现 … 114

  6.4.3 单样本 K-S 检验的结果分析 … 115

 6.5 两独立样本的非参数检验 ………… 115

  6.5.1 参数设置 ……………………… 116

  6.5.2 两独立样本非参数检验的 SPSS

    实现 ……………………………… 117

  6.5.3 两独立样本非参数检验的结果

    分析 ……………………………… 118

 6.6 多个独立样本非参数检验 ………… 120

  6.6.1 参数设置 ……………………… 120

  6.6.2 多个独立样本非参数检验的 SPSS

    实现 ……………………………… 121

  6.6.3 多个独立样本非参数检验的结果

    分析 ……………………………… 121

 6.7 两相关样本检验 …………………… 123

  6.7.1 参数设置 ……………………… 123

  6.7.2 两相关样本检验的 SPSS

    实现 ……………………………… 124

  6.7.3 两个相关样本检验的结果

    分析 ……………………………… 125

 6.8 多个相关样本检验 ………………… 127

  6.8.1 参数设置 ……………………… 127

  6.8.2 多个相关样本检验的 SPSS

    实现 ……………………………… 127

  6.8.3 多个相关样本检验的结果

    分析 ……………………………… 129

 6.9 本章小结 …………………………… 131

第 7 章 方差分析 …………………………… 133

 7.1 方差分析的概述 …………………… 134

  7.1.1 方差分析的基本原理 ………… 134

  7.1.2 方差分析的基本步骤 ………… 134

 7.2 单因素方差分析 …………………… 135

  7.2.1 单因素方差分析的重要分析 … 135

  7.2.2 参数设置 ……………………… 137

  7.2.3 单因素方差分析的 SPSS 实现 … 139

  7.2.4 单因素方差分析的结果分析 … 140

 7.3 多因素方差分析 …………………… 142

  7.3.1 参数设置 ……………………… 142

  7.3.2 两因素方差分析的 SPSS 实现 … 147

  7.3.3 两因素方差分析的结果分析 … 148

 7.4 协方差分析 ………………………… 151

  7.4.1 基本思想 ……………………… 151

  7.4.2 协方差分析的 SPSS 实现 …… 151

  7.4.3 协方差分析的结果分析 ……… 152

 7.5 多元方差分析 ……………………… 154

  7.5.1 多元方差分析的 SPSS 实现 … 154

  7.5.2 结果分析 ……………………… 155

7.6 重复测量方差分析 ·············· 158
   7.6.1 原理与方法 ················ 158
   7.6.2 参数设置 ···················· 159
   7.6.3 重复测量方差分析的 SPSS 实现 ·········· 160
   7.6.4 重复测量方差分析的结果分析 ·· 161
7.7 本章小结 ······················· 164

第8章 相关分析 ···················· 165

8.1 相关系数 ······················· 166
8.2 两变量相关分析 ············ 167
   8.2.1 参数设置 ···················· 167
   8.2.2 双变量相关分析的 SPSS 实现 ··· 169
   8.2.3 双变量相关分析的结果分析 ··· 170
8.3 偏相关分析 ···················· 171
   8.3.1 参数设置 ···················· 171
   8.3.2 偏相关分析的 SPSS 实现 ······· 172
   8.3.3 偏相关分析的结果分析 ········ 172
8.4 距离分析 ······················· 173
   8.4.1 参数设置 ···················· 173
   8.4.2 距离分析的 SPSS 实现 ········· 177
   8.4.3 距离分析的结果分析 ··········· 178
8.5 本章小结 ······················· 180

第9章 回归分析 ···················· 181

9.1 线性回归 ······················· 182
   9.1.1 线性回归的基本原理 ··········· 182
   9.1.2 方程系数的最小二乘估计 ····· 183
   9.1.3 回归方程的检验 ················ 183
   9.1.4 模型假设的残差检验 ··········· 185
   9.1.5 参数设置 ······················· 186
   9.1.6 线性回归的 SPSS 实现 ········· 191
   9.1.7 线性回归的结果分析 ··········· 192
9.2 曲线回归 ······················· 198
   9.2.1 曲线回归的基本原理 ··········· 198
   9.2.2 参数设置 ······················· 198
   9.2.3 曲线回归的 SPSS 实现 ········· 200
   9.2.4 曲线回归的结果分析 ··········· 201
9.3 非线性回归 ···················· 202
   9.3.1 非线性回归原理 ················ 203
   9.3.2 常用非线性模型 ················ 203
   9.3.3 参数设置 ······················· 204
   9.3.4 非线性回归的 SPSS 实现 ······ 208
   9.3.5 线性回归的结果分析 ··········· 210
9.4 二元 Logistic 回归 ·········· 211
   9.4.1 二元 Logistic 回归原理 ········ 211
   9.4.2 参数设置 ······················· 213
   9.4.3 二元 Logistic 回归的 SPSS 实现 ······················· 217
   9.4.4 二元 Logistic 回归的结果分析 ·· 217
9.5 多元 Logistic 回归 ·········· 220
   9.5.1 多元 Logistic 回归原理 ········ 220
   9.5.2 参数设置 ······················· 221
   9.5.3 多元 Logistic 回归的 SPSS 实现 ······················· 226
   9.5.4 多元 Logistic 回归的结果分析 ·· 227
9.6 有序回归 ······················· 230
   9.6.1 参数设置 ······················· 231
   9.6.2 有序回归的 SPSS 实现 ········ 234
   9.6.3 有序回归的结果分析 ··········· 234
9.7 概率单位回归 ················ 236
   9.7.1 概率单位回归原理 ············· 236
   9.7.2 参数设置 ······················· 237
   9.7.3 概率单位回归的 SPSS 实现 ···· 239
   9.7.4 概率单位回归的结果分析 ····· 240
9.8 加权回归分析 ················ 245
   9.8.1 加权回归分析原理 ············· 245
   9.8.2 参数设置 ······················· 246
   9.8.3 加权回归的 SPSS 实现 ········ 247
   9.8.4 加权回归的结果分析 ··········· 248
9.9 本章小结 ······················· 249

第 10 章 聚类分析 ········· 250

10.1 快速聚类 ········· 251
10.1.1 参数设置 ········· 251
10.1.2 快速聚类的 SPSS 实现 ········· 253
10.1.3 快速聚类的结果分析 ········· 254

10.2 系统聚类 ········· 257
10.2.1 参数设置 ········· 257
10.2.2 系统聚类的 SPSS 实现 ········· 260
10.2.3 系统聚类的结果分析 ········· 261
10.2.4 系统聚类的进一步分析 ········· 264

10.3 两步聚类 ········· 266
10.3.1 参数设置 ········· 266
10.3.2 两步聚类的 SPSS 实现 ········· 269
10.3.3 两步聚类的结果分析 ········· 270

10.4 本章小结 ········· 272

第 11 章 判别分析 ········· 273

11.1 判别分析的概述 ········· 274
11.1.1 判别分析的基本原理 ········· 274
11.1.2 判别分析的判别方法 ········· 275
11.1.3 判别分析的一般步骤 ········· 276

11.2 一般判别分析 ········· 276
11.2.1 参数设置 ········· 276
11.2.2 一般判别分析的 SPSS 实现 ········· 280
11.2.3 一般判别分析的结果分析 ········· 281

11.3 逐步判别分析 ········· 285
11.3.1 逐步判别分析的 SPSS 实现 ········· 285
11.3.2 逐步判别分析的结果分析 ········· 286

11.4 本章小结 ········· 291

第 12 章 因子分析 ········· 292

12.1 因子分析的概述 ········· 293
12.1.1 因子分析的基本思想 ········· 293
12.1.2 因子分析的统计量 ········· 293
12.1.3 因子分析与主成分分析的区别 ········· 294
12.1.4 因子分析的基本步骤 ········· 295

12.2 因子分析的实例分析 ········· 295
12.2.1 参数设置 ········· 295
12.2.2 因子分析的 SPSS 实现 ········· 300
12.2.3 因子分析的结果分析 ········· 301

12.3 本章小结 ········· 305

第 13 章 对应分析 ········· 306

13.1 对应分析的基本原理 ········· 307
13.1.1 对应分析与因子分析的区别与联系 ········· 307
13.1.2 使用对应分析的注意事项 ········· 307

13.2 简单对应分析 ········· 308
13.2.1 参数设置 ········· 308
13.2.2 简单对应分析的 SPSS 实现 ········· 311
13.2.3 对应分析的结果分析 ········· 312

13.3 多元对应分析 ········· 314
13.3.1 多元对应分析的基本概念和特点 ········· 314
13.3.2 参数设置 ········· 314
13.3.3 多元对应分析的 SPSS 实现 ········· 321
13.3.4 多元对应分析的结果分析 ········· 321

13.4 本章小结 ········· 324

第 14 章 尺度分析 ········· 325

14.1 信度分析 ········· 326
14.1.1 信度分析的简介 ········· 326
14.1.2 信度分析的方法 ········· 326
14.1.3 参数设置 ········· 327
14.1.4 信度分析的 SPSS 实现 ········· 329
14.1.5 信度分析的结果分析 ········· 330

14.2 多维尺度分析 ········· 331
14.2.1 多维尺度分析的简介 ········· 331
14.2.2 参数设置 ········· 332
14.2.3 多维尺度分析的 SPSS 实现 ········· 335
14.2.4 多维尺度分析的结果分析 ········· 336

14.3 本章小结 ················338

第 15 章　生存分析 ············339

15.1 生存分析的概述 ············340
　　15.1.1 生存分析的常用概念 ·········340
　　15.1.2 生存分析的数据要求 ·········341
　　15.1.3 生存分析的方法 ···········341
15.2 寿命表分析 ···············342
　　15.2.1 参数设置 ···············342
　　15.2.2 寿命表分析的 SPSS 实现 ···344
　　15.2.3 寿命表分析的结果分析 ······345
15.3 Kaplan-Meier 分析 ··········347
　　15.3.1 参数设置 ···············347
　　15.3.2 Kaplan-Meier 分析的 SPSS
　　　　　实现 ··················350
　　15.3.3 Kaplan-Meier 分析的结果
　　　　　分析 ··················351
15.4 Cox 回归模型 ··············353
　　15.4.1 参数设置 ···············353
　　15.4.2 Cox 回归模型的 SPSS 实现 ···357
　　15.4.3 Cox 回归模型的结果分析 ····358
15.5 本章小结 ················363

第 16 章　时间序列分析 ········364

16.1 时间序列的预处理 ··········365
　　16.1.1 替换缺失值 ·············365
　　16.1.2 定义时间变量 ···········366
　　16.1.3 建立时间序列新变量 ········367
16.2 序列图 ··················369
　　16.2.1 参数设置 ···············370
　　16.2.2 序列图的 SPSS 实现 ········371
　　16.2.3 序列图的结果分析 ·········372
16.3 周期性分解 ··············373
　　16.3.1 参数设置 ···············374
　　16.3.2 周期性分解的 SPSS 实现 ····375
　　16.3.3 周期性分解的结果分析 ······375

16.4 谱分析 ··················377
　　16.4.1 参数设置 ···············377
　　16.4.2 谱分析的 SPSS 实现 ········378
　　16.4.3 谱分析的结果分析 ·········379
16.5 自相关 ··················379
　　16.5.1 参数设置 ···············380
　　16.5.2 自相关的 SPSS 实现 ········381
　　16.5.3 自相关分析的结果分析 ······381
16.6 创建时间模型 ·············384
　　16.6.1 参数设置 ···············385
　　16.6.2 创建时间模型的 SPSS 实现 ···395
　　16.6.3 创建时间模型的结果分析 ····396
16.7 应用时间序列模型 ··········397
　　16.7.1 参数设置 ···············398
　　16.7.2 应用时间序列模型的 SPSS
　　　　　实现 ··················399
　　16.7.3 应用时间序列模型的结果
　　　　　分析 ··················399
16.8 交叉相关性 ··············399
　　16.8.1 参数设置 ···············399
　　16.8.2 交叉相关性的 SPSS 实现 ····400
　　16.8.3 交叉相关性的结果分析 ······401
16.9 本章小结 ················402

第 17 章　统计图形的绘制 ······403

17.1 图表构建器的基本操作 ······404
17.2 条形图 ··················406
　　17.2.1 简单条形图 ·············406
　　17.2.2 分类条形图 ·············409
　　17.2.3 堆积条形图 ·············410
　　17.2.4 三维条形图 ·············411
17.3 折线图 ··················413
　　17.3.1 简单折线图 ·············413
　　17.3.2 多线折线图 ·············414
17.4 面积图 ··················415
　　17.4.1 简单面积图 ·············416

17.4.2 堆积面积图 ································ 417
17.5 饼图 ··· 418
  17.5.1 个案分组模式的饼图 ············ 418
  17.5.2 变量模式的饼图 ···················· 419
  17.5.3 个案值模式的饼图 ················ 420
17.6 高低图 ··· 421
  17.6.1 简单高低收盘 ························ 421
  17.6.2 简单极差图 ···························· 423
  17.6.3 分组高低收盘图 ···················· 424
  17.6.4 分组极差图 ···························· 425
  17.6.5 差别面积图 ···························· 426
17.7 箱图 ··· 427
  17.7.1 简单箱图 ································ 428
  17.7.2 簇状箱图 ································ 429

17.8 误差条形图 ································· 430
  17.8.1 简单误差条形图 ···················· 430
  17.8.2 簇状误差条形图 ···················· 432
17.9 人口金字塔图 ····························· 432
17.10 散点图 ······································· 434
  17.10.1 简单散点图 ·························· 434
  17.10.2 矩阵散点图 ·························· 435
  17.10.3 个值散点图 ·························· 436
  17.10.4 重叠散点图 ·························· 437
  17.10.5 三维散点图 ·························· 438
17.11 直方图 ······································· 439
17.12 P-P 概率图和 Q-Q 概率图 ······· 439
17.13 本章小结 ··································· 442

第三部分 综合应用

第 18 章 企业经济活动中的应用 ········ 443
18.1 背景介绍 ····································· 444
18.2 经济含义简介 ····························· 445
18.3 主成分分析的应用 ····················· 446
  18.3.1 SPSS 实现 ······························ 446
  18.3.2 结果分析 ································ 447
18.4 聚类分析的应用 ························· 451
  18.4.1 SPSS 实现 ······························ 452
  18.4.2 结果分析 ································ 453
  18.4.3 系统聚类的进一步分析 ········ 456
18.5 本章小结 ····································· 458

第 19 章 房地产市场中的应用 ············ 459
19.1 背景介绍 ····································· 460
19.2 相关分析的应用 ························· 460
  19.2.1 SPSS 实现 ······························ 460
  19.2.2 结果分析 ································ 461
19.3 回归分析的应用 ························· 463
  19.3.1 SPSS 实现 ······························ 463
  19.3.2 结果分析 ································ 464
19.4 本章小结 ····································· 467

参考文献 ··· 468

第一部分 基础知识

第1章

SPSS 基础概述

SPSS 是世界上应用最早的统计分析软件,目前已广泛应用于多个领域,如经济学、医学、教育学等。本章主要介绍 SPSS 的发展简史、启动、退出、卸载、窗口及其功能,以及帮助系统。

学习目标

(1) 了解 SPSS 的发展简史。
(2) 掌握 SPSS 28.0 的启动、退出与卸载。
(3) 熟悉主界面的各项菜单。
(4) 学会使用帮助系统。

1.1 SPSS 简介

SPSS 是世界上应用最早的统计分析软件,由美国斯坦福大学的三位研究生 Norman H. Nie、C. Hadlai (Tex) Hull 和 Dale H. Bent 于 1968 年研究开发而成。当时世界上许多有影响的报刊杂志纷纷对 SPSS 的自动统计绘图、数据深入分析、使用方便、功能齐全等方面给予了高度评价。

2009 年 7 月 28 日,IBM 公司宣布用 12 亿美元现金收购统计分析软件提供商 SPSS 公司,并将其软件更名为 IBM SPSS,如今 SPSS 已升级至版本 28.0。SPSS 是世界上最早采用图形菜单驱动界面的统计软件,它最突出的特点就是操作界面极为友好,输出结果美观漂亮。

Windows 的窗口方式展示各种管理和分析数据方法的功能,对话框展示出各种功能选择项。SPSS 采用类似 EXCEL 表格的方式输入管理数据,数据接口较为通用,能方便地从其他数据库中读入数据。

SPSS 是一个组合式软件包,它集数据录入、整理、分析功能于一身。用户可以根据实际需要和计算机的功能选择模块,以降低对系统硬盘容量的要求,有利于该软件的推广应用。SPSS 的基本功能包括数据管理、统计分析、图表分析、输出管理等。

SPSS 统计分析过程包括描述性统计、均值比较、一般线性模型、相关分析、回归分析、对数线性模型、聚类分析、数据简化、生存分析、时间序列分析、多重响应等几大类,每类又分多个统计过程,比如回归分析中又分线性回归分析、曲线估计、Logistic 回归、Probit 回归、加权估计、两阶段最小二乘法、非线性回归等多个统计过程,而且每个过程又允许用户选择不同的方法和参数。SPSS 也有专门的绘图系统,可以根据数据绘制各种图形。

SPSS 的分析结果清晰、直观、易用,而且可以直接读取 EXCEL 及 DBF 数据文件,现已推广到多种操作系统的计算机上,它和 SAS、BMDP 并称为国际上最有影响的三大统计软件。

SPSS 由于操作简单,已经在我国的社会科学、自然科学的各个领域发挥着巨大作用。该软件还应用于经济学、数学、统计学、物流管理、生物学、心理学、地理学、医疗卫生、体育、农业、林业、商业等多个领域。

1.2 SPSS 基本操作

下面介绍 SPSS 28.0 的启动、退出和卸载的操作方法。

1.2.1 启动 SPSS

用户可以在开始菜单中找到 SPSS 的执行程序:"开始"→"程序"→SPSS for

Windows。为了方便，用户可以设置 SPSS 的快捷方式，右键单击"SPSS for Windows"，在弹出的菜单中选择"发送到"→"桌面快捷方式"，此时，计算机桌面即会出现一个（SPSS 28.0）快捷键图标，双击图标即可启动 SPSS 28.0。

启动 SPSS 后，首先会弹出一个文件选择对话框（图 1-1），该对话框中有新建文件、最近的文件、新增功能、帮助与支持、教程、社区等，用户可以根据自己的需求选择相应的选项，即可进入 SPSS 的数据编辑窗口。若不想每次启动 SPSS 都看到这个对话框，勾选最下方的复选框"以后不再显示此对话框"即可。

1.2.2　退出 SPSS

有两种方法退出 SPSS，一是在数据窗口界面，选择"文件"→"退出"；二是单击标题栏上的 × 按钮。当输出了新的结果，或者对文件进行了修改，退出时会弹出如图 1-2 所示的对话框，提示用户是否保存相关内容。

图 1-1　"文件选择"对话框

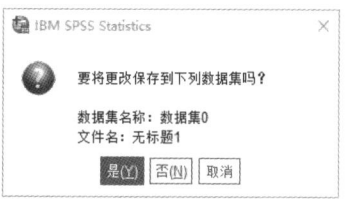

图 1-2　"提示保存"对话框

1.2.3　卸载 SPSS

（1）单击 Windows"开始"菜单→"控制面板"。
（2）单击"程序"→"卸载程序"。
（3）在下拉列表中选择"IBM SPSS Statistics 28"，单击鼠标右键，在弹出的列表中选择"删除"，即可卸载 SPSS 28.0。

1.3　SPSS 窗口及其功能

本节着重介绍 SPSS 28.0 常用的窗口，包括数据编辑窗口、结果输出窗口、命令语句窗口、脚本编辑窗口。

视频文件：视频文件\Chapter01\认识SPSS.avi

1.3.1 数据编辑窗口

数据编辑窗口包括两种视图，分别为数据视图和变量视图，如图1-3所示。前者是一个可以向下和向右扩展的二维表格，用于查看、录入和修改数据；后者用于输入和修改变量的定义。

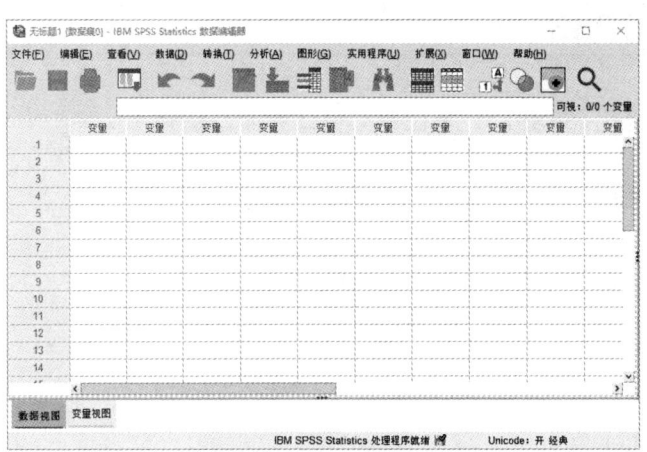

图1-3 数据编辑窗口

数据编辑窗口包括标题栏、主菜单栏、快捷菜单栏、编辑栏、单元格信息栏、窗口切换标签页和状态栏。

（1）标题栏：显示当前的文件名。

（2）主菜单栏：包括文件、编辑、查看、数据、转换、分析、图形、实用程序、扩展窗口、帮助。

（3）快捷菜单栏：有常用的快捷图标。

（4）编辑栏：可输入和显示单元格中的数据。

（5）单元格信息栏：在数据窗口中显示所有个案在各个变量中的取值，表中每一行表示一个个案，每一列表示一个变量；在变量窗口中显示所有变量的信息，表中每一行表示一个变量，每一列是关于变量一个方面的信息。

（6）视图切换标签页：有"数据视图""变量视图"两个按钮，可以相互切换。

（7）状态栏：用于查看当前程序运行的状态。

1.3.2 结果输出窗口

结果输出窗口是显示和管理SPSS统计分析结果（包括文本、表格及图形）的窗口，如图1-4所示。该窗口的内容可存为以.spv为扩展名的SPSS文件。

在第一次产生分析结果的SPSS过程后，结果输出窗口自动打开，若要打开新的结果输出窗口，可单击"文件"→"新建"→"输出"。

结果输出窗口有标题窗、内容窗。前者用于显示已有的分析结果标题和内容索引；后者为统计分析的具体输出内容，包括文本、统计表和统计图。若要对内容窗中的结果进行编辑，可双击已选中内容，此时即可对结果进行修改。

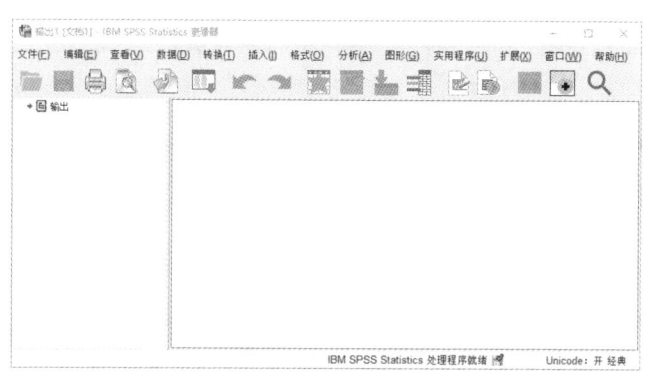

图1-4　结果输出窗口

1.3.3　语法编辑窗口

语法编辑窗口是编辑和运行命令文件的编辑器，如图1-5所示。该窗口不仅可以编辑对话框操作不能实现的特殊过程的命令语句，还可以将所有分析过程汇集在一个命令语句文件中，以避免处理较复杂资料时因数据的小小改动而大量重复分析过程。

该窗口的内容可存为以.sps为扩展名的SPSS文件。用户根据自己的需求可以对命令文件进行修改、编辑，也可以编写针对当前数据文件的命令程序。

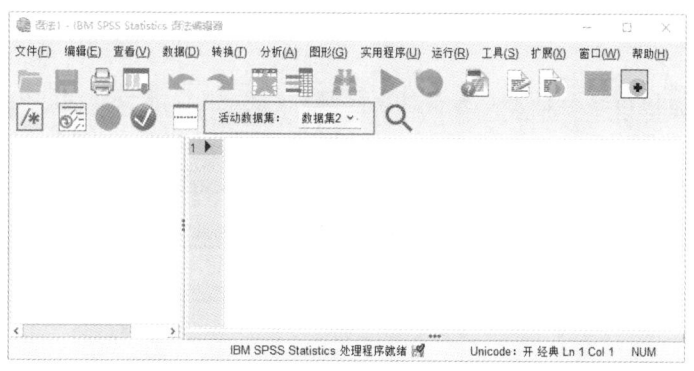

图1-5　语法编辑窗口

在任何统计分析对话框上，都可以通过单击"粘贴"按钮自动打开命令语句窗口，将执行SPSS过程的相应命令语句写在窗口中。

若要打开新的命令语句窗口，可单击"文件"→"新建"→"语法"。编写好命令文件后，可以单击菜单栏上的"运行"按钮，提交系统执行，显示输出窗口，得到分析结果。

1.3.4 脚本编辑窗口

脚本编辑窗口提供了 SPSS 内置语言 SaxBasic 的编程环境，其不仅可以开发 SPSS 的便捷功能或插件，还可以编写自动化数据处理的程序，如图 1-6 所示。

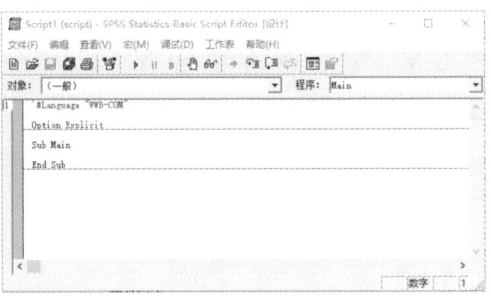

图 1-6　脚本编辑窗口

在该编辑器中，可以利用程序或对话框编辑器编写出友好的 Windows 界面。基于 DDE 或 OLE 机制，实现与其他程序的接口。

1.4　SPSS 帮助系统

SPSS 提供了相应的帮助系统，帮助读者在使用软件时获取帮助，下面着重介绍 SPSS 软件包提供的多种帮助工具。

1.4.1　"帮助"菜单

"帮助"菜单提供多种形式的帮助，有主题、SPSS 技术支持、SPSS 论坛、命令语法参考等，如图 1-7 所示。

在"帮助"菜单中单击主题、SPSS 技术支持、SPSS 论坛、命令语法参考等，均可弹出浏览器形式的帮助窗口。例如，单击"帮助"→"主题"，出现如图 1-8 所示界面。

图 1-7　"帮助"菜单列表

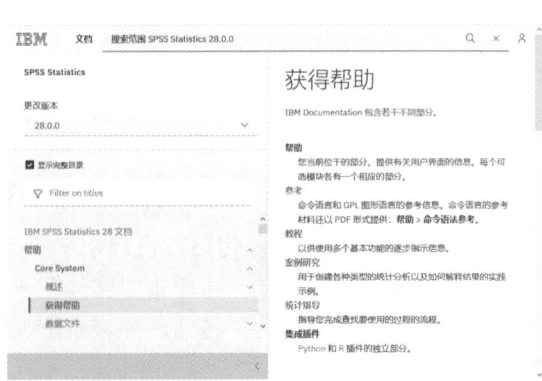

图 1-8　"帮助"界面

1.4.2 其他帮助方法

在用户界面中的许多地方都可以获得帮助。

（1）对话框"帮助"按钮。单击对话框中的"帮助"按钮可直接进入该对话框的"帮助"主题。例如单击"编辑"→"选项"，弹出如图1-9所示的"选项"对话框，在右下角可看到"帮助"按钮。

（2）命令语法。在命令语法窗口中，将光标放在命令语法块中的任意位置，然后按键盘上的F1，此时将弹出浏览器形式的帮助窗口，显示该命令的完整命令语法图表。可从相关主题列表的链接中及"帮助目录"选项卡中获得完整的命令语法文档。

图1-9 "选项"对话框

1.5 本章小结

本章主要介绍了 SPSS 的发展简史、启动、退出、卸载、窗口及其功能，以及帮助系统。SPSS 的常用窗口有数据编辑窗口、结果输出窗口、命令语句窗口、脚本编辑窗口。

第 2 章

数据文件操作

本章主要介绍数据文件的建立、编辑和输出操作,这是对数据文件进行分析和管理的首要工作,熟练掌握本章内容有利于保证数据分析结果的正确性与科学性。本章分别介绍数据类型及其定义、获取数据与查看数据的方法、数据的编辑和数据的输出。

学习目标

(1) 熟练掌握数据类型及其定义。
(2) 熟练掌握获得数据的方法。
(3) 熟练掌握数据的编辑,如插入、撤销和删除。
(4) 熟练掌握输出数据的方法。

2.1 数据类型及定义

数据是统计分析的基础，用户在进行分析之前，需要区分不同的数据类型，同时，掌握定义变量的方法。

视频文件：视频文件\Chapter02\定义变量.avi

2.1.1 数据类型

数据包括常量和变量。常量指取值在一定阶段保持不变的量，如圆周率，SPSS 中的常量包括数值型、字符型和日期型；变量指在不同的记录行取不同的值，即取值可变的量。

2.1.2 定义变量

输入数据前首先要定义变量。定义变量即要定义变量名、变量类型、变量宽度、小数位数、变量标签、变量值标签和变量的格式等。

 变量的定义在"变量视图"窗口进行，每一行表示一个变量的定义信息。

1. 定义变量名

SPSS 默认的变量名为 VAR00001、VAR00002 等，用户可以根据自己的需要对变量进行命名。变量的命名有一定的规则，具体内容如下：

（1）必须以字母、汉字或字符@开头，其他字符可以是字母、数字或_、#、$等符号。
（2）但不能使用空白字符和其他特殊字符（如"！""？"等）。
（3）变量命名不区分大小写且必须唯一。
（4）用户定义的变量不能以"$"为首写。以"$"为首写的变量名特指 SPSS 的系统变量，它不可修改，而且在程序中不可用。
（5）避免最后一个字符是"."，因为英文句点有时会作为命令的结束标志，若这样定义变量，容易引起歧义。
（6）避免最后一个字符是"_"，因为下画线一般作为由程序或命令自动生成的变量名的结尾。
（7）SPSS 的保留字不能作为变量的名称，SPSS 的保留字有 ALL、AND、WITH、NOT、OR、BY、EQ、GE、GT、LE、LT、NE、TO。若使用了上述保留字作为变量名，系统会自动提示。

2. 定义变量类型

在变量视图中单击"类型"相应的单元格中的按钮 ，弹出"变量类型"对话框，如图 2-1 所示，在对话框中选择合适的变量类型并单击"确定"按钮，即可定义变量类型。

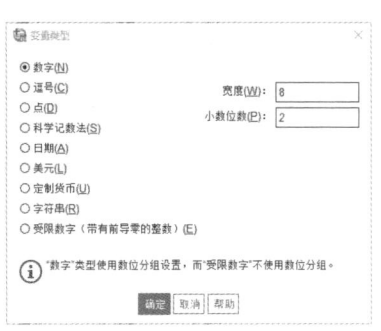

图 2-1 "变量类型"对话框

SPSS 28.0 的变量类型包括数值型、字符串型、日期型，具体介绍如下。

1）数值型变量

数值型变量的长度是用字符个数度量的数字宽度，小数点和其他分界符也计算在内，常用的数值型变量如下。

（1）数字：可以定义数值的宽度和小数位数，其 SPSS 默认位数分别为 8、2。数值的宽度包括整数部分+小数点+小数部分的位数。

（2）逗号：指整数部分每 3 位数添加一个逗号，如"1,234.00"。其余定义方式同数值型。

（3）点：以整数形式显示，每 3 位数加一点（这里不是小数点）。可以定义小数位数，但所显示的小数部分均为 0，且小数点用逗号表示。如自定义小数位数为 2，则"9.8765"显示为"98.765,00"。

（4）科学计数法：指数值在数据窗口中以指数形式显示。如定义数值宽度为 8，小数位数为 3，则"123.456"显示为"1.23E+02"。

（5）美元：SPSS 提供了多种货币显示形式，用户可根据需要选择，并定义数据宽度和小数位数。其值在显示时，有效数字前面带有"$"，输入时可以不输入"$"，显示时系统会自动加上"$"和分隔符。

（6）定制货币：默认显示为整数部分每 3 位加一个逗号，用户可以定义数据宽度和小数位数。如"9876543.21"显示为"9,876,543.21"。

（7）受限数字：指输入的数值位数限制为所设定的数据宽度。假定数据宽度设为 4，则"112233"显示为"2233"，而"11"显示为"0011"。

2）字符型变量

用户自定义字符长度以便输入字符，使用时需注意以下几个方面。

（1）SPSS 区分短字符串和长字符串，短字符串最长 8 字节，一个长字符串大于等于 8 字节，长字符串变量不能定义用户缺失值。有些分析过程可以处理短字符串，但不能处理长字符串。

（2）系统缺失值不能用于生成字符串变量。

（3）当生成新变量、修改原变量时，可能产生缺失值或未定义的变量值，这时系统自动赋予值为空。变量值以空格表示时，若无特别定义，不能代表缺失值。

（4）字符型变量不能参与算术运算。

（5）字符串中的大小写字母是截然不同的两个字符，用户在使用时需注意。

3）日期型变量

SPSS 中的日期型变量既可以表示日期，也可以表示时间。SPSS 提供了多种日期显示形式，用户可根据需要选择。

3．定义变量宽度

系统默认宽度为 8。单击宽度列中的某一单元格，将出现 图标，单击上下箭头可调大和调小变量的宽度。也可直接在单元格里输入数字。当变量类型为日期型时，变量长度的设定无效。

4．定义变量小数

设置变量的小数位数，方法同变量宽度的设置。当变量类型为日期型时，变量小数位数的设定无效。

5．定义变量标签

变量标签是对变量名的进一步描述，其可以输入 120 个字符，且可显示大小写。变量标签可以显示在输出窗口，便于查看结果时理解变量的实际意义。

6．定义变量值标签

变量值标签是对变量的每一个可能取值的进一步描述，当变量是定性或定序变量时，变量值标签的描述是非常管用的。

例如，在统计分析中经常用"1"代表"男"，"2"代表"女"等。具体操作为：单击"值"相应的单元格右侧的 ____，弹出"值标签"对话框，如图 2-2 所示；在"值"中输入"1"，"标签"中输入"男"；单击"添加"按钮即完成变量值标签的添加。

 若要对已经设置好的值标签进行修改，只需选中该值标签，在值和标签列中进行修改后单击"更改"按钮即可。若要删除值标签，则选择该值标签，单击"删除"按钮即可。

7．定义缺失值

SPSS 有两类缺失值：系统缺失值和用户缺失值，系统默认为无。在实际工作中常会因为某种原因出现记录数据失真、没有记录等缺失现象。

例如在统计过程中，一些被调查者没有回答的题目都将标为用户缺失值。定义缺失值的具体操作为：单击"缺失"下面的某一单元格，弹出"缺失值"对话框，如图 2-3 所示，其中有以下三种定义缺失值的方法：

- 无缺失值，SPSS 默认方式，若当前变量的取值完整，则选择此项；

- 离散缺失值，可以指定 1~3 个离散的缺失值，例如指定 20、95 和 88 为缺失值；
- 范围加上一个可选的离散缺失值，可以指定一个缺失值范围和一个离散的缺失值。

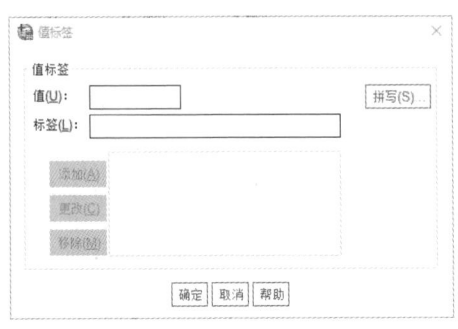

图 2-2　"值标签"对话框　　　　　图 2-3　"缺失值"对话框

8．定义变量的显示宽度

SPSS 默认为 8，用户可根据需要进行设置。

9．定义变量显示的对齐方式

有左对齐、右对齐、居中对齐三种方式，SPSS 默认为右对齐。

10．定义变量的测量尺度

可选测量尺度有以下 3 种：

（1）名义：一种分类变量，即它的取值只代表观测对象的不同类别，变量的取值之间没有内在的大小可比性。例如"性别"变量。

（2）有序：一种分类变量，但是变量取值之间有内在的大小顺序或等级。例如"满意度"变量的取值为：1-很不满意、2-比较满意、3-非常满意，由小到大的取值代表满意度的提高。

（3）度量：又称定距变量或刻度变量，一般为有刻度度量的连续变量，它的取值之间可以比较大小，且可以定义距离。例如"年龄""年份"等。

11．定义变量的角色

用于定义变量在后续统计分析中的功能作用，SPSS 提供的角色选项有输入、目标、两者、无、分区和拆分。

如果有多个变量的类型相同，可以先定义一个变量，然后把该变量的定义信息复制给新变量。具体操作为：先定义好一个变量，在该变量的行号上单击右键，在弹出的快捷菜单中选择"复制"命令，然后选择其他同类型所在行，单击鼠标右键，在弹出的快捷菜单中选择"粘贴"即可。

2.1.3　操作符与表达式

SPSS 的基本运算有 3 种：数学运算、关系运算和逻辑运算。对应的操作符表示方法如表 2-1 所示。

数学运算符也就是常用的算术运算符，可以连接数值型的常量、变量和函数，形成算术表达式，运算结果通常为数值。运算符的优先级为：括号>函数>乘方（幂）>乘或除>加或减，同一优先级的符号，位于左侧的优先级高。

表 2-1 操作符

数学运算操作符		关系运算符		逻辑运算符	
+	加	<(LT)	小于	&(And)	与
-	减	>(GT)	大于	→(Or)	或
*	乘	<=(LE)	小于等于	~(Not)	非
/	除	>=(GE)	大于等于		
**	幂	1=(EQ)	等于		
()	括号	~=(NT)	不等于		

关系运算符用于建立两个量之间的比较关系，如果比较关系成立，则关系表达式的值为真（true），否则为假（false）。例如，假定表达式为"a<0"，那么如果 a=1，则表达式"a<0"为假，表达式的值为 0（假）；如果 a=-1，那么表达式"a<0"为真，表达式的值为 1（真）。

在表 2-1 中，关系运算符和逻辑运算符均有两种表达方法，括号中的关系运算符与括号前的是等价的。

 相互比较的两个量的类型必须一致，无论进行比较的两个量是字符型还是数值型，比较的结果均是逻辑型。

逻辑运算符、逻辑型变量或值为逻辑型的表达式（如关系表达式）都称为逻辑表达式，逻辑表达式的值为逻辑型（true 或 false）。逻辑运算规则如表 2-2 所示。

表 2-2 逻辑运算规则

逻辑表达式	结　果	逻辑表达式	结　果
true AND true	=ture	true OR true	=true
true AND false	=false	true OR false	=true
false AND false	=false	false OR false	=false
true AND missing	=missing	true OR missing	=ture
missing AND missing	=missing	missing OR missing	=missing
false AND missing	=false	false OR missing	=missing

2.2 获取数据与查看数据的方法

可以通过直接录入的方法获取数据，同时，还可直接读取其他格式的数据文件，如

Excel、数据库和 SAS 等数据文件,本节着重介绍获取数据和查看数据的方法。

2.2.1 在 SPSS 数据窗口中直接录入数据

定义了所有变量后,单击左下方"数据视图"窗口切换按钮,即可在出现的数据视图窗口中输入数据。

用鼠标左键单击某单元格,激活该单元格后即可输入数据。输入完毕后,只需将光标移动到下一个单元格继续输入数据。数据录入时可以逐行或逐列录入。

> 若录入的数据中有多个连续单元格的数值是相同的,则可以选中第一个单元格并右键单击选择复制;然后选中第二个单元格,并按住键盘上的 Shift 键;再单击最后一个单元格,并单击鼠标右键选择粘贴。这样,就可以快速完成多个相同数据的录入工作。

2.2.2 直接读入 Excel 数据文件

当 Excel 文件的数据结构符合 SPSS 的数据结构时,SPSS 可以直接读取 Excel 文件数据。下面介绍读入一个 Excel 数据文件的实例。

实例一:"data02-01.xls"是一个 Excel 文件,现在需要转换成 SPSS 数据。

数据文件:数据文件\chapter02\data02-01.xls
视频文件:视频文件\chapter02\数据导入和查看.avi

(1)确认 Excel 文件的数据结构是否符合 SPSS 的要求。我们发现,该文件的每一行数据是每个同学的信息,每一列是一个变量,所以,其数据结构符合 SPSS 要求。

(2)选择"文件"→"打开"→"数据",在弹出的"打开数据"对话框下方的"文件类型"项选择 Excel(*.xls,*.xlsx,*xlsm),如图 2-4 所示,当前目录下的 Excel 文件即可显示在对话框的文件列表中。

(3)选定目标文件"data02-01.xls",如图 2-5 所示,单击"打开"按钮即可进入下一级对话框。

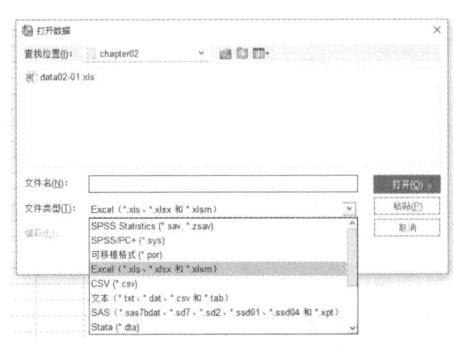

图 2-4 "打开数据"对话框一

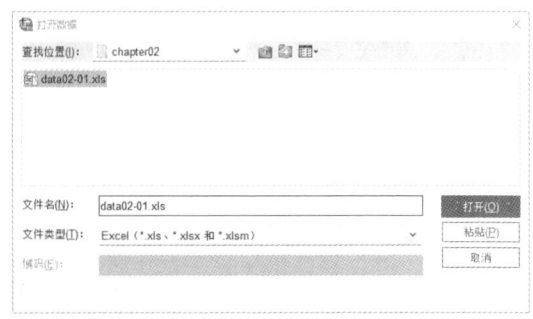

图 2-5 "打开数据"对话框二

(4)弹出"读取 Excel 文件"对话框,如图 2-6 所示,选中复选框"从第一行数据中读取变量名称";若 Excel 文件第一行就是数据值,那么不勾选此复选框。

若 Excel 文件中有多个 Sheet,那么需要在"工作表"下拉框中选择要读入的 Sheet;若不选择,SPSS 则默认为 Sheet1。

SPSS 一次只能读入一个 Sheet 的数据。另外,若只需读取部分区域的数据,则可以在"范围"中输入要读取数据的范围。如要读入前 21 行的数据,则在该对话框中输入 A1:C21,表示读取的区域是以 A1 单元为左上角,C21 为右下角的矩形区域。

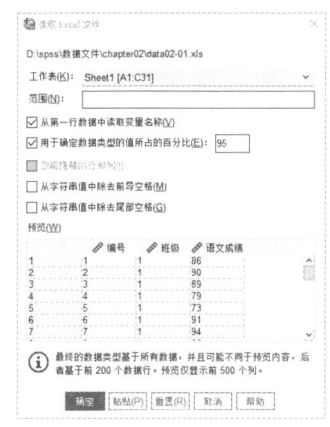

图 2-6 "读取 Excel 文件"对话框

(5)对话框中其他设置不变,单击"确定"按钮即可读入数据到 SPSS 中,如图 2-7 所示。检查 SPSS 数据的变量与个案的数量是否丢失。

图 2-7 在 SPSS 数据窗口显示读入的数据

2.2.3 读入纯文本数据文件

纯文本数据文件是计算机各种软件中最通用的一种格式文件,其没有保存格式,因此其文件很小。根据纯文本数据文件中数据的排序方式，可以将其分为自由格式和固定格式。

前者的文本文件的每个个案的变量数目、排列顺序固定，但数据项的长度可以不同，且数据项之间必须有分隔符（逗号、空格、Tab 键等）；后者的文本文件要求每个个案的变量数目、排列顺序、变量取值长度都固定不变，且数据项之间不需要分隔符。现以实例说明两种不同的数据读入方法。

1. 以自由格式读入数据

实例二："data02-02.txt"数据文件是纯文本数据，如图 2-8 所示。现要求以自由格式读入数据。

数据文件：数据文件\Chapter02\data02-02.txt
视频文件：视频文件\Chapter02\数据导入和查看.avi

（1）打开"data02-02.txt"数据文件，选择"文件"→"打开"→"数据"，弹出如图 2-9 所示的对话框，在其中选择目标文件"data02-02.txt"并单击"打开"按钮，打开数据文件（图2-9），SPSS 随即启动文本数据导入的引导窗口。

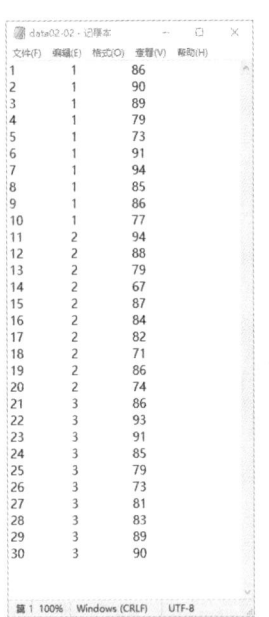

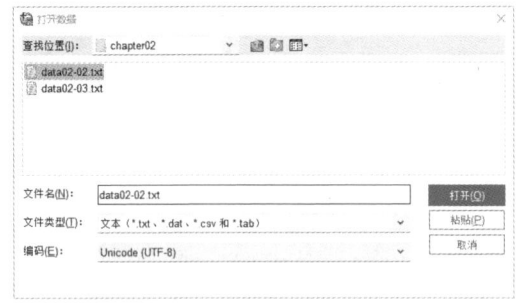

图 2-8 "data02-02.txt"部分数据　　　　图 2-9 "打开数据"对话框

（2）弹出"文本导入向导-第 1/6 步"对话框，如图 2-10 所示。在该对话框中可以看见文本文件中的数据信息。单击"下一步"按钮进入下一步。

（3）弹出"文本导入向导-第 2/6 步"对话框，如图 2-11 所示。在"变量如何排列？""文件开头是否包括变量名？"和"小数符号是什么？"选框中分别选择"定界""否""句点"。单击"下一步"按钮进入下一步。

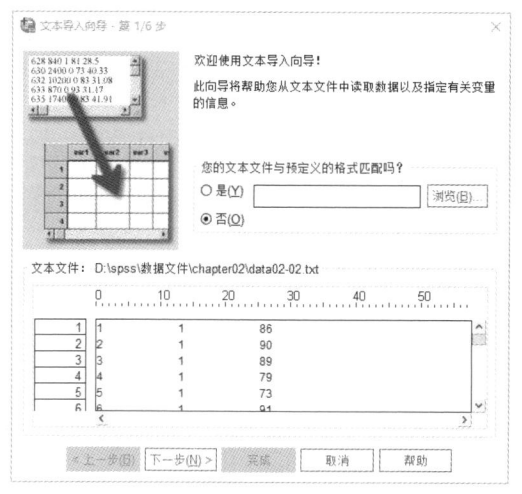

图 2-10　"文本导入向导-第 1/6 步"对话框

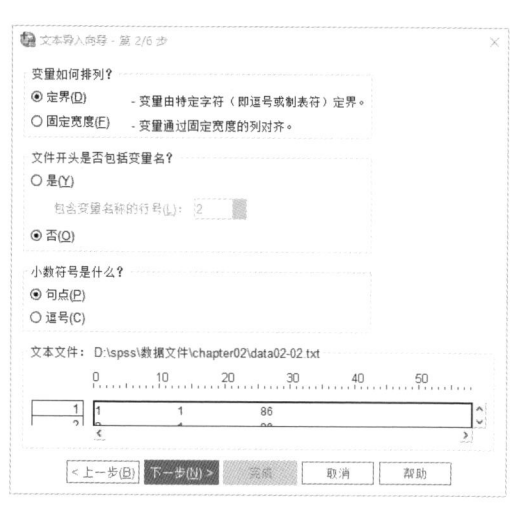

图 2-11　"文本导入向导-第 2/6 步"对话框

（4）弹出"文本导入向导-定界，第 3/6 步"对话框，如图 2-12 所示。按照图示填写和选择相应的内容。单击"下一步"按钮进入下一步。

（5）弹出"文本导入向导-定界，第 4/6 步"对话框，如图 2-13 所示。在"变量之间存在哪些定界符？"选框中选择文本文件的分隔符，有制表符（即 Tab 键分隔符）、空格、逗号、分号和其他，本次选择制表符。单击"下一步"按钮进入下一步。

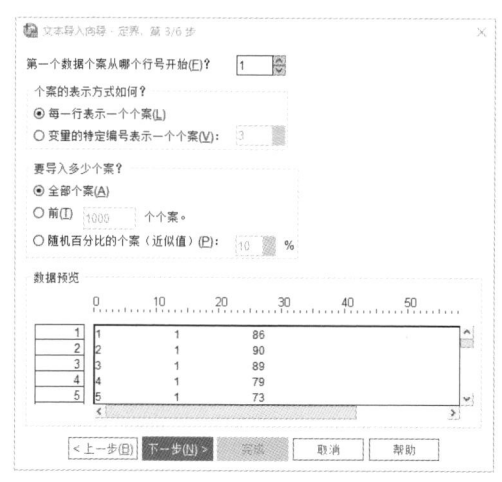

图 2-12　"文本导入向导-定界，第 3/6 步"对话框 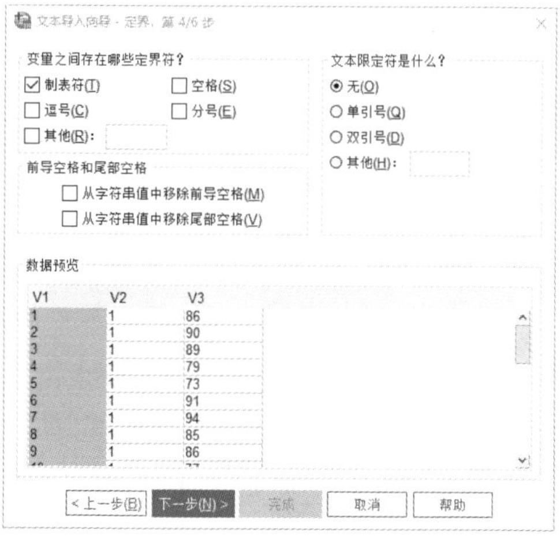　　图 2-13　"文本导入向导-定界，第 4/6 步"对话框

（6）弹出"文本导入向导-第 5/6 步"对话框，如图 2-14 所示。在此对话框中的下面是数据的文件预览，这时用户需要注意查看各变量的长度是否正确。单击"下一步"按钮进入下一步。

（7）弹出"文本导入向导-第 6/6 步"对话框，如图 2-15 所示。单击"完成"即成功读入自由格式的文本文件内容。

 此时若想保存前几步操作中所定义的读取自由格式的文本文件信息,可以在该对话框中的"您要保存此文件格式以供将来使用吗?"中选择"是"选项,然后单击右边的"另存为"按钮,保存格式信息。单击"完成"按钮完成文本的导入工作。

图 2-14 "文本导入向导-第 5/6 步"对话框

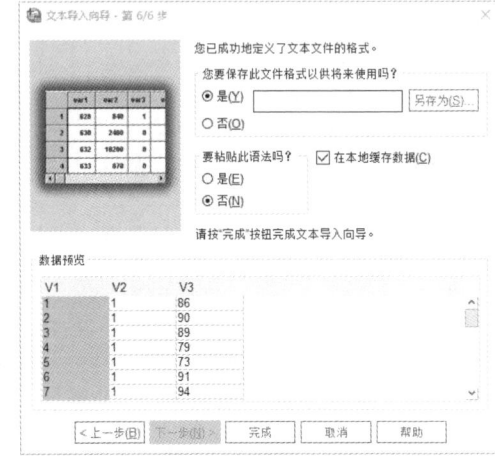

图 2-15 "文本导入向导-第 6/6 步"对话框

(8) SPSS 顺利读入数据后,用户需要在变量视图中重新定义变量名,并进行宽度、小数位数等设置,如图 2-16 所示。

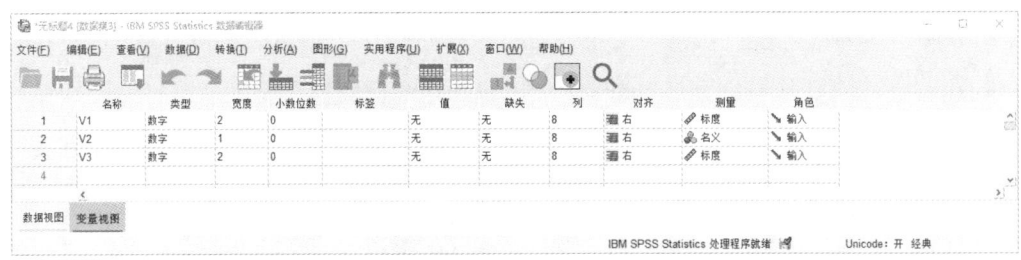

图 2-16 显示读入数据的变量视图

2. 以固定格式读入数据

实例三:"data02-03.txt"数据文件是纯文本数据,如图 2-17 所示。现要求以固定格式读入数据。

| 数据文件:数据文件\Chapter02\data02-03.txt |
| 视频文件:视频文件\Chapter02\数据导入和查看.avi |

(1) 选择"文件"→"打开"→"数据",在弹出的对话框中选择目标文件"data02-03.txt"(图 2-18),并单击"打开"按钮打开如图 2-17 所示的数据文件,SPSS 随即启动文本数据导入的引导窗口。

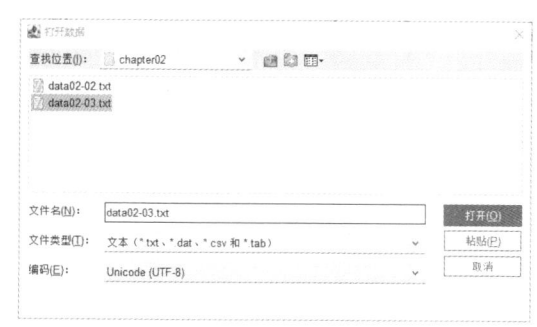

图 2-17　固定格式的纯文本数据　　　　图 2-18　"打开数据"对话框

（2）弹出"文本导入向导-第 1/6 步"对话框，如图 2-19 所示。在该对话框中可以看见文本文件中的数据信息。单击"下一步"按钮进入下一步。

（3）弹出"文本导入向导-第 2/6 步"对话框，如图 2-20 所示。在"变量如何排列？""文件开头是否包括变量名？"和"小数符号是什么？"选框中分别选择"定界""否""句点"。单击"下一步"按钮进入下一步。

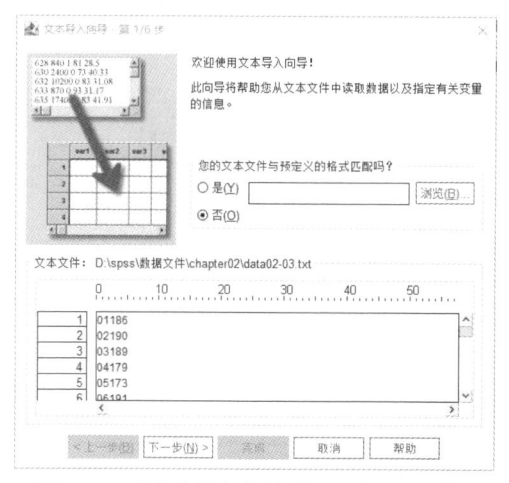

图 2-19　"文本导入向导-第 1/6 步"对话框　　　图 2-20　"文本导入向导-第 2/6 步"对话框

（4）弹出"文本导入向导-定界，第 3/6 步"对话框，如图 2-21 所示。按照图示填写和选择相应的内容。单击"下一步"按钮进入下一步。

（5）弹出"文本导入向导-定界，第 4/6 步"对话框，如图 2-22 所示。前两列数据属于第一个变量，在第二列和第三列之间单击鼠标左键即可添加一条分割线；利用同样方法在第三列和第四列之间添加分割线，将第二个、第三个变量分隔出来。单击"下一步"按钮进入下一步。

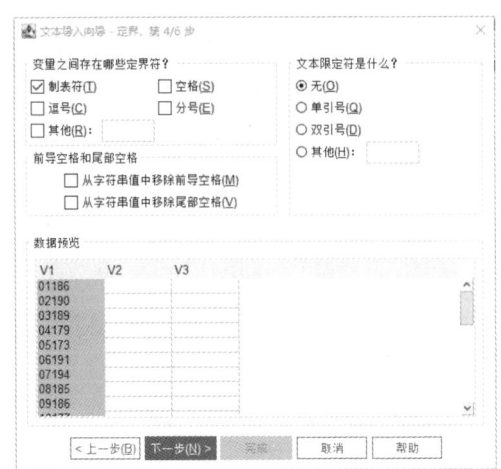

图 2-21 "文本导入向导-定界,第 3/6 步"对话框　　图 2-22 "文本导入向导-定界,第 4/6 步"对话框

（6）弹出"文本导入向导-第 5/6 步"对话框,如图 2-23 所示。上一步已将前两列赋给第一个变量 V1,中间一列赋给第二个变量 V2,后面两列赋给第三个变量 V3。单击"下一步"按钮进入下一步。

（7）弹出"文本导入向导-第 6/6 步"对话框,如图 2-24 所示。单击"完成"按钮即成功读入固定格式的文本文件内容。

（8）SPSS 顺利读入数据后,用户需要在变量视图中重新定义变量名,并进行宽度、小数位数等设置。

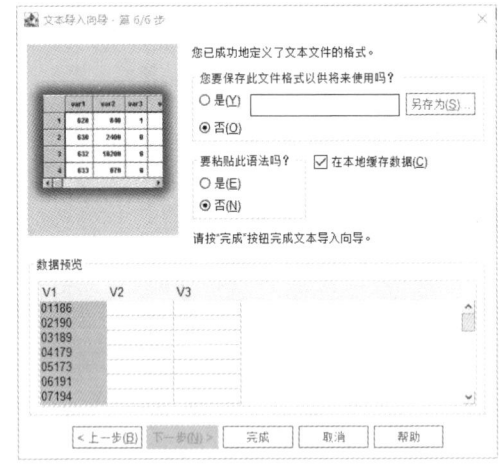

图 2-23 "文本导入向导-第 5/6 步"对话框　　图 2-24 "文本导入向导-第 6/6 步"对话框

2.2.4 读入数据库文件

数据库文件是一种常用的数据存储格式文件,在数据管理上起着很重要的作用,尤其是对于数据量非常庞大的数据文件。当需要对这些数据进行分析时,则可以采用 SPSS 对数据库文件进行导入。所以,掌握读入数据库文件的方法是非常有必要的。

实例四:"data02-04.mdb"数据文件是一个数据库文件,现在需要转换成 SPSS 数据。

数据文件：数据文件\Chapter02\data02-04.mdb
视频文件：视频文件\Chapter02\数据导入和查看.avi

（1）选择"文件"→"导入数据"→"数据库"→"新建查询"，弹出"数据库向导"对话框 1，如图 2-25 所示。右侧列表是 SPSS 提供的多种数据库的读入引擎。本例要导入的数据存放在 Access 数据库中，所以选择 MS Access DataBase。单击"下一步"按钮进入下一步。

图 2-25 "数据库向导"对话框 1

（2）弹出"ODBC 驱动程序登录"对话框，如图 2-26 所示，单击"浏览"按钮指定数据库文件所在的路径和数据库文件名，并单击"确定"按钮进入下一步。

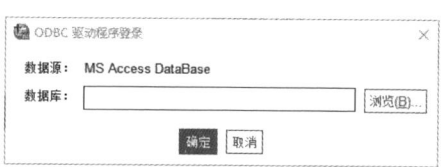

图 2-26 "ODBC 驱动程序登录"对话框

（3）弹出"数据库向导"对话框 2，如图 2-27 所示。左侧的"可用的表"列表显示当前数据库中的所有数据表的名称。选中表格名称，单击 按钮，即可将该表格中的所有字段选入"以此顺序检索字段"列表中。

本例将"员工表"选入右侧列表中，图 2-27 右侧所显示的即为员工表中所包含的字段。单击"下一步"按钮进入下一步。

（4）弹出"数据库向导"对话框 3，如图 2-28 所示。该对话框用于指定导入条件，设定条件后，SPSS 只导入满足指定条件的记录。本例导入全部数据，则不需要设定条件。单击"下一步"按钮进入下一步。

（5）弹出"数据库向导"对话框 4，如图 2-29 所示。该对话框显示被选中字段的名称、数据类型及是否重新编码数值的复选框。用鼠标左键双击各个字段的名称和数据类型可对其进行修改，勾选重新编码数值表示使用原始值作为值标签将字符串变量转换为数值。单击"下一步"按钮进入下一步。

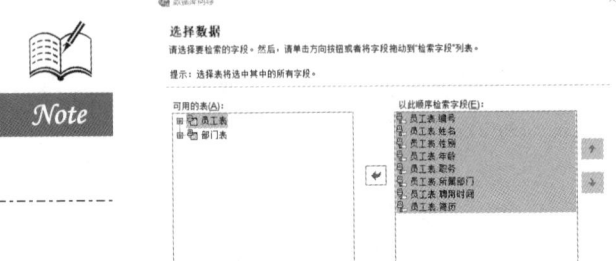
图 2-27 "数据库向导"对话框 2

图 2-28 "数据库向导"对话框 3

（6）弹出"数据库向导"对话框 5，如图 2-30 所示。该对话框显示所形成的数据库查询 SQL 语句，若用户想将其保存起来，可以单击"浏览"按钮指定保存路径。若不保存，则直接单击"完成"按钮，读入的部分数据如图 2-31 所示。

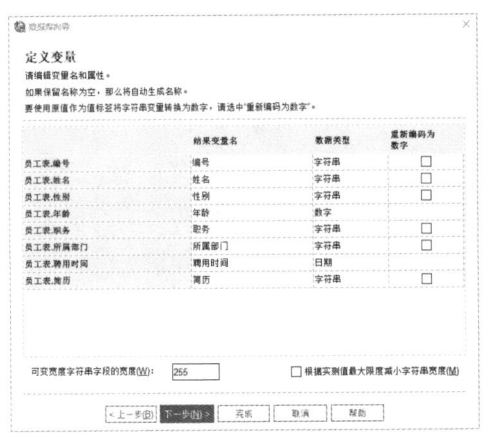
图 2-29 "数据库向导"对话框 4

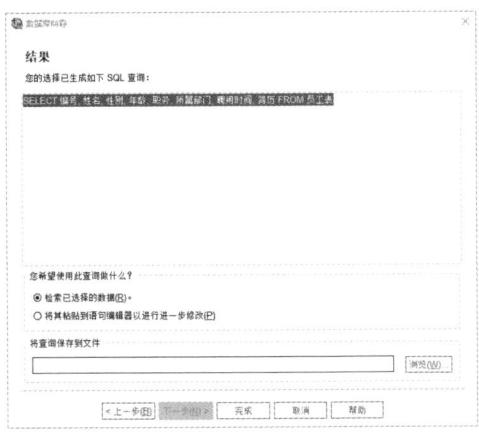
图 2-30 "数据库向导"对话框 5

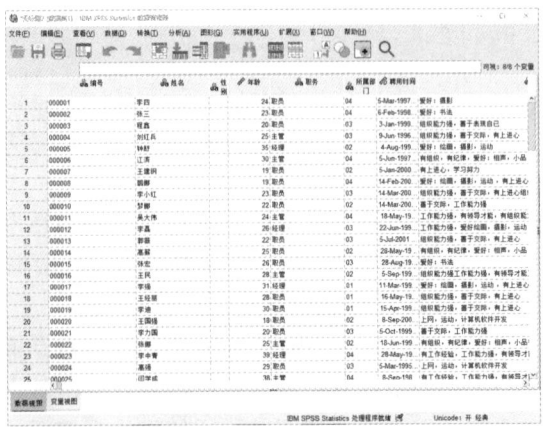
图 2-31 读入的部分数据

2.2.5　查看文件信息

打开数据文件后，在数据编辑窗口选择“文件”→“显示数据文件信息”→“工作文件”，即可打开当前文件的相关信息，其在结果输出窗口显示，如图 2-32 所示。若要查看外部文件，选择“文件”→“显示数据文件信息”→“外部文件”即可。

变量	位置	标签	测量级别	角色	列宽(W)	对齐	打印格式	写格式
srcid	1	Menu scenarios	度量	输入	6	右	F3	F3
gender	2	Gender	度量	输入	8	右	F3	F3
TP	3	Toast pop-up	有序	输入	5	右	F3	F3
BT	4	Buttered toast	有序	输入	5	右	F3	F3
EMM	5	English muffin and margarine	有序	输入	5	右	F3	F3
JD	6	Jelly donut	有序	输入	5	右	F3	F3
CT	7	Cinnamon toast	有序	输入	5	右	F3	F3
BMM	8	Blueberry muffin and margarine	有序	输入	5	右	F3	F3
HRB	9	Hard rolls and butter	有序	输入	5	右	F3	F3

工作文件中的变量

变量值

值		标签
srcid	1	Overall preference
	2	Breakfast, with juice, bacon and eggs, and beverage
	3	Breakfast, with juice, cold cereal, and beverage
	4	Breakfast, with juice, pancakes, sausage, and beverage
	5	Breakfast, with beverage only
	6	Snack, with beverage only
gender	1	Male
	2	Female

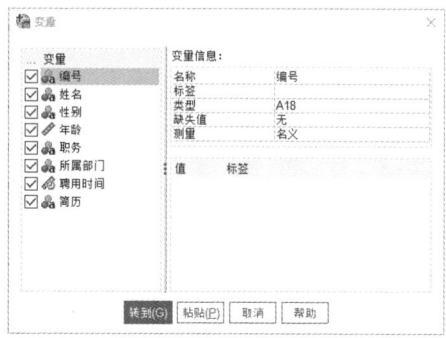

图 2-32　查看文件信息

另外，还可通过工具栏查看变量信息。选择“实用程序”→“变量”，弹出“变量”对话框，如图 2-33 所示。选中左侧变量列表中的某个变量，右侧就会显示该变量的所有信息，但这些信息不可编辑。

图 2-33　查看变量信息

2.3　数据的编辑

本节着重介绍数据的编辑方法，包括插入和删除变量、插入和删除个案、数据的复制和粘贴、撤销操作和数据的输出。

视频文件：视频文件\Chapter02\数据的编辑.avi

Note

2.3.1 插入和删除变量

在数据视图窗口用右键单击变量栏中的某个变量名,在弹出的快捷菜单中选择"插入变量",如图 2-34 所示,即可在选中变量列的左侧插入一个新的默认变量,SPSS 默认其名称为 VAR0000x(此处 x 指任何一个正整数,为 SPSS 定义的变量序号)。选择"编辑"→"插入变量"也可插入新变量。

在变量视图窗口,只需编辑指定的行,即可插入新的变量。或单击某一行的行号选中该行,然后单击鼠标右键并选中"插入变量",如图 2-35 所示,此时即可在该行上面插入一个新的变量。

删除变量的方法与插入变量的方法类似。

图 2-34　在数据视图的列中插入变量　　　　图 2-35　在变量视图的行中插入变量

2.3.2 插入和删除个案

在数据视图窗口用右键单击序列栏的某个行号,在弹出的快捷菜单中选择"插入个案",如图 2-36 所示,即可在选中行的上面插入一个行的新记录行。选择"编辑"→"插入个案"也可插入新记录行。

删除个案的方法与插入个案的方法类似。

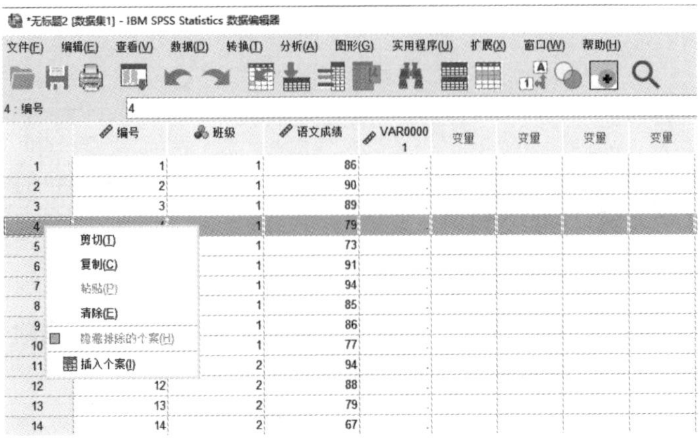

图 2-36　在变量视图的行中插入个案

2.3.3 数据的复制、剪切和粘贴

选择数据，右键单击"复制"或"剪切"即可复制或剪切相应内容，此时，在空白单元格右键单击"粘贴"即可完成内容的粘贴。

2.3.4 撤销操作

在用户对数据进行操作后，若想恢复至操作前的状态，可以单击 按钮。同时，用户还可通过单击 按钮恢复至操作后的状态。

2.4 数据的输出

SPSS 可以将数据保存为 SPSS（*.sav）、Excel（*.xls）、dBASE（*.dbf）、ASCⅡ（*.dat）、Access（*.mdb）及各类 SAS 数据文件。选择"文件"→"另存为"，即会弹出"将数据保存为"对话框，如图 2-37 所示。

选择保存路径，输入文件名称，选择数据类型，单击"保存"按钮即可。若只需保存部分变量，可单击对话框中的"变量"按钮，弹出"将数据保存为：变量"对话框，如图 2-38 所示，选择所需保存的变量即可。

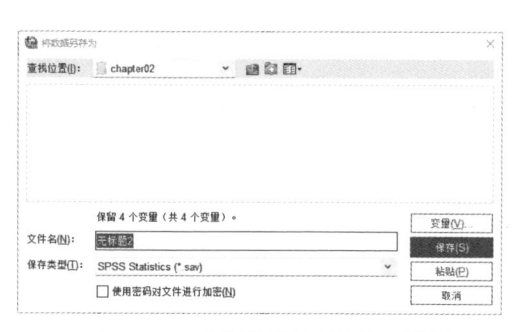

图 2-37　"将数据保存为"对话框

图 2-38　"将数据保存为：变量"对话框

> SPSS 提供了数据文件的只读功能，对于因操作失误导致数据文件的不可逆转的改变起了很好的保护作用。方法为：选择"文件"→"将文件标记为只读"，此时数据处于锁定状态，虽然能进行编辑，但无法保存。若用户要将只读数据文件更改为可编辑数据文件，可选择"文件"→"将文件标记为只读"，这时就将数据文件切换为编辑状态。

2.5 本章小结

本章主要介绍了数据类型及定义、获取数据与查看数据的方法、数据的编辑和数据的输出。定义变量在"变量视图"窗口进行，包括变量名、变量类型、变量宽度、小数位数、变量标签、变量值标签和变量的格式等定义内容；获取数据的方法有直接录入数据、读取 Excel、纯文本和数据库等；数据编辑主要有插入、删除、复制、撤销及输出等。

第3章

数据文件整理

数据文件的整理是数据分析的基础。在统计分析时,最初的变量值可能不符合统计分析的要求,这就需要用户根据特定目的,对已有的数据进行整理,使数据格式符合相应的分析方法。本章分别介绍个案排序、数据变换、数据文件的合并、数据文件的结构重组、分类汇总、文件拆分、选择个案、个案加权、计算新变量、对个案内的值计数、变量的重新编码和个案等级排序等。

学习目标

(1) 熟知本章所有数据文件整理的方法。
(2) 熟记本章所涉及的对话框的各项含义。
(3) 熟练掌握各个数据文件整理方法的 SPSS 操作步骤。
(4) 深刻理解本章中的各个实例。

3.1 数据排序

数据排序在数据分析过程中非常重要，其便于了解数据的取值状况，SPSS可以对数据基于一个或多个个案（变量）进行排序。数据排序包括个案排序和变量排序。

3.1.1 个案排序

在进行数据分析时，若要按照某个变量的取值重新排列个案在数据文件中出现的先后顺序，可通过"数据"→"排序个案"来实现。当存在多个用于指定排序的变量时，数据首先按照主变量值的大小排序，然后对那些具有相同主排序的个案按照次变量值进行排序。

1. 参数设置

打开数据文件，选择"数据"→"个案排序"，弹出"个案排序"对话框，如图3-1所示。

（1）排序依据：在左侧的变量列表中选中排序变量，单击 ➡ 按钮，将其移动到"排序依据"列表中。

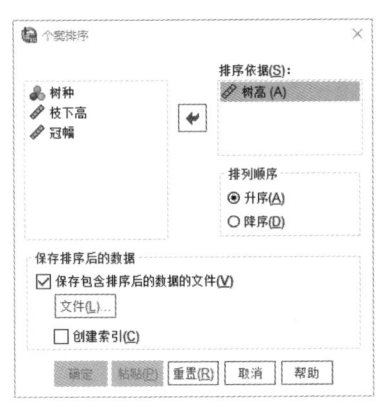

图3-1 "个案排序"对话框

（2）排列顺序：当将左侧的变量选入"排序依据"列表后，需在"排序顺序"选框中选择变量的排序方式，如果是针对多个变量排序，则需要依次指定每个排序变量及其排序方法。包括升序和降序排列。

- 升序：指将所选变量按从小到大的顺序对数据文件中的个案进行排序。
- 降序：指将所选变量按从大到小的顺序对数据文件中的个案进行排序。

（3）保存排序后的数据：即将分类的数据另存为一个文件或索引。当左侧的变量被选入右侧的列表时，激活该选框；勾选"保存包含排序后的数据的文件"复选框，激活"文件"按钮，单击它即可指定保存文件的路径。

2. 个案排序的SPSS实现

实例一：针对"data03-01.sav"数据，如图3-2所示，其中包括"树种""树高""枝下高"和"冠幅"这四个变量。现要求根据树高进行升序排列，同时根据冠幅进行降序排列。

数据文件：数据文件\Chapter03\data03-01.sav
视频文件：视频文件\Chapter03\数据排序.avi

	树种	树高	枝下高	冠幅
1	2	7.8	2.5	4.7
2	2	8.4	2.5	4.7
3	2	8.7	2.7	6.0
4	3	9.5	2.5	5.0
5	3	10.5	4.6	4.4
6	3	11.0	4.0	8.5
7	2	12.0	6.0	5.6
8	3	12.0	2.0	8.2
9	3	12.5	4.0	7.4

图 3-2 "data03-01.sav" 部分数据

（1）打开 "data03-01.sav" 数据文件，选择 "数据" → "个案排序"，弹出如图 3-1 所示的 "排序个案" 对话框。

（2）在左侧的变量列表中选中 "树高" 变量，单击 ▶ 按钮，则将其指定为 "排序依据" 变量，然后在排列顺序中选择 "升序"。

（3）将 "冠幅" 变量添加为排序依据变量，方法同上一步。此时的排列顺序选 "降序"。另外，选中某一个排序依据变量，并单击 ◀ 按钮，可将其从排序依据变量恢复至变量列表。

（4）完成所有设置后，单击 "确定" 按钮执行命令。

3．个案排序的结果分析

图 3-3 为排序完成后的结果，由图可以看出，所有个案先按树高升序排列，当树高相同时，再按冠幅降序排列。

	树种	树高	枝下高	冠幅
1	2	7.8	2.5	4.7
2	2	8.4	2.5	4.7
3	2	8.7	2.7	6.0
4	3	9.5	2.5	5.0
5	3	10.5	4.6	4.4
6	3	11.0	4.0	8.5
7	3	12.0	2.0	8.2
8	2	12.0	6.0	5.6
9	3	12.5	4.0	7.4
10	3	12.5	2.5	7.3
11	3	12.5	3.0	5.9
12	3	13.0	2.8	8.3
13	3	13.0	5.0	7.2
14	3	13.0	5.0	5.3
15	1	13.2	2.7	5.4
16	2	14.1	8.5	6.5
17	1	14.1	4.2	5.0
18	2	14.5	5.2	8.0
19	2	14.8	6.4	7.7
20	1	14.8	2.6	5.3
21	2	15.1	8.3	3.2
22	1	15.4	4.5	6.3
23	1	15.4	3.2	4.7
24	1	16.0	2.5	5.8
25	2	16.7	10.1	7.6

图 3-3 排序后的结果

> **提示**：个案排序是整行数据排序，而非只对某列变量排序；数据排序后，原有数据的排列次序被打乱，故用户应注意根据需要保留数据的原始排列，以免发生混乱。

3.1.2 变量排序

变量排序是对"变量视图"窗口中各变量的信息进行排序。比如对"树木调查"数据文件中变量的"宽度"进行升序排列，那么选择"数据"→"变量排序"，弹出"变量排序"对话框，如图 3-4 所示。选中"变量视图列"中的"宽度"和"排列顺序"中的"升序"，单击"确定"按钮即可。

图 3-4 "排序变量"对话框

变量排序在实际应用中非常少，用户可以根据自身需求考虑是否学习。

3.2 数据转置

数据转置，也称数据变换，其可以将数据文件中原来的行变成列，原来的列变成行，即将观测量变成变量，将变量变成观测量。

由于可用于 SPSS 分析的数据都必须符合特定的数据结构，所以若用户在录入数据时错误地将行与列的位置颠倒了，则可利用"数据"→"转置"将数据调整至正确的位置。

3.2.1 参数设置

打开数据文件，选择"数据"→"转置"，弹出"转置"对话框，如图 3-5 所示。其中各项含义如下：

（1）变量。在左侧的变量列表中选中需要变换的变量，单击 按钮，将其移至"变量"列表。被选入"变量"列表的变量在变换后变成观测量，而未被选入"变量"列表的变量将不会出现在新数据文件中。

（2）名称变量。在左侧的变量列表中选中某个变量，单击 按钮，将其移至"名称变量"列表，在新数据文件中该变量的值将作为变量名。一般选择标识观测量，如姓名等。若选择的变量是数值型，那么变换后新变量名为该变量冠以字母"K_"。若用户未选择"名称变量"，系统则自动赋予变换后的变量名为 VAR001、VAR002、…、VAR00n。

图 3-5 "转置"对话框

3.2.2 数据转置的 SPSS 实现

实例二：针对"data03-02.sav"数据，如图 3-6 所示，包括五位评委为七位球员的打分情况，现要求将数据文件中的行列变换。

> 数据文件：数据文件\Chapter03\data03-02.sav
> 视频文件：视频文件\Chapter03\数据转置.avi

图 3-6 "data03-02.sav"数据

（1）打开"data03-02.sav"数据文件，选择"数据"→"转置"，弹出如图 3-5 所示的"转置"对话框。

（2）选中"球员"变量，单击下面的 按钮，将其移至"名称变量"；选中其余变量，单击上面的 按钮，将其移入变量列表中。此时可先选中"评委 1"，然后按住键盘上的 Shift 键，再选中"评委 5"，这样，所有评委变量都被快速选中，如图 3-7 所示。

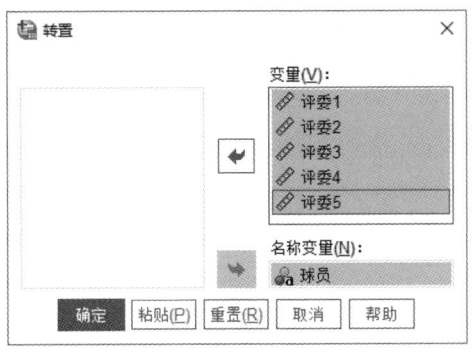

图 3-7 "数据变换"对话框

（3）完成所有设置后，单击"确定"按钮执行命令。

3.2.3 数据转置的结果分析

图 3-8 为变换后的结果,由图可以看出,原来的行标识变量变成了新的列变量名称,列变量名称变成了新的行标识变量,且变量名称默认为"CASE_LBL"。

	CASE_LBL	球员1	球员2	球员3	球员4	球员5	球员6	球员7
1	评委1	6.00	9.00	9.00	8.00	8.00	7.00	10.00
2	评委2	7.00	9.00	9.00	7.00	8.00	9.00	9.00
3	评委3	8.00	9.00	7.00	6.00	8.00	9.00	9.00
4	评委4	7.00	10.00	8.00	7.00	7.00	9.00	10.00
5	评委5	6.00	8.00	9.00	7.00	7.00	8.00	10.00

图 3-8 变换后的数据

> ① 若用户只变换部分变量,那么在单击"确定"按钮时,SPSS 会弹出警告框,如图 3-9 所示,提示用户未被转置的变量将被丢失,此时单击"确定"按钮则继续执行"变换"任务,单击"取消"则放弃"变换"。
> ② 数据的变换是不能撤销的。

图 3-9 警告框

3.3 数据文件的合并

在进行数据处理和统计分析时,常常需要将多个数据文件合并成一个数据文件。合并方式分为个案合并和变量合并。

(1) 个案合并指在两个数据文件拥有共同变量时,将其中一个数据文件的个案添加到另一个数据文件中。

(2) 变量合并指在两个数据文件拥有共同个案时,将其中一个数据文件的变量合并到另一个数据文件相应的个案中。

3.3.1 个案合并

1. 参数设置

打开第一个数据文件,选择"数据"→"合并文件"→"添加个案",此时弹出"添加个案至"对话框,如图 3-10 所示,其中各选项含义如下。

(1) 打开数据集:指从当前打开的数据集选择合并文件,下面显示的是当前打开的可用数据集名称,由对话框显示可知当前还打开了可用数据文件"data03-03(2).sav"。

（2）外部SPSS Statistics 数据文件：指读取外部的数据文件进行合并，该项需要用户指定文件路径和文件名。

用户根据需要选择其中一种方式打开第二个数据文件即可。

单击"继续"按钮，弹出"添加个案自"对话框，如图3-11所示，其中各选项含义如下。

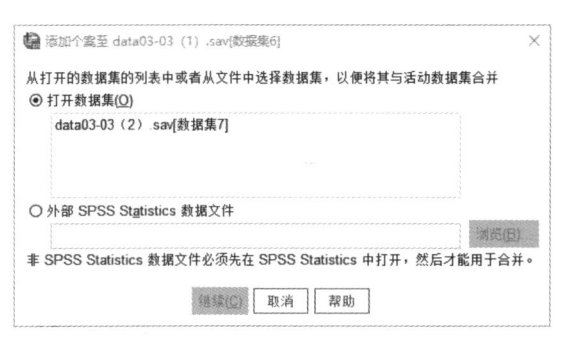

图3-10 "添加个案至"对话框　　　　图3-11 "添加个案自"对话框

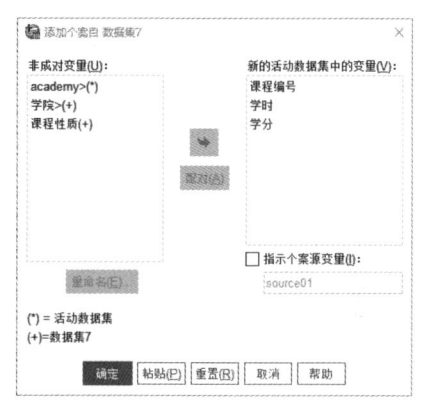

（1）非成对变量：该列表显示两个文件夹中不匹配的变量名，包括变量名不同的变量或变量名相同但变量定义不同的变量。显示在该列表的变量后面都有"*"或"+"，变量后带有"*"表示当前工作的数据文件中的变量，变量后带有"+"表示外部数据文件的变量。此时，可以对变量名进行更改后再选入"新的活动数据集中的变量"，操作方法为：单击"重命名"按钮，在弹出如图3-12所示的对话框中输入新名称即可。

图3-12 "重命名"对话框

（2）新的活动数据集中的变量：该列表显示合并后的新数据集所包含的变量，默认显示的是两个文件中都有的变量名。

（3）指示个案源变量：表示合并后的数据集生成一个新变量，用以表示每个个案的来源，SPSS 默认 0 代表个案来自源文件，1 代表个案来自被合并的文件。选中该复选框，则可激活下面的输入框并指定该新变量的名称，系统默认名称为"source01"。

（4）配对：该命令可以匹配来自两个数据文件中变量名不同、数据的含义和属性相同的变量。操作方法为：在"非成对变量"中选中这两个变量，激活并单击"配对"按钮，即可把强行合并后的变量选入"新的活动数据集中的变量"。

将需要在新数据文件中显示的变量选入"新的活动数据集中的变量"，未选入该列表的变量将不进行个案合并。

2．个案合并的SPSS实现

实例三：数据文件"data03-03（1）.sav"与"data03-03（2）.sav"分别为材料学院等 7 个学院、生物学院等 6 个学院的研究生课程信息，如图 3-13 所示，两个数据文件中包含相同的变量。现要求汇总所有学院的研究生课程信息，以便于后续数据分析。

> 数据文件：数据文件\Chapter03\data03-03（1）.sav；
> 　　　　　数据文件\Chapter03\data03-03（2）.sav
> 视频文件：视频文件\Chapter03\数据文件的合并.avi

	academy	课程编号	学时	学分
1	1	1	32	2.0
2	1	2	32	2.0
3	1	3	32	2.0
4	1	4	16	1.0
5	1	5	16	1.0
6	1	6	16	1.0

(a) "data03-03（1）.sav" 数据

	学院	课程编号	学时	学分	课程性质
1	8	93	32	2.0	2
2	8	94	32	2.0	1
3	8	95	48	3.0	1
4	8	96	32	2.0	1
5	8	97	48	3.0	1
6	8	98	32	2.0	1

(b) "data03-03（2）.sav" 数据

图 3-13　原始数据

（1）打开"data03-03（1）.sav"和"data03-03（2）.sav"两个数据文件。

（2）在"data03-03（1）.sav"数据文件中选择"数据"→"合并文件"→"添加个案"，此时弹出如图 3-10 所示对话框。选择"打开数据集"中的"data03-03（2）.sav"。

（3）单击"继续"按钮进入下一步，弹出如图 3-11 所示对话框，同时选中左侧变量列表中的"academy"和"学院"两个变量，激活并单击"配对"按钮，将两者强行合并后选入"新的活动数据集中的变量"，显示为 academy & 学院>。

（4）勾选"将个案源表示为变量"复选框，采用默认名称"source01"。

（5）为了说明一个数据文件包括的变量在合并后所呈现的结果，将只存在于一个数据文件的"课程性质"变量也选入"新的活动数据集中的变量"。

（6）完成所有设置后，单击"确定"按钮执行命令。

3．个案合并的结果分析

图 3-14 为合并后的部分结果。

第一列是"academy"和"学院"两个变量强行合并后所呈现的结果，因为两者仅变量名不一样，所以能顺利合并。

最后一列是"source01"变量，即表示每个个案来源，由此可以看出前部分是"data03-03（1）.sav"的数据，后部分是"data03-03（2）.sav"的数据。

同时，发现"课程性质"变量存在缺失值，这是因为只有"data03-03（2）.sav"数据文件有"课程性质"变量，而"data03-03（1）.sav"没有。

	academy	课程编号	学时	学分	课程性质	source01
90	7	90	32	2.0	.	0
91	7	91	32	2.0	.	0
92	7	92	18	1.0	.	0
93	8	93	32	2.0	2	1
94	8	94	32	2.0	1	1
95	8	95	48	3.0	1	1

图 3-14　个案合并后的部分结果

① 若用户要强行合并的两个文件中的某两个变量(即两个变量来自不同的文件)仅具有相同的变量名，而变量类型不同，那么强行匹配将失败。
② 合并后的数据放在当前打开的源数据文件中，保存后将直接更新此文件的内容，不可撤销；若用户希望保留源数据文件及保存合并后的数据文件，则选择"文件"→"另存为"（而非"保存"）即可。

3.3.2 变量合并

1. 参数设置

（1）选择数据文件对话框的参数设置。

打开第一个数据文件，选择"数据"→"合并文件"→"添加变量"，弹出"变量添加至"对话框，如图 3-15 所示，此界面各选项的含义与图 3-10 相似，此处不再赘述。用户根据需要选择其中一种方式打开第二个数据文件即可。

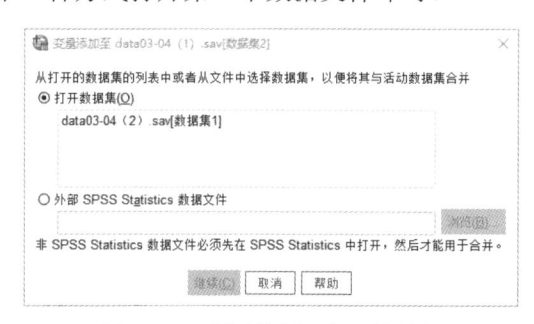

图 3-15 "变量添加至"对话框

（2）添加变量对话框的参数设置。

单击"继续"按钮，弹出"变量添加自"对话框，如图 3-16 所示，其中各项设置的含义如下。

（a）"变量添加自"对话框 1 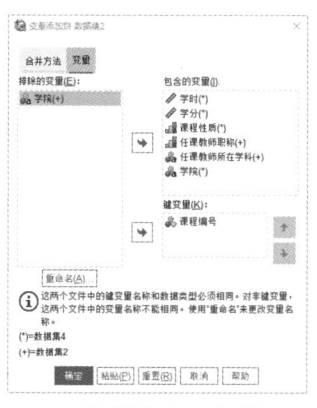　　　　（b）"变量添加自"对话框 2

图 3-16 "添加变量"对话框

Note

- 合并方法有以下三种可选项。

① 基于文件顺序的一对一合并：文件中的个案顺序决定了个案的匹配方式。

② 基于键值的一对一合并：基于一个或多个变量的值匹配个案。

③ 基于键值的一对多合并：一个文件包含个案数据，一个文件是查找表。来自查找表的个案与个案数据文件中具有匹配键值的个案合并。相同键值在个案数据文件中可以多次出现。查找表中的一个个案可以与个案数据文件中的多个个案合并。

- 排除的变量：要从新合并的数据文件中排除的变量。

① 当在合并方法选项卡上选择了基于文件顺序一对一合并设置时，第二个数据集中与活动数据集中的变量同名的变量将被排除。

② 当在合并方法选项卡上选择了基于文件顺序一对一合并设置时，第二个数据集中与活动数据集中的变量同名的变量将被排除。

③ 当在合并方法选项卡上选择了基于键值一对一合并或基于键值一对多合并设置时，排除第二个数据集中所有重复名称变量（与活动数据集中相同变量名称具有不同基本类型（字符串/数字）的变量）。

- 包含的变量：要包含在新合并数据文件中的变量。如果想要在合并后数据文件中包含有重复名称的已排除变量，请使用重命名来更改名称。

① 当在合并方法选项卡上选择了基于文件顺序一对一合并设置时，将包含活动数据集中的所有变量和第二个数据集中所有唯一命名的变量。

② 当在合并方法选项卡上选择了基于键值一对一合并或基于键值一对多合并设置时，将包含两个数据集中所有唯一命名的变量。对于活动数据集中在第二个数据集中具有重复名称但具有不同基本类型（字符串/数字）的变量，也会包含在内。

- 键变量：对于键值合并，基于键变量值合并个案。

① 当在合并方法选项卡上选择了基于文件顺序一对一合并设置时，将包含活动数据集中的所有变量和第二个数据集中所有唯一命名的变量。

② 当在合并方法选项卡上选择了基于键值一对一合并或基于键值一对多合并设置时，将包含两个数据集中所有唯一命名的变量。对于活动数据集中在第二个数据集中具有重复名称但具有不同基本类型（字符串/数字）的变量，也会包含在内。

- “在合并前按键值对文件进行排序”复选框：勾选复选框后激活该对话框。

用户在合并变量时，若两个数据文件没有共同的变量，此时不需指定键变量，直接将所需合并的变量选入“新的活动数据集”，即可按观测量出现的顺序一对一地合并。

若两个数据文件拥有相同的变量，也有不同的变量，此时可以将相同的变量指定为键变量，并指定当键变量值不同时的观测量处理方法。

2. 变量合并的SPSS实现

实例四：“data03-04（1）.sav”与“data03-04（2）.sav”分别为课程信息和任课教师信息，如图 3-17 所示，其中“data03-04（1）.sav”缺少“课程编号”为 2 和 3 的个案，“data03-04（2）.sav” 缺少“课程编号”为 8 和 9 的个案。现要求将后者中的部分变量合并到前者中，并使用三种方式处理键变量值相同时的观测量。

> 数据文件：数据文件\Chapter03\data03-04（1）.sav；
> 　　　　　数据文件\Chapter03\data03-04（2）.sav
> 视频文件：视频文件\Chapter03\数据文件的合并.avi

(a)"data03-04（1）.sav"数据　　　　(b)"data03-04（2）.sav"数据

图 3-17　原始数据

- 第一种方式：选择"基于键值一对一合并"选项。

（1）打开"data03-04（1）.sav"，选择"数据"→"合并文件"→"添加变量"，弹出如图 3-15 所示对话框，选择"打开数据集"中的"data03-04（2）.sav"。

（2）单击"继续"按钮进入下一步，弹出如图 3-18 所示"变量添加"对话框。勾选"基于键值的一对一合并"和"在合并前按键值对文件进行排序"复选框，在"排除的变量"列表中选中"课程编号"，然后单击下面的 ➡ 按钮，将"课程编号"变量选入"键变量"列表中。

（3）单击"确定"按钮，完成了变量合并，如图 3-19（a）所示。

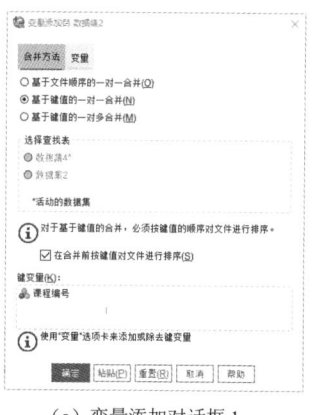

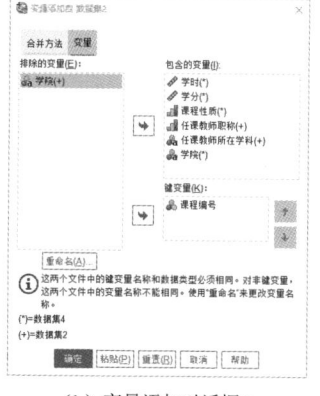

(a)变量添加对话框 1　　　　(b)变量添加对话框 2

图 3-18　变量添加对话框

- 第二种方式：选择"基于文件顺序的一对一合并"选项。

在图 3-16 对话框中选择并勾选"基于文件顺序的一对一合并"，其余步骤与第一种方式相同，结果如图 3-19（b）所示。

- 第三种方式：选择"基于键值的一对多合并"选项。

在图 3-16 对话框中选择"基于键值的一对多合并"，选择查找表勾选"数据集 2"，其余步骤与第一种方式相同，结果如图 3-19（c）所示。

3. 变量合并的结果分析

图 3-19（a）、（b）、（c）是分别选择"基于键值的一对一合并""基于文件顺序的一对一合并"和"基于键值的一对多合并"选项处理键变量值相同时的观测量的合并结果。

我们知道,"data03-04（1）.sav"缺少"课程编号"为 2 和 3 的个案,"data03-04（2）.sav"缺少"课程编号"为 8 和 9 的个案,所以,图 3-19（a）中个案 8 和 9 缺失"任课教师职称"和"任课教师所在学科"的观测量,个案 2 和 3 缺失"学时"和"学分"的观测量;图 3-19（b）中个案 2 和 3 缺失"学时""学分"和"课程性质"的观测量;图 3-19（c）中个案 8 和 9 缺失"任课教师职称"和"任课教师所在学科"的观测量。

	学院	课程编号	学时	学分	课程性质	任课教师职称	任课教师所在学科
1	1	1	32	2.0	1	3	1
2		2				1	1
3		3				1	1
4	1	4	16	1.0	1	2	2
5	1	5	16	1.0	1	2	2
6	1	6	16	1.0	1	2	2
7	1	7	16	1.0	1	2	2
8	1	8	32	2.0	2		
9	1	9	32	2.0	2		
10	1	10	32	2.0	2	3	1
11	1	11	16	1.0	2	2	2
12	1	12	16	1.0	2	2	3

（a）选择"基于键值的一对一合并"的部分结果

	学院	课程编号	学时	学分	课程性质	任课教师职称	任课教师所在学科
1	1	1	32	2.0		3	1
2		2				1	1
3		3				1	1
4	1	4	16	1.0	1	2	2
5	1	5	16	1.0	1	2	2
6	1	6	16	1.0	1	2	2
7	1	7	16	1.0	1	2	2
8	1	8	16	1.0	1		
9	1	9	32	2.0	2		
10	1	10	32	2.0	2	3	1
11	1	11	16	1.0	2	2	2
12	1	12	16	1.0	2	2	3

（b）选择"基于文件顺序的一对一合并"的部分结果

	学院	课程编号	学时	学分	课程性质	任课教师职称	任课教师所在学科
1	1	1	32	2.0	1	3	1
2	1	4	16	1.0	1	2	1
3	1	5	16	1.0	1	2	2
4	1	6	16	1.0	1	2	2
5	1	7	16	1.0	1	2	2
6	1	8	16	1.0	1	2	2
7	1	9	32	2.0	2		
8	1	10	32	2.0	2		
9	1	11	16	1.0	2	3	1
10	1	12	16	1.0	2	2	2
11	1	13	16	1.0	2	1	1
12	1	14	16	1.0	1	1	2

（c）选择"基于键值的一对多合并"的部分结果

图 3-19 变量合并的部分结果

> ① 键变量中不能有"　　　"这样的缺失值，否则系统会以为键变量的排序是按照降序排列而非升序排列，导致无法完成变量合并。
> ② 合并后的数据放在当前打开的源数据文件"data03-04（1）.sav"中，保存后将直接更新此文件的内容，不可撤销；若用户希望保留源数据文件及保存合并后的数据文件，则选择"文件"→"另存为"（而非"保存"）即可。

3.4 数据文件的结构重构

数据文件的结构包括两种，一种为个案组结构，即纵向结构；一种为变量组结构，即横向结构。不同的分析方法需要使用不同的数据格式，若数据文件的结构不符合分析方法的要求，就需要通过对数据文件的重组来改变文件的结构。

数据文件的结构重组方式有 3 种。在数据视图窗口中，选择"数据"→"重构"，弹出"重构数据向导"对话框，如图 3-20 所示，即可看到显示在该对话框中的 3 种重组方式：

- 将选定变量重构为个案：指将变量组结构转换为个案组结构，即横向数据转换为纵向数据。
- 将选定个案重构为变量：指将个案组结构转换为变量组结构，即纵向数据转换为横向数据。
- 转置所有数据：指将所有个案转换成变量，将所选变量转换成个案。选中该项后，激活"完成"按钮，单击它，随即进入如图 3-5 所示的"转置"对话框，相关操作可参见 3.2，本节不再赘述。

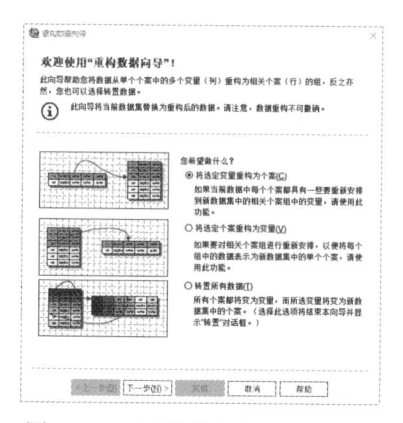

图 3-20 "重构数据向导"对话框

因本节的 SPSS 操作是根据向导一步一步进行的，所以本节将参数设置与实例的 SPSS 实现结合在一起进行介绍。

实例五："data03-05（1）.sav"与"data03-05（2）.sav"数据文件分别为横向结构和纵向结构，如图 3-21 所示。两个数据文件均包括测量时间、测定人和 pH 值 3 项内容，现以这两个数据文件为对象，进行 3 种重组方式的介绍。

数据文件：数据文件\Chapter03\data03-05（1）.sav；
数据文件\Chapter03\data03-05（2）.sav
视频文件：视频文件\Chapter03\数据文件的结构重组.avi

(a) "data03-05（1）.sav" 数据　　　　(b) "data03-05（2）.sav" 数据

图 3-21　原始数据

3.4.1　将选定变量重构为个案

利用"data03-05（1）.sav"数据文件，将其转换为纵向结构。

（1）打开"data03-05（1）.sav"数据文件，选择"数据"→"重构"，弹出如图 3-20 所示的"重构数据向导"对话框，选中"将选定变量重构为个案"选项。

（2）单击"下一步"按钮，弹出"重构数据向导-第 2/7 步"对话框，如图 3-22 所示，在该对话框中需要选择进行重构的变量组的个数，有两个选项：一个和多个。当选中"多个"时，则需在后面的方框中输入变量组的个数，SPSS 默认为 2。本次选中"一个"选项。

图 3-22　"重构数据向导-第 2/7 步"对话框

（3）单击"下一步"按钮，弹出"重构数据向导-第 3/7 步"对话框，如图 3-23 所示，其中各项含义和相关设置如下。

- 个案组标识：用于指定在变量组格式的数据中，对观测记录的标识变量。下拉列表中有 3 种指定标识变量的方法：使用个案号、使用选定变量和无。此处选择"使用选定变量"，并将左侧的"测量时间"选入"变量"中，将其指定为标识变量。
- 要转置的变量：用于指定要重构的多个变量组。若上一步选择重构的变量组的个数为 1，此处的目标变量后的下拉列表中就只有 trans1；若上一步选择重构的变量组的个数为多个，此处的目标变量后的下拉列表中就会包括 trans1、trans2、trans3、…、transN。对默认的变量组名可以直接进行编辑。在选定某个变量名称后，可从左侧的变量列表选中需要变换的变量，单击按钮，将其选入"目标变量"下面的列表框中，同时，还可通过左侧的按钮调整变量的显示顺序。此处将"目标变量"命名为"pH值"，并将 pH 值 1、pH 值 2、pH 值 3、pH 值 4、pH 值 5 和 pH 值 6 全部选入"目标变量"下面的列表框中。

- **固定变量**：用于指定不参与格式重构，但仍要出现在转换结果中的变量。此处将"测定人"变量选入"固定变量"中。

（4）单击"下一步"按钮，弹出"重构数据向导-第 4/7 步"对话框，如图 3-24 所示，在该对话框中需要设置重构后所要生成的索引变量的个数，有"一个"，"多个"和"无"这 3 个选项。此处选择"一个"选项。

图 3-23　"重构数据向导-第 3/7 步"对话框 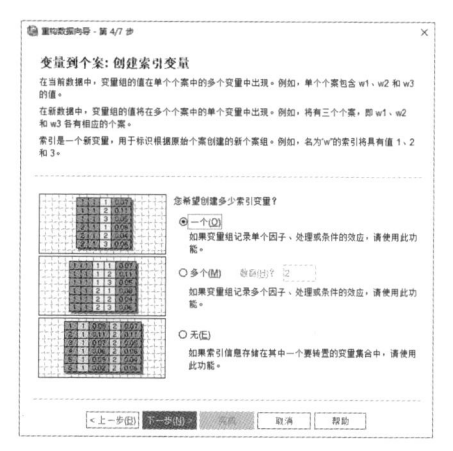　　图 3-24　"重构数据向导-第 4/7 步"对话框

（5）单击"下一步"按钮，弹出"重构数据向导-第 5/7 步"对话框，如图 3-25 所示，在该对话框中需要设置重构后所要生成的索引变量的参数，其中各项含义和相关设置如下。

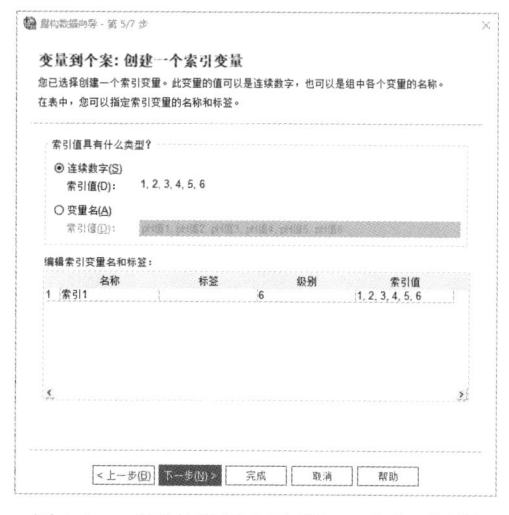

图 3-25　"重构数据向导-第 5/7 步"对话框

- 索引值具有什么类型：包括连续数字和变量名两种。前者是索引变量自动赋予递增的整数序列，后者使用变量组所包含各变量的名称作为索引取值。
- 编辑索引变量名和标签：用户可根据需要自行编辑索引变量的名称和标签，默认名称为"索引 N"。此处将索引变量名称改为"批次"，标签不填。

（6）单击"下一步"按钮，弹出"重构数据向导-第 6/7 步"对话框，如图 3-26 所示，其中各项含义和相关设置如下。

- 未选择的变量的处理方式：用于指定在图 3-26 中没有起任何作用的变量的处理方式，包括从新数据文件中删除变量和保留并作为固定变量处理。前者表示转换后的结果直接删除这部分变量的信息，后者表示将这部分变量作为固定变量对待。
- 所有转置后的变量中的系统缺失值或空值：包括在新文件中创建个案和废弃数据两种处理方式。前者表示在结果中为已变换变量中的系统缺失值或空白值单独生成一条观测记录，后者表示在结果中直接将其删除。
- 个案计数变量：用于选择是否生成计数变量。当在上面选择废弃数据以丢失缺失值或空白值时，计数变量就起到重要的计数作用。
  - 计算由当前数据中的个案创建的新个案的数目：表示对由原始数据的一个观测记录，经过转换后生成的新观测记录进行计数，并生成一个计数变量保持计数信息，在名称后输入计数变量的名称，在标签后输入计数变量的标签。

（7）单击"下一步"按钮，弹出"重构数据向导-完成"对话框，如图 3-27 所示，此时可以选择立即重构数据，或选择将本向导生成的语句粘贴到语法窗口中，这样便可以做进一步编辑修改及择时运行。

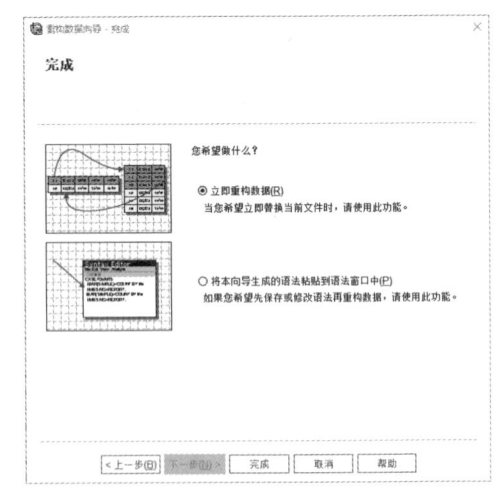

图 3-26 "重构数据向导-第 6/7 步"对话框　　图 3-27 "重构数据向导-完成"对话框

（8）单击"完成"按钮，输出窗口弹出如图 3-28 所示内容，重构后的数据格式如图 3-21 中的纵向格式所示。

➡ 变量到个案

[数据集2] D:\spss\数据文件\chapter03\data03-05（1）.sav

生成的变量

名称	标签
标识	<none>
索引1	<none>
PH值	<none>

正在处理统计

输入变量	8
输出变量	5

图 3-28　生成的变量

3.4.2　将选定个案重构为变量

利用"data03-05（2）.sav"数据文件，将其转换为横向结构。

（1）打开"data03-05（2）.sav"数据文件，选择"数据"→"重构"，弹出如图3-20所示的"重构数据向导"对话框，选中"将选定个案重构为变量"选项。

（2）单击"下一步"按钮，弹出"重构数据向导-第 2/5 步"对话框，如图 3-29所示，将"当前文件夹中的变量"中的"测量时间"选入"标识变量"中，将"批次"选入"索引变量"中。

（3）单击"下一步"按钮，弹出"重构数据向导-第 3/5 步"对话框，如图3-30所示，在此可选择是否对当前数据进行排序。此处选择默认选项"是"。

图 3-29　"重构数据导向-第 2/5 步"对话框　　图 3-30　"重构数据向导-第 3/5 步"对话框

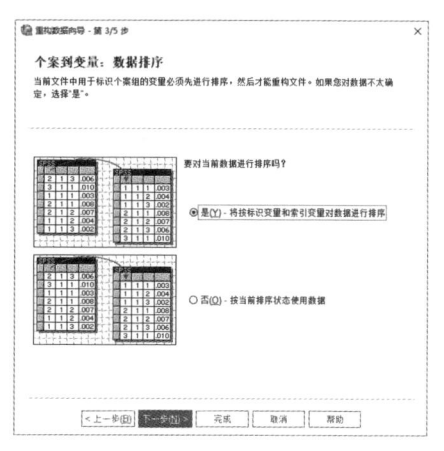

（4）单击"下一步"按钮，弹出"重构数据向导-第 4/5 步"对话框，如图3-31所示，其中各项含义和相关设置如下。

- 新变量组的顺序：指当重构结果包含多于 1 组的新变量组时，设置新变量组的显示顺序；如果只有一个输出变量组，则此处两个选项的输出一样。
- 个案计数变量：用于选择是否生成计数变量。

- 指示符变量：选择"创建指示符变量"表示对索引变量的每个取值生成一个指示变量，用来记录对应的变量取值是否为空；指示变量取值为 1 表示对应的变量取值非空，取值为 0 表示对应的变量取值为空；选中此项后，还要求在根名后处指定指示变量的前缀。

此处各项均保持默认选项。

（5）单击"下一步"按钮，弹出"重构数据向导-完成"对话框，如图 3-32 所示，该对话框与图 3-27 相似。此处选择"立即重构数据"。

图 3-31　"重构数据向导-第 4/5 步"对话框　　　图 3-32　"重构数据向导-完成"对话框

（6）单击"完成"按钮以完成数据文件的结构重构，重构后的数据格式如图 3-21 中的纵向格式所示。

> 重构后的结果保存在当前数据集中，即覆盖了原始数据，若用户希望保留原始数据，则可将重构结果另存为其他文件。

3.5　分类汇总

分类汇总是按照指定的分类变量对观测量进行分组，然后计算各分组中某些变量的描述统计量，如对各国所产汽车的平均功率进行描述统计。

分类汇总是将统计分析结果生成一个新的数据文件，在新文件中对指定分类变量的每个值产生一个观测记录，例如按"性别"分组，那么新的分类汇总文件中就只包括"男"和"女"两个观测记录。

3.5.1　参数设置

（1）打开数据文件，选择"数据"→"汇总"，弹出"汇总数据"对话框，如图 3-33 所示，其中各项的含义如下。

图 3-33 "汇总数据"对话框

- 分界变量：用于从左侧的变量列表选入汇总的分类变量。
- 变量摘要：用于从左侧的变量列表选入汇总变量，即要在各分组内进行描述的变量。
- 函数：即汇总统计量。
- 名称与标签：用于汇总变量的命名。
- 个案数：选中此复选框表示在分类结果中用一个变量显示每个类别里的观测量个数。在名称后输入此变量的名称，默认 N_BREAK。
- 保存：在此可以设置汇总结果的保存选项，有 3 种方式，将汇总变量添加到活动数据集、创建只包含汇总变量的新数据集、创建只包含汇总变量的新数据文件。
- 用于大型数据集的选项：有 2 种方式，文件已按分界变量排序、汇总前对文件进行排序。前者指数据已经按照指定的分类变量排好了序，当数据较大时能节省运行时间；后者指在分类汇总之前，先按照指定的分类变量对数据进行排序。

（2）单击"函数"按钮，弹出"汇总数据：汇总函数"对话框，如图 3-34 所示。包括摘要统计、特定值、个案数、百分比、分数和计数。

（3）单击"名称与标签"按钮，弹出"汇总数据：变量名称和标签"对话框，如图 3-35 所示。该对话框用于设置结果变量的名称与标签。

图 3-34 "汇总数据：汇总函数"对话框 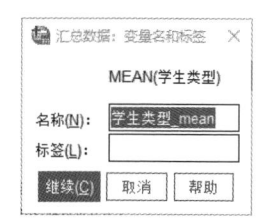   图 3-35 "汇总数据：变量名称和标签"对话框

> **注意**：选择"用于大型数据集的选项"中的"文件已按分界变量排序"时，分类变量的排序方式必须和汇总数据过程中指定的顺序一致；如果需要在活动数据集中集中添加变量，选择该选项时分类变量必须选择升序方式排序。

3.5.2 分类汇总的SPSS实现

实例六："data03-06.sav"数据文件是某高校研究生期末成绩，如图3-36所示，现要求以"性别"和"学生类型"分组，对"成绩"的平均值、最大值与最小值进行描述统计。

| 数据文件：数据文件\Chapter03\data03-06.sav |
| 视频文件：视频文件\Chapter03\分类汇总.avi |

	学号	性别	学生类型	总学分	成绩
1	310001	2	2	31.0	85.19
2	310002	1	2	31.0	84.39
3	310003	1	2	29.0	82.76
4	310004	1	2	29.0	80.43
5	310005	1	1	29.5	90.58
6	310006	1	1	5.5	88.64
7	310007	1	1	9.0	87.44

图3-36 "data03-06.sav"部分数据

（1）打开"data03-06.sav"数据文件，选择"数据"→"汇总"，弹出如图3-33所示的"汇总数据"对话框。

（2）将"性别"和"学生类型"选入"分界变量"，将成绩分3次选入"变量摘要"；第一次选入后，单击"函数"按钮，选择平均值；采用同样的方法对后两次进行"最大值"与"最小值"的设定；名称采用SPSS默认名称，用户也可单击"名称与标签"按钮更改名称；同时勾选"个案数"。

（3）完成所有设置后，单击"确定"按钮执行命令。

3.5.3 分类汇总的结果分析

图3-37是分类汇总的部分结果，由图可以看出，汇总结果已经对"性别"和"学生类型"的每个组合单独生成了一条汇总观测量，并记录了"成绩"的平均值、最大值与最小值，同时，最后一列显示了每一行所包含的原始观测量个数。

	学号	性别	学生类型	总学分	成绩	成绩_mean	成绩_max	成绩_min	N_BREAK
1	310001	2	2	31.0	85.19	85.68	89.35	82.06	19
2	310002	1	2	31.0	84.39	81.37	86.83	75.14	12
3	310003	1	2	29.0	82.76	81.37	86.83	75.14	12
4	310004	1	2	29.0	80.43	81.37	86.83	75.14	12
5	310005	1	1	29.5	90.58	84.38	90.58	78.67	6
6	310006	1	1	5.5	88.64	84.38	90.58	78.67	6

图3-37 分类汇总后的结果

3.6 文件拆分

文件拆分，是根据指定的分组变量对原始数据进行分组，使分组变量取值相同的个案集中到一起，这有利于观察和比较数据文件。

3.6.1 参数设置

打开数据文件，选择"数据"→"拆分文件"，弹出"拆分文件"对话框，如图 3-38 所示，其中各项的含义如下。

- 分析所有个案，不创建组：指分析全部数据，但是不建立分组，没选中此项可恢复未拆分时的状态。
- 比较组：指将文件拆分后的分组以比较组的形式显示。
- 按组来组织输出：指按分组变量的取值排序输出。
- 分组依据：指用于从变量列表中选入分组变量。
- 按分组变量进行文件排序：指将数据按照分组变量的取值排序。
- 文件已排序：指数据已经按分组变量进行排序，不需要重新排序。

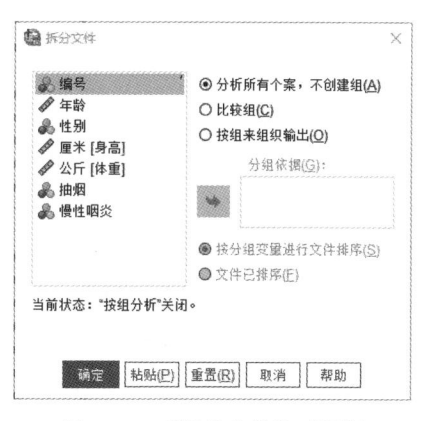

图 3-38 "拆分文件"对话框

3.6.2 文件拆分的 SPSS 实现

实例七：本例仍以如图 3-36 所示"data03-06.sav"数据文件为例。现要求以"性别"和"学生类型"进行文件拆分。

数据文件：数据文件\Chapter03\data03-06.sav
视频文件：视频文件\Chapter03\文件拆分.avi

（1）打开"data03-06.sav"数据文件，弹出如图 3-38 所示的"拆分文件"对话框。

(2）单击选中"比较组"，然后选中左侧的"性别"和"学生类型"变量，单击 按钮，将两个变量指定为"分组变量"。

（3）完成所有设置后，单击"确定"按钮执行命令。

3.6.3 文件拆分的结果分析

图 3-39 是文件拆分的部分结果，由图可知，数据文件先按"性别"进行了拆分，然后再按"学生类型"进行了拆分。

	学号	性别	学生类型	总学分	成绩
1	310005	1	1	29.5	90.58
2	310006	1	1	5.5	88.64
3	310007	1	1	9.0	87.44
4	310011	1	1	8.0	81.75
5	310013	1	1	11.0	79.18
6	310015	1	1	9.0	78.67
7	310002	1	2	31.0	84.39
8	310003	1	2	29.0	82.76
9	310004	1	2	29.0	80.43
10	310020	1	2	23.0	86.83
11	310029	1	2	23.0	85.09
12	310035	1	2	25.5	83.99
13	310037	1	2	23.5	81.35
14	310038	1	2	23.0	81.26
15	310039	1	2	23.0	80.39
16	310040	1	2	23.0	78.22
17	310041	1	2	24.0	76.63
18	310042	1	2	24.5	75.14
19	310008	2	1	9.0	86.67
20	310009	2	1	9.0	85.00
21	310010	2	1	9.0	82.89

图 3-39　文件拆分的部分结果

> ① 在完成"拆分文件"命令后，SPSS 数据视图窗口状态栏的右侧会显示 拆分依据 性别 学生类型，表示当前数据已经拆分。拆分信息会在保存数据文件的时候被保存下来。
> ② 若要取消拆分文件的设置，可单击"数据"→"拆分文件"，在弹出的对话框中选择"分析所有个案，不创建组"，此时，只是取消了拆分文件的设置，不能使数据顺序还原到拆分之前的顺序。

3.7　选择个案

有时数据文件的数据量非常大，用户需要在统计分析前对数据进行有目的的选择，则可选择"数据"→"选择个案"，通过设定条件即可选出符合要求的个案，并进行相应分析。

3.7.1　参数设置

打开数据文件，选择"数据"→"选择个案"，弹出"选择个案"对话框，如图 3-40

所示。其各项含义如下。

- 选择：确定选择个案方法的选项栏，其中包含 5 个选项。

① 所有个案：指所有的个案都选择，为 SPSS 默认选项。

② 如果条件满足：指根据逻辑更新表达式选择数据，需要用户设定条件。选中此项后，激活"如果"按钮，单击该按钮，进入"选择个案：If"对话框，如图 3-41 所示，在右上方的窗口中输入条件表达式。

图 3-40　"选择个案"对话框 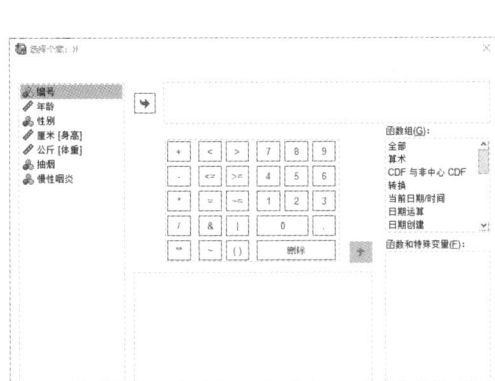　　　　图 3-41　"选择个案：If"对话框

③ 随机个案样本：指在所有的个案中按随机抽样的方式选择个案。选择此项后，激活"样本"按钮，单击该按钮，弹出"选择个案：随机样本"对话框，如图 3-42 所示。其中的"大约"指按照用户给定的百分比从所有个案中随机选择个案；"正好为"指在若干个案中随机选择一定数量的个案，在后面的第一个方框中填入要选择的个案数，在第二个方框中填入选定范围的个案数。

④ 基于时间或个案范围：指在设定的范围内随机选择个案。选中此项后，激活"范围"按钮，单击该按钮，弹出"选择个案：范围"对话框，如图 3-43 所示。在两个方框中分别填入第一个个案和最后一个个案。

图 3-42　"选择个案：随机样本"对话框 　　　　图 3-43　"选择个案：范围"对话框

⑤ 使用过滤变量：指通过过滤变量来选择有效个案，将空缺个案剔除。选择此项后，激活下面的方框。选中左侧的某一个变量，单击按钮，将该变量选入方框中。当过滤变量值为 0 或缺失值时，则该变量的个案将被排除在选取数据中。

- 输出：确定未被选中个案的处理方法的选项栏，包括 3 个选项。

① 过滤掉未选定的个案：选中此项后，SPSS 在执行完选中个案命令后将生成一个新的变量，该变量说明了哪些是被选择的个案和哪些是未被选择的个案。未被选择的个案在数据窗口最左侧的个案序号上打上了斜线。以后的分析将只对选择的个案进行。

② 将选定个案复制到新数据集：选择该选项后，激活数据集名称后面的方框，用于

为新的文件命名。执行完选中个案的命令后，SPSS 直接打开新生成的数据文件。

③ 删除未选定的个案：指执行完选择个案命令后删除未被选择的个案，即数据窗口中只保留被选中的个案。

3.7.2 选择个案的 SPSS 实现

实例八："data03-07.sav" 数据文件包括被调查者的年龄、体重、是否抽烟和是否患有慢性咽炎等信息，如图 3-44 所示。现要求按照不同的条件进行个案选择。

| 数据文件：数据文件\Chapter03\data03-07.sav |
| 视频文件：视频文件\Chapter03\选择个案.avi |

	编号	年龄	性别	身高	体重	抽烟	慢性咽炎
1	1	27	1	164.7	80.8	1	1
2	2	21	0	192.3	97.6	0	1
3	3	26	1	150.7	53.6	1	1
4	4	30	1	164.9	71.3	0	0
5	5	30	1	189.7	84.1	1	1
6	6	21	1	161.2	64.6	0	0
7	7	33	1	170.2	74.1	0	0

图 3-44 "data03-07.sav" 部分数据

（1）打开 "data03-07.sav" 数据文件，选择 "数据" → "选择个案"，弹出如图 3-40 所示的 "选择个案" 对话框。

（2）为了让用户掌握各个选项，现根据不同条件选择个案。

① 选择年龄在 40 岁以上的个案，并过滤掉未选定的个案。

选中 "如果条件满足"，单击 "如果" 按钮，弹出如图 3-41 所示的 "选择个案条件：If" 对话框，在其右上方输入 "年龄>40"，单击 "继续" 按钮回到选择个案对话框；单击选中 "过滤掉未选定的个案"；单击 "确定" 按钮执行命令，结果如图 3-45 所示。

② 从所有个案的 60%中选择个案。

选择 "随机个案样本"，单击 "样本" 按钮，弹出如图 3-42 所示的 "随机样本" 对话框，在其 "大约" 右侧的方框中输入 60。单击 "继续" 按钮回到选择个案对话框。单击选中 "过滤掉未选定的个案"；单击 "确定" 执行命令。结果略，其与选择 "如果条件满足" 相似，只是所选出来的个案是随机的。同时，每次进行相同的操作所选出的个案都不相同。

③ 选中第 11～15 个个案。

选中 "基于时间或个案范围"，单击 "范围" 按钮，弹出如图 3-43 所示的 "范围" 对话框，在其两个方框中分别填入 11、15。单击 "继续" 按钮回到选择个案对话框；单击选中 "删除未选定的个案"；单击 "确定" 执行命令，结果如图 3-46 所示。

④ 选择 "慢性咽炎" 为过滤变量。

选择 "使用过滤变量"，再选中左侧的 "慢性咽炎" 变量，单击 ▶ 按钮，将该变量选入方框中。单击 "继续" 按钮回到选择个案对话框；选中 "将选定个案复制到新数据集"，并命名 "datenew_慢性咽炎"；单击 "确定" 按钮执行命令。当过滤变量为 0 或空缺时，相应的个案将不被选中，结果如图 3-47 和图 3-48 所示。

3.7.3 选择个案的结果分析

图 3-45 是"选择年龄在 40 岁以上的个案,并过滤掉未选定的个案"的部分结果,可以看出,"年龄>40"的被选中,且最后一列的 1 代表被选中。

	编号	年龄	性别	身高	体重	抽烟	慢性咽炎	filter_$
10	10	44	1	165.5	66.8	0	1	1
16	16	47	0	178.1	84.4	1	0	1
26	26	43	1	177.9	73.0	1	1	1
28	28	47	1	165.4	64.2	0	1	1
30	30	42	0	183.4	77.4	1	1	1
36	36	52	1	181.8	64.9	0	1	1
37	37	41	0	178.5	79.5	1	1	1
40	40	41	0	163.4	57.6	0	1	1
41	41	42	1	160.0	57.8	1	1	1

图 3-45 选择年龄在 40 岁以上的个案的结果

图 3-46 是"选中第 11~15 个个案"的部分结果,可以看出,除了第 11~15 个个案被选定并保留下来,其余的均被删除了。

	编号	年龄	性别	身高	体重	抽烟	慢性咽炎
1	11	29	1	153.1	62.7	1	0
2	12	28	0	174.6	80.0	1	1
3	13	31	1	186.5	86.9	0	1
4	14	26	0	178.6	88.2	1	1
5	15	33	1	181.6	92.3	1	0
6							

图 3-46 选择第 11~15 个个案的结果

图 3-47 是"选择慢性咽炎为过滤变量"的原始数据,所有"慢性咽炎"取值为 0 的将不被选中,而取值为 1 的将被选中。同时,会重新生成一个显示所有被选中个案的数据文件,名称为"datenew_慢性咽炎",其结果显示如图 3-48。

	编号	年龄	性别	身高	体重	抽烟	慢性咽炎
1	1	27	1	164.7	80.8	1	1
2	2	21	0	192.3	97.6	0	1
3	3	26	1	150.7	53.6	1	1
4	4	30	1	164.9	71.3	0	1
5	5	30	1	189.7	84.1	1	1
6	6	21	0	161.2	64.6	0	1
7	7	33	1	170.2	74.1	1	1
8	8	22	1	158.2	57.8	1	1

图 3-47 选择"慢性咽炎"为过滤变量的原数据

	编号	年龄	性别	身高	体重	抽烟	慢性咽炎
1	1	27	1	164.7	80.8	1	1
2	2	21	0	192.3	97.6	0	1
3	3	26	1	150.7	53.6	1	1
4	5	30	1	189.7	84.1	1	1
5	10	44	1	165.5	66.8	0	1
6	12	28	0	174.6	80.0	1	1
7	14	26	0	178.6	88.2	1	1

图 3-48 选择"慢性咽炎"为过滤变量的结果 2

3.8 个案加权

个案加权,指在统计分析过程中对不同观测量定义不同的权重,常用于技术频数表资料,如列联表和等级资料频数表。对观测量的加权在绘制散点图、直方图和进行回归分析等过程具有重要作用。

加权值为0、负值或缺失值时的个案不参与分析,正小数可以为加权值。

3.8.1 参数设置

打开数据文件,选择"数据"→"个案加权",弹出"个案加权"对话框,如图3-49所示,其中各项含义如下。

- 不对个案加权:为SPSS默认选项,指对当前数据集不做加权,可用于对做过加权的数据集取消加权。
- 个案加权依据:按照指定变量对数据集进行加权,指定变量被选入"频率变量"下方的方框中。

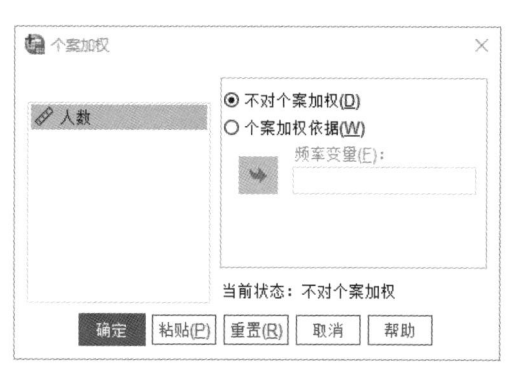

图3-49 "个案加权"对话框

3.8.2 个案加权的SPSS实现

实例九:"data03-08.sav"数据文件是研究人们喜欢跳舞是否与喜欢唱歌有一定关系,如图3-50所示,现要求对该数据文件进行个案加权。

| 数据文件:数据文件\Chapter03\data03-08.sav |
| 视频文件:视频文件\Chapter03\个案加权.avi |

(1)打开"data03-08.sav"数据文件,选择"数据"→"个案加权",弹出如图3-49所示的"个案加权"对话框。

(2)选中"个案加权依据"选项,再选中左侧变量栏中的"人数"变量,单击 按钮,将其选入"频率变量"中。

(3)单击"确定"按钮执行命令,输出结果如图3-51所示,与图3-50的原始数据相比较，可以看出，其与未加权时的数据集没有任何变化，但此时状态栏右侧显示"权重开启"字样，表示当前数据集被加权。

图 3-50 "data03-08.sav" 数据

图 3-51 "个案加权"后的数据

（4）为了对比加权前与加权后的差异，现以列联表分析为例，说明个案加权的应用。在已经被加权的数据集中选择"分析"→"描述统计"→"交叉表"，弹出"交叉表"对话框，如图 3-52 所示，各项含义参见第 4.4 节。

图 3-52 "交叉表"对话框

（5）将"跳舞"变量选入"行"，将"唱歌"变量选入列，单击"确定"按钮执行命令。同时，按照同样的方法对未加权的数据集进行操作。

3.8.3 个案加权的结果分析

图 3-53 是加权前和加权后的交叉表，对比加权前后的交叉表可以发现，加权的个案在统计时是按照权重变量的取值进行计数的，而未加权的个案是按照实际的记录行进行计数的。

跳舞 * 唱歌 交叉表
计数

		唱歌		总计
		不喜欢	喜欢	
跳舞	不喜欢	1	1	2
	喜欢	1	1	2
总计		2	2	4

跳舞 * 唱歌 交叉表
计数

		唱歌		总计
		不喜欢	喜欢	
跳舞	不喜欢	37	159	196
	喜欢	69	131	200
总计		106	290	396

图 3-53 加权前（左侧）后（右侧）的交叉表

> 保存加权的数据文件，其加权信息也被保存，但可以随时更改加权变量或取消加权功能。

3.9 计算新变量

计算新变量的方法，是指利用已知变量产生新变量，其在统计分析过程中经常用到，可以通过"转换"→"计算变量"来实现。

3.9.1 参数设置

打开数据文件，选择"转换"→"计算变量"，弹出"计算变量"对话框，如图3-54所示，其中各项含义和相关设置如下。

- 目标变量：用于指定新变量的名称。若指定的新变量与已存在的变量名一样，那么在命令运行后新变量的取值将会覆盖原变量的取值。
- 类型和标签：单击"类型和标签"按钮，弹出"计算变量：类型和标签"对话框，如图3-55所示。此处可设置新变量的类型与标签，类型包括数值型和字符串型，标签可以根据需要设置。

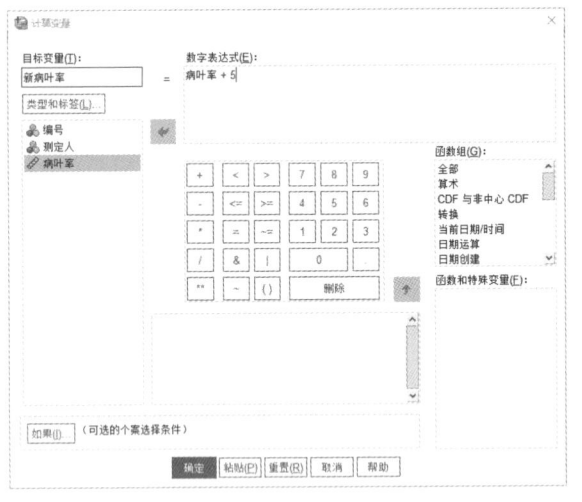

图3-54 "计算变量"对话框 图3-55 "计算变量：类型与标签"对话框

- 数字表达式：用于编辑新变量的计算表达式。
- 如果：单击"如果"按钮，弹出"计算变量：If 个案"对话框，如图3-56所示，其用于设置满足指定条件的个案，对于不满足条件的个案，则对应的新变量将以系统缺失值显示。

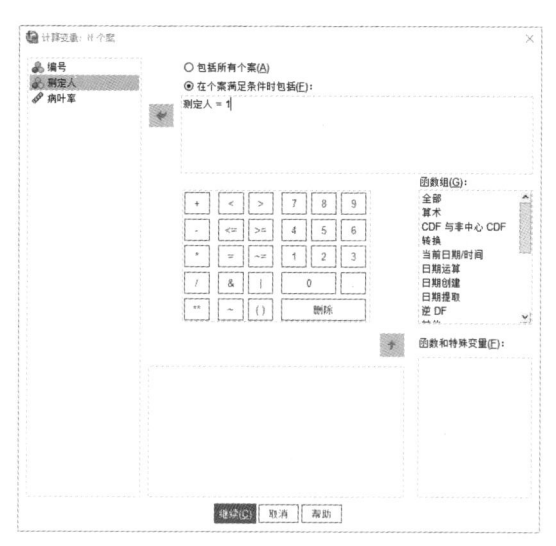

图 3-56 "计算变量：If 个案"对话框

3.9.2 计算新变量的 SPSS 实现

实例十："data03-09.sav"数据文件包括"编号""测定人"和"危害率"三个变量，如图 3-57 所示，现要求将 1 号测定人所测定的"病叶率"加上 5，其余测定人所测定的"病叶率"不变。

数据文件：数据文件\Chapter03\data03-09.sav
视频文件：视频文件\Chapter03\计算新变量.avi

（1）打开"data03-09.sav"数据文件，选择"转换"→"计算变量"，弹出如图 3-54 所示的"计算变量"对话框。

图 3-57 "data03-09.sav"部分数据

（2）为了保持原变量，此处的目标变量命名为"新病叶率"。

（3）单击"类型和标签"按钮，弹出如图 3-55 所示的"计算变量：类型和标签"对话框，在标签后的输入框中输入"测定人 1 的病叶率加 5"；类型选择数值型。单击"继续"按钮回到选择个案对话框。

（4）在"数字表达式"框中输入"病叶率+5"。输入方法为：选中左侧变量列表中的"病叶率"变量，单击 ➡ 按钮，再通过方框下面的计算器按钮或计算机键盘输入"+5"。

（5）单击"如果"按钮，弹出如图 3-56 所示的"计算变量：If 个案"对话框。选择

"在个案满足条件时包括",并设置为"测定人=1"。输入方法与"计算变量"中的"数字表达式"的输入方法一样。单击"继续"按钮回到选择个案对话框。

（6）完成所有设置后，单击"确定"按钮执行命令。

3.9.3 计算新变量的结果分析

图 3-58 是计算新变量的部分结果，发现在"新病叶率"变量中只有测定人 1 的数据，其余测定人的数据均以缺失值显示。

	编号	测定人	病叶率	新病叶率
1	1	1	16.67	21.67
2	2	1	3.75	8.75
3	3	1	2.08	7.08
4	4	1	.00	5.00
5	5	1	1.67	6.67
6	6	1	8.75	13.75
7	7	1	3.38	8.38
8	8	1	4.00	9.00
9	9	1	2.08	7.08
10	10	1	.58	5.58
11	11	1	1.50	6.50
12	12	1	2.25	7.25
13	13	1	6.42	11.42
14	14	2	.03	
15	15	2	6.75	

图 3-58　"生成新变量"的部分结果

此时，若要将其余测定人的病叶率调查数据原封不动地搬到"新病叶率"变量中，除了可以直接复制外，还可继续通过"计算变量"来实现。再次选择"转换"→"计算变量"，在数字表达式中输入"病叶率"，并单击"如果"按钮，输入"测定人~=1"，其余设置不变。其中的"~="的含义参加本书 2.1.3。

单击"确定"按钮，弹出询问窗口，如图 3-59 所示。询问用户是否更改现有变量，单击"确定"按钮即可。这样，新变量"新病叶率"中既包括更改后的值，也包括未更改的值。

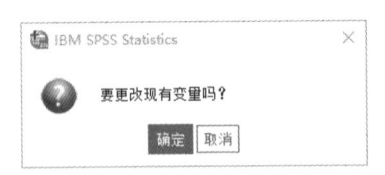

图 3-59　改变现有变量的询问窗口

3.10　对个案内的值计数

对个案计内的值计数功能是对个案内某变量的某些取值进行计数，并创建一个新变量将计数情况保存起来。利用"转换"→"对个案内的值计数"可以实现。

3.10.1 参数设置

打开数据文件,选择"转换"→"对个案内的值进行计数",弹出"计算个案中值的出现次数"对话框,如图 3-60 所示。

- 目标变量:用于指定新变量的名称。
- 目标标签:用于指定新变量标签的名称。
- 变量:指对个案内计数的对象。

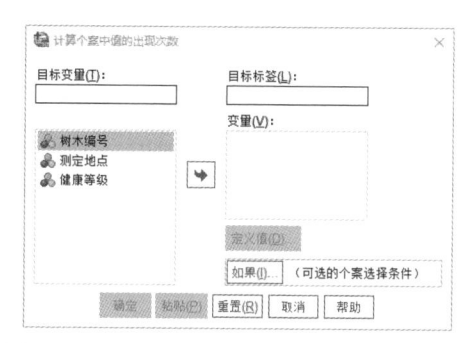

图 3-60 "计算个案内值的出现次数"对话框

当有变量选入"变量"列表时,激活"定义值"按钮,单击它,弹出"对个案中的值进行计数:要计数的值"对话框,如图 3-61 所示,其中各选项的含义如下。

- 值:用于指定单个数值出现的次数。选中此项则激活下方的方框,在方框中输出指定数值即可。
- 系统缺失值:用于计算系统缺失值出现的次数。
- 系统缺失值或用户缺失值:用于计算系统缺失值与用户缺失值出现的次数。
- 范围:用于计算用户指定的最小值到最大值范围内任意数值出现的次数。选择此项则激活下面的两个方框,在其中输入两个值即可。
- 范围,从最低到值:用于计算从最小值到用户指定的最大值范围内任意数值出现的次数。
- 范围,从值到最高:用于计算从用户指定的最小值到所有数据中最大值范围内任意数值出现的次数。

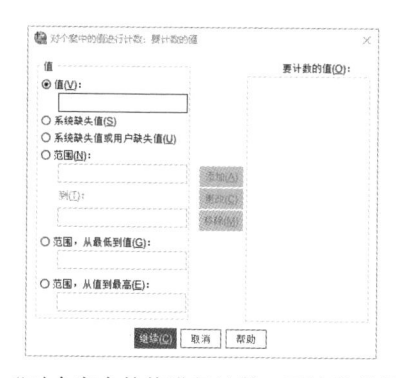

图 3-61 "对个案中的值进行计数:要计数的值"对话框

单击“如果”按钮，弹出“计算出现次数：If 个案”对话框，其与图 3-56 所示的对话框完全一样，各项含义可参见 3.9.1 节。

Note

3.10.2 对个案内的值计数的 SPSS 实现

实例十一：“data03-10.sav”数据文件包括树木编号、测定地点和健康等级三个变量，如图 3-62 所示。现要求对“健康等级”变量中的健康（包括非常健康和一般健康）进行计数。

数据文件：数据文件\Chapter03\data03-10.sav
视频文件：视频文件\Chapter03\对个案内的值计数.avi

	树木编号	测定地点	健康等级
1	1	1	2
2	2	1	3
3	3	1	3
4	4	1	3
5	5	1	2
6	6	1	3
7	7	1	1

图 3-62　“data03-10.sav”部分数据

（1）打开“data03-10.sav”数据文件，选择“转换”→“对个案内的值进行计数”，弹出如图 3-60 所示的“计算个案内值的出现次数”对话框。

（2）在“目标变量”中输入“健康”；在“目标标签”中输入“健康的树木”。

（3）选中左侧变量列表中的“健康等级”，单击➡按钮，将其选入“变量”中。

（4）单击“定义值”按钮，弹出如图 3-61 所示的“对个案中的值进行计数：要计数的值”对话框，选中“范围”，并在“到”前后分别输入 1 和 2（1 代表非常健康，2 代表一般健康）。单击“继续”按钮返回主对话框。

（5）完成所有设置后，单击“确定”按钮执行命令。

3.10.3 对个案内的值计数的结果分析

结果如图 3-63 所示，在原有变量的后面生成了新变量“健康”，其中的 1.00 代表健康，.00 代表非健康（系统默认新变量的小数位数为 2）。若用户需要对新变量“健康”中的 1.00 出现的次数进行统计，可通过“分析”→“描述统计”→“频数”实现，具体操作可参见本书 4.1 节。

	树木编号	测定地点	健康等级	健康
1	1	1	2	1.00
2	2	1	3	.00
3	3	1	3	.00
4	4	1	3	.00
5	5	1	2	1.00
6	6	1	3	.00
7	7	1	1	1.00

图 3-63　对个案内的计数的部分结果

3.11 变量的重新编码

变量的重新编码有以下三种方法：
- 用重新编码的变量取代原来的变量，即"重新编码为相同的变量"，例如，可将薪金合并到薪金范围类别中；
- 用重新编码的变量生成一个新变量，即"重新编码为不同变量"，例如，可将薪金合并到包含薪金范围类别的新变量中；
- "自动重新编码"功能。

使用"重新编码到相同变量中"可以对数值变量和字符串变量重新编码；但如果选择多个变量，则它们必须为相同类型，不可将数值变量和字符串变量放在一起重新编码。

使用"重新编码到不同变量中"可以对数值变量和字符串变量重新编码；可以将数值变量重新编码为字符串变量，反之亦然；如果选择多个变量，则它们必须为相同类型，不可将数值变量和字符串变量放在一起重新编码。

3.11.1 重新编码为相同变量

1．参数设置

打开数据文件，选择"转换"→"重新编码为相同的变量"，弹出"重新编码为相同的变量"对话框，如图 3-64 所示。

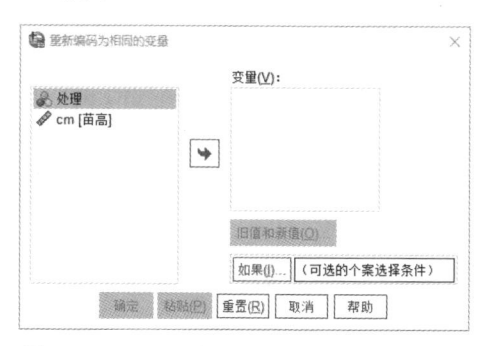

图 3-64 "重新编码为相同的变量"对话框

当有变量选入"变量"框内，激活"旧值和新值"按钮，单击它，弹出"重新编码为相同变量：旧值和新值"对话框，如图 3-65 所示。

- 旧值：指要重新编码的值；可对单个值、值范围和缺失值重新编码；不可为字符串变量选择系统缺失值和范围，因为这两个概念都不适用于字符串变量；旧值必须与原变量是相同的数据类型（数值或字符串）。除了最后一项"所有其他值"，其余各项含义均与图 3-61 相同。"所有其他值"指定义前面所有定义没有包括的值。
- 新值：是由每个旧值或值范围重新编码获得的单个值；新值可为数值或字符串。各项含义与"旧值"中的"值"、"系统缺失值"的含义相同。
- 旧-->新：用于显示旧值与新值的替换情况，可以在列表中添加、更改和删除指定

值。列表将根据指定的旧值按下列顺序自动排序：单值、缺失值、范围、所有其他值。如果更改列表中的重新编码指定，则过程自动对列表重新排序（如果必要）以保持此顺序。

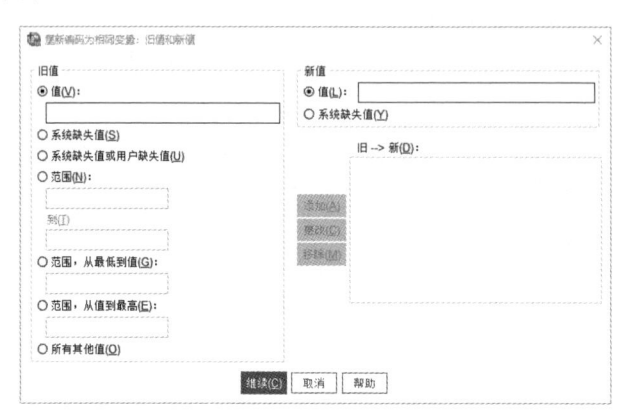

图 3-65 "重新编码为相同变量：旧值和新值"对话框

单击"如果"按钮，弹出"重新编码为相同变量：If 个案"对话框，其与图 3-56 所示的对话框完全一样，各项含义可参见 3.9.1 节。

2. 重新编码为相同变量的SPSS实现

实例十二："data03-11"数据文件包括"处理"和"苗高"这两个变量，每个"处理"变量包括 20 个观测量，如图 3-66 所示。现要求利用重新编码为相同变量将"区组"变量的取值 1、2、3、4 分别转换为 1、1、2、2。

数据文件：数据文件\Chapter03\data03-11.sav
视频文件：视频文件\Chapter03\变量的重新编码.avi

（1）打开"data03-11"数据文件，选择"转换"→"重新编码为相同的变量"，弹出如图 3-64 所示的"重新编码为相同的变量"对话框。将左侧变量列表中的"处理"变量选中，单击 ▶ 按钮，将其选入"变量"中。

图 3-66 "data03-11"部分数据

（2）单击"旧值和新值"按钮，弹出如图 3-65 所示的"旧值和新值"对话框。

（3）选中"旧值"中的"值"，并在其下的方框中输入 1，同时，选中"新值"中的"值"，并在其右侧的方框中输入 1，单击"添加"按钮将其添加至"旧-->新"列表中。

（4）在"旧值"中的"值"输入 2，在"新值"中的"值"输入 1，单击"添加"按钮确认。

（5）继续在"旧值"中的"值"输入3，在"新值"中的"值"输入2，单击"添加"按钮确认。

（6）继续在"旧值"中的"值"输入4，在"新值"中的"值"输入2，单击"添加"按钮确认。

（7）选中"旧值"中的"系统缺失值或用户缺失值"，同时，选中"新值"中的"系统缺失值"，单击"添加"按钮确认。

（8）设置完成后如图 3-67 所示，单击"继续"按钮返回主对话框。

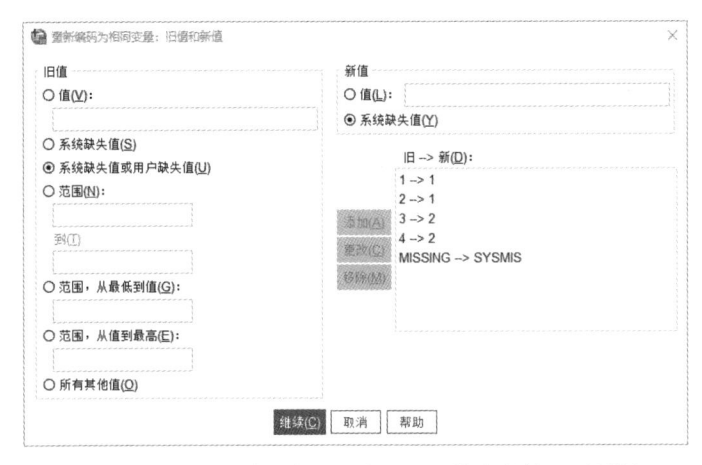

图 3-67 "重新编码为相同变量：旧值和新值"对话框

（9）完成所有设置后，单击"确定"按钮执行命令。

> **注意** 重新编码为相同变量时，系统默认变量新值的类型与旧值的类型一样，此处旧值为数值型，故不能在新值的"值"中输入字符串，如英文字母。

3．重新编码为相同变量的结果分析

图 3-68 是重新编码前后的部分结果，可以看出"处理"变量的取值已经发生了变化。同时，用户可以在"变量视图"窗口发现，利用"重新编码为相同变量"方法对变量进行重新编码只对变量的取值进行更改，而对变量值的标签没有更改。所以，若用户所设定的旧标签不符合新值所代表的含义，则需要重新设定。

(a) 重新编码前   (b) 重新编码后

图 3-68 重新编码前后的对比

3.11.2 重新编码为不同变量

1. 参数设置

打开数据文件,选择"转换"→"重新编码为不同变量",弹出"重新编码为不同变量"对话框,如图 3-69 所示。

- 输出变量:用于指定输出变量的名称和标签。

图 3-69 "重新编码为不同变量"对话框

单击"旧值和新值"按钮,弹出"重新编码为不同变量:旧值和新值"对话框,如图 3-70 所示。该对话框与图 3-65 相似,部分选项可参见 3.11.1 节。

- 复制旧值:可保留旧值。如果某些值不需要重新编码,那么使用此项以包含旧值。任何未指定的旧值不包含在新变量中,具有那些值的个案将分配新变量的系统缺失值。
- 输出变量是字符串:将重新编码的新变量定义为字符串(字母数字)变量。旧变量可以是数值或字符串。
- 将数字字符串转换为数字:将包含数字的字符串值转换为数字。包含除数字和可选的符号(+或-)以外的任何字符的字符串会分配系统缺失值。

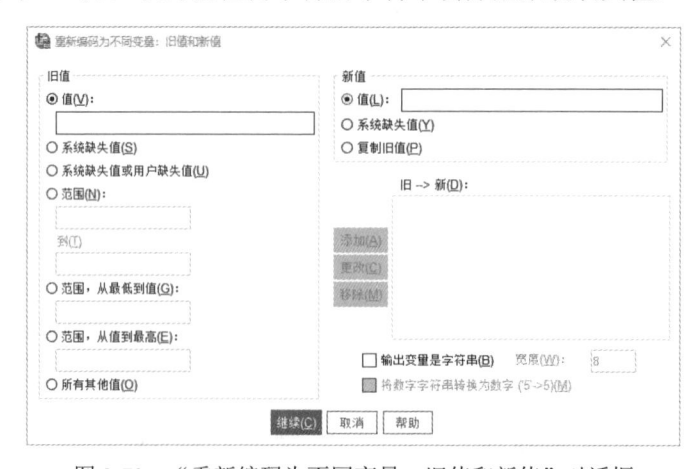

图 3-70 "重新编码为不同变量:旧值和新值"对话框

2. 重新编码为不同变量的SPSS实现

实例十三：仍采用如图 3-66 所示的"data03-11.sav"数据文件。现要求将"苗高"变量转换为每 20cm 为一个苗高段的定序变量，并生成新变量。

数据文件：数据文件\Chapter03\data03-11.sav
视频文件：视频文件\Chapter03\变量的重新编码.avi

（1）打开"data03-11.sav"数据文件，选择"转换"→"重新编码为不同变量"，弹出如图 3-69 所示的"重新编码为不同变量"对话框。

（2）选中左侧变量列表中的"苗高"变量，单击 按钮，将其选入"输入变量->输出变量"列表中，显示为 苗高 --> ? ，提示用户输入新变量名称。

（3）在"输出变量"中的"名称"输入"苗高段"，标签中输入"每 20cm 为一段"。输入完毕后单击"变化量"按钮，此时在"输入变量->输出变量"列表中将显示 苗高 --> 苗高段 。

（4）单击"旧值和新值"按钮，弹出如图 3-70 所示的"重新编码为不同变量：旧值和新值"对话框。

（5）选中"旧值"中的"范围，从最低到值"，并在其下的方框中输入 20，同时，选中"新值"中的"值"，并在其下的方框中输入 1，单击"添加"按钮将其添加至"旧-->新"列表中。

（6）在"旧值"中的"范围"从上到下分别输入 20、40，在"新值"中的"值"输入 2，单击"添加"按钮确认。

（7）在"旧值"中的"范围，从值到最高"输入 40，在"新值"中的"值"输入 3，单击"添加"按钮确认。

（8）设置完成后如图 3-71 所示，单击"继续"按钮返回主对话框。

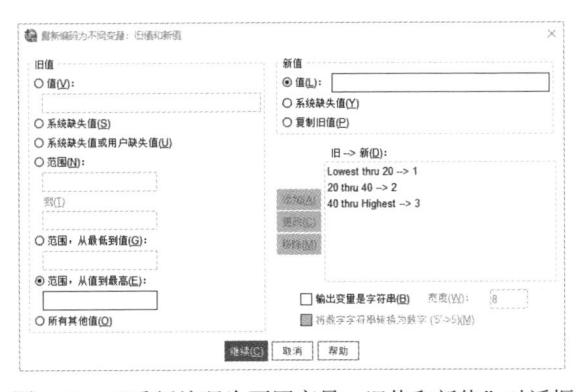

图 3-71 "重新编码为不同变量：旧值和新值"对话框

（9）完成所有设置后，单击"确定"按钮执行命令。

> **提示：** 重新编码为不同变量时，可以将数值型变量转换为字符型变量，也可以将字符型变量转换为数值型变量。对字符型变量转换为数值型变量的情况，旧值只能选择系统或用户缺失，新值只能选择系统缺失。

3. 重新编码为不同变量的结果分析

图 3-72 是重新编码为不同变量的部分结果，可以看出，在原变量后面生成了一个新变量"苗高段"。值得注意的是，该变量为定序变量，其中的每个值所代表的含义需要用户在执行完命令后对变量的值标签进行设置。

	处理	苗高	苗高段
1	1	34.8	2.00
2	1	31.0	2.00
3	1	31.9	2.00
4	1	35.6	2.00
5	1	33.1	2.00
6	1	7.4	1.00
7	1	23.1	2.00
8	1	32.1	2.00
9	1	43.1	3.00
10	1	23.5	2.00

图 3-72 "重新编码为不同变量"的部分结果

> **注意**："重新编码为相同变量"和"重新编码为不同变量"只适用于名义变量和顺序变量，或是将尺度变量转化为顺序变量。

3.11.3 自动重新编码

自动重新编码是将字符型变量或数值型变量转换成连续的整数。自动编码在一些统计分析过程很有必要。当类别代码不连续时，对许多过程来说，生成的空单元格将降低性能并增加内存要求；某些过程不能使用字符串变量，某些过程要求因子级别为连续的整数值。在自动重新编码时，SPSS 遵循如下规则。

- SPSS 通过分组变量重新产生一个新的变量，新变量的值按原变量的顺序重新赋予从 1 开始的连续整数值。
- 自动重新编码创建的新变量保留了旧变量中任何已定义的变量标签和值标签。若分组变量没有变量值标签，新变量则将原变量的值作为新变量的变量值标签。一个表显示了旧值、新值及值标签。
- 字符串值将按字母顺序重新编码，其中大写字母将排在相应的小写字母之前。
- 缺失值被重新编码为高于任何非缺失值的缺失值，并保留它们的原有顺序。例如，如果原变量有 10 个非缺失值，最低的缺失值将被重新编码为 11，值 11 将作为新变量的缺失值。

1. 参数设置

打开数据文件，选择"转换"→"自动重新编码"，弹出"自动重新编码"对话框，如图 3-73 所示，其中各项的含义如下。

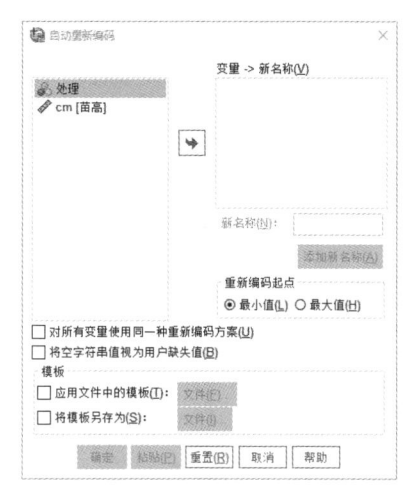

图 3-73 "自动重新编码"对话框

- 变量->新名称：用于选入需要进行编号的变量。当有变量选入该列表中时，激活下方的"新名称"输入框，此时则可在输入框中输入新名称，同时，单击"添加新名称"按钮完成新名称的添加。
- 重新编码起点：用于指定重新编码的顺序，有最低值和最大值两个选项。
- 对所有变量使用同一种重新编码方案：将当前被编码的方案应用到所有的选择变量中。
- 将空字符串值视为用户缺失值：选中此项，在编码时空字符串将不被编码；不选此项，空字符串将被正常编码。
- 模板：有两个选项，分别为"应用文件中的模板"和"将模板另存为"。前者是利用模板对当前选择的变量进行自动重新编码，后者是将当前对选择变量的自动重新编码方案保存到外部模板文件中。

2．自动重新编码的SPSS实现

实例十四："data03-12.sav"数据文件中包括4个变量，这4个变量分别为数值型、数值型、字符串型、字符串型，如图3-74所示。现要求对4个变量都进行自动重新编码，均将重新编码的起点设为最低值。

数据文件：数据文件\Chapter03\data03-12.sav
视频文件：视频文件\Chapter03\变量的重新编码.avi

（1）打开"data03-12.sav"数据文件，选择"转换"→"自动重新编码"，弹出如图3-73所示的"自动重新编码"对话框。

（2）选中左边变量列表中的"变量1"，单击 ▶ 按钮，将其选入"变量->新名称"列表中，显示为 变量1-->??????? ，提示用户输入新变量名称。此时，在下方的"新名称"后面的方框中输入新名称"新变量1"，激活并"添加新名称"按钮，添加完后显示为 变量1-->新变量1 。同时，在下方的"重新编码起点"选项中选中"最小值"。

（3）重复第二步的操作，分别将"变量 2""变量 3""变量 4"选入"变量->新名称"列表中，并分别命名为"新变量 2""新变量 3""新变量 4"。

（4）勾选"将空字符串值视为用户缺失值"选项。

（5）完成所有设置后，单击"确定"按钮执行命令。

图 3-74　"data03-12.sav"数据

3. 自动重新编码的结果分析

图 3-75 是自动重新编码的部分结果，分别观察表格后四列，即 4 个变量自动重新编码后的序号，发现如下规律：生成的新变量是连续变量；选中"将空字符串值视为用户缺失值"选项后，空字符串将不被编码；小写字母优先于大写字母；中文拼音字符型变量按照各字符的首写字母的顺序重新编码。

图 3-75　"自动重新编码"的结果

3.12　个案等级排秩

个案等级排秩，又称为变量值的排序，是将个案排序的结果生成一个新变量，新变量的取值即为排序后的顺序号。这项功能在产品等级、学生成绩排名等应用中利用较多。

3.12.1　参数设置

打开数据文件，选择"转换"→"个案排秩"，弹出"个案排秩"对话框，如图 3-76

所示。各项含义如下：

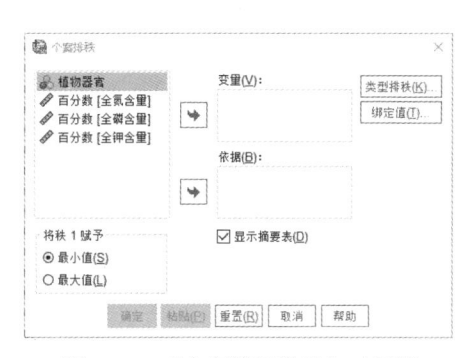

图 3-76 "个案等级排序"对话框

- 依据：用于选入作为排序依据的变量。
- 显示摘要表：即结果窗口中输出摘要表。
- 将秩 1 赋予：该栏中有最小值和最大值两个选项。前者指将等级 1 指定给最小值，即按照升序来排序，后者指将等级 1 指定给最大值，即按照降序来排序。
- 单击"类型排秩"按钮，弹出"个案排秩：类型"对话框，如图 3-77 所示，其中的"秩"是系统默认选项，指将求得的排序结果生成一个新变量并保持下来，其余各个复选框是对原始的排序变量进行各种计算后形成新的排序变量的选项，用户可根据需要进行相应选择。
- 单击"绑定值"按钮，弹出"个案排秩：绑定值"对话框，如图 3-78 所示，该对话框是用于确定相同数值的排序的分配方法。现以 3、7、7、9、12、12 这六个数据采用升序方法排序来说明平均值、低、高及顺序等级到唯一值的含义。
  - ➢ 平均值：指相同值的排序号取平均值。采用该选项，则上述数据的排序结果为 1、2.5、2.5、4、5.5、5.5。
  - ➢ 低：指相同值的排序号取最小值。采用该选项，则上述数据的排序结果为 1、2、2、4、5、5。
  - ➢ 高：指相同值的排序号取最大值。采用该选项，则上述数据的排序结果为 1、3、3、4、6、6。
  - ➢ 顺序秩到唯一值：指对变量的每一个值赋给一个排序号，且排序号是连续的。采用该选项，则上述数据的排序结果为 1、2、2、3、4、4。

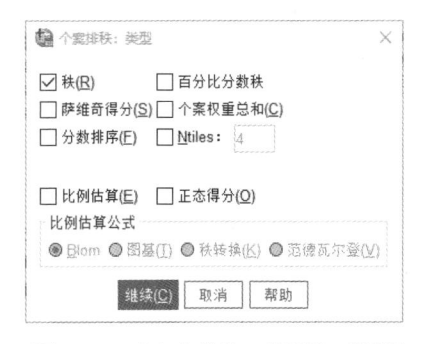

图 3-77 "个案排秩：类型"对话框    图 3-78 "个案排秩：绑定值"对话框

3.12.2 个案等级排秩的 SPSS 实现

实例十五:"data03-13.sav"数据文件包括"植物器官""全氮含量""全磷含量"和"全钾含量"这四个变量,如图 3-79 所示。现要求对不同植物器官的"全氮含量"进行等级排序。

| 数据文件:数据文件\Chapter03\data03-13.sav |
| 视频文件:视频文件\Chapter03\个案的等级排秩.avi |

	植物器官	全氮含量	全磷含量	全钾含量
1	1	1.07	.08	.05
2	1	1.28	.12	.06
3	1	1.07	.08	.05
4	1	.93	.06	.04
5	1	1.04	.08	.05
6	1	1.08	.08	.05
7	1	.93	.06	.04
8	1	.95	.06	.04
9	1	1.09	.08	.05
10	1	.94	.06	.04
11	1	.97	.07	.04
12	1	.99	.07	.04
13	2	1.46	.15	.06
14	2	1.62	.19	.07
15	2	1.41	.14	.06
16	2	1.37	.13	.06

图 3-79 "data03-13.sav"部分数据

(1)打开"data03-13.sav"数据文件,选择"转换"→"个案排秩",弹出如图 3-76 所示的"个案排秩"对话框。

(2)从左侧的变量列表中选中"全氮含量""全磷含量"和"全钾含量",单击 ➡ 按钮,将这三个变量选入"变量"列表中。将"植物器官"选入"依据"列表中。

(3)在"将秩 1 赋于"栏中选择最小值,即按照升序来排序。

(4)单击"类型排秩"按钮,弹出如图 3-77 所示的"个案排秩:类型"对话框,勾选"秩"复选框。单击"继续"按钮返回主对话框。

(5)单击"绑定值"按钮,弹出如图 3-78 所示的"个案排秩:绑定值"对话框,单击选中"顺序秩到唯一值"。单击"继续"按钮返回主对话框。

(6)完成所有设置后,单击"确定"按钮执行命令。

3.12.3 个案排秩的结果分析

图 3-80 是个案排秩后的部分结果,观察表格最后一列,可以看出第 4 个个案排名第一,其"全氮含量"取值为 0.93,是所有个案中的最小值,可以发现其等级排序结果符合所有设置。

	植物器官	全氮含量	全磷含量	全钾含量	R全氮	R全磷	R全钾
1	1	1.07	.08	.05	8.000	6.000	6.000
2	1	1.28	.12	.06	12.000	10.000	7.000
3	1	1.07	.08	.05	9.000	7.000	6.000
4	1	.93	.06	.04	1.000	1.000	1.000
5	1	1.04	.08	.05	7.000	5.000	5.000
6	1	1.08	.08	.05	10.000	8.000	6.000
7	1	.93	.06	.04	2.000	1.000	1.000
8	1	.95	.06	.04	4.000	2.000	2.000
9	1	1.09	.08	.05	11.000	9.000	6.000
10	1	.94	.06	.04	3.000	2.000	1.000

图 3-80　个案排秩后的部分结果

3.13　本章小结

本章通过实例操作，详细介绍了数据排序、数据转置、数据文件的合并、数据文件的结构重构、分类汇总、文件拆分、选择个案、个案加权、计算新变量、对个案内的值计数、变量的重新编码和个案排秩的参数含义、操作步骤。本章主要用到主菜单中的"数据"菜单和"转换"菜单，若能熟练掌握并应用，则可以大大提高工作效率。

第二部分　数据分析

第 4 章

SPSS 基本统计分析

SPSS 中数据处理分析通常从基本统计分析开始，当得到原始数据后，通过基本统计分析，就可以分析数据的特征和分布形态，为数据的进一步分析打下基础。SPSS 提供的基本统计量大致可以分为 3 类：集中趋势的统计量、离散程度的统计量和总体分布的统计量，针对不同的目的，需要选择不同的统计量。本章分别介绍频数分析、描述性统计分析、探索性分析和列联表分析。

学习目标

(1) 理解各个基本统计分析的分析目的。
(2) 熟知各个对话框中的参数含义。
(3) 熟练掌握基本统计分析分析的操作步骤。
(4) 学会分析各项结果的含义。

4.1 频数分析

频数分析主要是对数据按照四分位数、百分位数、均值、中位数、标准差、方差、峰度、偏度等统计量进行整理，通过频数分布表和频数分布图来描述多种类型变量的统计和图形显示，对变量的分布有一个初步的认识，是查看数据理想的开始位置。

4.1.1 参数设置

（1）打开数据文件，选择"分析"→"描述统计"→"频率"，弹出"频率"对话框，如图 4-1 所示，各项含义如下。

- 变量：从左侧的变量列表中选择一个或多个变量进入其中。
- 显示频率表格：勾选此项，要求输出频率分布表。

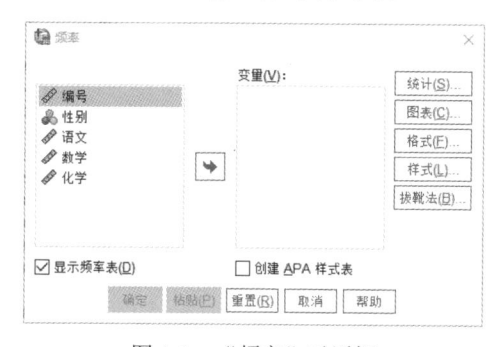

图 4-1 "频率"对话框

（2）单击"统计"按钮，弹出"频率：统计"对话框，如图 4-2 所示，该对话框用来选择统计分析量，各项含义如下。

- 百分位值。

四分位数：即第 25、50、75 百分位数，将观察值分为四个大小相等的组。

分割点：如果您希望相等组的数目不等于 4，可以选择此项，即输出等分点的百分位数。在参数框中可输入 2～100 间的整数。例如，输入 10，即输出第 10、20、30、40、50、60、70、80、90 百分位数。

百分位：直接指定输出的百分位数，在参数框中可输入 0～100 间的数值，单击"添加"按钮即可，可多次重复操作，指定输出多个百分位数，如指定输出 5%、15%、75% 的变量值。

- 集中趋势

平均值：算术平均，总和除以个案个数。

中位数：其实就是第 50 个百分位，大于该值和小于该值的个案数各占一半。如果个案个数为偶数，那么中位数是个案在以升序或降序排列的情况下最中间的两个个案的平均。中位数是集中趋势的测量，但对于远离中心的值不敏感，与平均值不同，平均值容易受到少数多个非常大或非常小的值的影响。

众数：最常出现的值。如果出现频率最高的值不止一个，那么每一个都是一个众数。如果出现这种情况，频数分析过程仅输出多个众数中最小的那个。

总和：所有带有非缺失值的个案的值的总和。

- 离散

标准差：对围绕平均值的离差的测量。在正态分布中，要求68%的个案在平均值的一倍标准差范围内，95%的个案在平均值的两倍标准差范围内。

方差：对围绕平均值的离差的测量，值等于与平均值的差的平方和除以个案数减一。

范围：数值变量最大值和最小值之间的差。

最小值：数值变量的最小值。

最大值：数值变量的最大值。

标准误均值：取自同一分布的样本与样本之间的平均值之差的测量，可以用来粗略比较观察平均值与假设值，如果差与标准误的比值小于-2或大于+2，那么可以初步判断两个值不同。

- 分布

该选项下包括偏度值和峰度值。偏度和峰度是描述分布形状和对称性的统计。

偏度：分布的不对称性测量。正态分布是对称的，偏度值为0。偏度值大于0表示正偏态，具有显著的正偏度的分布有很长的右尾。偏度值小于0表示负偏态，具有显著的负偏度的分布有很长的左尾。作为一个指导，当偏度值超过标准误的两倍时，那么认为不具有对称性。

峰度：观察值聚集在中点周围的程度的测量。对于正态分布，峰度统计的值为0。正峰度值表示相对于正态分布，观察值在分布中心的聚集更多，同时尾部更薄，直到分布极值。负峰度值表示相对于正态分布，观察值聚集得少并且尾部较厚，直到分布极值。

- 值为组的中点。

如果数据中的值是组中点，例如，所有年龄在30多岁的人都被编码为35，那么选择此选项以估计原始未分组的数据的中位数和百分位数。

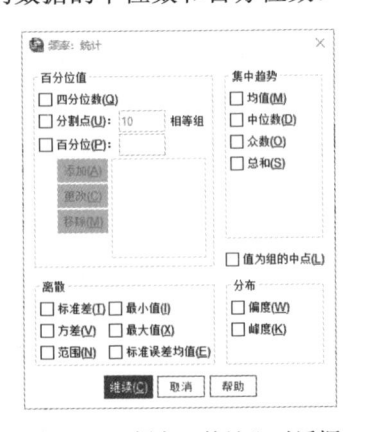

图4-2 "频率：统计"对话框

（3）单击"图表"按钮，弹出"频率：图表"对话框，如图4-3所示，该对话框用来设置统计图的输出，各项含义如下。

- 图表类型

无：即不输出统计图，系统默认。

条形图：将不同值或不同类别的计数作为单独的条显示，可以直观地比较各个类别。

饼图：每个分区对应于由单个分组变量定义的组，直观地显示各部分对整体的贡献。

直方图：直方图是根据相等的区间刻度进行绘制，高度是定量变量在该区间内的值的计数。在直方图中可以看出分布的形状、中心。直方图上的正态曲线有助于判断数据是否符合正态分布。

- 图表值：对于条形图，可以按频率或百分比标记刻度轴。

（4）单击"格式"按钮，弹出"频率：格式"对话框，如图 4-4 所示，该对话框用来设置频数输出格式，各项含义如下。

- 排序方式：根据数据中的实际值或根据频率以升序或降序的排序方式排列频率表。

按值的升序排序：变量值由小到大排序。

按值的降序排序：变量值由大到小排序。

按计数的升序排序：频数由小到大排序。

按计数的降序排序：频数由大到小排序。

- 多个变量。

比较变量：所有变量的频数表集中输出，系统默认。

按变量组织输出：每一个变量单独输出一个频数表。

- 禁止显示具有多个类别的表：变量的频数超过一定值时不显示频数分布表，系统默认是 10，即如果变量的个数大于 10，不输出相应的频数分布表。

图 4-3 "频率：图表"对话框　　　　图 4-4 "频率：格式"对话框

4.1.2 频数分析的 SPSS 实现

实例一："data04-01.sav"数据文件是某高校一个班级的学生期末考试语文、数学和化学三门课程的成绩，如图 4-5 所示。现要求利用频数分析对这个班级的语文成绩进行分析。

数据文件：数据文件\Chapter04\data04-01.sav
视频文件：视频文件\Chapter04\频数分析.avi

	编号	性别	语文	数学	化学
1	1	0	75	83	74
2	2	0	67	77	64
3	3	1	67	62	76
4	4	1	76	87	74
5	5	0	79	53	87
6	6	1	83	81	94
7	7	0	74	85	72

图 4-5　"data04-01.sav" 数据

（1）打开"data04-01.sav"数据文件，选择"分析"→"描述统计"→"频率"，弹出如图 4-1 所示的"频率"对话框。在左侧的变量列表中选中"语文"变量，单击 ▶ 按钮，将其选入"变量列表"。

（2）单击"统计"按钮，弹出如图 4-2 所示的"频率：统计"对话框。勾选"四分位数"、"均值"、"中位数"、"众数"、"标准差"、"方差"、"范围"、"最小值"、"最大值"、"标准误均值"、"偏度"和"峰度"复选框，单击"继续"按钮返回主对话框。

（3）单击"图表"按钮，弹出如图 4-3 所示的"频率：图表"对话框。勾选"直方图"选项及"在直方图中显示正态曲线"复选框，单击"继续"按钮返回主对话框。

（4）单击"格式"按钮，弹出如图 4-4 所示的"频率：格式"对话框，勾选"按值的升序排序"选项和"比较变量"选项，单击"继续"按钮返回主对话框。

（5）完成所有设置后，单击"确定"按钮执行命令。

4.1.3　频数分析的结果分析

从表 4-1 可以看出，有效样本为 30 个，没有缺失值。语文的平均成绩为 75.23 分，中位数为 74.50，标准偏差 11.258，最小值为 53，最大值为 97 等。

表 4-1　统计量

语文

\multicolumn{2}{l}{}	
N	有效	30
	缺失	0
平均值		75.23
标准平均值误差		2.055
中位数		74.50
方式		74
标准偏差		11.258
方差		126.737
偏度		.071
标准偏度误差		.427
峰度		−.544
标准峰度误差		.833
范围		44
最小值		53

续表

N	有效	30
	缺失	0
最大值		97
百分位数(P)	25	67.00
	50	74.50
	75	83.25

从表4-2可以看出学生语文成绩的频数分布,从左至右依次是频率、百分比、有效百分比和累计百分比。

表4-2　语文

	N	频率	百分比	有效百分比	累积百分比
有效	53	1	3.3	3.3	3.3
	58	1	3.3	3.3	6.7
	59	1	3.3	3.3	10.0
	61	1	3.3	3.3	13.3
	62	1	3.3	3.3	16.7
	65	1	3.3	3.3	20.0
	67	2	6.7	6.7	26.7
	68	1	3.3	3.3	30.0
	69	1	3.3	3.3	33.3
	72	2	6.7	6.7	40.0
	74	3	10.0	10.0	50.0
	75	1	3.3	3.3	53.3
	76	1	3.3	3.3	56.7
	77	1	3.3	3.3	60.0
	78	1	3.3	3.3	63.3
	79	2	6.7	6.7	70.0
	83	2	6.7	6.7	76.7
	84	1	3.3	3.3	80.0
	85	1	3.3	3.3	83.3
	88	1	3.3	3.3	86.7
	91	1	3.3	3.3	90.0
	93	1	3.3	3.3	93.3
	94	1	3.3	3.3	96.7
	97	1	3.3	3.3	100.0
	总计	30	100.0	100.0	

从图 4-6 可以看出学生语文成绩的直方图,学生的语文成绩基本服从正态分布,其中以 70～75 分的学生居多。

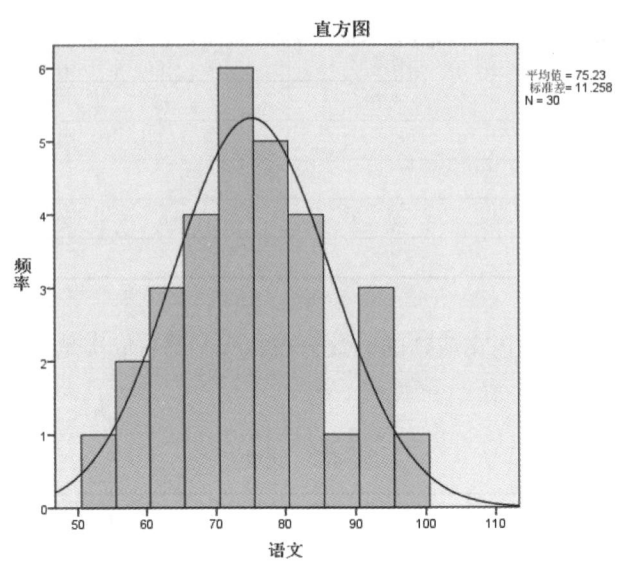

图 4-6 语文成绩的频数直方图

4.2 描述性统计分析

描述性统计分析是指通过均值、标准差、方差、最大值、最小值等统计量对变量进行描述。

4.2.1 参数设置

（1）打开数据文件，选择"分析"→"描述统计"→"描述"，弹出"描述"对话框，如图 4-7 所示，各项含义如下。

- 变量：从左侧的源变量列表中选择一个或多个变量进入其中。
- 将标准化值另存为变量：勾选该复选框，选择生成标准化数据。

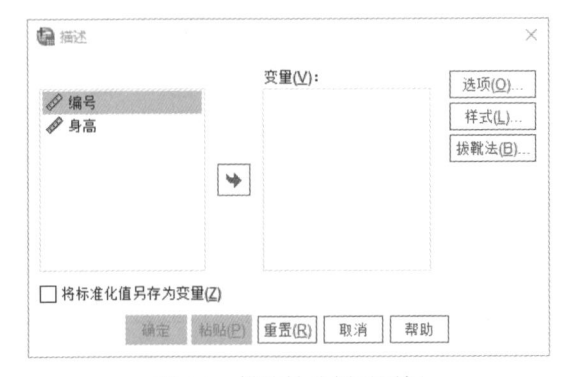

图 4-7 描述性分析对话框

（2）单击"选项"按钮，弹出"描述：选项"对话框，如图 4-8 所示，这里的描述分析量与前面介绍的频数分析的统计量中相同的部分就不再重复介绍，具体见第 4.1.1 节，剩下的分析量含义如下。
- 显示顺序：该选项栏用于设置当对多个变量进行描述统计时，输出的统计表中各变量如何排列，系统默认是按"变量列表"排列。

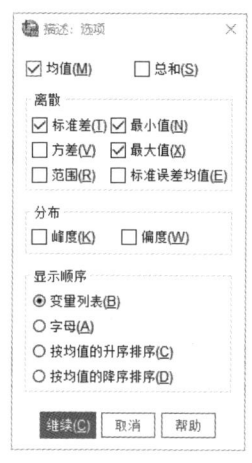

图 4-8　"选项"对话框

4.2.2　描述性分析的 SPSS 实现

实例二："data04-02.sav"数据文件是某高校一个班级的男生身高资料，如图 4-9 所示。现要求利用描述性分析对这个班级的男生身高进行描述。

数据文件：数据文件\Chapter04\data04-02.sav
视频文件：视频文件\Chapter04\描述性统计分析.avi

	编号	身高
1	1	170
2	2	164
3	3	173
4	4	183
5	5	172
6	6	156
7	7	170

图 4-9　"data04-02.sav"数据

（1）打开"data04-02.sav"数据文件，选择"分析"→"描述统计"→"描述"，弹出如图 4-7 所示的"描述"对话框。

（2）在左侧的变量列表中选中"身高"变量，单击 ➡ 按钮，将其选入"变量列表"，并勾选"将标准化值另存为变量"复选框。

（3）单击"选项"按钮，弹出如图 4-8 所示的"描述：选项"对话框，勾选"平均值"选项，在"离散"选项栏勾选"标准差"、"方差"、"范围"、"最小值"、"最大值"、

"标准误均值"复选框,在"分布"选项栏勾选"峰度"和"偏度"复选框,在"显示顺序"选项栏勾选"变量列表"选项,单击"继续"按钮返回主对话框。

(4)完成所有设置后,单击"确定"按钮执行命令。

4.2.3 描述性分析的结果分析

从表4-3可以看出样本个数25个,有效的25个,范围为31,最小值为156,最大值为187,平均值为172.28,平均数的标准误为1.398,标准偏差为6.991,方差为48.877,偏度为0.084,峰度为0.790,从峰度为正峰度值看,相对于正态分布,本例数据的观察值更多地向分布中心聚集。

表4-3 描述性统计资料

项目	数字	范围	最小值(M)	最大值(X)	平均值(E)		标准偏差	方差	偏度		峰度	
	统计	统计	统计	统计	统计	标准错误	统计	统计	统计	标准错误	统计	标准错误
身高	25	31	156	187	172.28	1.398	6.991	48.877	.084	.464	.790	.902
有效N(成列)	25											

从图4-10可以看出描述性统计还可以把原始变量转换成标准化的变量并以变量的形式在数据窗口呈现,如图4-10所示的"Z身高"。

编号	身高	Z身高
1	170	-.32612
2	164	-1.18435
3	173	.10299
4	183	1.53336
5	172	-.04005
6	156	-2.32865
7	170	-.32612
8	168	-.61220
9	175	.38906
10	177	.67514
11	174	.24602

图4-10 "Z身高"变量

4.3 探索性分析

探索过程既可以为所有个案也可以分别为个案组生成汇总统计和图形显示,探索性分析主要有以下几个目的。

(1)对数据进行过滤和检查,能识别离群值、极端值、数据中的缺口或其他特性。

（2）验证数据的分布特征，如对数据正态分布和方差齐性进行检验，对不满足的数据提示转换方法。

（3）描述统计量，通过输出直方图、茎叶图、箱图等来描述个案组之间差异的特征。

4.3.1 参数设置

（1）打开数据文件，选择"分析"→"描述统计"→"探索"，弹出"探索"对话框，如图 4-11 所示，各项含义如下。

- 因变量列表：从左侧的变量列表中选择一个或多个变量进入其中。
- 因子列表：从左侧的变量列表中选择一个或多个用于分组的变量进入其中。
- 个案标注依据：从左侧的变量列表中选择一个变量进入其中作为标示变量。
- 显示：用于选择输出的内容，有如下 3 个可选项。
  - ➤ 两者：表示输出统计量和图，系统默认。
  - ➤ 统计：表示只输出统计量。
  - ➤ 图：表示只输出图。

（2）单击"统计"按钮，弹出"探索：统计"对话框，如图 4-12 所示，该对话框是用来选择统计分析量，各项含义如下。

- 描述：用于输出基本描述统计量的置信区间，系统默认均值的置信区间为 95%，用户也可以可指定其他置信度。
- M-估计量：用于输出 4 种权重下的最大似然数，分别是休伯 M 估计量、Tukey 双权估计量、汉佩尔 M 估计量和安德鲁波估计量，是样本平均值和中位数的稳健替代值，用于估计位置。
- 离群值：输出 5 个最大值和 5 个最小值。
- 百分位数：用于输出第 5 个、第 10 个、第 25 个、第 50 个、第 75 个、第 90 个和第 95 个百分位的值。

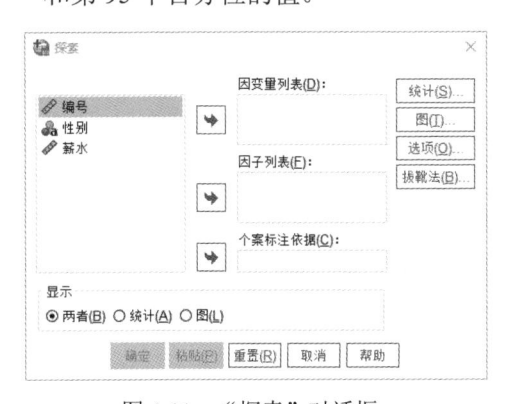

图 4-11 "探索"对话框　　　　图 4-12 "探索：统计"对话框

（3）单击"图"按钮，弹出"探索：图"对话框，如图 4-13 所示，该对话框是用来设置统计图的输出，各项含义如下。

- 箱图

➢ 因子级别并置：对每一个分组变量，每一个图只显示一个因变量，系统默认。
➢ 因变量并置：对每一个分组变量，每一个图并排显示所有因变量，当不同的变量代表在不同的时间度量的同一个特征时，一般选择此项。
➢ 无：不显示箱图。
- 描述性
    ➢ 茎叶图：用来描述频数分布，用来表示具体的变量值。
    ➢ 直方图：输出直方图。
- 含检验的正态图：对数据进行正态分布检验，显示正态概率分布图和离散正态概率图。
- 含莱文检验的分布-水平图
    ➢ 无：不做方差齐性检验，系统默认。
    ➢ 功效估算：用来求得最佳的幂转换值，为下面的幂变换方法做铺垫。
    ➢ 转换后功效：选择此项后，可在后面的选项框中可以选择自然对数、1/平方根、倒数、平方根、平方、立方进行转换。
    ➢ 未转换：不做转换，直接进行方差齐性检验。

（4）单击"选项"按钮，弹出"探索：选项"对话框，如图 4-14 所示，设置缺失值的处理方式，各项含义如下。
- 成列排除个案：对每个观测单位，只要分析中用到的变量有 1 个缺失值，则将该观测单位剔除，不参与所有的分析，系统默认。
- 成对排除个案：只有当前分析用到的变量中含缺失值时，才将该观测单位从当前分析中剔除。
- 报告值：因子变量的缺失值被视为单独的类别，被单独分到一组进行分析，并输出相应的结果，被标记为缺失。

图 4-13　"探索：图"对话框　　　　图 4-14　"探索：选项"对话框

4.3.2 探索分析的 SPSS 实现

实例三:"data04-03.sav"数据文件是一个公司 474 名员工一年的薪水资料,如图 4-15 所示。现要求利用探索分析对这个公司男女员工的薪水进行分析。

数据文件:数据文件\Chapter04\data04-03.sav
视频文件:视频文件\Chapter04\探索性分析.avi

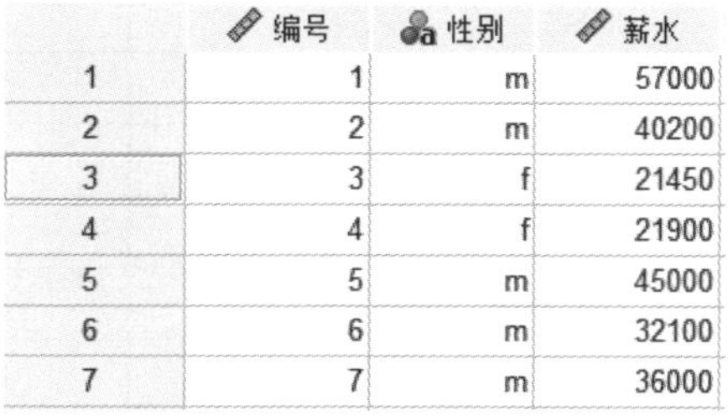

图 4-15 "data04-03.sav"数据

(1)打开"data04-03.sav"数据文件,选择"分析"→"描述统计"→"探索",弹出如图 4-11 所示的"探索"对话框。

(2)在左侧的变量列表中选中"薪水"变量,单击 按钮,将其选入"因变量列表";选中"性别"变量,单击 按钮,将其选入"因子列表";选中"编号"变量,单击 按钮,将其选入"个案标注依据",在输出选项框中勾选"两者"选项。

(3)单击"统计"按钮,弹出如图 4-12 所示的"探索:统计"对话框,勾选"描述"、"M-估计量"、"离群值"和"百分位数"复选框,"描述"复选框后的均值的置信区间输入框中选择系统默认的 95。单击"继续"按钮返回主对话框。

(4)单击"图"按钮,弹出如图 4-13 所示的"探索:图"对话框,勾选"因子级别并置"选项,"茎叶图"复选框、"直方图"复选框、"含检验的正态图"复选框、含莱文检验的分布-水平选项框中勾选"未转换"选项。单击"继续"按钮返回主对话框。

(5)单击"选项"按钮,弹出如图 4-14 所示的"探索:选项"对话框,选择"成列排除个案"选项。单击"继续"按钮返回主对话框。

(6)完成所有设置后,单击"继续"按钮执行命令。

4.3.3 探索分析的结果分析

从表 4-4 可以看出女员工共 216 个样本,男员工共 258 个样本,没有缺失值。

表 4-4 个案处理摘要

项目	性别	个案					
		有效		缺失		总计	
		数字	百分比	数字	百分比	数字	百分比
薪水	女	216	100.0%	0	0.0%	216	100.0%
	男	258	100.0%	0	0.0%	258	100.0%

从表 4-5 可以看出女员工的平均薪水为 26031.92，标准误为 514.258，平均值的 95% 置信区间为（25018.29，27045.55），5%截尾平均值是排除掉数据首尾两端 5%的变量值后得出的平均值，本例为 25248.30，中位数为 24300.00，标准差为 7558.021，最小值为 15750，最大值为 58125，范围为 42375，四分位距是 25%的百分位数与 75%的百分位数之间的距离，本例为 7013，偏度为 1.863，峰度为 4.641，男员工的描述统计量同理。

表 4-5 描述性

项目	性别			统计	标准误
薪水	女	平均值		26031.92	514.258
		平均值的 95% 置信区间	下限值	25018.29	
			上限	27045.55	
		5% 截尾平均值		25248.30	
		中位数		24300.00	
		方差		57123688.268	
		标准差		7558.021	
		最小值		15750	
		最大值(X)		58125	
		范围		42375	
		四分位距		7013	
		偏度		1.863	.166
		峰度		4.641	.330
	男	平均值		41441.78	1213.968
		平均值的 95% 置信区间	下限值	39051.19	
			上限	43832.37	
		5% 截尾平均值		39445.87	
		中位数		32850.00	
		方差		380219336.303	
		标准差		19499.214	
		最小值		19650	
		最大值(X)		135000	
		范围		115350	
		四分位距		22675	
		偏度		1.639	.152
		峰度		2.780	.302

从表 4-6 可以看出 M-估计量中休伯 M 估计量、Tukey 双权估计量、汉佩尔 M 估计量和安德鲁波估计量，4 个估计量的区别就是使用的权重不同，发现女员工和男员工的 4 个 M 估计量虽然离中位数较近，但是离平均值较远，说明数据中应该有异常值。

表 4-6 M 估计量

项目	性别	休伯 M 估计量[a]	Tukey 双权[b]	汉佩尔 M 估计量[c]	安德鲁波[d]
薪水	女	24606.10	24015.98	24419.25	24005.82
	男	34820.15	31779.76	34020.57	31732.27

a.. 加权常量为 1.339。

b. 加权常量为 4.685。

c. 加权常量为 1.700、3.400 和 8.500。

d. 加权常量为 1.340*pi。

百分位数就是将数值分成两部分,例如百分位数 25 代表的值就表示有 25%的值比该值小,有 75%的值比该值大,从表 4-7 可以得出本例的百分位数。

表 4-7 百分位数(P)

项目	性别		百分位数(P)					
		5	10	25	50	75	90	95
加权平均（定义1）	薪水	女	16950.00	18660.00	21487.50	24300.00	28500.00	34890.00	40912.50
		男	23212.50	25500.00	28050.00	32850.00	50725.00	69325.00	81312.50
Tukey 折叶点	薪水	女			21525.00	24300.00	28500.00		
		男			28050.00	32850.00	50550.00		

从表 4-8 可以看出分组后女员工和男员工薪水的 5 个极大值和 5 个极小值。

表 4-8 极值

项目	性别		个案编号	编号	值
薪水	女	最高	1	371	371	58125
			2	348	348	56750
			3	468	468	55750
			4	240	240	54375
			5	72	72	54000
		最低	1	378	378	15750
			2	338	338	15900
			3	411	411	16200
			4	224	224	16200
			5	90	90	16200
	男	最高	1	29	29	135000
			2	32	32	110625
			3	18	18	103750
			4	343	343	103500
			5	446	446	100000
		最低	1	192	192	19650
			2	372	372	21300
			3	258	258	21300
			4	22	22	21750
			5	65	65	21900

从表 4-9 可以看出柯尔莫戈洛夫-斯米诺夫（Kolmogorov-Smirnov）方法和夏皮洛-威尔克（Shapiro-Wilk）方法检验的结果，显著性均小于 0.05，说明女员工和男员工的薪水分布均不符合正态分布的假设。其中 Shapiro-Wilk 方法只有在对样本量小于 50 时比较精确。

表 4-9　正态性检验

项目	性别	柯尔莫戈洛夫-斯米诺夫[a]			夏皮洛-威尔克		
		统计	自由度	显著性	统计	自由度	显著性
薪水	女	.146	216	<.001	.842	216	<.001
	男	.208	258	<.001	.813	258	<.001

a. 里利氏显著性修正

从表 4-10 可以看出男女员工间薪水不具有齐次性，因为显著性均小于 0.05。

表 4-10　方差齐性的检验

项目		莱文统计	df1	df2	显著性
薪水	基于平均值	119.669	1	472	<.001
	基于中位数	51.603	1	472	<.001
	基于中位数并带有调整的 df	51.603	1	310.594	<.001
	基于截尾平均值	95.446	1	472	<.001

从图 4-16 可以得出女员工和男员工薪水的分布均呈正偏态。

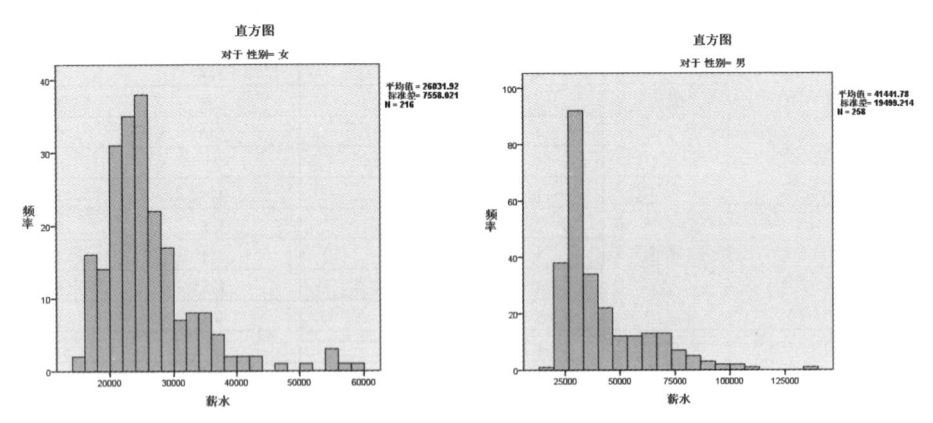

图 4-16　男女员工薪水分布的直方图

图 4-17 是茎叶图，图中"Frequency"表示的是变量值的频次，"Stem"表示的是变量值的整数部分，"Leaf"表示的是变量值的小数部分。变量值的具体计算方法是变量值=（茎+叶）*茎宽，如女员工薪水茎叶图第一行的变量值为 15000=（1+0.5）×10000，第 7 行叶部分第 13 个数字为 7，则变量值为 27000=（2+0.7）×10000，本例茎宽（Stem Width）为 10000。

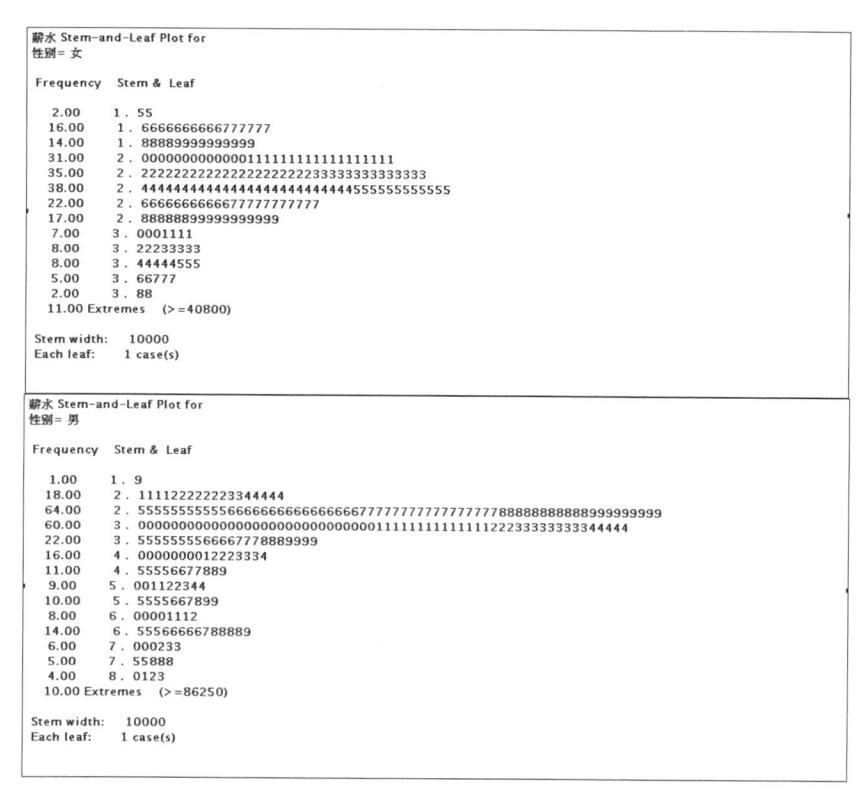

```
薪水 Stem-and-Leaf Plot for
性别= 女
 Frequency    Stem &  Leaf
     2.00        1 .  55
    16.00        1 .  6666666666777777
    14.00        1 .  88889999999999
    31.00        2 .  0000000000001111111111111111111
    35.00        2 .  22222222222222222222233333333333333
    38.00        2 .  44444444444444444444444455555555555555
    22.00        2 .  6666666666777777777777
    17.00        2 .  88888899999999999
     7.00        3 .  0001111
     8.00        3 .  22233333
     8.00        3 .  44444555
     5.00        3 .  66777
     2.00        3 .  88
    11.00 Extremes    (>=40800)

 Stem width:     10000
 Each leaf:      1 case(s)

薪水 Stem-and-Leaf Plot for
性别= 男
 Frequency    Stem &  Leaf
     1.00        1 .  9
    18.00        2 .  111122222223344444
    64.00        2 .  5555555555566666666666666677777777777777788888888888999999999
    60.00        3 .  000000000000000000000000001111111111122233333333344444
    22.00        3 .  5555555566667778889999
    16.00        4 .  0000000012223334
    11.00        4 .  55556677889
     9.00        5 .  001122344
    10.00        5 .  5555667899
     8.00        6 .  00001112
    14.00        6 .  55566666788889
     6.00        7 .  000233
     5.00        7 .  55888
     4.00        8 .  0123
    10.00 Extremes    (>=86250)

 Stem width:     10000
 Each leaf:      1 case(s)
```

图 4-17　男女员工薪水的茎叶图

图 4-18 中所示的两种正态图，一种是标准的正态概率分布图，一种是离散的正态概率分布图。

标准的正态概率分布图是使用变量的实际观测值作为横坐标，变量的期望值为纵坐标，变量值为落点。图中的斜线表示正态分布的标准线，点表示变量值，变量值越接近于斜线，则变量值的分布越接近正态分布，本例中男女员工的薪水分布不符合正态分布。

离散的正态概率分布图是使用变量的实际观测值作为横坐标，以实际观测值与期望值的差作为纵坐标，如果数据符合正态分布，则图中的点应该分布于图中标准线的附近。在本例中可以男女员工的薪水分布不符合正态分布。

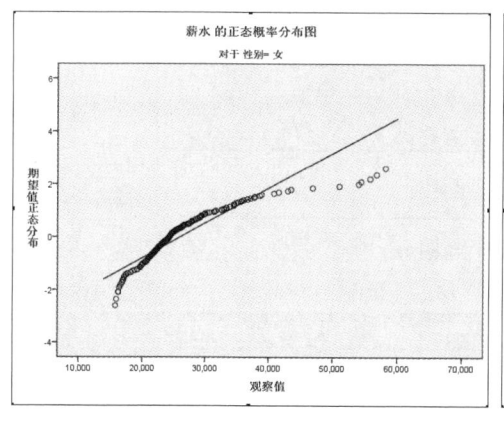

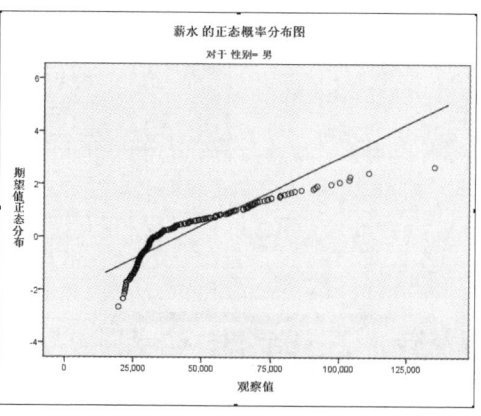

图 4-18　男女员工薪水的正态图

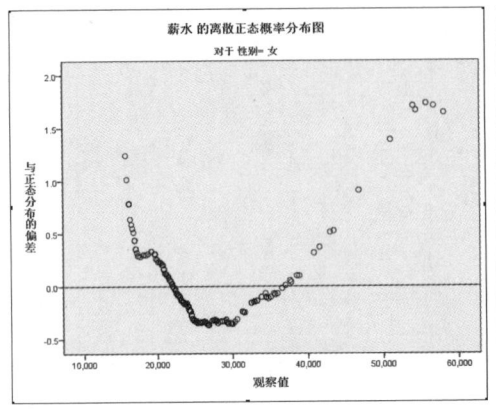

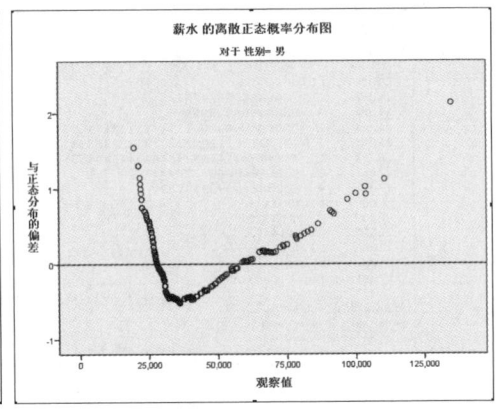

图 4-18 男女员工薪水的正态图（续）

图 4-19 所示的为箱图，箱子的上边线表示第 75 百分位数，下边线表示第 25 百分位数，中间的线表示中位数，箱子上下的两条细横线表示的是除离群值和极值的最大值和最小值。

离群值是指离箱子的上下边线的距离为箱子高度的 1.5 倍至 3 倍的变量值，本图中用"O"表示。极值是指离箱子的上下边线的距离为箱子高度的 3 倍以上的变量值，本图中用"☆"表示。

从图 4-19 可以看出男女员工的薪水都有一些离群值和极值存在，表明有员工的薪水明显高于普通员工。

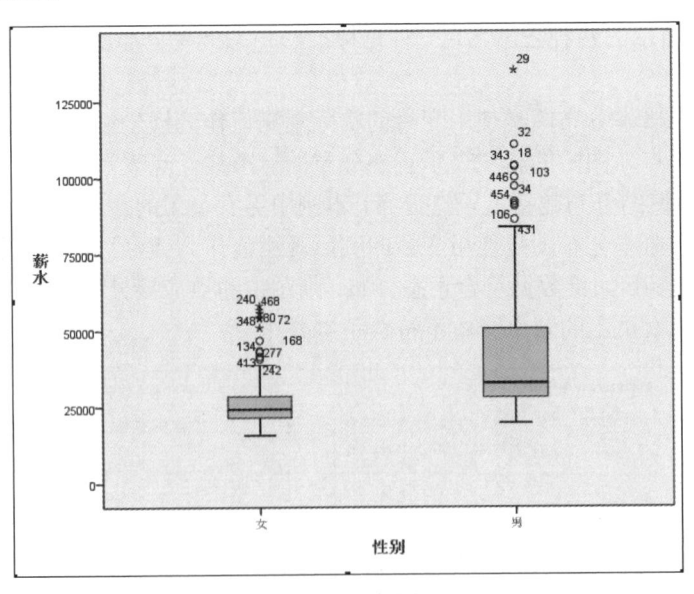

图 4-19 箱图

4.4 列联表分析

列联表分析通过频数交叉表来讨论两个或多个变量之间是否存在关联，并提供了各种双向表检验和相关性测量。

基本思想与假设检验基本一致，先建立一个零假设，认为两个变量之间是没有关联的，然后进行 x^2 检验，计算发生概率，通过概率是否达到显著性水平来判断接受或拒绝零假设。

$$x^2 = \sum \frac{(A-T)^2}{T}$$

式中 A 是实际频数，T 是期望频数。

4.4.1 参数设置

（1）打开数据文件，选择"分析"→"描述统计"→"交叉表"，弹出"交叉表"对话框，如图 4-20 所示，各项含义如下。

- 行：从左侧的变量列表中选择一个或多个变量进入其中作为行变量。
- 列：从左侧的变量列表中选择一个或多个变量进入其中作为列变量。
- 层：分层变量，决定频数分布表的层，如果要增加一个分层变量，就单击"下一个"按钮，再选择一个分层变量。如果选择一个或多个层变量，那么将对每个层变量的每个类别产生单独的交叉制表。
- 在表层中显示层变量：选中该复选框表示选择在交叉表中将层变量显示为表层，可以创建视图来显示行和列变量的整体统计，以及允许深入层变量的类别。
- 显示簇状条形图：选中该复选框表示结果中会输出群集条形图，帮助汇总个案组的数据。对于在"行"下指定的变量的每个值，均有一个复式条形图。"列"下指定的变量用来定义每个聚类内的条形图的变量。对于此变量的每个值，均有一组不同颜色或图案的条形图。如果在"列"或"行"下指定多个变量，那么为每个双变量组合生成一个复式条形图。
- 禁止显示表：勾选该复选框表示结果中不输出交叉表。

图 4-20 "交叉表"对话框

（2）单击"精确"按钮，弹出"精确检验"对话框，如图 4-21 所示，各项含义如下。

- 仅渐进法：基于渐进分布计算的概率值，一般情况下值小于 0.05，则认为显著。
- 蒙特卡洛法：统计量是精确显著水平的无偏估计。

➢ 置信度级别框中可输入 0.01～99.9 的置信水平。

➢ 样本数框中可输入 1～1000000000 之间的样本数。

- 精确：精确计算概率，当值小于 0.05，则认为显著，行、列变量之间相互独立，适合在期望数小于 5 的情况下使用。

图 4-21 "精确检验"对话框

（3）单击"统计"按钮，弹出"交叉表：统计"对话框，如图 4-22 所示，该对话框用来选择统计分析量，各项含义如下。

- 卡方：卡方检验包括皮尔逊卡方检验、似然比卡方检验等，当两个表变量都是定量变量时，用来检验行变量和列变量之间是否相关。

- 相关性：选择此项，将生成 Spearman 相关系数 R，用来测量等级顺序之间的相关性。当两个表变量都是定量变量时，将生成 Pearson 相关性系数 R，这是变量之间的线性相关性测量。

- 名义选项栏。

  ➢ 列联系数：基于卡方统计的相关性测量。取值在 0 至 1 之间，其中 0 表示行变量和列变量之间不相关，值越接近 1，表示变量之间的关联性越强。

  ➢ Phi 和克莱姆 V：基于卡方统计的相关性测量。取值也在 0 至 1 之间，值越接近 1，表示关联性越强。

  ➢ Lambda：一种相关性测量，它反映使用自变量的值来预测因变量的值时，误差成比例缩小。取值也在 0 至 1 之间，值为 0 表示自变量对于预测因变量没有帮助，值为 1 表示自变量能完全预测因变量。

  ➢ 不确定性系数：一种相关性测量，它表示当一个变量的值用来预测其他变量的值时，误差成比例下降的程度，取值也在 0 至 1 之间，值越接近 1，表示该变量能很好预测其他变量的程度越增加。

- 有序选项栏，对于行和列都包含已排序值的表，请选择 Gamma、肯德尔 tau-b 和 肯德尔 tau-c。要根据行类别预测列类别，请选择萨默斯 d。

  ➢ Gamma：测定两个有序变量之间对称相关性的统计量，取值在-1 至 1 之间，1 表示完全正关联，0 表示无相关，-1 表示完全负关联。

  ➢ 萨默斯 d：用于检验两个有序变量之间的关联性，取值在-1 至 1 之间，绝对值渐进 1 表示两个变量之间高度关联，绝对值渐进 0 表示两个变量之间关联程度很低。
  - 肯德尔 tau-b：将结考虑在内的有序变量或排序变量的非参数相关性测量。取值在-1 至 1 之间，符号表示两个变量之间关系的方向，绝对值表示相关程度的大小。
  - 肯德尔 tau-c：与肯德尔 tau-b 基本一致，只是不考虑结的影响。
- Kappa：用于检验对同一对象两种观测方法是否一致，取值在-1 至 1 之间，取值为 1 表示两者完全一致，取值为 0 表示两者没有关联。如果两个变量的数据存储类型不相同，那么不计算 Kappa。对于字符串变量，两个变量必须具有相同的定义长度。
- 风险：用于危险度分析，表明事情的发生与某因素之间的关联性，当某因素发生的可能性非常小时，使用比数比统计量来测定相对危险度。
- 麦克尼马尔：两个二分变量相关性的非参数检验，使用卡方分布检验响应改变，用来检测试验干预导致响因变量的变化。
  - 柯克兰和曼特尔-亨塞尔统计：两个二分变量独立性检验的统计量，条件是给定一个或多个分层变量定义的协变量模式，在框中可输入相对风险检验的零假设值，默认为 1。
  - 按区间标定：当一个变量为定量变量，而另一个变量为分类变量时，请选择 Eta。分类变量必须进行数值编码。
- Eta：关联度统计量，取值在 0 至 1 之间，值接近 1 表示两个变量之间高度关联，值接近 0 表示两个变量之间关联程度很低。

图 4-22 "交叉表：统计"对话框

（4）单击"单元格"按钮，弹出"交叉表：单元格显示"对话框，如图 4-23 所示，设置单元格显示内容，各项含义如下。
- 计数复选框。
  - 实测：显示实际频数，系统默认。
  - 期望：显示期望频数。
  - 隐藏较小的计数：选择此项，在输入框中输入一个数值 n 的整数，则可以隐藏频数小于指定整数 n 的计数。n 必须大于或等于 2。
- 百分比复选框。

- ➢ 行：显示行百分比，单元格频数占所在行观测量的百分比。
- ➢ 列：显示列百分比，单元格频数占所在列观测量的百分比。
- ➢ 总计：单元格频数占全部观测量的百分比。
- z-检验。
  - ➢ 比较列比例：勾选此项，将计算列属性的成对比较，并指出给定行中的哪对列明显不同。使用下标字母以 APA 样式格式在交叉表中标识显著性差异，并以 0.05 显著性水平对其进行计算。
  - ➢ 调整 p 值（邦弗伦尼法）。列比例的成对比较使用了邦弗伦尼修正，可在进行多个比较后调整观察到的显著性水平。
- 残差。
  - ➢ 未标准化：观察值与期望值之差。
  - ➢ 标准化：残差除以其标准差的估计，均值为 0，标准差为 1。
  - ➢ 调节后标准化：单元格的残差除以其标准误的估计值。
- 非整数权重：单元格计数通常为整数值，但是如果数据文件当前按某个带小数值的权重变量进行加权，那么在计算单元格计数之前可以进行截断或舍入。
  - ➢ 单元格计数四舍五入：单元格中的个案权重按原样使用，但累积权重要四舍五入。
  - ➢ 截断单元格计数：在计算任何统计之前，个案权重按原样使用，截断单元格中的累积权重截取整数部分。
  - ➢ 个案权重四舍五入：对个案权重进行四舍五入。
  - ➢ 截断个案权重：对个案权重进行截取整数部分。
  - ➢ 不调整：不对单元格进行调节，个案权重按原样使用且使用小数单元格计数。但是，当需要精确检验时，单元格中的累积权重或者截断或者四舍五入。

（5）单击"格式"按钮，弹出"交叉表：表格式"对话框，如图 4-24 所示，可以选择按行变量值的升序或降序来排列行。

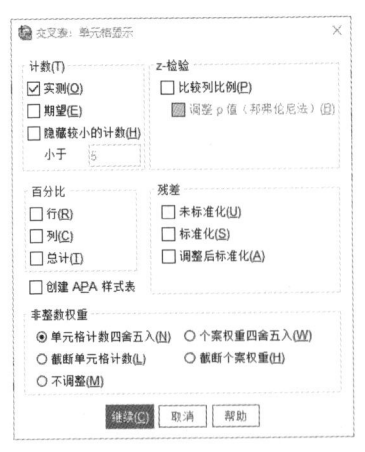

图 4-23　"交叉表：单元格显示"对话框　　　　图 4-24　"交叉表：表格式"对话框

4.4.2　列联表分析的 SPSS 实现

实例四：“data04-04.sav”数据文件是一份关于工作满意度的调查问卷结果，如图 4-25 所示。现要求利用列联表分析对男女员工工作满意度是否有差异进行分析。

数据文件：数据文件\Chapter04\data04-04.sav
视频文件：视频文件\Chapter04\联列表分析.avi

	问卷编号	性别	工作满意度
1	1	f	2
2	2	f	2
3	3	m	1
4	4	m	3
5	5	m	1
6	6	m	3
7	7	m	3

图 4-25　“data04-04.sav”数据

（1）打开“data04-04.sav”数据文件，选择“分析”→“描述统计”→“交叉表”，弹出如图 4-20 所示的“交叉表”对话框。

（2）在左侧的变量列表中选中 “性别”变量，单击按钮，将其选入“行”；选中“工作满意度”变量，单击按钮，将其选入“列”，并勾选“显示簇状条形图”。

（3）单击“精确”按钮，弹出如图 4-21 所示的“精确检验”对话框，勾选“仅渐进法”选项。单击“继续”按钮返回主对话框。

（4）单击“统计”按钮，弹出如图 4-22 所示的“交叉表：统计”对话框，勾选“卡方”复选框。单击“继续”按钮返回主对话框。

（5）单击“单元格”按钮，弹出如图 4-23 所示的“交叉表：单元格显示”对话框，勾选“实测”复选框、“期望”复选框、“行”复选框、“列”复选框和“单元格计数四舍五入”选项。单击“继续”按钮返回主对话框。

（6）单击“格式”按钮，弹出如图 4-24 所示的“交叉表：表格式”对话框，勾选“升序”选项。单击“继续”按钮返回主对话框。

（7）完成所有设置后，单击“确定”按钮执行命令。

4.4.3　描述性分析的结果分析

从表 4-11 可以看出样本数为 448，没有缺失值。

表 4-11　个案处理摘要

项目	个案					
	有效		缺失		总计	
	数字	百分比	数字	百分比	数字	百分比
性别 * 工作满意度	448	100.0%	0	0.0%	448	100.0%

从表 4-12 可以看出每种组合的实际计数、预期计数、百分比在性别内、百分比在工作满意度内,例如女性对工作不满意的实际计数有 18 例,预期计数为 11.9,在所有女性的工作满意度中占 8.8%,在男和女总共的不满意计数中占 69.2%。

表 4-12　性别 * 工作满意度 交叉表

项目			工作满意度				总计
			不满意	一般满意	比较满意	很满意	
性别	女	计数	18	149	30	8	205
		预期计数	11.9	103.9	54.0	35.2	205.0
		百分比在 性别 内	8.8%	72.7%	14.6%	3.9%	100.0%
		百分比在 工作满意度 内	69.2%	65.6%	25.4%	10.4%	45.8%
	男	计数	8	78	88	69	243
		预期计数	14.1	123.1	64.0	41.8	243.0
		百分比在 性别 内	3.3%	32.1%	36.2%	28.4%	100.0%
		百分比在 工作满意度 内	30.8%	34.4%	74.6%	89.6%	54.2%
总计		计数	26	227	118	77	448
		预期计数	26.0	227.0	118.0	77.0	448.0
		百分比在 性别 内	5.8%	50.7%	26.3%	17.2%	100.0%
		百分比在 工作满意度 内	100.0%	100.0%	100.0%	100.0%	100.0%

从表 4-13 可以看出卡方检验的结果。卡方检验的零假设是:男女之间对工作满意度没有差异。表中两种检验的双向显著性水平都小于 0.05,所以否认零假设,即男女之间对工作的满意度存在显著差异。没有单元格的预期计数小于 5,最小预期计数为 11.90,小于 25。

表 4-13　卡方检验

项目	值	自由度	渐近显著性（双侧）
皮尔逊卡方	100.385[a]	3	<.001
似然比(L)	108.465	3	<.001
有效个案数	448		

a. 0 个单元格 (0.0%) 具有的预期计数少于 5。最小预期计数为 11.90。

从图 4-26 可以看出男和女对工作的满意度存在差异。

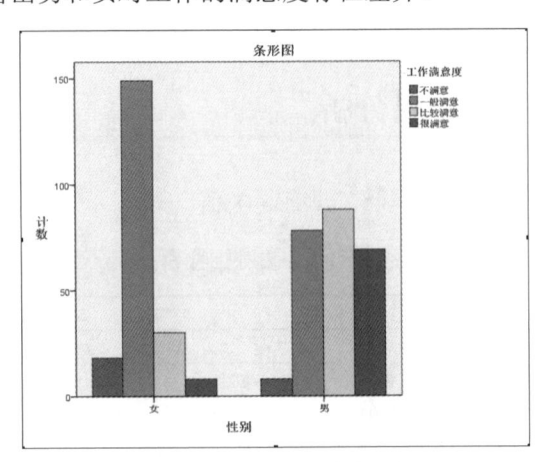

图 4-26　工作满意度条形图

4.5 本章小结

本章介绍了频数分析、描述性统计分析、探索性分析和列联表分析的参数设置、操作步骤和结果分析。通过频数分布表和频数分布图来描述多种类型的变量的统计和图形显示，对变量的分布有一个初步的认识，是查看数据理想的开始位置。描述性统计分析通过均值、标准差、方差、最大值、最小值等统计量对变量进行描述。探索过程既可以为所有个案也可以分别为个案组生成汇总统计和图形显示。列联表分析通过频数交叉表来讨论两个或多个变量之间是否存在关联，并提供了各种双向表检验和相关性测量。

第 5 章

参数检验

　　参数检验是推断统计的重要组成部分，常常采用抽样研究的方法，从总体中随机抽取一定数量的样本进行研究，并以此推断总体。在总体分布已知的情况下，利用样本数据对总体包含的参数进行推断的问题就是参数检验问题，参数检验不仅能够对一个总体的参数进行推断，还能比较两个或多个总体的参数。本章主要介绍平均值检验、单样本 t 检验、两独立样本 t 检验和成对样本 t 检验。

学习目标

（1）理解参数检验的含义。
（2）熟知假设检验各个对话框中的参数含义。
（3）熟练掌握各个假设检验的操作步骤。
（4）学会分析各项结果的含义。

5.1 假设检验

由于总体中的每个个体间均存在差异,在抽取样本的时候,即使严格遵守随机抽样原则,也会由于多抽到一些数值较大或较小的个体致使样本统计量与总体的参数之间有所不同;由于实验者测量技术的差别或测量仪器精确程度的差别等因素的存在造成偏差,使样本统计量与总体参数之间存在差异。

综上原因可以认为均值不相等的两个样本不一定来自均值不同的总体。能否用样本均值估计总体均数,两个变量均值接近的样本是否来自均值相同的总体。两个样本某变量的均值不同,其差异是否具有统计意义,能否说明总体之间存在的差异,这些都是研究工作中经常提出的问题,解决它们就需要进行假设检验。

对总体特征的推断一般采用参数估计和假设检验两种方式实现,SPSS 兼顾了这两种方式,由于其原理基本类似,本章仅对假设检验做重点讲述,并且在假设检验的结果中也会给出在一定的置信度下,一些统计量的置信区间。

假设检验的基本思路是首先对总体参数提出零假设,然后利用样本的数据去验证先前提出的假设是否成立。如果样本数据不能充分证明和支持零假设,则在一定的概率条件下,拒绝零假设;反之,如果样本数据不能充分否认零假设,则不能拒绝零假设。

在假设检验的推断过程中,基本原则就是依靠统计分析推断原理,即小概率事件在一次特定的抽样中几乎不可能发生,如果发生了小概率事件,就有理由拒绝零假设。现对假设检验的一般步骤进行详细介绍。

(1)提出零假设(H_0)。

根据检验的目标,对需要检验的最终结果提出一个零假设。例如,需要检验一个班同学的平均身高是否等于 170cm,即可以做出零假设,H_0:$h=170$。

(2)选择检验统计量。

假设检验中,总是通过计算检验统计量的概率值进行判断,这些统计量服从或近似服从已知的某种分布,常用的有 T 分布、F 分布等。

(3)计算检验统计量观测值发生的概率。

在认为零假设成立的前提下,计算检验统计量观测值发生的概率,记为 p,概率 p 值就是在零假设成立的前提下样本值发生的概率,对此可以根据一定的标准来判定其发生的概率是否为小概率。

(4)给定显著性水平,做出判断。

显著性水平指零假设正确却被错误拒绝的概率,一般取 0.01 或 0.05,即零假设正确且正确接受的概率为 99%或 95%,换言之,概率 p 值小于显著性水平时,则拒绝零假设,此时零假设正确却被错误拒绝的概率小于显著性水平,即小于预定的水平,就是说零假设正确却被错误拒绝的概率在我们容忍的范围内,认为拒绝零假设正确;反之,概率 p 值大于显著性水平时,则接受零假设。

5.2 平均值检验

平均值过程可以计算一个或多个自变量类别中因变量的子组平均值和相关的单变量统计,也可以通过比较两个样本的均值来判断两个总体的均值是否相等。零假设:两个样本的均值没有显著差异。

5.2.1 参数设置

(1)打开数据文件,选择"分析"→"比较均值"→"均值",弹出"平均值"对话框,如图5-1所示,各项含义如下。

- 因变量列表:从左侧的变量列表中选择一个或多个变量进入其中。
- 自变量列表:从左侧的变量列表中选择一个或多个变量进入其中。其中自变量列表还可以选择一层或多层变量,通过单击"下一个"完成。

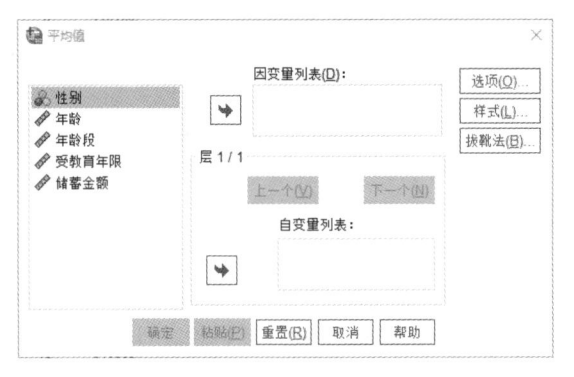

图5-1 "平均值"对话框

(2)单击"选项"按钮,弹出"平均值:选项"对话框,如图5-2所示,设置输出的统计量,各项含义如下。

- 统计:该列表用于显示统计量,包括中位数、组内中位数、标准平均值误差等,可以通过单击 按钮,将左边需要统计的项目选入右边的"单元格统计"中。

统计量中有一些如平均值、中位数等,第4.1.1节已经介绍,不再重复。其余各项含义如下:

> 第一个:显示在数据文件中遇到的第一个数据值。
> 最后一个:显示在数据文件中遇到的最后一个数据值。
> 调和平均值:在组中的样本大小不相等的情况下用来估计平均组大小。调和平均值是样本总数除以样本大小的倒数总和。
> 几何平均值:数据值的乘积的 n 次根,其中 n 代表个案数目。
> 在总个案数中所占的百分比:每个类别中的个案总数的百分比。
> 在总和中所占的百分比:每个类别中的总和百分比。

- 单元格统计：显示选中需要统计的统计量。
- 第一层的统计。
  - Anova 表和 Eta：选择此项，即对第一层次进行方差分析，显示单因素方差分析表，可以得出第一层次分组的均值之间是否存在显著差异。
  - 线性相关度检验：选择此项，即对第一层次进行线性检验，计算与线性和非线性成分相关联的平方和、自由度和均方，以及 F 比、R 和 R^2。

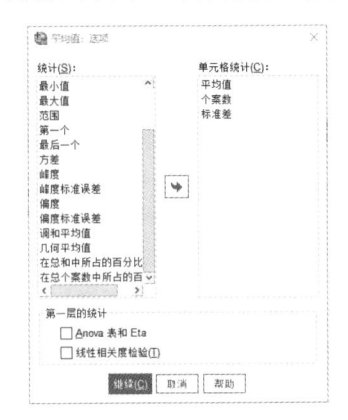

图 5-2 "平均值：选项"对话框

5.2.2 平均值检验的 SPSS 实现

实例一："data05-01.sav"数据文件调查了社会上 400 名男女性的年龄、受教育年限、储蓄金额，如图 5-3 所示。现要求利用平均值检验对男女性之间储蓄金额是否有差异进行检验。

数据文件：数据文件\Chapter05\data05-01.sav
视频文件：视频文件\Chapter05\平均值检验.avi

	性别	年龄	年龄段	受教育年限	储蓄金额
1	1	79	4	12	305100
2	1	32	1	17	111875
3	2	50	3	6	135600
4	2	56	3	8	149160
5	2	51	3	17	237300
6	1	48	3	12	152550
7	2	29	1	13	211875

图 5-3 "data05-01.sav"数据

（1）打开"data05-01.sav"数据文件，选择"分析"→"比较均值"→"均值"，弹出如图 5-1 所示的"平均值"对话框。

（2）在左侧的变量列表中选中"储蓄金额"变量，单击 按钮，将其选入"因变量"列表；将"性别"变量选入"自变量"列表中。

（3）单击"选项"按钮，弹出如图 5-2 所示的"平均值：选项"对话框，统计量为系统默认，勾选"Anova 表和 Eta"和"线性相关度检验"复选框，单击"继续"按钮返回主对话框。

（4）完成所有设置后，单击"确定"按钮执行命令。

5.2.3 平均值检验的结果分析

从表 5-1 和表 5-2 可以看出个案数为 400，其中男性的个案为 166，储蓄金额的平均值为 198239.97，标准偏差为 100439.918，女性的个案为 234，储蓄金额的平均值为 192834.38，标准偏差为 84223.143。

表 5-1 个案处理摘要

项目	个案					
	已包括		除外		总计	
	数字	百分比	数字	百分比	数字	百分比
储蓄金额 * 性别	400	100.0%	0	0.0%	400	100.0%

表 5-2 报告储蓄金额

储蓄金额

性别	平均值	数字	标准偏差
男	198239.97	166	100439.918
女	192834.38	234	84223.143
总计	195077.70	400	91220.918

从表 5-3 和表 5-4 可以看出，显著性为 0.560，大于 0.05，说明男性与女性的储蓄金额之间没有显著差异，此外，相关性测量中 Eta 的平方为 0.001。

表 5-3 ANOVA 表 a

	项目	平方和	自由度	均方	F	显著性
储蓄金额 * 性别	组之间（组合）	2837592874.001	1	2837592874.001	.340	.560
	组内	3317343505905.997	398	8335033934.437		
	总计	3320181098779.998	399			

a. 少于三组，因此无法计算 储蓄金额 * 性别 的线性度量。

表 5-4 相关性测量

	Eta(E)	Eta 平方
储蓄金额 * 性别	.029	.001

5.3 单样本 T 检验

单样本 t 检验的目的是推断样本数据的平均值和指定的检验值之间的差异是否显著。

零假设：样本数据的均值与检验值之间不存在显著差异。$H_0: \mu = \mu_0$，其中 μ 为样本数据的均值，μ_0 为检验值。

5.3.1 参数设置

(1)打开数据文件,选择"分析"→"比较均值"→"单样本 T 检验"弹出"单样本 T 检验"对话框,如图 5-4 所示,各项含义如下。
- 检验变量:从左侧的变量列表中选择一个变量进入其中。
- 检验值:在"检验值"框中输入一个数值。

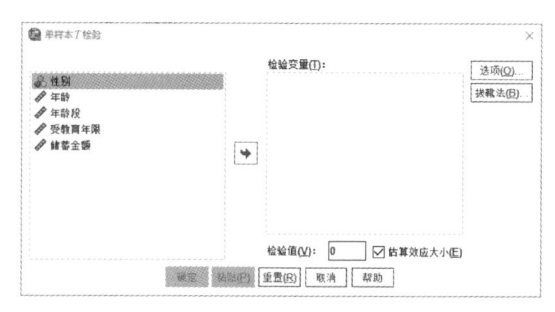

图 5-4 "单样本 T 检验"对话框

(2)单击"选项"按钮,弹出"单样本 T 检验:选项"对话框,如图 5-5 所示。
- 置信区间百分比:在框中输入数值,一般为 95 或 99,即显示平均值和假设的检验值之差的 95%或 99%的置信区间。
- 缺失值。
    - 按具体分析排除个案:在分析过程中,仅剔除在该变量上为缺失值的个案,样本大小可能随检验的不同而不同。
    - 成列排除个案:剔除含有缺失值的所有个案,样本大小在各个检验之间恒定。

图 5-5 "单样本 T 检验:选项"对话框

5.3.2 单样本 T 检验的 SPSS 实现

实例二:仍然采用平均值检验中的"data05-01.sav"数据,如图 5-3 所示,数据文件中包含了社会上 400 名男女性的年龄。现要求利用单样本 T 检验对这 400 个人的平均年龄是否为 50 岁进行检验。

数据文件:	数据文件\Chapter05\data05-01.sav
视频文件:	视频文件\Chapter05\单样本 T 检验.avi

(1) 打开数据文件 "data05-01.sav",选择"分析"→"比较均值"→"单样本 T 检验"弹出如图 5-4 所示的"单样本 T 检验"对话框。

(2) 选择"年龄"变量,单击 按钮,将其选入"检验变量"列表,在"检验值"框中输入"50",即零假设:$\mu=50$,μ 为年龄平均值。

(3) 单击"选项"按钮,弹出如图 5-5 所示的"单样本 T 检验:选项"对话框,选项为系统默认。单击"继续"按钮返回主对话框。

(4) 完成所有设置后,单击"确定"按钮执行命令。

5.3.3 单样本 T 检验的结果分析

从表 5-5 可以看出统计样本为 400,平均值为 47.32,标准偏差为 15.896,标准误平均值为 0.795。

表 5-5 单样本统计

项目	数字	平均值(E)	标准偏差	标准误平均值
年龄	400	47.32	15.896	.795

由表 5-6 可以看出,显著性(双尾)为 0.001,小于 0.05,即拒绝零假设,认为样本数据的平均年龄不等于 50。

表 5-6 单样本检验

项目	检验值 = 50					
	T	自由度	显著性(双尾)	平均差	差值的 95%置信区间	
					下限	上限
年龄	-3.369	399	.001	-2.678	-4.24	-1.11

5.4 两独立样本的 T 检验

两独立样本 T 检验就是在两个样本相互独立的前提下,检验两个样本的总体均数是否存在显著差异。零假设:两个样本数据的均值不存在显著差异。

5.4.1 参数设置

(1) 打开数据文件,选择"分析"→"比较均值"→"独立样本 T 检验"弹出"独立样本 T 检验"对话框,如图 5-6 所示,各项含义如下。

- 检验变量:从左侧的变量列表中选择一个变量进入其中。
- 分组变量:从左侧的变量列表中选择一个变量进入其中。选入分组变量后,激活"定义组"按钮,单击弹出"定义组"对话框,如图 5-7 所示,对分组变量进行定义。

➤ 使用指定的值：在"组 1""组 2"两个框中输入分组变量值，表示进行两组比较，一般输入"1"和"2"。

➤ 分割点：通过分割点将分组变量分成两组，一组大于等于分割点数值，一组小于分割点数值。

图 5-6 "独立样本 T 检验"对话框

（2）单击"选项"按钮，弹出"独立样本 T 检验：选项"对话框，如图 5-8 所示，其中"置信区间百分比"栏和"缺失值"栏含义与第 5.3.1 节介绍的一样，这里不再介绍。

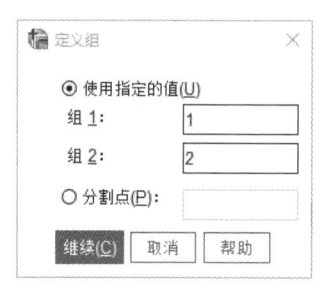

图 5-7 "定义组"对话框　　　图 5-8 "独立样本 T 检验：选项"对话框

5.4.2 两独立样本 T 检验的 SPSS 实现

实例三：仍然采用平均值检验中的"data05-01.sav"数据，如图 5-3 所示。数据文件中包含了社会上 400 名男女性的受教育年限。现要求利用独立样本 T 检验对不同性别间受教育年限是否存在差异进行检验。

数据文件：数据文件\Chapter05\data05-01.sav
视频文件：视频文件\Chapter05\独立样本 T 检验.sav

（1）打开数据文件"data05-01.sav"，选择"分析"→"比较均值"→"独立样本 T 检验"弹出如图 5-6 所示的"独立样本 T 检验"对话框。

（2）选择"受教育年限"变量，单击 ▶ 按钮，将其选入"检验变量"列表，选择"性别"变量，单击 ▶ 按钮，将其选入"分组变量"。

（3）单击"定义组"按钮，弹出如图 5-7 所示的"定义组"对话框，分别在"组 1"和"组 2"中输入"1"和"2"，单击"继续"按钮返回主对话框。

（4）单击"选项"按钮，弹出如图 5-8 所示的"独立样本 T 检验：选项"对话框，选项都选择系统默认,单击"继续"按钮返回主对话框。

(5)完成所有设置后,单击"确定"按钮执行命令。

5.4.3 两独立样本 T 检验的结果分析

从表 5-7 可以看出,男性样本数为 166,受教育年限的平均值为 14.67,标准偏差为 2.801,标准误平均值为 0.217,女性样本数为 234,受教育年限的平均值为 13.91,标准偏差为 2.970,标准误平均值为 0.194。

表 5-7 组统计

项目	性别	数字	平均值(E)	标准偏差	标准误平均值
受教育年限	男	166	14.67	2.801	.217
	女	234	13.91	2.970	.194

由表 5-8 可知,两组的总体方差齐性,因为在"列表方差相等性检验"框中的显著性为 0.403,大于 0.05,则选择"已假设方差齐性"这一行的 T 检验结果。在"平均值相等性的 t 检验"中显著性(双尾)为 0.010,小于 0.05,说明两组数据的均值存在显著差异。

表 5-8 独立样本检验

项目		列文方差相等性检验		平均值相等性的 T 检验						
		F	显著性	T	自由度	显著性(双尾)	平均差	标准误差值	差值的 95% 置信区间	
									下限	上限
受教育年限	已假设方差齐性	.699	.403	2.597	398	.010	.764	.294	.186	1.343
	未假设方差齐性			2.623	367.578	.009	.764	.291	.191	1.338

5.5 成对样本的 T 检验

在数据分析中,有些数据是成对出现的,是两个样本的一种特殊状态,成对样本的 T 检验是用于检验两配对总体的均值是否存在显著差异。零假设:两个配对样本数据的均值不存在显著差异。

5.5.1 参数设置

(1)打开数据文件,选择"分析"→"比较均值"→"成对样本 T 检验",弹出"成对样本 T 检验"对话框,如图 5-9 所示。"配对变量"列表用于将变量列表中的配对变量选入其中。

（2）选入成对变量后，激活"选项"按钮，单击弹出"成对样本 T 检验：选项"对话框，如图 5-10 所示，"置信区间百分比"栏和"缺失值"栏的含义见第 5.3.1 节，此处不再赘述。

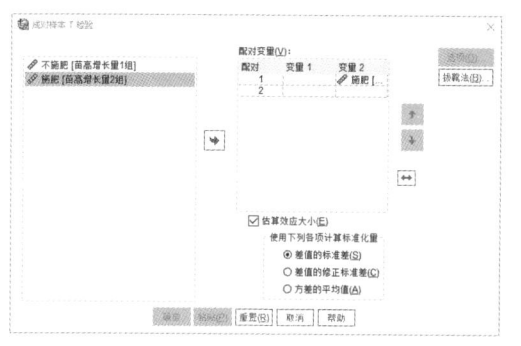

图 5-9　"成对样本 T 检验"对话框 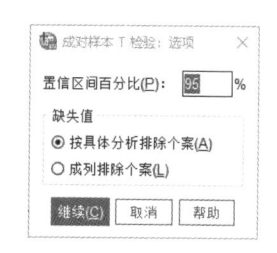　　图 5-10　"成对样本 T 检验：选项"对话框

5.5.2　成对样本 T 检验的 SPSS 实现

实例四："data05-02.sav"数据文件是实验过程中将苗子分成两组，一组施肥，一组不施肥，一个月后两组苗高增长量的资料，如图 5-11 所示。现要求利用成对样本 T 检验来检验两组苗高增长量是否存在差异。

数据文件：数据文件\Chapter05\data05-02.sav
视频文件：视频文件\Chapter05\成对样本 t 检验.avi

图 5-11　"data05-02.sav"数据

（1）打开数据文件"data05-02.sav"，选择"分析"→"比较均值"→"成对样本 T 检验"，弹出如图 5-9 所示的"成对样本 T 检验"对话框。

（2）在左侧变量列表中选中"不施肥（苗高增长量 1 组）"和"施肥（苗高增长量 2 组）"变量，单击 ⇒ 按钮，将其选入"配对变量"列表中。

（3）单击"选项"按钮，弹出如图 5-8 所示的"独立样本 T 检验：选项"对话框，选项都选择系统默认，单击"继续"按钮返回主对话框。

(4)完成所有设置后,单击"确定"按钮执行命令。

5.5.3 成对样本 T 检验的结果分析

从表 5-9 可以看出,不施肥组苗高增长量平均值为 2.57,标准偏差为 0.48086,标准误平均值为 0.15206,而施肥组苗高增长量平均值为 3.28,标准偏差为 0.56135,标准误平均值为 0.17751。

表 5-9 成对样本统计

项目		均值	N	标准差	标准误平均值
配对 1	不施肥	2.5700	10	.48086	.15206
	施肥	3.2800	10	.56135	.17751

从表 5-10 可以看出,配对变量之间的相关性不显著,因为显著性(双侧 P)为 0.395,大于 0.05。

表 5-10 成对样本相关性

项目		N	相关性	显著性	
				单侧 P	双侧 P
配对 1	不施肥 & 施肥	10	-.303	.197	.395

从表 5-11 可以看出,成对样本的均值存在显著差异,因为显著性(双侧 P)为 0.026,小于 0.05,说明给苗子施肥,对苗子的高度生长具有一定的作用。

表 5-11 成对样本检验

项目		配对差值					T	自由度	显著性	
		均值	标准差	标准误平均值	差值的 95%置信区间				单侧 P	双侧 P
					下限	上限				
配对 1	不施肥 - 施肥	-.71000	.84255	.26644	-1.31272	-.10728	-2.665	9	.013	.026

5.6 本章小结

本章详细介绍了平均值检验、单样本 T 检验、两独立样本 T 检验和成对样本 T 检验。平均值检验一般是通过比较两个样本的均值来判断两个总体的均值是否相等。单样本 T 检验常用于推断样本数据的平均值和指定的检验值之间的差异是否显著。两独立样本 T 检验就是在两个样本相互独立的前提下检验两个样本的总体均数是否存在显著差异。成对样本的 T 检验用于检验两配对总体的均值是否存在显著差异。

第6章

非参数检验

在总体分布形式未知的情况下,通过样本来检验总体分布的假设,这种检验方法称为非参数检验。非参数检验应用范围很广,是统计方法中的重要组成部分,相对于参数检验,非参数检验所需的假定前提比较少,不依赖总体的分布类型,即总体数据不符合正态分布或分布情况未知时,就可以用来检验数据是否来自同一个总体。本章分别介绍卡方检验、二项检验、游程检验、单样本K-S检验、两独立样本非参数检验、多独立样本非参数检验、两相关样本检验和多相关样本检验。

学习目标

(1) 了解非参数检验和参数检验的差异。
(2) 熟知各个对话框中的参数含义。
(3) 熟练掌握各个非参数检验的操作步骤。
(4) 深刻理解各项结果的含义。

6.1 卡方检验

卡方检验的目的就是通过样本数据的分布来检验总体分布与期望分布或某一理论分布是否一致，零假设是样本的总体分布与期望分布或某一理论分布无显著差异。

卡方检验基本思想是，如果从一个随机变量 X 中随机抽取若干个观察样本，这些样本落在 X 的 k 个互不相关的子集中的观察频数服从一个多项分布，当 k 趋于无穷时，这个多项分布服从卡方分布，根据这个思想，对变量 X 总体分布的检验可从各个观察频数的分析入手。

在零假设成立的前提下，如果变量值落在第 i 个子集中的概率为 p_i，相对应的期望频数为 np_i，期望频数的分布代表了零假设成立时的理论分布，可以采用卡方统计量来检验实际分布与期望的分布之间是否存在显著差异。典型的卡方统计量是 Pearson 统计量，定义为：

$$X^2 = \sum_{i=1}^{k} \frac{(观测频数 - 预测频数)^2}{预测频数}$$

X^2 服从 $k-1$ 个自由度的卡方分布。X^2 值越大，说明观测频数分布与期望分布差距越大。SPSS 会自动计算 X^2 值，并依据卡方分布表计算对应的概率 p 值。

如果 p 值小于显著性水平，拒绝零假设，认为总体分布与期望分布或某一理论分布有显著差异；反之，如果 p 值大于显著性水平，接受零假设，认为总体分布与期望分布或某一理论分布一致。

6.1.1 参数设置

（1）打开数据文件，选择"分析"→"非参数检验"→"旧对话框"→"卡方"，弹出"卡方检验"对话框，如图 6-1 所示，各项含义如下。

- 检验变量列表：将左侧变量列表中的变量选入其中。
- 期望范围。
    - 从数据中获取：表示选择的检验变量的所有数据都参与检验。
    - 使用指定范围：自定义一个取值范围，在下限和上限输入框中输入整数值，只有在这个范围内的数据参与检验。
- 期望值。
    - 所有类别相等：所有类别都具有相等的期望值，表示期望分布为均匀分布。
    - 值：用户可以在框中输入期望频数值，通过"添加""更改""删除"按钮来自定义一个期望分布，如 1:2:3:1:2，值的顺序很重要，该顺序与检验变量类别值的升序相对应。

（2）单击"精确"按钮，弹出"精确检验"对话框，如图 6-2 所示，各项含义如下。

- 仅渐进法：适用于样本数据服从渐进分布或样本较大。
- 蒙特卡洛法：适用于样本不满足渐进分布或样本很大。
- 精确：适用于小样本，系统默认的每个检验的时间限制为 5 分钟。

图 6-1 "卡方检验"对话框    图 6-2 "精确检验"对话框

（3）单击"选项"按钮，弹出"卡方检验：选项"对话框，如图 6-3 所示，各项含义如下。
- 统计：设置输出的统计量。
  - 描述：输出检验变量的描述统计量。
  - 四分位数：输出检验变量的第 25、50、75 百分位数。
- 缺失值：设置缺失值处理方式。
  - 按检验排除个案：在分析过程中，仅剔除在该变量上为缺失值的个案。
  - 成列排除个案：剔除含有缺失值的所有个案。

图 6-3 "卡方检验：选项"对话框

6.1.2 卡方检验的 SPSS 实现

实例一："data06-01.sav"数据文件是把骰子掷 30 次后点数的统计，如图 6-4 所示。现要求利用卡方检验对骰子的点数是否是均匀分布进行检验。

数据文件：数据文件\Chapter06\data06-01.sav
视频文件：视频文件\Chapter06\卡方检验.avi

	次数	骰子点数
1	1	2
2	2	4
3	3	5
4	4	2
5	5	6
6	6	3
7	7	5

图 6-4 "data06-01.sav" 数据

（1）打开"data06-01.sav"数据文件，选择"分析"→"非参数检验"→"旧对话框"→"卡方"，弹出如图 6-1 所示的"卡方检验"对话框。

（2）在左侧的变量列表中选中"骰子点数"变量，单击按钮，将其选入"检验变量列表"。

（3）单击"精确"按钮，弹出如图 6-2 所示的"精确检验"对话框，勾选"仅渐进法"，单击"继续"按钮返回主对话框。

（4）单击"选项"按钮，弹出如图 6-3 所示的"卡方检验：选项"对话框，在"统计选项栏中勾选"描述"复选框和"四分位数"复选框，在"缺失值"栏中勾选"按检验排除个案"选项，单击"继续"按钮返回主对话框。

（5）完成所有设置后，单击"确定"按钮执行命令。

6.1.3 卡方检验的结果分析

从表 6-1 和表 6-2 可以看出，样本共 42 个数据，筛子点数从 1 到 6 观测次数分别 7、6、7、6、8、8，期望次数均是 7，残差为 0、-1、0、-1、1、1。

表 6-1 描述统计

项目	N	平均值	标准偏差	最小值	最大值(X)	百分位数(P)		
						第 25	第 50（中位数）	第 75
骰子点数	42	3.62	1.766	1	6	2.00	4.00	5.00

表 6-2 骰子点数

点数	观测到的 N	预期的 N	残差
1	7	7.0	.0
2	6	7.0	-1.0
3	7	7.0	.0
4	6	7.0	-1.0
5	8	7.0	1.0
6	8	7.0	1.0
总计	42		

从表 6-3 可以看出，卡方值为 0.571，显著性为 0.989，大于 0.05，所以不能拒绝零假设，可以认为样本的数据分布与期望分布没有显著差异，即筛子点数的次数是均匀分布。

表 6-3 检验统计

项目	骰子点数
卡方	.571[a]
自由度	5
渐近显著性	.989

a. 0 个单元格 (0.0%) 的期望频率小于 5。最少的期望频率数为 7.0。

6.2 二项检验

在现实生活中，很多数据的取值都是二值的，如男性和女性、合格和不合格、已婚和未婚等，通常用 0 和 1 来表示这类数据。如果进行 n 次相同的实验后，实验的结果只有两类（0 和 1），这两类出现的次数可以用离散型随机变量 X 来描述。

随机变量 X 为 1 的概率设为 p，则随机变量 X 为 1 的概率设为 q，即 1-p，这样就形成了二项分布，而二项检验就是用来检验样本中这两个类别的观察频率是否等于给定检验比列，零假设是样本的总体分布与指定的二项分布无显著差异。

二项检验对于小样本采用精确检验方法，对于大样本采用近似检验方法。精确检验方法计算 n 次试验中的成功次数小于等于 x 次的概率，即 $P\{X \leqslant x\} = \sum_{i=0}^{x} C_n^i p^i q^{n-i}$。对于大样本采用 Z 检验统计量，在零假设成立下 Z 检验统计量近似服从正态分布，定义为 $Z = \dfrac{x \pm 0.5 - np}{\sqrt{np(1-p)}}$，上式进行了连续性校正，当 x 小于 $n/2$ 时加 0.5，当 x 大于 $n/2$ 时减 0.5。

SPSS 将自动计算上述精确概率和近似概率，如果概率值小于显著性水平，拒绝零假设，认为样本来自的总体与指定的二项分布存在显著差异；如果概率值大于显著性水平，接受零假设，认为样本来自的总体与指定的二项分布无显著差异。

6.2.1 参数设置

（1）打开数据文件，选择"分析"→"非参数检验"→"旧对话框"→"二项"，弹出"二项检验"对话框，如图 6-5 所示，各项含义如下。

- 检验变量列表：将左侧的变量列表中的变量选入其中。
- 定义二分法。
    - 从数据中获取：如检验变量为二分变量，则选此项。
    - 分割点：如检验变量不是二分变量，则在"分割点"框中输入分割数值，大于等于分割数值为一组，小于分割数值为另一组。
- 检验比例：输入检验的概率值。

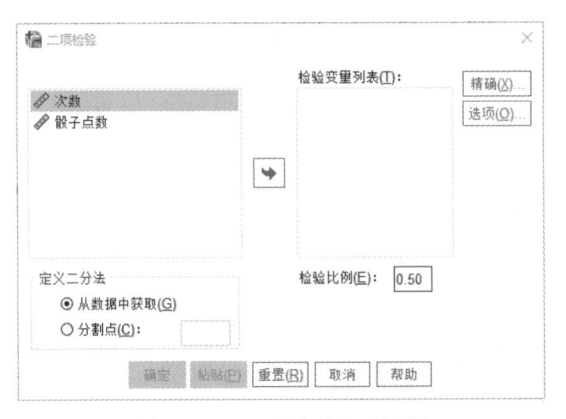

图 6-5 "二项检验"对话框

（2）"精确"按钮和"选项"按钮的用法见第 6.1.1 节卡方检验。

6.2.2 二项检验的 SPSS 实现

实例二："data06-02.sav"数据文件是抽查一批灯泡合格率的资料，如图 6-6 所示。现要求利用二项分布检验这批灯泡合格率是否达到 95%。

数据文件：数据文件\Chapter06\data06-02.sav
视频文件：视频文件\Chapter06\二项检验.avi

图 6-6 "data06-02.sav"数据

（1）打开"data06-02.sav"数据文件，选择"分析"→"非参数检验"→"旧对话框"→"二项"，弹出如图 6-5 所示的"二项检验"对话框。

（2）在左侧的变量列表中选中"合格率"变量，单击 ▶ 按钮，将其选入"检验变量列表"，在"定义二分法"栏中勾选"从数据中获取"，在"检验比例"框中输入 0.95。

（3）单击"精确"按钮，弹出如图 6-2 所示的"精确检验"对话框，勾选"仅渐进法"，单击"继续"按钮返回主对话框。

（4）单击"选项"按钮，弹出与图 6-3 类似的"二项式检验：选项"对话框，在"统计"选项栏中勾选"描述性"复选框和"四分位数"复选框，在"缺失值"栏中勾选"按检验排除个案"选项，单击"继续"按钮返回主对话框。

（5）完成所有设置后，单击"确定"按钮执行命令。

6.2.3 二项式检验的结果分析

从表 6-4 可以看出，一共抽取了 200 个灯泡，其中合格的为 186 个，不合格的为 14 个，精确显著性水平为 0.130，大于 0.05，不能拒绝零假设，认为该批灯泡的合格率达到 95%。

表 6-4 二项检验

项目		类别	数字	观测到的比例	检验比例	精确显著性水平（单尾）
合格率	组 1	合格	186	.93	.95	.130[a]
	组 2	不合格	14	.07		
	总计		200	1.00		

a. 备用假设声明第一组中的个案比例小于.95。

6.3 游程检验

一个游程就是一个具有相同符号的连续串，在它前后相接的是不同的符号或完全无符号，例如我们抛硬币，用数字 0 表示硬币的正面，用数字 1 表示硬币的反面，连续抛了 30 次，得到下列结果：001110000110100100111011100101，将连续出现 0 或者连续出现 1 的一组数称为 0 的游程或 1 的游程，则上述的这组数据，即一个 0 游程（两个 0），接着是一个 1 游程（3 个 1），一个 0 游程（4 个 0），依次类推，共有 8 个 0 游程，8 个 1 游程，共有 16 个游程。游程太多或太少的样本不是随机样本。

游程检验就是通过游程数来检验样本的随机性，零假设就是序列具有随机性。单样本游程检验用来检验样本序列的随机性，而两个独立样本的游程检验用来检验两个样本来自的总体的分布是否相同，零假设就是两组独立样本来自的总体分布无显著性差异。

SPSS 会自动计算出检验统计量的概率 p 值，当 p 值小于显著性水平，拒绝零假设；当 p 值大于显著性水平，接受零假设。

6.3.1 参数设置

（1）打开数据文件，选择"分析"→"非参数检验"→"旧对话框"→"游程"，弹出"游程检验"对话框，如图 6-7 所示，各项含义如下。
- 检验变量列表：将左侧变量列表中的变量选入其中。
- 分割点。
  - 中位数：以中位数为分割点，大于等于中位数为一组，小于中位数为另一组。
  - 众数：以众数为分割点，大于等于众数为一组，小于众数为另一组。
  - 平均数：以平均数为分割点，大于等于平均数为一组，小于平均数为另一组。
  - 定制：用户输入一个数值为分割点。

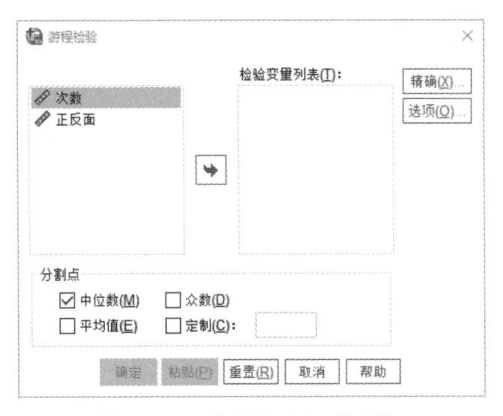

图 6-7 "游程检验"对话框

(2)"精确"按钮和"选项"按钮的用法见第 6.1.1 节卡方检验。

6.3.2 游程检验的 SPSS 实现

实例三:"data06-03.sav"数据文件是把硬币掷 30 次正反面次数的统计,如图 6-8 所示。现要求利用游程检验对硬币的正反面是否是随机的进行检验。

数据文件:数据文件\Chapter06\data06-03.sav
视频文件:视频文件\Chapter06\游程检验.avi

图 6-8 "data06-03.sav"数据

(1)打开"data06-03.sav"数据文件,选择"分析"→"非参数检验"→"旧对话框"→"游程",弹出如图 6-7 所示的"游程检验"对话框。

(2)在左侧的变量列表中选中"正反面"变量,单击 按钮,将其选入"检验变量列表",在"分割点"栏中勾选"定制",在框中输入 1。

(3)单击"精确"按钮,弹出如图 6-2 所示的"精确检验"对话框,勾选"仅渐进法",单击"继续"按钮返回主对话框。

(4)单击"选项"按钮,弹出与图 6-3 类似的"游程检验:选项"对话框,在"统计"选项栏中勾选"描述性"复选框和"四分位数"复选框,在"缺失值"栏中勾选"按检验排除个案"选项,单击"继续"按钮返回主对话框。

(5)完成所有设置后,单击"确定"按钮执行命令。

6.3.3 游程检验的结果分析

从表 6-5 可以看出硬币一共投了 30 次,游程数为 21,渐进显著性为 0.088,大于 0.05,不能拒绝零假设,认为抛掷硬币的正反面是随机分布的。

表 6-5 游程检验

项目	正反面
检验值 [a]	1.00
总个案数	30
游程数	21
Z	1.705
渐近显著性 (双尾)	.088

a. 用户指定。

6.4 单样本 K-S 检验

K-S 检验是以俄罗斯数学家柯尔莫哥洛夫和斯米诺夫(Kolmogorov-Smirnov)命名的一个非参数检验方法,该方法是一种拟合优度检验方法,将变量的观察累积分布函数与指定的理论分布进行比较,主要有正态分布、均匀分布和泊松分布等。

单样本 K-S 检验的零假设是样本来自的总体分布与指定的理论分布无显著性差异。基本思路如下:

在零假设成立的前提下,计算各样本观测值在理论分布中出现的理论累计概率值 $F(X)$,其次计算各样本观测值实际累计概率值 $S(X)$,计算实际概率值和理论概率值的差 $D(X)$,最后计算差值序列中的最大绝对差值 $D=\max(|S(X_i)-F(X_i)|)$,因为实际累计概率为离散值,所以要对 D 进行修正,$D=\max((|S(X_i)-F(X_i)|),(|S(X_{i-1})-F(X_i)|))$,$D$ 统计量也称为 K-S 统计量。

在小样本下,零假设成立时,D 统计量服从 Kolmogorov 分布,在大样本下,零假设成立时,$\sqrt{n}D$ 统计量近似服从 Kolmogorov 分布。当 D 小于 0 时,$K(X)$ 为 0;当 D 大于 0 时,$K(x)=\sum_{j=-\infty}^{\infty}(-1)^j \exp(-2j^2x^2)$。

SPSS 会自动计算出检验统计量的概率 p 值,当 p 值小于显著性水平,拒绝零假设;当 p 值大于显著性水平,接受零假设。

6.4.1 参数设置

(1)打开数据文件,选择"分析"→"非参数检验"→"旧对话框"→"单样本 K-S",弹出"单样本柯尔莫戈洛夫-斯米诺夫检验"对话框,如图 6-9 所示,各项含义如下:

- 检验变量列表:将左侧变量列表中的变量选入其中。
- 检验分布:

- 正态：与正态分布比较。
- 均匀：与均匀分布比较。
- 泊松：与泊松分布比较。
- 指数：与指数分布比较。

图 6-9 "单样本柯尔莫戈洛夫-斯未诺夫检验"对话框

(2)"精确"按钮和"选项"按钮的用法与第 6.1.1 节卡方检验相同。

6.4.2　单样本 K-S 检验的 SPSS 实现

实例四："data06-04.sav"数据文件是一个班级学生体重的资料，如图 6-10 所示。现要求利用单样本 K-S 检验来检验体重是否符合正态分布。

数据文件：数据文件\Chapter06\data06-04.sav
视频文件：视频文件\Chapter06\单样本 K-S 检验.avi

编号	体重
1	52
2	54
3	56
4	57
5	59
6	60
7	61

图 6-10　"data06-04.sav"数据

(1) 打开 "data06-04.sav" 数据文件，选择 "分析" → "非参数检验" → "旧对话框" → "单样本 K-S"，弹出如图 6-9 所示的"单样本柯尔莫戈洛夫-斯未诺夫检验"对话框。

(2) 在左侧的变量列表中选中"体重"变量，单击 按钮，将其选入"检验变量列表"，在"检验分布"栏中勾选"正态"。

（3）单击"精确"按钮，弹出如图 6-2 所示的"精确检验"对话框，勾选"仅渐进法"，单击"继续"按钮返回主对话框。

（4）单击"选项"按钮，弹出与图 6-3 类似的"单样本柯尔莫戈洛夫-斯米诺夫：选项"对话框，在"统计"选项栏中勾选"描述性"复选框和"四分位数"复选框，在"缺失值"栏中勾选"按检验排除个案"选项，单击"继续"按钮返回主对话框。

（5）完成所有设置后，单击"确定"按钮执行命令。

6.4.3 单样本 K-S 检验的结果分析

从表 6-6 和表 6-7 可以看出，一共 25 个男生，体重平均值为 69.32，标准偏差为 11.639，检验统计量为 0.145，渐进显著性为 0.185，大于 0.05，不能拒绝零假设，认为班上男生的体重服从正态分布。

表 6-6 描述统计

项目	数字	平均值	标准偏差	最小值	最大值(X)	百分位数(P)		
						第 25	第 50（中位数）	第 75
体重	25	69.32	11.639	52	96	60.50	67.00	76.50

表 6-7 单样本 Kolmogorov-Smirnov 检验

项目		体重
数字		25
正态参数 [a,b]	平均值	69.32
	标准偏差	11.639
最极端值	绝对	.145
	正	.145
	负	−.080
检验统计		.145
渐近显著性 （双尾）[c]		.185[c]

a. 检验分布是正态分布。b. 根据数据计算。c. Lilliefors 显著性校正。

6.5 两独立样本的非参数检验

对于两个总体分布未知的样本，如果要检验这两个独立样本之间是否具有相同的分布，就要用到两独立样本的非参数检验，两独立样本的非参数检验是用于检验从不同总体中抽取的两个独立样本之间是否存在显著差异，零假设是两个独立样本来自的总体分布无显著性差异。

两独立样本 K-S 检验的基本思想与单样本 K-S 检验大致相同，主要差别在于两独立样本检验是以变量值的秩作为分析对象，而非变量本身。

首先，将两组样本混合并按升序排序；然后，分别计算两组样本秩的累计频数和累计频率；最后，计算两组累计频率的差值，得到秩的差值序列并得到 D 统计量，计算得到概率 p 值，如果 p 小于显著性水平，则拒绝零假设，认为两总体分布有显著性差异，反之则两总体分布无显著性差异。

常用的检验类型如下：

（1）Mann-Whitney U（曼-惠特尼）。

该检验是最常用的两个独立样本检验，主要是检验两个样本总体上的位置是否相等，等同于对两个组进行的 Wilcoxon 等级和 Kruskal-Wallis 检验。Mann-Whitney U 检验对来自两个组的观察值进行组合和等级排序，在同数的情况下分配平均等级。

如果两个总体的位置相同，那么随机混合两个样本，然后计算组 1 分数领先于组 2 分数的次数，以及组 2 分数领先于组 1 分数的次数。Mann-Whitney U 统计是这两个数字中较小的一个。Wilcoxon W 统计量是具有较小等级平均值的组的等级之和。

（2）Kolmogorov-Smirnov Z（柯尔莫戈洛夫-斯米诺夫）。

该方法的计算是建立在两个样本的累积分布最大绝对差值的基础上的，当这个差值很大时，将这两个分布视为不同的分布，同时检测两个样本在位置和形状上是否存在差异。

（3）Moses（莫斯极限反应）。

假定实验变量在一个方向影响某些主体，而在相反方向影响其他主体。该方法是为了减少极端值的影响，控制样本数据的跨度，是对实验组中的极值对该跨度影响程度的测量。因为意外的离群值可能轻易使跨度范围变形，所以在剔除了各 5%最大和最小值后，比较两个样本的极差是否相等。

（4）Wald-Wolfowitz（瓦尔德-沃尔福威茨）游程。

该方法是对两个样本数据进行组合和排秩后的游程检验，如果两个样本来自同一总体，那么两个组应随机分布在整个等级中。

6.5.1 参数设置

（1）打开数据文件，选择"分析"→"非参数检验"→"旧对话框"→"两个独立样本"，弹出"两个独立样本检验"对话框，如图 6-11 所示，各项含义如下。

- 检验变量列表：将左侧变量列表中的变量选入其中。
- 分组变量：将左侧的变量列表中的变量选入其中。选入分组变量后，激活"定义组"按钮，单击弹出"双独立样本：定义组"对话框，如图 6-12 所示，在"组 1"、"组 2"两个框中输入分组变量值，表示进行两组比较，一般输入"1"和"2"。
- 检验类型：包括曼-惠特尼、柯尔莫戈洛夫-斯米诺夫、莫斯极端反应、瓦尔德-沃尔福威茨游程。

图 6-11 "两个独立样本检验"对话框   图 6-12 "两独立样本:定义组"对话框

（2）"精确"按钮和"选项"按钮的用法见第 6.1.1 节卡方检验。

6.5.2 两独立样本非参数检验的 SPSS 实现

实例五："data06-05.sav"数据文件是两个组投篮命中数的统计，如图 6-13 所示。现要求利用两独立样本非参数检验来检验两个组投篮命中数之间是否存在差异。

数据文件：数据文件\Chapter06\data06-05.sav
视频文件：视频文件\Chapter06\两独立样本的非参数检验.avi

图 6-13 "data06-05.sav"数据

（1）打开"data06-05.sav"数据文件，选择"分析"→"非参数检验"→"旧对话框"→"两个独立样本"，弹出如图 6-11 所示的"两个独立样本检验"对话框。

（2）在左侧的变量列表中选中"投篮命中数"变量，单击 按钮，将其选入"检验变量列表"，在左侧的变量列表中选中"组别"变量，单击 按钮，将其选入"分组变量"。

（3）单击"定义组"按钮，弹出如图 6-12 所示的"双独立样本：定义组"对话框。

（4）在"组 1"、"组 2"两个框中分别输入"1"和"2"，在"检验类型"栏中勾选"曼-惠特尼""柯尔莫戈洛夫-斯米尔诺夫""莫斯极端反应""瓦尔德-沃尔福威茨游程"复选框。

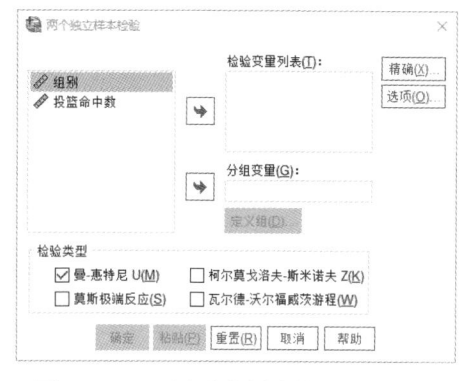

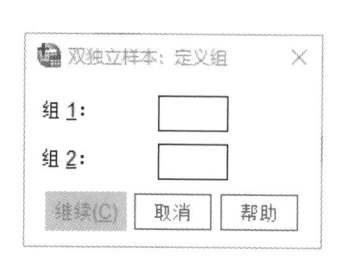

（5）单击"精确"按钮，弹出如图 6-2 所示的"精确检验"对话框，勾选"仅渐进

法",单击"继续"按钮返回主对话框。

(6)单击"选项"按钮,弹出与图 6-3 类似的"两独立样本检验:选项"对话框,在"统计"选项栏中勾选"描述性"复选框和"四分位数"复选框,在"缺失值"栏中勾选"按检验排除个案"选项,单击"继续"按钮返回主对话框。

(7)完成所有设置后,单击"确定"按钮执行命令。

6.5.3 两独立样本非参数检验的结果分析

1. Mann-Whitney U(曼-惠特尼)检验

从表 6-8 和表 6-9 可以看出,1 组的秩平均值为 9.95,2 组的秩平均值为 11.05,U 值为 44.500,W 值为 99.500,Z 统计量为-0.420,渐进显著性(双尾)为 0.675,大于 0.05,不能拒绝零假设,认为两组的投篮命中数不存在显著差异。

表 6-8 秩

项目	组别	数字	等级平均值	等级之和
投篮命中数	1	10	9.95	99.50
	2	10	11.05	110.50
	总计	20		

表 6-9 检验统计 a

项目	投篮命中数
曼-惠特尼 U	44.500
威尔科克森 W	99.500
Z	-.420
渐近显著性(双尾)	.675
精确显著性[2*(单尾显著性)]	.684[b]

a. 分组变量:组别。b. 未修正结。

2. Moses(莫斯)极端反应检验

从表 6-10 和表 6-11 可以看出,1 组和 2 组的人数均是 10 个,观测到的控制组范围(跨度)为 20,显著性为 1.000;修正后的控制组范围(截头范围)为 11,显著性为 0.089。两个显著性都大于 0.05,故不能拒绝零假设,认为 1 组和 2 组的投篮命中数不存在显著差异。

表 6-10 频率

项目	组别	数字
投篮命中数	1(控制)	10
	2(实验)	10
	总计	20

表 6-11　检验统计 a,b

项目		投篮命中数
实测控制组范围		20
	显著性（单尾）	1.000
剪除后控制组跨度		11
	显著性（单尾）	.089
从每个末端修整的界外值		1

a.莫斯检验。b. 分组变量：组别。

3. Kolmogorov-Smirnov Z（柯尔莫戈洛夫-斯米诺夫）检验

从表 6-12 和表 6-13 可以看出，1 组和 2 组的人数均是 10 个，最极端绝对差值为 0.200，最极端正差值为 0.200，最极端负差值为-0.100，K-S 值为 0.447，渐进显著性为 0.988，大于 0.05，故不能拒绝零假设，认为两组的投篮命中数不存在显著差异。

表 6-12　频率

项目	组别	数字
投篮命中数	1	10
	2	10
	总计	20

4．Wald-Wolfowitz（瓦尔德-沃尔福威茨）游程检验

从表 6-14 和表 6-15 可知，1 组和 2 组的人数均是 10 个，最小游程数为 7，Z 值为 -1.608，精确显著性水平为 0.051；最大游程数为 16，Z 值为 2.527，精确显著性水平为 0.996。两个显著性均大于 0.05，故不能拒绝零假设，认为 1 组和 2 组的投篮命中数不存在显著差异。

表 6-13　检验统计 a

项目		投篮命中数
最极端差值	绝对	.200
	正	.200
	负	-.100
Kolmogorov-Smirnov Z		.447
渐近显著性（双尾）		.988

a.分组变量：组别。

表 6-14　频率

项目	组别	数字
投篮命中数	1	10
	2	10
	总计	20

表 6-15　检验统计 a,b

项目		运行次数	Z	精确显著性水平（单尾）
投篮命中数	最小可能值	7[c]	-1.608	.051
	最大可能值	16[c]	2.527	.996

a. Wald-Wolfowitz 检验。b. 分组变量：组别。c. 有 5 个组内结，涉及 15 个个案。

6.6 多个独立样本非参数检验

上一章提到的两独立样本检验是多个独立样本检验最基础的一种，本章着重介绍的多个独立样本检验是用来检验多个独立样本之间是否具有相同的分布，零假设是多个独立样本来自的总体分布无显著性差异。

6.6.1 参数设置

（1）打开数据文件，选择"分析"→"非参数检验"→"旧对话框"→"K 个独立样本"，弹出"针对多个独立样本的检验"对话框，如图 6-14 所示，各项含义如下。

- 检验变量列表：将左侧变量列表中的变量选入其中。
- 分组变量：将左侧变量列表中的变量选入其中。选入分组变量后，激活"定义范围"按钮，单击弹出"多个独立样本：定义范围"对话框，如图 6-15 所示，在"最小值"、"最大值"两个框中输入分组变量的最小值和最大值。
- 检验类型：
    - ➢ 克鲁斯卡尔-沃利斯：是曼-惠特尼检验的扩展，它是单向方差检验分析的非参数模拟，用于检测多个样本的总体分布是否有差异。
    - ➢ 中位数：用于检测位置和形状的分布差别，检验多个样本是否来自具有相同中位数的总体。
    - ➢ 约克海尔-塔帕斯特拉：在总体已经进行排序的情况下，相对于前面两种检验类型，约克海尔-塔帕斯特拉检验是最适用的检验。通过计算一个样本中观测值小于另一个样本的个数进行判断。

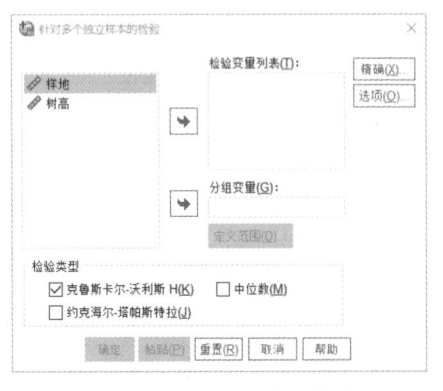

图 6-14 "针对多个独立样本的检验"对话框   图 6-15 "多个独立样本：定义范围"对话框

（2）"精确"按钮和"选项"按钮的用法见第 6.1.1 节卡方检验。

6.6.2 多个独立样本非参数检验的 SPSS 实现

实例六:"data06-06.sav"数据文件是 3 块样地中的树高资料,如图 6-16 所示。现要求利用多个独立样本非参数检验来检验 3 块样地之间树木的高度是否存在差异。

数据文件:数据文件\Chapter06\data06-06.sav
视频文件:视频文件\Chapter06\多个独立样本非参数检验.avi

图 6-16 "data06-06.sav"数据

(1)打开"data06-06.sav"数据文件,选择"分析"→"非参数检验"→"旧对话框"→"K 个独立样本",弹出如图 6-14 所示的"针对多个独立样本的检验"对话框。

(2)在左侧的变量列表中选中"树高"变量,单击按钮,将其选入"检验变量列表",在左侧的变量列表中选中"样地"变量,单击按钮,将其选入"分组变量列表"。

(3)单击"定义范围"按钮,弹出如图 6-15 所示的"多个独立样本:定义范围"对话框,在"最小值""最大值"两个框中输入"1"和"3",在"检验类型"栏中勾选克鲁斯卡尔-沃利斯、中位数和约克海尔-塔帕斯特拉复选框。

(4)单击"精确"按钮,弹出如图 6-2 所示的"精确检验"对话框,勾选"仅渐进法",单击"继续"按钮返回主对话框。

(5)单击"选项"按钮,弹出与图 6-3 类似的"多个独立样本:选项"对话框,在"统计"选项栏中勾选"描述性"复选框和"四分位数"复选框,在"缺失值"栏中勾选"按检验排除个案"选项,单击"继续"按钮返回主对话框。

(6)完成所有设置后,单击"确定"按钮执行命令。

6.6.3 多个独立样本非参数检验的结果分析

1. 克鲁斯卡尔-沃利斯(Kruskal-Wallis H)检验

从表 6-16 和表 6-17 可知,每个样地都有 10 个数据,样地平均值分别为 7.20、15.15 和 24.15,卡方统计量为 18.576,渐进显著性为 0.000,小于 0.05,则拒绝零假设,认为 3 块样地的树高存在显著差异。

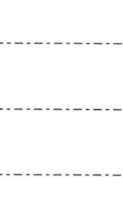

表 6-16 秩

项目	样地	数字	等级平均值
树高	1	10	7.20
	2	10	15.15
	3	10	24.15
	总计	30	

表 6-17 检验统计[a,b]

项目	树高
卡方	18.576
自由度	2
渐近显著性	.000

a. 克鲁斯卡尔-沃利斯检验。b. 分组变量：样地。

2. 中位数检验

从表 6-18 可以看出，样地 1 大于中位数的样本为 0 个，小于等于中位数的样本为 10 个；样地 2 大于中位数的样本为 6 个，小于等于中位数的样本为 4 个；样地 3 大于中位数的样本为 9 个，小于等于中位数的样本为 1 个。

表 6-18 频率

项目		样地		
		1	2	3
树高	> 中位数	0	6	9
	≤ 中位数	10	4	1

从表 6-19 可以看出中位数为 17.250，卡方统计量为 16.800，渐进显著性为 0.000，小于 0.05，则拒绝零假设，认为 3 块样地的树高存在显著差异。

表 6-19 检验统计[a]

项目	树高
N	30
中位数	17.250
卡方	16.800[b]
自由度	2
渐近显著性	.000

a. 分组变量：样地。b. 0 个单元格 (0.0%) 的期望频率小于 5，最少的期望频率数为 5.0。

3. 约克海尔-塔帕斯特拉（Jonckheere-Terpstra）检验

从表 6-20 可以看出，样地共 3 块，观测到的 J-T 统计信息为 273.500，平均值的 J-T 统计信息为 150.000，J-T 统计信息的标准偏差为 26.286，标准 J-T 统计信息为 4.698，渐进显著性为 0.000，小于 0.05，则拒绝零假设，认为 3 块样地的树高存在显著差异。

表 6-20 约克海尔-塔帕斯特拉检验[a]

项目	树高
样地 中的级别数	3
N	30
观测 J-T 统计	273.500

续表

项目	树高
平均值 J-T 统计	150.000
J-T 统计的标准差	26.286
标准 J-T 统计	4.698
渐近显著性（双尾）	<.001

a. 分组变量：样地。

三种检验得出的结果一致，认为 3 块样地的树高存在显著差异。

6.7 两相关样本检验

在社会研究时，经常会遇到在同一个测试对象上测试得到多组数据，这样数据间不再是独立的，而是彼此相关的，这样的两个样本就是相关样本，或是配对样本，两个相关样本检验就是用于检验两配对样本间是否具有相同的分布，零假设是两个相关样本的总体分布无显著性差异。

6.7.1 参数设置

（1）打开数据文件，选择"分析"→"非参数检验"→"旧对话框"→"2 个相关样本"，弹出"两个相关样本检验"对话框，如图 6-17 所示，各项含义如下。

- 检验对：将左侧变量列表中的配对变量选入其中。
- 检验类型：两相关样本检验选取的检验类型取决于数据类型。

如果变量是连续变量，可使用符号检验或威尔科克森检验。

威尔科克森（Wilcoxon）检验：将第二组样本的各个数据减去第一组样本对应的数据，如果得到的差值是正数，记为正号，反之为负数，记为负号，同时将差值的绝对值按升序排列，求出相应的秩，最后计算正号秩的和，负号秩的和，如果正号和负号的秩大致相等，则可以认为两相关样本的数据分布差距很小，如果正号和负号的秩相差很大，则可以认为两相关样本的数据分布差距很大。

零假设是两相关样本的数据分布没有显著差异。SPSS 通过秩计算出 Z 统计量，并给出相应的概率，如果概率值大于用户定的显著性水平，则不能拒绝零假设，认为两相关样本的数据分布没有显著差异。

符号检验：与威尔科克森检验类似，只是得到的差值不进行排序求秩，而是直接比较正号和负号的个数，来判断两组的分布，如果正号和负号的个数相差较小，则认为两相关样本的数据分布差距较小，如果相差较大，则认为两相关样本的数据分布差距较大。

零假设是两相关样本的数据分布没有显著差异。SPSS 将对正负号序列进行二项分布检验，计算出概率值，如果概率值小于或等于用户定的显著性水平，则拒绝零假设，认为两配对样本的数据分布存在显著差异，如果概率值大于用户定的显著性水平，则不能拒绝零假设，认为两配对样本的数据分布没有显著差异。

如果变量为二值变量，那么使用麦克尼马尔（McNemar）检验。McNemar 检验是通过两组样本数据前后频率的变化计算出二项分布的概率值，如果概率值大于用户定的显著性水平，则不能拒绝零假设，认为两配对样本的数据分布没有显著差异。

如果数据为分类数据，那么使用边际同质性检验，是麦克尼马尔检验从二值响应到多项式响应的扩展，主要检验响应中的变化，适用于在前后对比设计检测因实验干预所导致的响应变化。

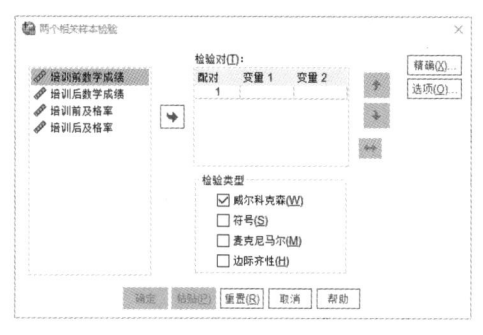

图 6-17 "两个相关样本检验"对话框

（2）"精确"按钮和"选项"按钮的用法见第 6.1.1 节卡方检验。

6.7.2 两相关样本检验的 SPSS 实现

实例七："data06-07.sav"数据文件是数学培训班 20 名学生培训前后成绩及及格率的资料，如图 6-18 所示。现要求利用两个相关样本检验来检验培训前后成绩和及格率是否存在差异。

数据文件：数据文件\Chapter06\data06-07.sav
视频文件：视频文件\Chapter06\两相关样本检验.avi

	培训前数学成绩	培训后数学成绩	培训前及格率	培训后及格率
1	55	70	0	1
2	46	63	0	1
3	61	75	1	1
4	63	74	1	1
5	57	68	0	1
6	53	71	0	1
7	52	70	0	1

图 6-18 "data06-07.sav"数据

- 操作一

（1）打开"data06-07.sav"数据文件，选择"分析"→"非参数检验"→"旧对话框"→"2 个相关样本",弹出如图 6-17 所示的"两个相关样本检验"对话框。

(2) 在左侧变量列表中选中"培训前数学成绩"变量和"培训后数学成绩"变量,单击➡按钮,将其选入"检验对"变量列表,在"检验类型"栏中勾选"威尔科克森"和"符号"复选框。

(3) 单击"精确"按钮,弹出如图 6-2 所示的"精确检验"对话框,勾选"仅渐进法",单击"继续"按钮返回主对话框。

(4) 单击"选项"按钮,弹出与图 6-3 所示的"两个相关样本:选项"对话框,在"统计"选项栏中勾选"描述性"复选框和"四分位数"复选框,在"缺失值"栏中勾选"按检验排除个案"选项,单击"继续"按钮返回主对话框。

(5) 完成所有设置后,单击"确定"按钮执行命令。

- 操作二

(1) 打开"data06-07.sav"数据文件,选择"分析"→"非参数检验"→"旧对话框"→"2 个相关样本",弹出如图 6-17 所示的"两个相关样本检验"对话框。

(2) 在左侧的变量列表中选中"培训前及格率"和"培训后及格率"变量,单击➡按钮,将其选入"检验对"变量列表,在"检验类型"栏中勾选"麦克尼马尔"。

(3) "精确检验"和"两个相关样本:选项"对话框设置等同于操作 1。

6.7.3 两个相关样本检验的结果分析

1. 操作1的结果分析

从表 6-21 可以看出,培训前数学成绩的平均值为 53.20,标准偏差为 7.938;培训后数学成绩的平均值为 68.80,标准偏差为 6.670。

表 6-21 描述统计

项目	数字	平均值	标准偏差	最小值	最大值 (X)	百分位数(P)		
						第 25	第 50(中位数)	第 75
培训前数学成绩	20	53.20	7.938	34	64	49.75	53.50	57.75
培训后数学成绩	20	68.80	6.670	56	80	63.50	69.00	74.00

Wilcoxon 检验:从表 6-22 可以看出负秩为 0,正秩为 20,结为 0,表示 20 个学生中所有人培训后成绩都上升,没有人成绩下降。平均值分别为 0 和 10.50。

表 6-22 秩

项目		数字	等级平均值	等级之和
培训后数学成绩 - 培训前数学成绩	负秩	0[a]	.00	.00
	正秩	20[b]	10.50	210.00
	结	0[c]		
	总计	20		

a. 培训后数学成绩 < 培训前数学成绩。b. 培训后数学成绩 > 培训前数学成绩。c. 培训后数学成绩 = 培训前数学成绩。

从表 6-23 可以看出，Z 统计量为 -3.926，渐进显著性为 0.000，小于 0.05，拒绝零假设，认为培训前后学生的数学成绩显著提高。

表 6-23　检验统计 [a]

项目	培训后数学成绩 - 培训前数学成绩
Z	-3.926[b]
渐近显著性（双尾）	.000

a. Wilcoxon 带符号等级检验。b. 基于负秩。

符号检验：从表 6-24 可以看出，结果与 Wilcoxon 结果一致。

表 6-24　频率

项目		N
培训后数学成绩 - 培训前数学成绩	负差值 [a]	0
	正差值 [b]	20
	结 [c]	0
	总计	20

a. 培训后数学成绩 < 培训前数学成绩。b. 培训后数学成绩 > 培训前数学成绩。c. 培训后数学成绩 = 培训前数学成绩。

从表 6-25 可以看出，精确显著性水平为 0.000，小于 0.05，拒绝零假设，认为培训前后学生的数学成绩存在显著差异。

表 6-25　检验统计 [a]

项目	培训后数学成绩 - 培训前数学成绩
精确显著性（双尾）	.000[b]

a. 符号检验。b. 使用了二项分布。

2．操作2的结果分析

从表 6-26 可以看出，经过培训，仍有 2 人不及格，由不及格变成及格的有 14 人，由及格变为不及格为 0 人，成绩前后都及格的为 4 人。

表 6-26　培训前及格率 & 培训后及格率

培训前及格率	培训后及格率	
	不及格	及格
不及格	2	14
及格	0	4

从表 6-27 可以看出，精确显著性水平为 0.000，小于 0.05，故拒绝零假设，认为培训前后学生的数学成绩存在显著差异。

表 6-27　检验统计 [a]

项目	培训前及格率 & 培训后及格率
数字	20
精确显著性水平（双尾）	.000[b]

a. McNemar 检验。b. 使用了二项分布。

6.8 多个相关样本检验

多个相关样本检验是用来检验多个相关样本之间是否具有相同分布。SPSS 会自动计算出检验统计量的概率 p 值，当 p 值小于显著性水平，拒绝零假设；当 p 值大于显著性水平，接受零假设。

6.8.1 参数设置

（1）打开数据文件，选择"分析"→"非参数检验"→"旧对话框"→"K 个相关样本"，弹出"针对多个相关样本的检验"对话框，如图 6-19 所示，各项含义如下。

- 检验变量：将左侧变量列表中的变量选入其中。
- 检验类型。
    - 傅莱德曼（Friedman）：单样本重复测量或每单元一个观察值的二阶方差分析的非参数检验，检验零假设是 K 个相关的变量来自同一个总体。
    - 肯德尔 W（Kendall's W）：标准化的 Friedman 统计量，协调系数，评分者之间一致程度的测量。每个个案是一名裁判员或评分者，每个变量是被裁判的一项或一个人。取值范围在 0 至 1 之间，越接近 1，一致性越高。
    - 柯尔兰 Q（Cochran's Q）：等同于 Friedman，变量均为二分变量时用的一个特例，零假设就是多个相关二分变量具有相同平均值。

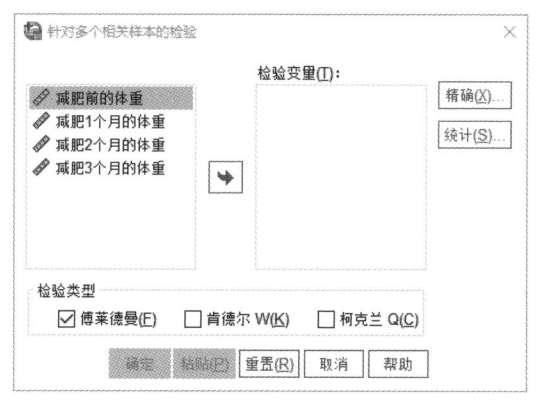

图 6-19 "针对多个相关样本的检验"对话框

（2）"精确"按钮和"统计"按钮的用法见第 6.1.1 节卡方检验。

6.8.2 多个相关样本检验的 SPSS 实现

1. 傅莱德曼（Friedman）检验

实例八："data06-08.sav"数据文件是减肥班 20 位女性减肥过程中体重的资料，如图 6-20 所示。现要求利用多个相关样本检验中的 Friedman 检验来检验减肥各阶段体重之间是否存在差异。

| 数据文件：数据文件\Chapter06\data06-08.sav |
| 视频文件：视频文件\Chapter06\多个相关样本检验.avi |

	减肥前的体重	减肥1个月的体重	减肥2个月的体重	减肥3个月的体重
1	64	62	60	57
2	67	66	63	62
3	65	64	62	61
4	73	72	71	68
5	76	74	73	70
6	75	73	71	69
7	77	75	73	71

图 6-20 "data06-08.sav"数据

（1）打开"data06-08.sav"数据文件，选择"分析"→"非参数检验"→"旧对话框"→"K 个相关样本"，弹出如图 6-19 所示的"针对多个相关样本的检验"对话框。

（2）在左侧的变量列表中选中"减肥前的体重"变量、"减肥 1 个月的体重"变量、"减肥 2 个月的体重"变量和"减肥 3 个月的体重"变量，单击按钮，将其选入"检验变量"列表，在"检验类型"栏中勾选"傅莱德曼"复选框。

（3）单击"精确"按钮，弹出如图 6-2 所示的"精确检验"对话框，勾选"仅渐进法"，单击"继续"按钮返回主对话框。

（4）单击"统计"按钮，弹出与图 6-3 类似的"针对多个相关样本：统计"对话框，在"统计"选项栏中勾选"描述性"复选框和"四分位数"复选框，单击"继续"按钮返回主对话框。

（5）完成所有设置后，单击"确定"按钮执行命令。

2．肯德尔 W（Kendall's W）检验

实例九："data06-09.sav"数据文件是跳水决赛中 8 个评委对 12 名选手同一个动作的打分情况，如图 6-21 所示。现要求利用多个相关样本检验中的 Kendall's W 检验来检验评委打分标准之间是否存在差异。

| 数据文件：数据文件\Chapter6\data06-09.sav |
| 视频文件：视频文件\Chapter06\多个相关样本的非参数检验.avi |

	评委	跳水选手1	跳水选手2	跳水选手3	跳水选手4	跳水选手5	跳水选手6	跳水选手7	跳水选手8	跳水选手9	跳水选手10	跳水选手11	跳水选手12
1	评委1	8.5	7.8	9.0	8.7	7.8	9.6	7.0	8.8	6.6	8.5	9.3	7.5
2	评委2	8.7	7.9	9.3	8.6	7.9	9.7	7.2	8.7	6.4	8.5	9.5	7.7
3	评委3	9.0	7.6	9.2	8.7	7.8	9.5	6.8	8.9	6.7	8.6	9.4	7.4
4	评委4	8.4	8.0	9.0	8.8	8.0	9.6	6.9	8.6	6.5	8.8	9.2	7.5
5	评委5	8.4	8.2	9.4	8.6	7.8	9.7	7.1	8.6	6.7	8.4	9.5	7.8
6	评委6	8.3	8.3	9.2	8.9	7.9	9.6	7.4	8.7	6.4	8.4	9.5	7.3
7	评委7	8.9	8.0	9.1	9.0	8.1	9.6	7.2	8.8	6.7	8.6	9.6	7.2
8	评委8	8.6	7.7	9.3	8.7	7.6	9.7	7.1	8.7	6.9	8.7	9.4	7.5

图 6-21 "data06-09.sav"数据

（1）打开"data06-09.sav"数据文件，选择"分析"→"非参数检验"→"旧对话

框"→"K 个相关样本",弹出如图 6-19 所示的"多个相关样本的检验"对话框。

(2)在左侧的变量列表中选中"跳水选手 1"变量、"跳水选手 2"变量、…、"跳水选手 12"变量,单击➡按钮,将其选入"检验变量"列表,在"检验类型"栏中勾选"肯德尔 W"复选框。

(3)"精确"按钮和"统计"按钮的设置见 Friedman 检验。

(4)完成所有设置后,单击"确定"按钮执行命令。

3. 柯尔兰Q(Cochran's Q)检验

实例十:"data06-10.sav"数据文件是 10 名观众对 4 个节目是否喜欢的资料统计,如图 6-22 所示。现要求利用多个相关样本检验中的 Cochran's Q 检验来检验这 4 个节目之间是否存在差异。

数据文件:数据文件\Chapter06\data06-10.sav

	观众	节目1	节目2	节目3	节目4
1	观众1	1	1	1	1
2	观众2	0	1	0	1
3	观众3	1	0	1	1
4	观众4	1	1	1	1
5	观众5	0	0	0	0
6	观众6	1	1	0	1
7	观众7	1	1	1	1
8	观众8	1	1	1	1
9	观众9	1	0	1	1
10	观众10	1	1	1	1

图 6-22 "data06-010.sav"数据

(1)打开"data06-10.sav"数据文件,选择"分析"→"非参数检验"→"旧对话框"→"K 个相关样本",弹出如图 6-21 所示的"针对多个相关样本的检验"对话框。

(2)在左侧的变量列表中选中"节目 1"变量、"节目 2"变量、"节目 3"变量和"节目 4"变量,单击➡按钮,将其选入"检验变量"列表,在"检验类型"栏中勾选"柯尔兰 Q"复选框。

(3)"精确"按钮和"统计"按钮的设置见 Friedman 检验。

(4)完成所有设置后,单击"确定"按钮执行命令。

6.8.3 多个相关样本检验的结果分析

1. Friedman检验结果分析

从表 6-28 可以看出,减肥前体重的平均值为 78.75,标准偏差为 8.757;减肥 1 个月体重的平均值为 77.16,标准偏差为 8.444;减肥 2 个月体重的平均值为 75.23,标准偏差为 8.301;减肥 3 个月体重的平均值为 73.09,标准偏差为 8.293。

表 6-28　描述统计

项目	数字	平均值	标准偏差	最小值	最大值(X)	百分位数(P)		
						第 25	第 50（中位数）	第 75
减肥前的体重	20	78.75	8.757	64	93	73.00	78.90	85.03
减肥 1 个月的体重	20	77.16	8.444	62	91	71.98	77.45	83.70
减肥 2 个月的体重	20	75.23	8.301	60	88	70.83	75.45	81.78
减肥 3 个月的体重	20	73.09	8.293	57	86	68.38	73.45	79.23

从表 6-29 可容易看出秩平均值分别为 4.00、3.00、2.00 和 1.00。

表 6-29　秩

项目	秩平均值
减肥前的体重	4.00
减肥 1 个月的体重	3.00
减肥 2 个月的体重	2.00
减肥 3 个月的体重	1.00

从表 6-30 可以看出，卡方统计量为 60.000，渐进显著性为 0.000，小于 0.05，故拒绝零假设，认为女性不同减肥时间后体重显著下降。

表 6-30　检验统计[a]

N	20
卡方	60.000
自由度	3
渐近显著性	.000

a. Friedman 检验

2. Kendall's W检验结果分析

从表 6-31 可以看出 12 位进决赛跳水选手同一个动作的平均得分和标准偏差。

表 6-31　描述统计

跳水选手	数字	平均值	标准偏差	最小值	最大值(X)	百分位数(P)		
						第 25	第 50（中位数）	第 75
跳水选手 1	8	8.600	.2507	8.3	9.0	8.400	8.550	8.850
跳水选手 2	8	7.938	.2387	7.6	8.3	7.725	7.950	8.150
跳水选手 3	8	9.188	.1458	9.0	9.4	9.025	9.200	9.300
跳水选手 4	8	8.737	.1598	8.5	9.0	8.625	8.700	8.875
跳水选手 5	8	7.863	.1506	7.6	8.1	7.800	7.850	7.975
跳水选手 6	8	9.638	.0916	9.5	9.8	9.600	9.600	9.700
跳水选手 7	8	7.088	.1885	6.8	7.4	6.925	7.100	7.200
跳水选手 8	8	8.725	.1035	8.6	8.9	8.625	8.700	8.800
跳水选手 9	8	6.600	.1690	6.4	6.9	6.425	6.600	6.700
跳水选手 10	8	8.613	.1246	8.4	8.8	8.525	8.600	8.700
跳水选手 11	8	9.425	.1282	9.2	9.6	9.325	9.450	9.500
跳水选手 12	8	7.500	.2000	7.2	7.8	7.325	7.500	7.675

从表 6-32 可以看出 12 位跳水选手的等级平均值。

表 6-32 列组

跳水选手	等级平均值	跳水选手	等级平均值
跳水选手 1	6.88	跳水选手 7	2.19
跳水选手 2	4.63	跳水选手 8	8.00
跳水选手 3	10.00	跳水选手 9	1.00
跳水选手 4	7.88	跳水选手 10	7.19
跳水选手 5	4.38	跳水选手 11	11.06
跳水选手 6	11.94	跳水选手 12	2.88

从表 6-33 可以看出，W 系数为 0.967，卡方统计量为 85.116，渐进显著性为 0.000，小于 0.05，故拒绝零假设，认为 12 个跳水选手的得分存在显著差异，评委的评分标准一致。

表 6-33 检验统计

数字	8
Kendall 的 $W(K)$[a]	.967
卡方	85.116
自由度	11
渐近显著性	.000

a. Kendall 协同系数。

3．Cochran's Q 检验结果分析

从表 6-34 可以看出，对 4 个节目满意的观众分别为 8、6、7 和 9。

从表 6-35 可以看出，Q 统计量为 3.750，渐进显著性为 0.290，大于 0.05，故不能拒绝零假设，认为 4 个节目之间没有显著差异。

表 6-34 频率

节目	值	
	0	1
节目 1	2	8
节目 2	4	6
节目 3	3	7
节目 4	1	9

表 6-35 检验统计

数字	10
Cochran Q	3.750[a]
自由度	3
渐近显著性	.290

a.1 被视为已成功。

6.9 本章小结

本章主要介绍了卡方检验、二项检验、游程检验、单样本 K-S 检验、两独立样本非参数检验、多独立样本非参数检验、两相关样本检验和多相关样本检验。卡方检验是通

过样本数据的分布来检验总体分布与期望分布或某一理论分布是否一致。二项检验是用来检验样本中两个类别的观察频率是否等于给定的检验比列。游程检验是通过游程数来检验样本的随机性。单样本 $K\text{-}S$ 检验是一个非参数检验方法，是将变量的观察累积分布函数与指定的理论分布进行比较的一种检验方法。两独立样本非参数检验用于检验从不同总体中抽取的两个独立样本之间是否存在显著差异。两相关样本检验用于检验两相关样本间是否具有相同的分布。多相关样本检验用来检验多个相关样本之间是否具有相同分布。

第 7 章

方差分析

方差分析由英国统计学家 R.A.Fisher 首创,为纪念 Fisher,以 F 命名,故方差分析又称 F 检验（F test）。在实际工作中,常常需要对多个总体的均值进行比较,并分析它们之间的差异,这可以利用方差分析实现。方差分析被广泛应用于教育学、农学、医学等领域。上两章重点介绍了参数检验和非参数检验,使用户掌握了两者的异同及操作方法等内容。本章主要介绍方差分析的概述、单因素方差分析、多因素方差分析、协方差分析、多元方差分析和重复测量方差分析。

学习目标

(1) 深刻理解方差分析的实质。
(2) 熟知各个对话框中的参数含义。
(3) 熟练掌握各个方差分析的操作步骤。
(4) 深刻理解各项结果的含义。

7.1 方差分析的概述

7.1.1 方差分析的基本原理

方差分析，是用于研究自变量与因变量是否有关系及关系强度的方法。其实质是将所有测量值间总变异中的离均差平方和自由度按照其变异的来源分解为多个部分，求相应部分的变异；再用各部分的变异与组内变异进行比较，得出统计量 F 值；最后，根据 F 值的大小确定 P 值，做出统计推断。

1．方差分析的基本概念

在方差分析中，有三个基本概念：因素、水平和观测变量。因素，指影响观测变量变化的条件；水平，指因素量的不同级别或质的不同类别；观测变量，指所得的样本数据。例如，研究冰箱销售量受三个等级价格的影响程度，其中，冰箱销售量为观测值，商品价格为因素，商品价格的三个等级为水平。

2．方差分析的误差来源

理论上每个观测值都有一个真值，但由于存在误差，观测值并不能完全等于真值，所以观测值=真值+误差。每一观察值都有一误差，可正，可负。

根据误差来源，可以将误差分为两类：一种是完全偶然性的，找不出确切原因的，称为随机误差；另一种是有一定原因的，称为系统误差。

衡量因素同一水平下样本数据的误差，称为组内误差；衡量不同水平下样本数据的误差，称为组间误差。组内误差只包含随机误差，而组间误差既包含随机误差，也包含系统误差。

3．方差分析的条件

方差分析需要满足以下 3 个基本假设：

（1）各个总体服从正态分布；

（2）各个总体的方差相等；

（3）观测值独立。

满足这 3 个基本假设，方差分析对各个总体的显著性差异判断，就转化为对各个总体均值是否存在差异的判断了。

7.1.2 方差分析的基本步骤

（1）提出假设检验。

假设因素有 n 个水平，每个水平的均值分别用 $\mu_1, \mu_2, \cdots, \mu_n$ 表示，要检验 n 个水平的均值是否相等，需要提出如下假设检验：

H0：$\mu_1 = \mu_2 = \cdots = \mu_n$

H1：μ_1，μ_2，$\cdots$，μ_n 不全相等。

（2）构造统计量。

$F=MSB/MSE=[SSB/(r-1)]/[SSE/(n-r)]$

原假设满足的条件下，该统计量服从自由度为$(r-1, n-r)$的 F 分布。

（3）指定显著性水平 α

一般 α 取值为 0.05 或 0.01。α 值是用以衡量（或拒绝）原假设成立所需证据的指标。α 值越小，否定原假设的条件越高，不容易否定原假设；α 值越大，否定原假设的条件越低，比较容易否定原假设。

（4）计算检验统计量 F 和其对应的 p 值。

（5）对比 p 值和 α，结合原假设做出推断。若 $p<\alpha$，则拒绝原假设，接受备择假设，得出不同因素水平下观测变量各总体均值存在显著差异的结论；若 $p>\alpha$，则不能拒绝原假设，应认为不同因素水平下的观测变量各总体均值无显著差异。

7.2 单因素方差分析

单因素方差分析，用于检验单因素水平下的一个或多个独立因变量均值是否存在显著差异，即检验单因素各个水平的值是否来自同一个总体。由此可以看出，用于分析的数据包括一个因素（自变量）、一个或多个相互独立的因变量。用户需注意，因变量必须是连续型变量。

7.2.1 单因素方差分析的重要分析

1. 方差齐性检验

方差齐性检验是指对控制变量不同水平下各观测变量总体的方差是否相等进行分析。因为方差齐性是方差分析的前提条件，所以，必须对方差齐性进行检验。SPSS 单因素方差分析中，方差齐性检验采用了方差同质性检验的方法。

2. 多重比较检验

多重比较检验是对每两个水平下因素变量的均值做比较。当确定因素对因变量产生了显著影响，则可利用多重比较进一步确定该因素的不同水平对因变量的影响程度如何，即其中哪些水平的作用显著，哪些水平的作用不显著。

SPSS 提供了很多多重比较的检验方法，主要差异表现在检验统计量的构造上，现简要介绍各个检验方法。

（1）方差齐性前提下的检验方法。

- LSD 方法：最小显著性差异法。其本质上是用 T 检验完成各组间的配对比较，检验敏感性高，水平的均值只要存在一定程度的微小差异就可能被检验出来。该方法适用于各总体方差相等的情况，但它没有对第一类错误的概率问题加以有效控制和调整。
- S-N-K 方法：采用 Student 极差统计量在均值间进行配对比较，是一种有效划分相似性子集的方法。该方法适用于各水平观测值个数相等的情况。
- Waller-Duncan（沃勒-邓肯）方法：用 T 检验统计量，使用贝叶斯过程的多重比较试验。
- Bonferroni（邦弗伦尼）方法：与 LSD 方法基本相同，不同的是其对第一类错误的概率进行了控制。
- Turkey（图基）方法：采用 Student-Range 检验统计量进行所有组间均值的配对比较，用所有配对比较误差率作为实验误差率。该方法仅适用于各水平下观测值个数相等的条件，与 LSD 方法相比，Turkey 方法对犯一类错误概率的问题给予了较为有效的处理。
- Slidak（斯达克）方法：根据 T 检验统计量进行配对多重比较，调整多重比较的显著性水平，其界限比 Bonferroni 方法小。
- Turkey`s-b（图基 s-b）方法：采用 Student-Range 检验统计量进行组间均值的配对比较，其精确值为 S-N-K 法与 Turkey 法相应值的平均值。
- Dunnett（邓尼特）方法：其是选择最后一组为对照其他各组与它比较。
- Scheffe（雪费）方法：采用 F 统计量作为检验统计量，可用于检验分组均值所有可能的线性组合，但其不及 Turkey 方法灵敏。
- Duncan（邓肯）方法：指定一系列的 Range 值逐步进行计数比较得出结论。
- R-E-G-W F 方法：采用 F 检验统计量。
- Hochberg`s GT2（霍赫伯格 GT2）方法：用正态最大系数进行多重比较。
- R-E-G-W Q 方法：采用 Student 极差统计量的 Ryan-Einot-Welsch 多重比较。
- Gabriel（加布里埃尔）方法：用正态标准系数进行配对比较。

（2）方差不齐性前提下的方法。
- Tamhane`s T2（塔姆黑尼 T2）：用 T 检验进行配对比较试验。
- Dunnett`s T3（邓尼特 T3）：采用基于 Student 最大模数的比较配对试验。
- Games Howell（盖姆斯-豪厄尔）：方差不齐性时的配对比较试验。
- Dunnett`s C（邓尼特 C）：采用基于 Student 极差的配对比较试验。

3. 先验对比检验

在多重比较检验中，如果发现某些水平与另一些水平的均值差距显著，如有 5 个水平，其中，均值 a、b、c、d、e 有显著差异，就可以进一步比较这两组总的均值是否存在显著差异，如 $1/3\ (a+b+c)$ 与 $1/2\ (d+e)$ 是否有显著差异。这种事先指定各均值的系数，再对其线性组合进行检验的分析方法为先验对比检验。通过先验对比检验，能够更精确地掌握各水平间或各相似性子集间均值的差异程度。

4. 趋势检验

趋势检验，能够分析自变量随着因变量水平变化的总体趋势是呈线性化趋势，还是二次、三次等多项变化趋势。

7.2.2 参数设置

（1）打开数据文件，选择"分析"→"比较平均值"→"单因素 ANOVA 检验"，弹出"单因素 ANOVA 检验"对话框，如图 7-1 所示，各项含义如下。
- 因变量列表：将左侧的变量列表中的连续型因变量选入其中。若选择了多个因变量，SPSS 将分别对每个选定的因变量做单因素方差分析。
- 因子：将左侧变量列表中取值为整数的因素变量选入其中。

图 7-1 "单因素 ANOVA 检验"对话框

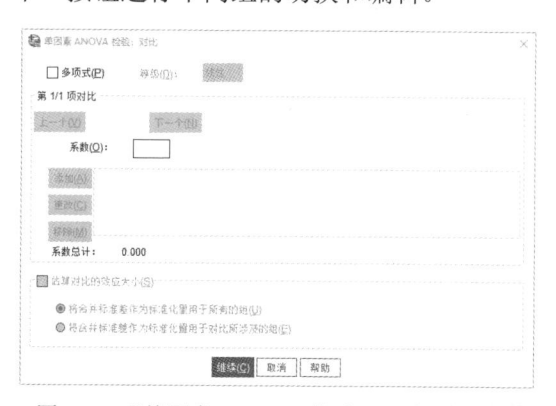

（2）单击"对比"按钮，弹出"单因素 ANOVA 检验：对比"对话框，如图 7-2 所示。该对话框用于实现先验对比检验和趋势检验，各项含义如下。
- 多项式：用于趋势检验。选中后激活"度"，可在后面的下拉列表中选择趋势检验的方法，有线性、二次项、立方项、四次项和五次项。
- 第 1/1 项对比：该选项组是用于先验对比检验，由 SPSS 以 T 检验进行验证。需要用户在"系数"后面的方框中依次输入系数，系数的顺序要对应于因变量的水平值的顺序，此时需保证系数之和为 0。比如，比较第一水平和第三水平的均值，则需要把第二个和第四个水平的系数指定为 0；比较第一个和第二个水平的均值，则只输入前两个系数即可。另外，若用户需要建立多组对照关系，则单击"上一个"或"下一个"按钮进行不同组的切换和编辑。

图 7-2 "单因素 ANOVA 检验：对比"对话框

(3）单击"事后比较"按钮，弹出"单因素 ANOVA 检验：事后多重比较"对话框，如图 7-3 所示。该对话框用于实现多重比较检验，各项含义如下。

- 假定等方差：该选项组中的方法适用于因素变量在各水平下方差齐性的情况。由于方差分析必须满足方差齐性这一前提条件，所以实际应用中多采用"假定方差齐性"中的方法。各个方法的含义请参见 7.2.1 节。
- 不假定等方差：该选项组中的方法适用于因素变量在各水平下方差不齐性的情况。各个方法的含义请参见 7.1 节。
- 原假设检验：有使用与选项中的设置相同的显著性水平和指定用于事后检验的显著性水平两种选择，其中指定用于事后检验的显著性水平 SPSS 默认为 0.05，用户可根据需要输入相应的水平。

图 7-3 "单因素 ANOVA 检验：事后多重比较"对话框

（4）单击"选项"按钮，弹出"单因素 ANOVA 检验：选项"对话框，如图 7-4 所示。该对话框用于对方差分析的前提条件进行检验，并可输出其他相关统计量和对缺失值进行处理，各项含义如下。

- 描述：输出每组中每个因变量的基本描述统计量，包括个案数、均值、标准差、标准偏差、最小值、最大值和 95%置信区间。
- 固定和随机效应：显示固定效应模型的标准差、标准误和 95%的置信区间，及随机效应模型的标准误、95%的置信区间及方差成分间的估计值。
- 方差齐性检验：即方差齐性检验。用于计算分组均值相等的 Levene 统计量，以检验组方差是否相等，该检验方法不依赖于正态的假设。
- 布朗-福塞斯检验（Brown-Forsythe）与韦尔奇检验（Welch）：是用于检验各组均值是否相等的统计量。当不能确定方差齐性假设时，该统计量比 F 统计量更有优势。
- 均值图：输出均值分布图，即在各水平下因变量均值的折线图。
- 缺失值：提供了两种缺失值的处理方式，分别为"按具体分析排除个案"和"成列排除个案"。"按具体分析排除个案"是给定分析中的因变量或因素变量有缺失值的个案不用于该分析，也不使用超出为因素变量指定范围的个案。"成列排除个案"是排除因素变量有缺失值的个案，或在主对话框中的因变量列表上的任何因变量值缺失的个案，需要注意的是，若未指定多个因变量，则该选项不起作用。

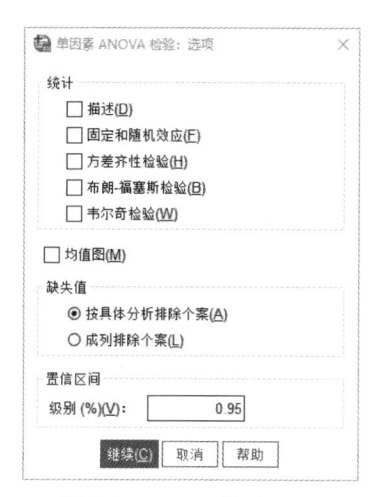

图 7-4 "单因素 ANOVA 检验：选项"对话框

7.2.3 单因素方差分析的 SPSS 实现

实例一："data07-01.sav"数据文件是某高校学生在某公园 4 个区域进行土壤含水量的调查数据，每个区域包括 3 个样点，如图 7-5 所示。现要求利用单因素方差分析对各个区域的含水量进行差异性检验。

数据文件：数据文件\Chapter07\data07-01.sav
视频文件：视频文件\Chapter07\单因素方差分析.avi

图 7-5 "data07-01.sav"数据

（1）打开"data07-01.sav"数据文件，选择"分析"→"比较平均值"→"单因素 ANOVA 检验"，弹出如图 7-1 所示的"单因素 ANOVA 检验"对话框。

（2）在左侧的变量列表中选中"土壤含水量"变量，单击▶按钮，将其选入"因变量列表"。

（3）在左侧的变量列表中选中"区域"变量，单击▶按钮，将其选入"因子"。

（4）单击"对比"按钮，弹出如图 7-2 所示的"单因素 ANOVA 检验：对比"对话框。勾选"多项式"复选框，激活"等级"下拉式菜单，默认选择"线性"，单击"继续"按钮返回主对话框。

（5）单击"事后比较"按钮，弹出如图 7-3 所示的"单因素 ANOVA：事后多重比较"对话框。勾选"LSD"复选框，其他设置采用默认值，单击"继续"按钮返回主对话框。

（6）单击"选项"按钮，弹出如图 7-4 所示的"单因素 ANOVA 检验：选项"对话框。勾选"描述性"和"方差齐性检验"复选框；选中"均值图"复选框；对"缺失值"选项采用默认设置，单击"继续"按钮返回主对话框。

（7）完成所有设置后，单击"确定"按钮执行命令。

7.2.4 单因素方差分析的结果分析

从表 7-1 可以看出，每个区域均有 3 个样本，总样本数为 12，总平均值为 19.1017。

表 7-1 描述性

土壤含水量

区域	N	平均值	标准差	标准误	平均值 95% 置信区间		最小值	最大值
					下限	上限		
公园 A 区	3	19.6667	1.86296	1.07558	15.0388	24.2945	17.69	21.39
公园 B 区	3	15.3800	1.17145	.67634	12.4700	18.2900	14.55	16.72
公园 C 区	3	19.4033	2.07001	1.19512	14.2611	24.5455	17.33	21.47
公园 D 区	3	21.9567	1.06077	.61244	19.3216	24.5918	20.92	23.04
总计	12	19.1017	2.82428	.81530	17.3072	20.8961	14.55	23.04

从表 7-2 可以看出，显著性为 0.728，远大于 0.05，因此，认为各组的总体方差相等，即满足方差齐性这一前提条件。

表 7-2 方差齐性检验

土壤含水量

项目	莱文统计	自由度 1	自由度 2	显著性
基于平均值	.443	3	8	.728
基于中位数	.355	3	8	.787
基于中位数并具有调整后自由度	.355	3	6.916	.788
基于剪除后平均值	.439	3	8	.732

从表 7-3 可以看出，总离差平方和为 87.742，组间离差平方和为 67.236，组内离差平方和为 20.506，在组间离差平方和可以被线性解释的部分为 17.800；方差检验 $F=8.744$，对应的显著性为 0.007，小于显著性水平 0.05。因此，认为 4 组中至少有一组与另外一组存在显著性差异。

表 7-3 ANOVA

土壤含水量

项目			平方和	df	均方	F	显著性
组间	（组合）		67.236	3	22.412	8.744	.007
	线性项	对比	17.800	1	17.800	6.944	.030
		偏差	49.436	2	24.718	9.643	.007
组内			20.506	8	2.563		
总计			87.742	11			

从表 7-4 可以看出，公园 A 区与公园 C、D 区、公园 C 区与公园 D 区的显著性水平高于 0.05，说明这几组之间的差异不显著，而其他各组之间差异显著。表中标有"*"标识的表示两者之间存在显著差异。

表 7-4　多重比较

因变量：土壤含水量

LSD(L)

(I) 区域	(J) 区域	平均值差值 (I-J)	标准误	显著性	95% 置信区间	
					下限值	上限
公园 A 区	公园 B 区	4.28667*	1.30723	.011	1.2722	7.3011
	公园 C 区	.26333	1.30723	.845	-2.7511	3.2778
	公园 D 区	-2.29000	1.30723	.118	-5.3045	.7245
公园 B 区	公园 A 区	-4.28667*	1.30723	.011	-7.3011	-1.2722
	公园 C 区	-4.02333*	1.30723	.015	-7.0378	-1.0089
	公园 D 区	-6.57667*	1.30723	.001	-9.5911	-3.5622
公园 C 区	公园 A 区	-.26333	1.30723	.845	-3.2778	2.7511
	公园 B 区	4.02333*	1.30723	.015	1.0089	7.0378
	公园 D 区	-2.55333	1.30723	.087	-5.5678	.4611
公园 D 区	公园 A 区	2.29000	1.30723	.118	-.7245	5.3045
	公园 B 区	6.57667*	1.30723	.001	3.5622	9.5911
	公园 C 区	2.55333	1.30723	.087	-.4611	5.5678

*.均值差的显著性水平为 0.05。

从图 7-6 可以看出，公园 B 区的均值相对较小，土壤含水量均值小于其他各区。

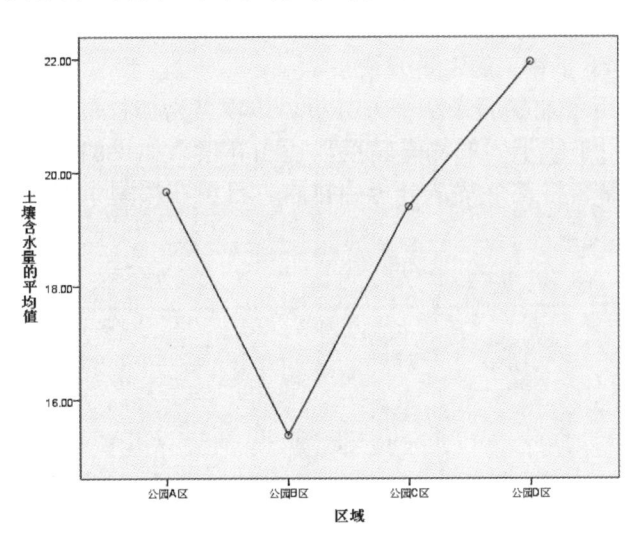

图 7-6　均值折线图

综上所述，公园 4 个区域的土壤含水量不相同。

7.3 多因素方差分析

多因素方差分析的基本思想等同于单因素方差分析，但其研究的是两个或两个以上因素对因变量的作用和影响，以及这些因素共同作用的影响。例如，研究肥料和施肥量对苗木生长的影响是否显著，是两因素的方差分析；若还需研究土壤种类因素对苗木生长的影响，则成了三因素的方差分析。

假设研究员只研究肥料和施肥量对苗木生长的影响，那么两个因素可能相互独立的影响苗木生长，也可能相互作用一起影响苗木生长。由此可知，在多因素方差分析中，存在两种类型：有交互作用和无交互作用。有交互作用表示因素不是独立的，是共同作用对因变量产生一个新的效应，而非因素分别作用的简单相加。无交互作用则表示因素是独立的，是单独对因变量产生作用。

多因素方差分析可以进行如下分析：单个因素的主效应作用、因素直接的交互效应、协方差分析、因素变量与协变量间的交互效应。

7.3.1 参数设置

（1）打开数据文件，选择"分析"→"一般线性模型"→"单变量"，弹出"单变量"对话框，如图7-7所示。
- 因变量：定量变量。
- 固定因子：分类变量。
- 随机因子：用于指定总体的随机样本。
- 协变量：与因变量相关的定量变量。
- WLS 权重：用于加权的最小平方分析。该项可为加权最小二乘分析指定权重变量，也可用于给不同的测量精度以适当补偿。如果加权变量的值为 0、负数或缺失，那么将该个案从分析中排除。已用在模型中的变量不能用作加权变量。

图 7-7 "单变量"对话框

（2）单击"模型"按钮，打开"单变量：模型"对话框，如图7-8所示。
- 指定模型：包括三个选项，"全因子""构建项""构建定制项"。
  - 全因子：表示建立全因素模型，包括所有因素主效应、所有协变量主效应及所有因素间的交互效应，不包括协变量与其他因素的交互效应。
  - 构建项：在"类型"下拉菜单中，有交互、主效应、所有二阶、所有三阶、所有四阶、所有五阶。
  - 构建定制项：需要用户指定一部分交互效应，单击选中该选项后，激活下面的"因子与协变量""构建项"和"模型"，从因子与协变量把相关效应选入模型，在中间的类型下拉列表里指定交互的类型。
- 平方和：用于指定平方和的分解方法，在其后面的下拉列表中，有类型 I、类型 II、类型 III 和类型 IV 选项，其中的类型 III 最常用。
- 在模型中包括截距：该复选框指截距包括在模型中。如果能假设数据通过原点，则可以不选择此项，即在模型中不包括截距。

图 7-8 "单变量：模型"对话框

（3）单击"对比"按钮，弹出"单变量：对比"对话框，如图7-9所示。
- 因子：在该列表框中显示出所有在主对话框中选中的因素变量，因素变量名后的括号中是当前的对比方法。
- 更改对比：在该选项组中可以改变对照方法。操作方法：在"因子"列表框中选中需要改变对照方法的因子，然后单击"对比"下拉菜单按钮，在弹出的下拉菜单中选择需要的方法，可选项有无、偏差、简单、差值、Helmert、重复、多项式。改变对比的设置完成后，单击"更改"按钮完成更改。改变了的对比方法显示在"因子"列表框中。

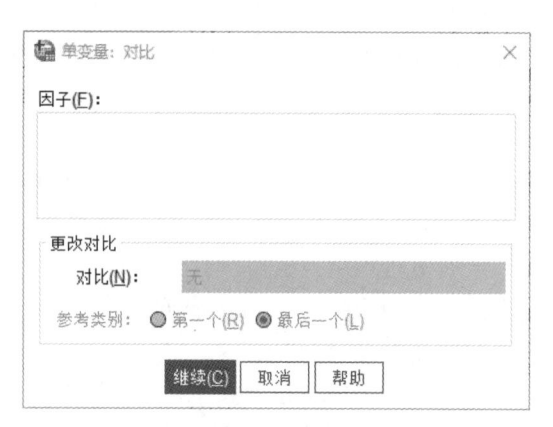

图 7-9 "单变量：对比"对话框

（4）单击"图"按钮，弹出"单变量：轮廓图"对话框，如图 7-10 所示。在该对话框中可以绘制一个或多个因素变量为参考的因变量边际均值图，其指以某个因素变量为横轴、因变量边际均值的估计值为纵轴所作的图；若指定了协变量，这里的均值就是经过协变量调整后的均值。

在单因素方差分析中，边际图用来表现指定因素各水平的因变量均值；在多因素边际均值图中，相互平行的线表明在相应因素之间无交互效应，反之亦然。

- 因子：用于显示因素的变量名。
- 水平轴：用于指定某个因素变量。
- 单独的线条：用于指定因变量。对因素变量的每个取值水平作一条曲线。
- 单独的图：用于指定因变量。对因素变量的每个取值水平分别作一个图形。
- 图：用于显示添加的变量。操作方法：将"因子"列表框中的因素变量移动到右侧的不同列表框中，移动完毕后，单击"添加"按钮，将所选因素变量选入"图"中。

图 7-10 "单变量：轮廓图"对话框

(5)单击"事后比较"按钮,打开"单变量:实测平均值的事后多重比较"对话框,如图 7-11 所示。该对话框的"假定等方差"和"不假定等方差"列表框的含义与图 7-3 相同,可参见 7.2.2。

- 因子:用于显示因素的变量名。
- 下列各项的事后检验:用于显示被选入进行事后检验的变量名。

图 7-11 "单变量:实测平均值的事后多重比较"对话框

(6)单击"保存"按钮,弹出"单变量:保存"对话框,如图 7-12 所示。在该对话框中可以将预测值、残差和诊断数据作为新变量保存到指定的数据文件,以便在其他分析过程中使用,各个选项的含义如下。

- 预测值:该选项组给出每个个案的预测值保存选项,包括未标准化、加权和标准误,其中"加权"项是在选择了主对话框中"WLS 权重"变量后激活的。

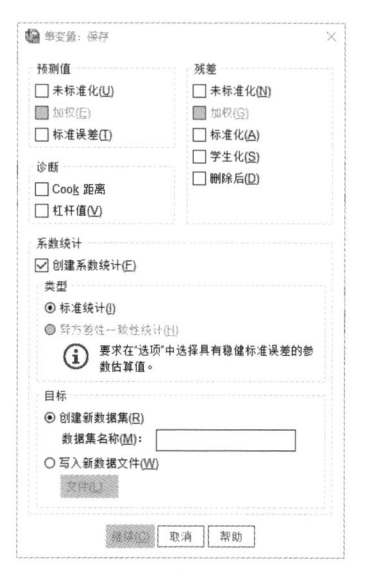

图 7-12 "单变量:保存"对话框

- 诊断：该选项组给出诊断结果保存选项，包括 Cook 距离和杠杆值。其中，Cook 距离表示把一个个案从计算回归系数的样本中除去，所引起的残差变化的大小，Cook 距离越大表示该个案对回归系数的影响越大；杠杆值用于衡量单个观测对模型拟合效果的影响程度。
- 残差：该选项组显示残差的保存选项，包括未标准化、加权、标准化、学生化和删除后。
- 系数统计：该选项组给出新文件保存结果的方式。选中"创建系数统计"复选框后，若单击"创建新数据集"，则需用户定义其名称，在"数据集名称"后面的方框中输入名称即可；若选择"写入新数据文件"，则激活"文件"，单击该按钮，则将参数估计值、协方差矩阵保存到一个新文件中。

（7）单击"EM 均值"按钮，打开"单变量：估算边际平均值"对话框，如图 7-13（a）所示。

- 估算边际平均值：选项组用于显示结果的因素变量。操作方法：在"因子与因子交互"列表框中选择因素和交互项，单击 ⬇ 按钮，将其选入"显示下列各项的平均值"列表框。如果在"显示下列各项的平均值"中有主效应被选中，则可以选择"比较主效应"复选框，对主效应变量估算边际均值，并在"置信区间调节"下拉菜单中选择 LSD、Bonferroni 和 Sidak。
  - ➢ 比较主效应：对于主体间和主体内因子，为模型中的任何主效应提供估计边际平均值未修正的成对比较。只有在"显示下列各项的平均值"列表中选择了主效应的情况下，此项才可用。
  - ➢ 置信区间调整：此选项只有在选择了"比较主效应"的情况下才可用。

（8）单击"选项"按钮，打开"单变量：选项"对话框，如图 7-13（b）所示。

- 显示：该选项组用于指定要求输出的统计量，包括以下 10 个选项。
  - ➢ 描述统计：输出所有单元格中的所有因变量的观测均数、标准差和计数。
  - ➢ 效应量估算：计算每个效应的估计及参数估计、标准误、置信区间。
  - ➢ 实测功效：给出计算功效的显著性水平 α 值，该值在 0.01~0.99.显示观测功效系数，默认显著性水平为 0.05。
  - ➢ 参数估算值：输出每个检验的参数估计值、标准误、T 检验、置信区间和检验的观察势。
  - ➢ 对比系数矩阵：输出 L 矩阵。
  - ➢ 齐性检验：即方差齐性检验。
  - ➢ 分布-水平图：可绘制观测值与残差的散点图。
  - ➢ 残差图：绘制残差图。
  - ➢ 失拟检验：检查独立变量和非独立变量间的关系是否被充分描述。
  - ➢ 一般可估函数：可以根据一般估计函数自定义假设检验对比系数矩阵的行与一般估计函数是线性组合的。
- 显著性水平：在其后面的方框中输入显著性水平，用于检验事后多重比较的置信水平和计算检验的观测效能。

第 7 章 方差分析

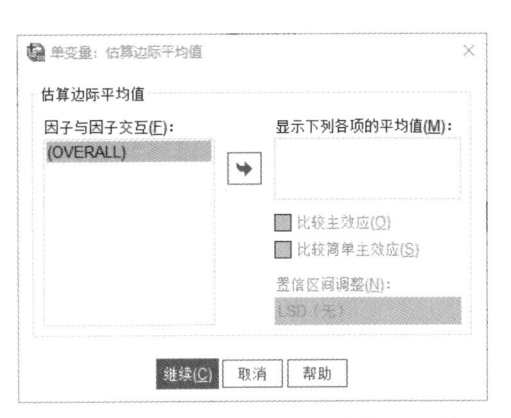

(a) "单变量：估算边际平均值"对话框　　(b) "单变量：选项"对话框

图 7-13　单变量：估计边际平均值"与"单变量：选项"对话框

7.3.2　两因素方差分析的 SPSS 实现

实例二："data07-02.sav"数据文件是某林业研究所为了比较三种肥料、三种土壤种类对某一苗木高度的影响，选取了条件基本相同的 27 株苗木进行的试验，如图 7-14 所示。试验中有肥料、土壤种类两个因素，肥料有肥料 A、肥料 B、肥料 C，土壤种类有土类 A、土类 B、土类 C，将两个因素组合成 9 个组合，且每个组合共 3 个观测值，所以，试验共有 27 个观测值。现要求利用多因素方差分析方法分析 3 种肥料和 3 种土类对苗高的影响是否显著。

数据文件：数据文件\Chapter07\data07-02.sav
视频文件：视频文件\Chapter07\两因素方差分析.avi

图 7-14　"data07-02.sav"部分数据

（1）打开"data07-02.sav"数据文件，选择"分析"→"一般线性模型"→"单变量"，弹出如图 7-7 所示"单变量"对话框。

（2）选中左侧变量列表中的"苗高"变量，单击按钮，将其选入"因变量"；选中"肥料"和"土壤种类"变量，单击按钮，将其选入"固定因子"。

（3）单击"图"按钮，弹出如图 7-10 所示"单变量：轮廓图"对话框。

（4）选中"肥料"变量，单击按钮，将其选入"水平轴"；选中"土壤种类"变量,单击➡按钮,将其选入"单独的线条"。然后单击"添加"按钮,将两者送入"图"中。单击"继续"按钮返回主对话框。

(5) 单击"事后比较"按钮,弹出如图 7-11 所示的"单变量:实测平均值的事后多重比较"对话框。

(6) 在左侧的列表框中选中"肥料""土壤种类"变量,单击➡按钮,将其选入"下列事项的事后检验"列表框;勾选"假定等方差"选项组中的"LSD"复选框。单击"继续"按钮返回主对话框。

(7) 单击"EM 均值"按钮,弹出如图 7-13(a)所示的"单变量:估算边际平均值"对话框。

(8) 在"因子与因子交互"列表中选中"OVERALL",并单击➡按钮,将其选入"显示下列各项的平均值"列表框,单击"继续"按钮返回"单变量"对话框。

(9) 单击"选项"按钮,弹出如图 7-13(b)所示的"单变量:选项"对话框,勾选"描述统计""齐性检验"复选框。单击"继续"按钮返回"单变量"对话框。

(10) 完成所有设置后,单击"确定"按钮执行命令。

7.3.3 两因素方差分析的结果分析

从表 7-5 中可以看出,有肥料、土壤种类两个因素。肥料有 3 个水平,即肥料 A、B、C,每个水平有 9 个观测量;土壤种类有 3 个水平,即土类 A、B、C,每个水平有 9 个观测量。

表 7-5 主体间因子

项目		值标签	数字
肥料	1	肥料 A	9
	2	肥料 B	9
	3	肥料 C	9
土壤种类	1	土类 A	9
	2	土类 B	9
	3	土类 C	9

从表 7-6 中可以看出各项组合的平均值、标准偏差及观测值个数。

表 7-6 描述统计

因变量:苗高

肥料	土壤种类	平均值	标准差	数字
肥料 A	土类 A	12.100	.2000	3
	土类 B	13.100	1.0149	3

续表

肥料	土壤种类	平均值	标准差	数字
肥料 A	土类 C	13.900	.6000	3
	总计	13.033	.9836	9
肥料 B	土类 A	13.133	.3512	3
	土类 B	13.867	.4726	3
	土类 C	14.467	.4163	3
	总计	13.822	.6815	9
肥料 C	土类 A	20.900	.7000	3
	土类 B	18.767	.8505	3
	土类 C	17.133	.6351	3
	总计	18.933	1.7550	9
总计	土类 A	15.378	4.1853	9
	土类 B	15.244	2.7537	9
	土类 C	15.167	1.5716	9
	总计	15.263	2.9139	27

从表 7-7 中可以看出，显著性为 0.371，大于 0.05，因此认为各组样本来自的总体的方差相等。

表 7-7 误差方差的莱文同性检验[a]

	项目	莱文统计	自由度 1	自由度 2	显著性
苗高	基于平均值	1.164	8	18	.371
	基于中位数	.413	8	18	.898
	基于中位数并具有调整后自由度	.413	8	11.722	.892
	基于剪除后平均值	1.099	8	18	.408

检验"各个组中的因变量误差方差相等"这一原假设。

a. 因变量：苗高

b. 设计：截距 + 肥料 + 土壤种类 + 肥料 * 土壤种类

表 7-8 是方差检验的结果，可以看出，肥料的显著性为 0.000，小于显著性水平 0.05；土壤种类的显著性为 0.775，大于显著性水平 0.05。由此可知肥料对苗木高度有显著影响，而土壤种类对苗木高度的影响不显著。两因素交互作用的显著性为 0.000，小于显著性水平 0.05，所以，两因素交互作用对苗木高度有显著影响。

表 7-8 主体间效应的检验

因变量：苗高

源	III 类平方和	自由度	均方	F	显著性
校正的模型	213.630[a]	8	26.704	67.383	.000
截距	6289.867	1	6289.867	15871.627	.000

续表

源	III 类平方和	自由度	均方	F	显著性
肥料	184.667	2	92.334	232.992	.000
土壤种类	.205	2	.103	.259	.775
肥料 * 土壤种类	28.757	4	7.189	18.141	.000
源	III 类平方和	自由度	均方	F	显著性
错误	7.133	18	.396		
总计	6510.630	27			
校正后的总变异	220.763	26			

a. R 平方 = .968　（调整后的 R 平方 = .953）

表 7-9 是肥料的多重比较的结果，可以看出，三种肥料间均存在显著差异。

表 7-9　多重比较

因变量：苗高

LSD(L)

(I) 肥料	(J) 肥料	平均值差值 (I-J)	标准误	显著性	95% 的置信区间	
					下限值	上限
肥料 A	肥料 B	−.789*	.2968	.016	−1.412	−.165
	肥料 C	−5.900*	.2968	.000	−6.523	−5.277
肥料 B	肥料 A	.789*	.2968	.016	.165	1.412
	肥料 C	−5.111*	.2968	.000	−5.735	−4.488
肥料 C	肥料 A	5.900*	.2968	.000	5.277	6.523
	肥料 B	5.111*	.2968	.000	4.488	5.735

基于实测的平均值。　　误差项是均方（误差） = .396　　*. 均值差的显著性水平为 .05。

表 7-10 是土壤种类的多重比较结果，可以看出，三种土壤种类间的差异均不显著。

表 7-10　多重比较

因变量：苗高

LSD(L)

(I) 土壤种类	(J) 土壤种类	平均值差值 (I-J)	标准误	显著性	95% 的置信区间	
					下限值	上限
土类 A	土类 B	.133	.2968	.659	−.490	.757
	土类 C	.211	.2968	.486	−.412	.835
土类 B	土类 A	−.133	.2968	.659	−.757	.490
	土类 C	.078	.2968	.796	−.546	.701
土类 C	土类 A	−.211	.2968	.486	−.835	.412
	土类 B	−.078	.2968	.796	−.701	.546

基于观察到的平均值。　　误差项是均方（误差） = .396

图 7-15 是两因素交互影响折线图，可以看出，图中三条折线在一个点相交，说明三者之间有交互效应，与表 7-9 的结果一致。

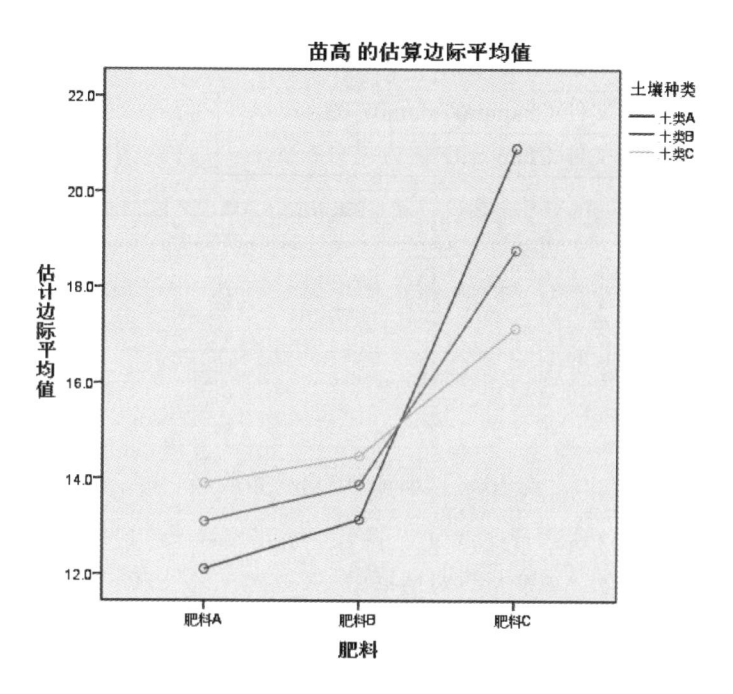

图 7-15 两因素交互影响折线图

7.4 协方差分析

协方差是关于如何调节协变量对因变量的影响效应，从而更加有效地分析实验处理效应的一种统计技术，也是对实验进行统计控制的一种综合方差分析和回归分析的方法。

7.4.1 基本思想

协方差分析是利用线性回归的方法，消除混杂因素的影响后进行的方差分析。简单来说，就是消除不可控制的因素，比较各因素不同水平的差异，分析各因素间是否存在交互作用。

例如，研究不同的生根粉对树木根系数量的影响，但由于各株树木在试验前的根系数不一致，对试验结果又有一定的影响，要消除这一因素带来的影响，就需要将各株树木在试验前的根系数量这一因素作为协变量进行方差分析，才能得到正确的试验结果。

协方差分析所涉及的窗口已在多因素方差分析中介绍，可参见 7.3.1 节，此处不再赘述。

7.4.2 协方差分析的 SPSS 实现

实例三："data07-03.sav"数据文件是某公司针对公司成员进行的语言能力培训，为了检验培训成效，在培训前后均进行了语言能力测试，如图 7-16 所示。培训对象为公司A、公司 B，成员包括员工、主管和经理。现要求剔除培训前语言能力测试成绩的影响，分析公司成员在培训后的语言能力是否存在显著差异。

数据文件：数据文件\Chapter07\data07-03.sav
视频文件：视频文件\Chapter07\协方差分析.avi

	公司	职称	培训前语言测试成绩	培训后语言测试成绩
1	1	1	77	83
2	1	1	70	87
3	1	1	76	89
4	1	2	81	95
5	1	2	89	93
6	1	2	91	90
7	1	2	94	89

图 7-16 "data07-03.sav" 数据

（1）打开 "data07-03.sav" 数据文件，选择 "分析" → "一般线性模型" → "单变量"，弹出如图 7-7 所示的 "单变量" 对话框。

（2）选中左侧变量列表中的 "培训后语言测试成绩" 变量，单击按钮，将其选入 "因变量"；选中 "职称" 和 "公司" 变量，单击按钮，将其选入 "固定因子"；选中 "培训前语言测试成绩" 变量，单击按钮，将其选入 "协变量"。

（3）单击 "EM 均值" 按钮，弹出如图 7-13（a）所示的 "单变量：估算边际平均值" 对话框，在 "因子与因子交互" 列表中选中 "OVERALL"，并单击按钮，将其选入 "显示下列各项的平均值" 列表框。

（4）单击 "选项" 按钮，弹出如图 7-13（b）所示的 "单变量：选项" 对话框。在 "显示" 选项组中，勾选 "描述统计"、"齐性检验" 复选框。单击 "继续" 按钮返回主对话框。

（5）完成所有设置后，单击 "确定" 按钮执行命令。

7.4.3 协方差分析的结果分析

从表 7-11 中可以看出，有职称、公司两个因素。职称有 3 个水平，即员工、主管和经理，每个水平有 6 个观测量；公司有 2 个水平，即公司 A、公司 B，每个水平有 9 个观测量。

表 7-11 主体间因子

项目		值标签	数字
职称	1	员工	6
	2	主管	6
	3	经理	6
公司	1	公司 A	9
	2	公司 B	9

从表 7-12 实可以看到各项组合的平均值、标准偏差及观测值个数。

表 7-12 描述统计

因变量：培训后语言测试成绩

职称	公司	平均值	标准偏差	数字
员工	公司 A	86.33	3.055	3
	公司 B	85.67	3.215	3
	总计	86.00	2.828	6
主管	公司 A	92.67	2.517	3
	公司 B	93.33	4.041	3
	总计	93.00	3.033	6
经理	公司 A	91.00	2.000	3
	公司 B	92.67	3.055	3
	总计	91.83	2.483	6
总计	公司 A	90.00	3.606	9
	公司 B	90.56	4.746	9
	总计	90.28	4.099	18

从表 7-13 可以看出，显著性为 0.237，大于 0.05，因此认为各组样本来自的总体的方差相等。

表 7-13 误差方差的莱文同性检验[a]

因变量：培训后语言测试成绩

F	自由度 1	自由度 2	显著性
1.585	5	12	.237

检验各组中因变量的误差方差相等的零假设。　　a. 设计：截距 + 培训前语言测试成绩 + 职称 + 公司 + 职称 * 公司

从表 7-14 可以看出，在组间效应的校正模型中，F 统计量为 4.384，显著性为 0.017，小于显著性水平 0.05，所以可以认为培训前语言能力与培训后语言能力存在线性回归关系；职称和公司的显著性分别为 0.003、0.462，分别小于和大于显著性水平 0.05，所以可以认为职称对语言能力有显著影响，而公司对语言能力没有显著影响；"职称*公司"的显著性为 0.689，大于 0.05，说明交互效果不显著，可以不予考虑。

表 7-14 主体间效应的检验

因变量：培训后语言测试成绩

源	III 类平方和	自由度	均方	F	显著性
修正模型	201.390[a]	6	33.565	4.384	.017
截距	349.431	1	349.431	45.639	.000
培训前语言测试成绩	27.112	1	27.112	3.541	.087
职称	152.816	2	76.408	9.980	.003
公司	4.455	1	4.455	.582	.462
职称 * 公司	5.902	2	2.951	.385	.689
错误	84.221	11	7.656		
总计	146987.000	18			
校正后的总变异	285.611	17			

a. R^2 = .705 （调整后的 R^2 = .544）

7.5 多元方差分析

前面几节介绍的方差分析为单个因变量，即一元方差分析，当因变量扩展到多个时，则称为多元方差分析，这就是本章介绍的重点内容。

在方差分析中，要求样本必须满足独立、正态、等方差的总体，而对于多元方差分析而言，由于涉及多个因变量，除要求每单个因变量满足以上条件外，还必须满足以下条件：

- 各因变量间具有相关性；
- 每一组都有相同的方差-协方差阵；
- 各因变量为多元正态分布。

多元方差分析的目的在于检验影响因素或处理因素如何同时影响一组因变量。SPSS 中用于多元方差分析假设检验的统计量有 Pillai`s 轨迹、Wilks` λ，又称为广义方差比、Hotelling 轨迹和 Roy 最大根。

多元方差分析所涉及的对话框与多因素方差分析中的对话框类似，可参见 7.3 节，这里不再赘述。

7.5.1 多元方差分析的 SPSS 实现

实例四："data07-04.sav" 数据文件是某科研单位研究某树种在不同海拔、不同施肥量情况下的苗高增加量和地径增加量的差别，将海拔设为 3 个水平，将施肥量也设为 3 个水平，将两个因素组合成 9 个组合，每个组合重复 3 次，如图 7-17 所示。现要求分析海拔和施肥量对苗高增加量和地径增加量的影响，并分析海拔与施肥量是否存在交互作用。

数据文件：数据文件\Chapter07\data07-04.sav
视频文件：视频文件\Chapter07\多元方差分析.avi

	海拔	施肥量	苗高增加量	地径增加量
1	1	1	11.8	2.48
2	1	1	12.9	2.70
3	1	1	10.9	2.84
4	1	2	9.6	2.07
5	1	2	9.4	1.88
6	1	2	9.1	1.72
7	1	3	8.2	1.19

图 7-17 "data07-04.sav" 数据

（1）打开 "data07-04.sav" 数据文件，选择 "分析" → "一般线性模型" → "多变量"，弹出 "多变量" 对话框，如图 7-18 所示。

图 7-18 "多变量"对话框

（2）选中左侧变量列表中的"苗高增加量"和"地径增加量"变量，单击 ▶ 按钮，将其选入"因变量"；选中"海拔"和"施肥量"变量，单击 ▶ 按钮，将其选入"固定因子"。

（3）单击"事后比较"按钮，弹出"多变量：实测平均值的事后多重比较"对话框，对话框内容与图 7-11 所示的一样。

（4）在左侧的列表框中选中"海拔"、"施肥量"变量，单击 ▶ 按钮，将其选入"下列各项的事后检验"列表框；勾选"假定等方差"选项组中的"LSD"复选框。单击"继续"按钮返回主对话框。

（5）单击"选项"按钮，弹出如图 7-13（b）所示"选项"对话框。在"显示"选项组中，勾选"齐性检验"复选框。单击"继续"按钮返回主对话框。

（6）完成所有设置后，单击"确定"按钮执行命令。

7.5.2 结果分析

从表 7-15 可以看出，苗高增加量和地径增加量的显著性分别为 0.344、0.166，都大于显著性水平 0.05，说明两者在各组总体方差都相等，满足方差分析的前提条件。

表 7-15 误差方差的莱文同性检验 [a]

项目		莱文统计	自由度 1	自由度 2	显著性
苗高增加量	基于平均值	1.216	8	18	.344
	基于中位数	.666	8	18	.714
	基于中位数并具有调整后自由度	.666	8	9.672	.711
	基于剪除后平均值	1.178	8	18	.364
地径增加量	基于平均值	1.703	8	18	.166
	基于中位数	.373	8	18	.921
	基于中位数并具有调整后自由度	.373	8	7.378	.906
	基于剪除后平均值	1.561	8	18	.206

检验"各个组中的因变量误差方差相等"这一原假设。

a. 设计：截距 + 海拔 + 施肥量 + 海拔 * 施肥量

表 7-16 是多元方差分析表，可以看出，海拔与施肥量两个主效应的 4 种检验统计量都小于显著性水平 0.05，说明海拔与施肥量对苗高增加量和地径增加量有显著影响；而"海拔*施肥量"的 4 种检验统计量都大于显著性水平 0.05，说明两者对苗高增加量和地径增加量的影响不存在协同作用。

表 7-16 多变量检验[a]

效应		值	F	假设自由度	误差自由度	显著性
截距	Pillai's 轨迹	.998	4789.516[b]	2.000	17.000	.000
	Wilks' Lambda	.002	4789.516[b]	2.000	17.000	.000
	Hotelling's 轨迹	563.472	4789.516[b]	2.000	17.000	.000
	Roy 最大根	563.472	4789.516[b]	2.000	17.000	.000
海拔	Pillai's 轨迹	.580	3.673	4.000	36.000	.013
	Wilks' Lambda	.443	4.278[b]	4.000	34.000	.007
	Hotelling's 轨迹	1.210	4.839	4.000	32.000	.004
	Roy 最大根	1.167	10.503[c]	2.000	18.000	.001
施肥量	Pillai's 轨迹	.902	7.395	4.000	36.000	.000
	Wilks' Lambda	.106	17.666[b]	4.000	34.000	.000
	Hotelling's 轨迹	8.404	33.616	4.000	32.000	.000
	Roy 最大根	8.396	75.560[c]	2.000	18.000	.000
海拔 * 施肥量	Pillai's 轨迹	.586	1.864	8.000	36.000	.097
	Wilks' Lambda	.491	1.814[b]	8.000	34.000	.109
	Hotelling's 轨迹	.880	1.759	8.000	32.000	.123
	Roy 最大根	.632	2.843[c]	4.000	18.000	.055

a. 设计：截距+海拔+施肥量+海拔*施肥量。　　b. 精确统计。
c. 此统计量是生成显著性水平的下限 F 的上限。

表 7-17 是两个因变量在不同因素上的差异分析。可以看出，苗高增加量在海拔和施肥量上的显著性分别为 0.002、0.000，说明苗高增加量在海拔和施肥量上都存在显著差异；地径增加量在海拔和施肥量上的显著性分别为 0.018、0.000，说明地径增加量在海拔和施肥量上都存在显著差异；而苗高增加量与地径增加量在"海拔*施肥量"上的显著性分别为 0.237、0.058，都大于显著性水平 0.05，所以，海拔与施肥量的交互作用在苗高增加量与地径增加量上都没有显著差异。

表 7-17 主体间效应的检验

源	因变量	III 类平方和	自由度	均方	F	显著性
校正的模型	苗高增加量	43.447[a]	8	5.431	21.098	.000
	地径增加量	2.687[b]	8	.336	7.293	.000
截距	苗高增加量	2540.430	1	2540.430	9869.296	.000
	地径增加量	100.688	1	100.688	2186.056	.000
海拔	苗高增加量	4.509	2	2.254	8.758	.002
	地径增加量	.465	2	.232	5.047	.018
施肥量	苗高增加量	37.369	2	18.684	72.587	.000
	地径增加量	1.710	2	.855	18.563	.000
海拔 * 施肥量	苗高增加量	1.569	4	.392	1.524	.237
	地径增加量	.512	4	.128	2.781	.058

续表

源	因变量	III 类平方和	自由度	均方	F	显著性
错误	苗高增加量	4.633	18	.257		
	地径增加量	.829	18	.046		
总计	苗高增加量	2588.510	27			
	地径增加量	104.205	27			
校正后的总变异	苗高增加量	48.080	26			
	地径增加量	3.516	26			

a. R^2 = .904 （调整后的 R^2 = .861） b. R^2 = .764 （调整后的 R^2 = .659）

表 7-18 是海拔的多重比较结果，可以看出，苗高增加量在海拔 1 与 2、1 与 3、2 与 3 上的显著性分别为-0.927、0.002、0.002，说明苗高增加量在海拔 1 与 3、2 与 3 上存在显著差异，在 1 与 2 上没有显著差异；同时，可以看出地径增加量在海拔 1 与 2 上没有显著差异，在 2 与 3、1 与 3 上有显著差异。

表 7-18 多重比较

LSD(L)

因变量	(I) 海拔	(J) 海拔	平均值差值 (I-J)	标准误	显著性	95% 的置信区间	
						下限	上限
苗高增加量	1	2	-.022	.2392	.927	-.525	.480
		3	.856*	.2392	.002	.353	1.358
	2	1	.022	.2392	.927	-.480	.525
		3	.878*	.2392	.002	.375	1.380
	3	1	-.856*	.2392	.002	-1.358	-.353
		2	-.878*	.2392	.002	-1.380	-.375
地径增加量	1	2	.0856	.10117	.409	-.1270	.2981
		3	.3111*	.10117	.007	.0986	.5237
	2	1	-.0856	.10117	.409	-.2981	.1270
		3	.2256*	.10117	.039	.0130	.4381
	3	1	-.3111*	.10117	.007	-.5237	-.0986
		2	-.2256*	.10117	.039	-.4381	-.0130

基于观察到的平均值。　　误差项是均方（误差）= .046。　　*. 均值差的显著性水平为 .05。

表 7-19 是施肥量的多重比较的结果，可以看出，苗高增加量在施肥量 1 与 2、1 与 3、2 与 3 均有显著性差异；而地径增加量在施肥量 1 与 2、1 与 3 上有显著差异，在 2 与 3 上没有显著差异。

表 7-19 多重比较

LSD(L)

因变量	(I) 施肥量	(J) 施肥量	平均值差值 (I-J)	标准误	显著性	95% 的置信区间	
						下限	上限
苗高增加量	1	2	1.822*	.2392	.000	1.320	2.325
		3	2.844*	.2392	.000	2.342	3.347
	2	1	-1.822*	.2392	.000	-2.325	-1.320
		3	1.022*	.2392	.000	.520	1.525
	3	1	-2.844*	.2392	.000	-3.347	-2.342
		2	-1.022*	.2392	.000	-1.525	-.520

续表

因变量	(I) 施肥量	(J) 施肥量	平均值差值 (I-J)	标准误	显著性	95% 的置信区间	
						下限值	上限
地径增加量	1	2	.4189*	.10117	.001	.2063	.6314
		3	.6011*	.10117	.000	.3886	.8137
	2	1	−.4189*	.10117	.001	−.6314	−.2063
		3	.1822	.10117	.088	−.0303	.3948
	3	1	−.6011*	.10117	.000	−.8137	−.3886
		2	−.1822	.10117	.088	−.3948	.0303

基于实测平均值。　　误差项是均方（误差） = .046。　　*. 平均值差的显著性水平为 .05。

7.6 重复测量方差分析

在研究中，若对一个观察对象进行多次观察，则获得的数据称为重复测量数据，针对这类数据进行方差分析需要采用重复测量方差分析。重复测量方差分析最大的特点是可以考察测量指标是否会随着测量次数的增加而变化，以及是否会受时间的影响。

7.6.1 原理与方法

重复测量设计把单个个体作为自身的对照，克服了个体之间的变异，分析时能更好地集中于研究效应；同时，把自身当作对照，研究所需的个体就相对较少了。但是它也引起了 3 种研究效应：滞留效应，即前面处理的效应有可能滞留到下一次的处理；潜隐效应，即前面处理的效应有可能激活原本不活跃的效应；学习效应，由于逐步熟悉了实验方式，研究对象的反应能力在后面的处理中也可能会逐步提高。

对重复测量实验数据的方差分析需考虑两个因素的影响，一个因素是处理分组，可通过施加干预和随机分组来实现；另一个因素是测量时间，由研究者根据专业知识和要求确定。因此，重复测量数据的变异可以分解为处理因素、时间因素、处理和时间的交互作用、受试对象间的随机误差和重复测量的随机误差 5 部分。

重复测量数据来源于同一受试对象的某一观测值的多次重复测量，若有 N 个观测个体，分为 g 个处理组，X 为观测指标，p 为重复测量次数。

重复测量方差分析与一般方差分析最大的不同在于将若干次重复测量结果作为不同因变量出现。此外，重复测量方差分析还要求定义一个组内因素，其取值水平个数与重复测量的次数相同，如调查某超市连续 3 个月的销量，则组内因素的取值水平为 3。

重复测量设计方差分析有如下几个模型假设：

（1）每个处理条件内的观察都是独立的。

（2）不同处理水平下的个体取自相互独立的随机样本，其总体均数服从正态分布。

（3）不同处理水平下的总体方差是相等的。

（4）因变量的方差-协方差矩阵满足球形假设，即两个对象的协方差应该等于它们方差的均值减去一个常数。如果不能满足球形假设，则相关的 F 统计量是有偏的，会造成过多地拒绝本来为真的假设；此时在计算 F 统计量时会对分子、分母做一定的调整。

7.6.2 参数设置

（1）打开数据文件，选择"分析"→"一般线性模型"→"重复测量"，弹出"重复测量定义因子"对话框，如图 7-19 所示。各项含义如下：
- 受试者内因子名：此处填入代表测量时间或次数的变量，即组内因素。
- 级别数：用于指定时间或次数的取值水平个数。
- 测量名称：用于指定测量变量的名称。

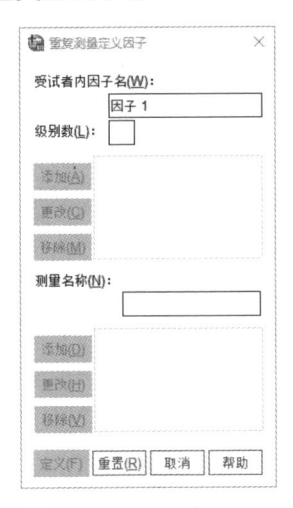

图 7-19 "重复测量定义因子"对话框

（2）单击"定义"按钮，弹出"重复测量"对话框，如图 7-20 所示。
- 受试者内变量：选入在不同时间或次数所测量的重复变量。因为在"重复测量定义因子"对话框中设置了组内因素取值水平与测量变量的对应关系，所以在此处显示为"_?_(n,A)"，其中 n 代表组内因素的第几个水平，A 代表测量变量的名称。此处若将"销售量1""销售量2"和"销售量3"都选入"受试者内变量"列表中，列表将显示为：销售量1(1,销售量)、销售量2(2,销售量)、销售量3(3,销售量)。选入的测量变量要与相应的组内因素水平相对应，如果变量名称与括号内的因素水平不对应，需要通过 ↑↓ 调节变量的顺序。
- 受试者间因子：选入组间因素变量。
- 协变量：用于选入协变量。

（3）单击"模型"按钮，弹出"重复测量：模型"对话框，如图 7-21 所示。此模型的参数设置同本章 7.3.1 节相似，只是此处把因素变量分为了主体内和主体间两部分，需要分别对两者进行设置。如果模型包括多个协变量，是不能定义协变量之间的交互作用的。但是，可以先依次单击菜单"转换"→"计算变量"计算某些协变量的乘积，再把乘积变量作为协变量引入分析。

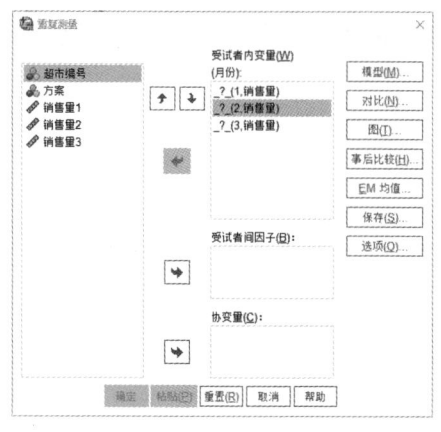

图 7-20 "重复测量"对话框　　　　图 7-21 "重复测量：模型"对话框

（4）其他参数设置与本章 7.3.1 节相似，此处不再赘述。

7.6.3　重复测量方差分析的 SPSS 实现

实例五："data07-05.sav"数据文件是某电器公司对两种营销方案的对比，如图 7-22 所示。为了提高电水壶的销售量，该公司提出两种方案，随机选择了 18 个超市作为方案实施对象；将 18 个超市随机分成 2 组，分别实施这两种方案；同时，统计方案实施前一个月和实施后两个月的销售量，现要求分析哪种方案更好。

数据文件：数据文件\Chapter07\data07-05.sav
视频文件：视频文件\Chapter07\重复测量方差分析.avi

	超市编号	方案	销售量1	销售量2	销售量3
1	1	1	27	40	45
2	2	1	24	41	47
3	3	2	27	43	48
4	4	2	29	44	53
5	5	1	36	45	50
6	6	2	23	36	47
7	7	2	33	49	49

图 7-22　"data07-05.sav"部分数据

（1）打开"data07-05.sav"数据文件，选择"分析"→"一般线性模型"→"重复测量"，弹出如图 7-19 所示对话框。

（2）在因子名称后输入"月份"，在级别数后输入"3"，单击被激活的"添加"按钮，将"月份（3）"添加至右侧的列表框中；在测量名称后输入"销售量"，单击"添加"按钮，将其添加至右侧的列表框中。

（3）单击"定义"按钮完成因素定义，进入如图 7-20 所示的"重复测量"对话框。

（4）将"销售量 1""销售量 2"和"销售量 3"依次选入"受试者内变量"列表框中，将"方案"选入"受试者因子"中。

（5）单击"图"按钮，弹出与图 7-10 类似的对话框。

(6)将"月份"选入"水平轴",将"方案"选入"单独的线条",单击"添加"按钮,将"月份*方案"选入"图"中,单击"继续"按钮返回主对话框。

(7)单击"选项"按钮,弹出如图 7-13(b)所示的对话框。

(8)选中"显示"选项组中的"描述统计"和"齐性检验"。单击"继续"按钮返回主对话框。

(9)完成所有设置后,单击"确定"按钮执行命令。

7.6.4 重复测量方差分析的结果分析

表 7-20 和表 7-21 给出了各因素不同取值水平下的样本个数统计信息;表 7-22 给出了各个分组的观察样本的基本统计特征,包括均值、标准差等。

表 7-20 主体内因子

度量:销售量

月份	因变量
1	销售量 1
2	销售量 2
3	销售量 3

表 7-21 主体间因子

		数字
方案	1	9
	2	9

表 7-22 描述统计

	方案	平均值	标准偏差	数字
销售量 1	1	24.33	2.345	9
	2	30.78	3.270	9
	总计	27.56	4.314	18
销售量 2	1	39.67	2.693	9
	2	44.00	3.279	9
	总计	41.83	3.666	18
销售量 3	1	48.22	2.438	9
	2	52.67	3.391	9
	总计	50.44	3.666	18

由表 7-23 可知,显著性为 0.675,大于显著性水平 0.05,所以因变量在各组中的协方差矩阵没有显著差异。

表 7-23 协方差矩阵的博克斯等同性检验[a]

博克斯 M	5.053
F	.668
自由度 1	6
自由度 2	1854.792
显著性	.675

检验"各个组的因变量实测协方差矩阵相等"这一原假设。 a. 设计:截距+方案。 主体内设计:月份。

由表 7-24 可知,多变量检验表包括对组内因素(月份)和交互效应(月份*方案)的检验,都采用了 4 种检验算法。"月份"的显著性都小于 0.05,而"月份*方案"的显著性都大于 0.05,所以,月份之间的销售量存在显著差异,而"月份*方案"的交互作用对销售量的差异不显著。

表 7-24 多变量检验[a]

效应		值	F	假设自由度	误差自由度	显著性
月份	Pillai's 轨迹	.968	223.841[b]	2.000	15.000	.000
	Wilks' Lambda	.032	223.841[b]	2.000	15.000	.000
	Hotelling's 轨迹	29.846	223.841[b]	2.000	15.000	.000
	Roy 最大根	29.846	223.841[b]	2.000	15.000	.000
月份 * 方案	Pillai's 轨迹	.092	.759[b]	2.000	15.000	.485
	Wilks' Lambda	.908	.759[b]	2.000	15.000	.485
	Hotelling's 轨迹	.101	.759[b]	2.000	15.000	.485
	Roy 最大根	.101	.759[b]	2.000	15.000	.485

a. 设计：截距 + 方案。 主体内设计：月份。 b. 确切的统计。

由表 7-25 可知，显著性为 0.510，大于显著性水平 0.05，所以不能否定球形假设。

表 7-25 Mauchly 球形检验[a]

度量：销售量

主体内效应	Mauchly's W	上次读取的卡方	自由度	显著性	ε^b		
					Greenhouse-Geisser	Huynh-Feldt	下限值
月份	.914	1.347	2	.510	.921	1.000	.500

检验正交化转换后因变量的误差协方差矩阵与恒等矩阵成比例的零假设。

a. 设计：截距+方案。 主体内设计：月份。

b. 可用于调整平均显著性检验的自由度。在"主体内效应检验"表中显示已更正的检验。

表 7-26 为"主体内效应检验"表，该表中每个效应检验的第一行是在满足球形假设条件下的统计结果；而后面的三行是在不满足球形假设时，对 F 统计量的分子、分母做了不同调整后的检验结果。

由本例中的"Mauchly 球形检验"结果可知，该实例满足球形假设，所以参考第一行的显著性检验结果。"月份"和"月份*方案"的显著性分别为 0.000、0.514，分别小于和大于显著性水平 0.05，所以"月份"对销售量存在显著影响，而"月份*方案"对销售量的影响不显著。

表 7-26 主体内效应的检验

度量：销售量

源		III 类平方和	自由度	均方	F	显著性
月份	假设为球形	4811.444	2	2405.722	257.309	.000
	Greenhouse-Geisser	4811.444	1.842	2612.283	257.309	.000
	Huynh-Feldt	4811.444	2.000	2405.722	257.309	.000
	下限值	4811.444	1.000	4811.444	257.309	.000
月份 * 方案	假设为球形	12.704	2	6.352	.679	.514
	Greenhouse-Geisser	12.704	1.842	6.897	.679	.503
	Huynh-Feldt	12.704	2.000	6.352	.679	.514
	下限值	12.704	1.000	12.704	.679	.422
误差 (月份)	假设为球形	299.185	32	9.350		
	Greenhouse-Geisser	299.185	29.470	10.152		

续表

源	III 类平方和	自由度	均方	F	显著性
Huynh-Feldt	299.185	32.000	9.350		
下限值	299.185	16.000	18.699		

由表 7-27 可知，三次销售量的显著性都大于 0.05，所以，三次销售量的误差方差都无显著差异。

表 7-27 误差方差的齐性 Levene's 检验[a]

销售量	F	df1	df2	显著性
销售量 1	1.404	1	16	.253
销售量 2	.130	1	16	.723
销售量 3	.820	1	16	.379

检验各组中因变量的误差方差相等的零假设。 a. 设计：截距+方案。 主体内设计：月份。

表 7-28 是对组间效应的方差分析结果，可以看出，方案的显著性为 0.000，小于 0.05，所以，不同方案对销售量存在显著差异。

表 7-28 主体间效应的检验

度量：销售量

已转换的变量：平均值

源	III 类平方和	自由度	均方	F	显著性
截距	86160.167	1	86160.167	12100.518	.000
方案	347.574	1	347.574	48.814	.000
错误	113.926	16	7.120		

图 7-23 是两因素交互折线图，可以看出，方案 2 的效果好，且"月份*方案"的交互作用不显著。

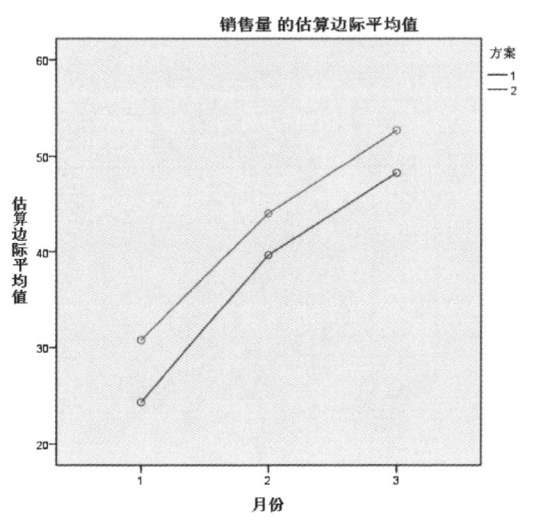

图 7-23 两因素交互折线图

7.7 本章小结

本章介绍了方差分析的实质、单因素方差分析、多因素方差分析、协方差分析、多元方差分析和重复测量方差分析。方差分析是用于研究自变量与因变量是否有关系及关系强度的。方差分析需要满足各个总体服从正态分布、各个总体的方差相等和观测值独立这3个基本假设。单因素方差分析用于检验单因素各个水平的值是否来自同一个总体。多因素方差分析的基本思想等同于单因素方差分析，但其研究的是两个或两个以上因素对因变量的作用和影响，以及这些因素共同作用的影响。协方差分析是消除不可控制的因素，比较各因素不同水平的差异，以及分析各因素间是否存在交互作用。多元方差分析相对于单因素方差分析而言，因变量个数增多。重复测量方差分析是针对重复测量的数据进行的方差分析。

第8章

相关分析

相关分析是研究事物之间是否具有相关性及相关性强弱的一种统计方法，线性相关分析是研究两个变量之间的相关性强弱及方向的一种方法。除去一些变量之间的特定性关系，如圆周长 $C = \pi d$，很多变量之间的关系都是不确定的，即设定一个自变量值以后，因变量值并不是唯一的，而是在一定的范围内变化，例如，相同体重的人，有着不一样的肺活量；相同身高的人，有着不一样的体重。如果要研究这些关系不确定的变量之间的相关系数，就需要借助相关分析的统计方法。本章主要介绍相关系数、两变量相关分析、偏相关分析和距离分析。

学习目标

(1) 了解相关分析的分析目的。
(2) 熟知各个对话框中的参数含义。
(3) 熟练掌握各个相关分析的操作步骤。
(4) 深刻理解各项结果的含义。

8.1 相关系数

相关分析的主要目的是研究变量间关系的密切程度，在统计分析中，常利用相关系数定量地描述两个变量之间线性关系的紧密程度。如果因变量值随着自变量值的增大而增大，或者随着自变量值的减小而减小，我们称之为正相关，相关系数大于 0。如果因变量值随着自变量值的增大而减小，或者随着自变量值的减少而增大，我们称之为负相关，相关系数小于 0。相关系数是描述线性关系强弱和方向的统计量，取值范围为-1~1。

根据数据的特点的不同，通常采用不一样的相关系数，下面着重介绍三种相关系数，分别是 Pearson 相关系数、Spearman 等级相关系数和 Kendall 等级相关系数。

1. Pearson相关系数

Pearson 相关是用来度量具有线性关系的两个变量之间，相关关系的密切程度及相关方向，适用于满足正态分布的数据。Pearson 相关系数，又称为线性相关系数，有时也称为积差相关系数。

Pearson 相关系数的计算公式为：

$$r = \frac{\sum_{i=1}^{n}(x_i - \overline{x})(y_i - \overline{y})}{\sqrt{\sum_{i=1}^{n}(x_i - \overline{x})^2(y_i - \overline{y})^2}}$$

其中，n 为样本容量，x_i 和 y_i 为两变量对应的样本值。

Pearson 相关系数的 T 检验统计量定义为：

$$t = \frac{\sqrt{n-2}}{\sqrt{1-r^2}}$$

其中，t 统计量服从自由度为 $n-2$ 的 t 分布。

2. Spearman等级相关系数

Spearman 等级相关系数相当于 Pearson 相关系数的非参数形式，它根据数据的秩而不是数据的实际值计算，适用于有序数据和不满足正态分布假设的等间隔数据。取值范围也在（-1,1）之间，绝对值越大相关性越强，取值符号表示相关的方向。

Spearman 等级相关系数的计算公式为：

$$r = 1 - \frac{6\sum_{i=1}^{n}d_i^2}{n(n^2-1)}$$

其中 d_i 表示每对观察值（x, y）的秩之差，n 为观察对的个数。

Spearman 等级相关系数检验零假设是相关系数为 0，在小样本的情况下，Spearman 等级相关系数就是检验统计量，当时大样本的时候，采用正态检验统计量：$Z = r\sqrt{n-1}$，当零假设成立时，小样本统计量服从 Spearman 分布，大样本统计量近似服从标准正态分布。

3. Kendall等级相关系数

Kendall 等级相关系数是对两个有序变量或两个秩变量之间相关程度的测度，属于非参数统计，统计时考虑了秩相同点的影响。利用变量秩数据计算一致对数目（U）和不一致对数目（V）来构造统计量。

Kendall 等级相关系数计算公式：

$$r = \frac{2(U-V)}{n(n-1)}$$

Kendall 等级相关系数检验零假设是相关系数为 0，在小样本的情况下，Kendall 等级相关系数就是检验统计量，当大样本时，采用正态检验统计量：$Z = r\sqrt{\frac{9n(n-1)}{2n(2n+5)}}$，当零假设成立时，小样本统计量服从 Kendall 分布，大样本统计量近似服从标准正态分布。

在了解上述相关系数的定义后，我们要了解相关系数不能直接用来说明样本来自的总体是否具有显著的线性相关性，需要通过假设检验的方式对样本来自的总体是否具有显著的线性相关性进行推断统计，基本步骤如同第 5 章参数检验，先提出零假设，然后构造检验统计量，计算检验统计量的观测值和概率 p 值，根据 p 值和显著性水平的大小，来决定拒绝或接受零假设，零假设即两个总体无显著的线性关系。

8.2 两变量相关分析

两变量相关分析的数据特点可以选择不同的相关系数，对正态分布的数据可以选择 Pearson 相关系数来进行分析；对于其他类型的数据，如有序的或非正态分布的数据可以选择 Spearman 等级相关系数和 Kendall 等级相关系数。

8.2.1 参数设置

（1）打开数据文件，选择"图形"→"图表构建器"，弹出"图表构建器"对话框，如图 8-1 所示，在图库标签里单击选中"散点图/点图"选项，然后从变量列表中分别把"马力""价格"变量拖入图形预览区的 x 轴和 y 轴，单击"确定"按钮，输出散点图，如图 8-2 所示。观察价格对马力的散点图，可以初步判断两者之间存在一定的正相关性，所以有必要进行下一步的相关分析。

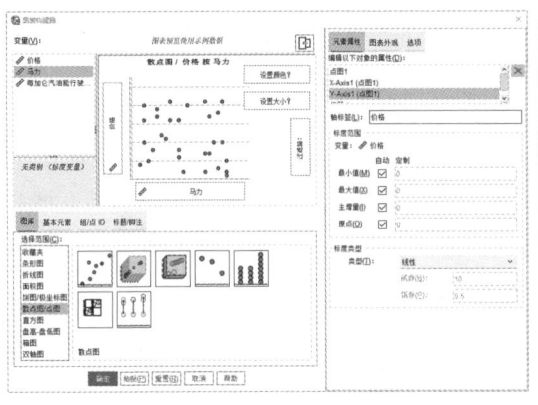

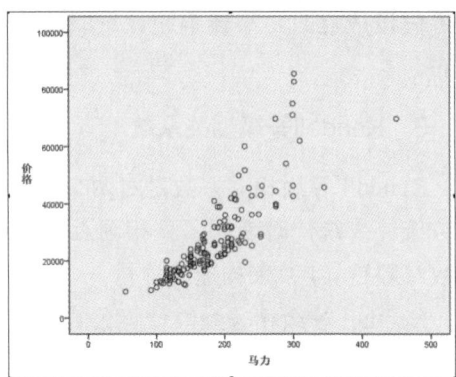

图 8-1 "图表构建器"对话框　　　　图 8-2 价格对马力的散点图

（2）在初步分析后，选择"分析"→"相关"→"双变量"，弹出"双变量相关性"对话框，如图 8-3 所示，各项含义如下。

- 变量：将左侧变量列表中的变量选入其中。
- 相关系数有 3 个选项：皮尔逊（Parson）简单相关系数、斯皮尔曼（Spearman）等级相关系数和肯德尔 tau-b（Kendall tau-b）相关系数。相关系数的范围为-1（完全负相关）到 +1（完全正相关），0 值表示没有线性关系。
- 显著性检验。
  - 双尾：事先不知道是正相关还是负相关，勾选此项。
  - 单尾：事先知道相关的方向，勾选此项。
- 标记显著性相关性：勾选此项，则输出结果中达到 0.05 显著性水平时，右上角用"*"表示比较显著；若达到 0.01 显著性水平时，右上角用"**"表示极显著。

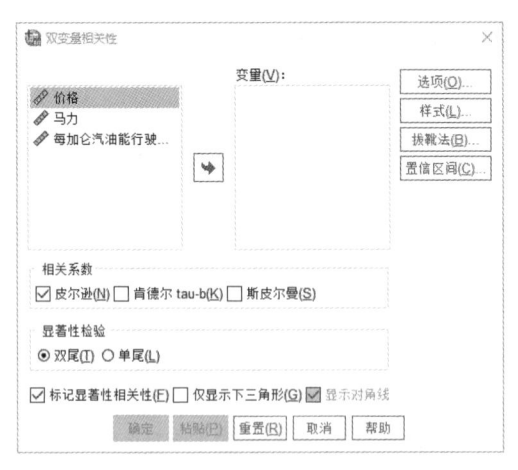

图 8-3 "双变量相关性"对话框

（3）单击"选项"按钮，弹出"双变量相关性：选项"对话框，如图 8-4 所示，各项含义如下。

- 统计。
  - 均值和标准差：在结果中输出观察值得平均值和标准差。
  - 叉积偏差和协方差：叉积偏差等于均值修正变量的积的总和；协方差是关

于两个变量相关性的非标准化度量，值等于叉积偏差除以 $n-1$。
- 缺失值。
    - 成对排除个案：待分析的两个变量中含有缺失值，则剔除这个个案。
    - 成列排除个案：直接剔除多个含有缺失值的个案。

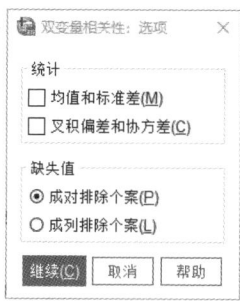

图 8-4 "双变量相关性：选项"对话框

8.2.2 双变量相关分析的 SPSS 实现

实例一："data08-01.sav"数据文件是关于一组汽车价格、马力和燃料效率的资料统计，如图 8-5 所示。现要求利用双变量相关分析对价格和马力之间是否存在相关性进行分析。

数据文件：数据文件\Chapter08\data08-01.sav
视频文件：视频文件\Chapter08\双变量相关分析.avi

	价格	马力	燃料效率
1	21500	140	28
2	28400	225	25
3	42000	210	22
4	23990	150	27
5	33950	200	22
6	62000	310	21
7	26990	170	26

图 8-5 "data08-01.sav"数据

（1）打开"data08-01.sav"数据文件，选择"分析"→"相关"→"双变量"，弹出如图 8-3 所示的"双变量相关性"对话框。

（2）在左侧的变量列表中选中"价格"变量和"马力"变量，单击 按钮，将其选入"变量"。在"相关系数"栏勾选"皮尔逊"、"斯皮尔曼"和"肯德尔 tau-b"，在"显著性检验"栏中勾选"双尾"，同时勾选"标注显著性相关性"复选框。

（3）单击"选项"按钮，弹出如图 8-4 所示的"双变量相关性：选项"对话框。

（4）在"统计"栏中勾选"均值和标准差"和"叉积偏差和协方差"复选框，在"缺失值栏中"勾选"成对排除个案"选项。单击"继续"按钮返回主对话框。

（5）完成所有设置后，单击"确定"按钮执行命令。

8.2.3 双变量相关分析的结果分析

从表 8-1 可以看出,价格的平均值为 27443.87,标准偏差为 14437.836,马力的平均值为 185.40,标准偏差为 57.103。

表 8-1 描述统计

项目	平均值	标准偏差	个案数
价格	27443.87	14437.836	153
马力	185.40	57.103	153

从表 8-2 可以看出,价格和马力的 pearson 相关系数为 0.843,右上角标示 "**",相关概率小于 0.01,表示在 0.01 的显著性水平上极显著,说明价格和马力呈显著正相关,即马力高的汽车,价格随之增高。

表 8-2 相关性

项目		价格	马力
价格	皮尔逊相关性	1	.843**
	显著性(双尾)		.000
	平方与叉积的和	31684567459.386	105589218.974
	协方差	208451101.706	694665.914
	个案数	153	153
马力	皮尔逊相关性	.843**	1
	显著性(双尾)	.000	
	平方与叉积的和	105589218.974	495640.680
	协方差	694665.914	3260.794
	个案数	153	153

**. 在 0.01 级别(双尾),相关性是显著的。

从表 8-3 可以看出非参数相关性的结果,斯皮尔曼等级相关系数和肯德尔 tau_b 相关系数得出的结论与 pearson 相关系数一致。

表 8-3 相关性

项目			价格	马力
肯德尔 tau_b	价格	相关系数	1.000	.721**
		显著性(双尾)	.	.000
		N	153	153
	马力	相关系数	.721**	1.000
		显著性(双尾)	.000	.
		N	153	153
斯皮尔曼等级相关系数	价格	相关系数	1.000	.891**
		显著性(双尾)	.	.000
		N	153	153

续表

项目			价格	马力
斯皮尔曼等级相关系数	马力	相关系数	.891**	1.000
		显著性（双尾）	.000	.
		N	153	153

**. 相关性在 0.01 级别显著（双尾）。

8.3 偏相关分析

　　线性相关分析计算的是两个变量间的相关系数，它分析两个变量之间线性相关的程度，但是在实际应用中，往往因为第三个变量，使相关系数不能真正反映那两个指定变量间的线性相关程度，如价格、马力和燃料效率之间的关系，如果使用 Pearson 相关系数可以得出价格与马力和燃料效率分别存在着较强的线性关系，但是对于相同马力的汽车，是否燃油效率越低，价格就越高呢？答案是不一定。因为价格和马力有线性关系，马力和燃料效率又有线性关系，由此得出价格和燃料效率之间存在线性关系的结论是不可信的。

　　偏相关分析能够在研究两个变量的线性关系时，计算偏相关系数，该系数在控制一个或多个附加变量效应的同时描述两个变量之间的线性关系，如控制马力，研究价格和燃料效率之间的相关关系。

8.3.1 参数设置

　　（1）选择"分析"→"相关"→"偏相关"，弹出"偏相关性"对话框，如图 8-6 所示，各项含义如下。
- 变量：将左侧变量列表中的变量选入其中。
- 控制：将左侧变量列表中的变量选入其中。
- 显著性检验和显示实际显著性水平的含义与双变量相关性检验一样，不再介绍。

　　（2）单击"选项"按钮，弹出"偏相关性：选项"对话框，如图 8-7 所示，各项含义如下。
- 统计。
  - 均值和标准差：在结果中输出观察值得到平均值和标准差。
  - "零阶相关性"相当于变量（包括控制变量）两两之间的简单相关系数。
- 缺失值。
  - 成对排除个案：待分析的两个变量中含有缺失值，则剔除这个个案。
  - 成列排除个案：直接剔除多个含有缺失值的个案。

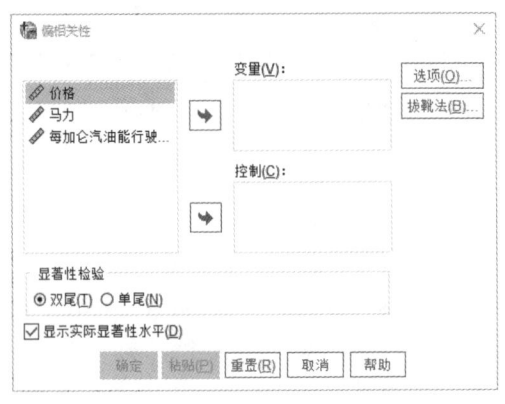

图 8-6 "偏相关"对话框 　　图 8-7 "偏相关性：选项"对话框

8.3.2 偏相关分析的 SPSS 实现

实例二：仍然使用如图 8-5 所示的"data08-01.sav"数据文件。现要求利用偏相关分析对在控制变量"马力"存在的情况下，价格和燃料效率之间是否存在相关性进行分析。

| 数据文件：数据文件\Chapter08\data08-01.sav |
| 视频文件：视频文件\Chapter08\偏相关分析.avi |

（1）打开"data08-01.sav"数据文件，选择"分析"→"相关"→"偏相关"，弹出如图 8-6 所示的"偏相关性"对话框。

（2）在左侧的变量列表中选中"价格"变量和"燃料效率"变量，单击 ► 按钮，将其选入"变量"列表，将"马力"变量选入"控制"列表，在"显著性检验"栏中勾选"双尾检验"，同时勾选"显示实际显著性水平"复选框。

（3）单击"选项"按钮，弹出如图 8-7 所示的"偏相关性：选项"对话框。

（4）在"统计"栏中勾选"均值和标准差"和"零阶相关性"、复选框，在"缺失值"栏中勾选"成列排除个案"。单击"继续"按钮返回主对话框。

（5）完成所有设置后，单击"确定"按钮执行命令。

8.3.3 偏相关分析的结果分析

从表 8-4 可以看出，价格、燃料效率和马力三者的平均值和标准偏差。

表 8-4 描述统计

项目	平均值	标准偏差	个案数
价格	27443.87	14437.836	153
每加仑汽油能行驶的距离	23.83	4.293	153
马力	185.40	57.103	153

从表 8-5 可以看出，在不控制马力变量时，价格和燃料效率是显著负相关的，但是控制马力变量后，价格和燃料效率的相关性变得不显著（$p=0.455>0.05$），所以不能简单

地判断汽车价格与燃料效率之间是否存在着相关关系,结论应该为在马力不变的前提下,汽车价格和燃料效率之间不存在显著的相关关系。

表 8-5 相关性

控制变量			价格	每加仑汽油能行驶的距离	马力
无 a	价格	相关性	1.000	−.492	.843
		显著性（双侧）	.	.000	.000
		df	0	151	151
	每加仑汽油能行驶的距离	相关性	−.492	1.000	−.615
		显著性（双侧）	.000	.	.000
		df	151	0	151
	马力	相关性	.843	−.615	1.000
		显著性（双侧）	.000	.000	.
		df	151	151	0
马力	价格	相关性	1.000	.061	
		显著性（双侧）	.	.455	
		df	0	150	
	每加仑汽油能行驶的距离	相关性	.061	1.000	
		显著性（双侧）	.455	.	
		df	150	0	

a. 单元格包含零阶 (Pearson) 相关。

8.4 距离分析

距离分析是对变量对之间和个案对之间相似或不相似的一种测度,这种相似性或距离测度可以用于其他分析过程,如聚类分析、因子分析等。距离分析时按照指定的统计量计算不同个案（或变量）之间的相似性和不相似性,但是不会给出常用的用于比较显著性水平的概率 p 值,而是给出不同个案（或变量）之间的距离,由用户自己判断其相似或不相似的程度。

8.4.1 参数设置

(1) 选择"分析"→"相关"→"距离",弹出"距离"对话框,如图 8-8 所示,各项含义如下。

- 变量：将左侧变量列表中的变量选入其中。
- 个案标注依据：将左侧变量列表中的变量选入其中。
- 计算距离。
  - 个案间：计算每对个案间的距离,同时还可以将一个字符串类型的变量选入"标注个案"的矩形框中。
  - 变量间：计算每对变量之间的距离。

- 测量。
  - 非相似性：计算不相似性矩阵，系统默认。
  - 相似性：计算相似性矩阵。

（2）在"测量"选项框中选择"非相似性"测量类型后，系统默认的计算方法会在"测量"按钮的右侧显示，单击"测量"按钮，弹出如图 8-9 所示的"距离：非相似性测量"对话框，可以进一步选择计算方法，各项含义如下。

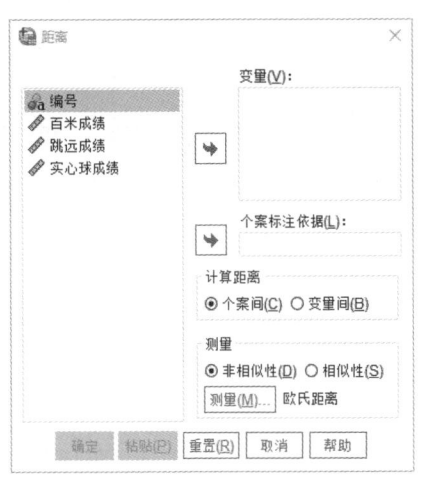

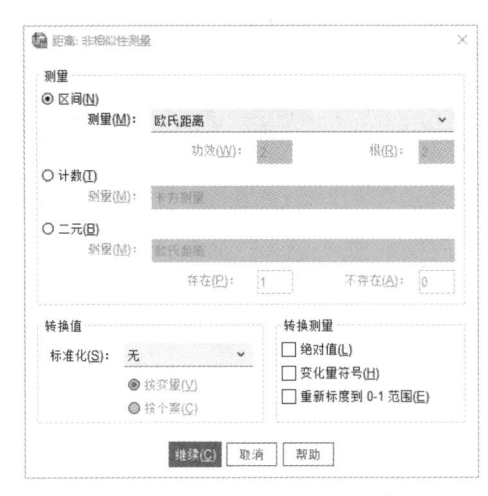

图 8-8　"距离"对话框　　　　　图 8-9　"距离：非相似性测量"对话框

- 测量。
  - 区间：对连续变量选项的统计量有欧式（Euclidean）距离、平方欧式（Euclidean）距离、切比雪夫、块、明可夫斯基（Minkowski）距离和定制，系统默认的是欧式距离。
    - 欧式距离：Euclidean 距离，两变量或观测值之差的平方和平方根。
    - 平方欧式距离：平方 Euclidean 距离，两变量或观测值之差的平方和。
    - 切比雪夫：两项取值之差的最大绝对值。
    - 块：两项取值之差的绝对值之和。
    - 明可夫斯基距离：Minkowski 距离，两项之间的距离是各变量值之差的 p 次幂绝对值之和的 p 次方根，选择此项，在幂下拉列表中指定 p 值。
    - 定制：两项之间的距离是各变量值之差的 p 次幂绝对值之和的 r 次方根，选择此项，在幂和根下拉列表中指定 p 和 r 的值。
  - 计数：对于计数数据的统计量有卡方度量和 Phi 平方度量。
    - 卡方度量：用卡方值来测度不相似性，是假设两组的频数相等的卡方检验，系统默认。
    - Phi 平方度量：考虑样本的大小，用来减少观测频数对实际预测频数的影响，等于由组合频率的平方根标准化的卡方测量。
  - 二元：对于二元数据的统计量，欧式距离、平方欧式距离、大小差值、模式差值、方差、形状、兰姆-威廉姆斯（Lance-Williams）。

表 8-6 为四格表，表示的是在二元数据中两个特性发生与不发生的四种组合。

表 8-6 四格表

项目	第二特性	
第一特性	发生	不发生
发生	a	b
不发生	c	d

- ◇ 欧式距离：二值欧式距离，根据四格表计算 $\sqrt{(b+c)}$，b、c 表示的是一个特性发生，另一个特性不发生的对角线单元格，最小值为 0，无上限。
- ◇ 平方欧式距离：二值欧式距离平方，根据四格表计算 $(b+c)$，用来计算非协调的个案的数目。最小值为 0，无上限。
- ◇ 大小差值：不对称指数，取值范围 0～1。
- ◇ 模式差值：用于二元数据的不相似性测度，取值范围 0～1，根据四格表计算 $bc/n2$，n 是观测量总数。
- ◇ 方差：变异指标，根据四格表计算 $(b+c)/4n$，取值范围 0～1。
- ◇ 形状：对不匹配项的非对称性进行惩罚，取值范围 0～1。
- ◇ 兰姆-威廉姆斯：根据四格表计算 $(b+c)/(2a+b+c)$，其中 a 表示两个特性都出现的单元格，取值范围为 0～1。

- 转换值：可以对个案和变量进行标准化。
  - ➤ 标准化：可以在选项框中选择标准化的方法，有无、Z 分数等，对二元数据不能进行标准化，选择标准化的方法后，需指定是"按照变量"或"按照个案"进行标准化。
- 转换测量：计算距离完成后，对结果进行转换，有以下三种方法。
  - ➤ 绝对值：对距离取绝对值。
  - ➤ 变换量符号：即把不相似性测度转换成相似性测度，把相似性测度转换成不相似性测度。
  - ➤ 重新标度到 0-1 范围：即距离都减去最小值，再除以差值（最大值减最小值）来使距离标准化。

（3）若在"测量"选项框中选择"相似性"测量类型，单击"测量"按钮，会弹出的"距离：相似性测量"对话框，如图 8-10 所示，各项含义如下。

图 8-10 "距离：相似性测量"对话框

- 测量。
  - ➢ 区间：对连续变量选项的统计量有皮尔逊相关性和余弦，系统默认的是皮尔逊相关性。
    - ◆ 皮尔逊相关性：取值范围-1~1，取 0 表示无线性相关，系统默认。
    - ◆ 余弦：用两个向量之间的余弦值来度量相似性，取值范围-1~1，取 0 表示不相关。
  - ➢ 二元：对于二分类数据的统计量拉塞尔-拉奥（Russell and Rao）等多种计算方法。在选择一种计算方法后，需指定存在和不存在时的变量值，系统默认存在时值为 1，不存在时值为 0。
    - ◆ 拉塞尔-拉奥：二项内积法，对匹配与不匹配对都给予相等的权重，系统默认。
    - ◆ 简单匹配：匹配数与总数的比值，对匹配与不匹配对都给予相等的权重。
    - ◆ Jaccard：相似性比例指数，不考虑联合缺失项，对匹配与不匹配对都给予相等的权重。
    - ◆ Dice：剔除联合缺失项，给予匹配对双倍权重。
    - ◆ Rogers 和 Tanimoto：一个给不匹配对双倍权重的指数。
    - ◆ Sokal 和 Sneath 1：一个给匹配对双倍权重的指数。
    - ◆ Sokal 和 Sneath 2：一个给不匹配对双倍权重的指数，不考虑联合缺失项。
    - ◆ Sokal 和 Sneath 3：匹配与不匹配的比值，取值范围为 0~∞，当值未定义或大于 9999.999 时，会指定随意值 9999.999。
    - ◆ Kulczynski 1：联合出现项与所有不匹配数的比值，取值范围为 0~∞，当值未定义或大于 9999.999 时，会指定随意值 9999.999。
    - ◆ Kulczynski 2：根据某个特性在一项中出现，该特性在其他项中出现的条件概率。将充当另一个项的预测变量的各个项的各个值进行平均，以计算此值。
    - ◆ Sokal 和 Sneath 4：某特性出现（不出现）在另一项中的条件概率。将充当另一个项的预测变量各个项的各个值进行平均，以计算此值。
    - ◆ Hamann：匹配数减去不匹配数，再除以总项数，取值范围为-1~1。
    - ◆ Lambda：通过使用一个项来预测另一个项，从而与误差降低比例相对应。取值范围 0~1。
    - ◆ Anderberg's D：与 Lambda 类似，取值范围 0~1。
    - ◆ Yule's Y：是 2×2 表交叉比的函数，且与边际总和无关，取值范围 -1~1。
    - ◆ Yule's Q：Goodman 和 Kruskal γ 的特殊事件，是一个交比函数，独立于边际总计，取值范围-1~1。
    - ◆ Ochiai：余弦相似性测度的二元形式，取值范围 0~1。
    - ◆ Sokal 和 Sneath 5：表示正负匹配的条件概率的几何平均数的平方，取值范围-1~1。

◇ Phi 4 点相关：Pearson 相关系数的二元形式，取值范围为-1~1。
◇ 离散：一个相似性指数，取值范围为-1~1。
- 转换值和转换测量含义同非相似性测量一样，不再介绍。

8.4.2 距离分析的 SPSS 实现

1．个案间的距离分析

实例二："data08-02.sav"数据文件是 5 个学生百米成绩、跳远成绩和实心球成绩，如图 8-11 所示。现要求利用距离分析来分析学生体育成绩之间的相关性。

数据文件：数据文件\Chapter08\data08-02.sav
视频文件：视频文件\Chapter08\距离分析.avi

	编号	百米成绩	跳远成绩	实心球成绩
1	1	11.4	3.1	13.6
2	2	11.9	2.7	13.7
3	3	12.5	2.9	12.3
4	4	12.7	2.5	13.2
5	5	13.7	2.6	11.5

图 8-11 "data08-02.sav"数据

- 个案间的非相似性测量。

（1）打开"data08-02.sav"数据文件，选择"分析"→"相关"→"距离"，弹出如图 8-8 所示的"距离"对话框，在左侧的变量列表中选中"百米成绩""跳远成绩"和"实心球成绩"三个变量，单击按钮，将其选入"变量列表"，将"编号"变量选入"个案标注依据"列表。在"计算距离"栏中勾选"个案间"，"测量"栏中选择"非相似性"，单击"测量"按钮，弹出如图 8-9 所示的"距离：非相似性测量"对话框，在"测量"栏中选择默认的欧式距离，因为变量间的单位不同，所以要对变量进行标准化，在"转换值"栏中选择"按个案"，在下拉列表中选择 Z 得分。

（2）完成所有设置后，单击"确定"按钮执行命令。

- 个案间的相似性测量。

（1）打开"data08-02.sav"数据文件，选择"分析"→"相关"→"距离"，弹出如图 8-8 所示的"距离"对话框，在左侧的变量列表中选中"百米成绩"、"跳远成绩"和"实心球成绩"三个变量，单击按钮，将其选入"变量列表"，将"编号"变量选入"个案标注依据"列表。在"计算距离"栏中勾选"个案间"，"测量"栏中选择"相似性"，单击"测量"按钮，弹出如图 8-11 所示的"距离：相似性测量"对话框，在"测量"栏中选择默认的皮尔逊相关性，因为变量间的单位不同，所以要对变量进行标准化，在"转换值"栏中选择"按个案"，在下拉列表中选择 Z 得分。

（2）完成所有设置后，单击"确定"按钮执行命令。

2．变量间的距离分析

实例二："data08-03.sav"数据文件分别用三种仪器测试一批树的高度，如图 8-12 所示示。现要求利用距离分析来分析三种仪器之间的相关性。

数据文件：数据文件\Chapter08\data08-03.sav
视频文件：视频文件\Chapter08\距离分析.avi

编号	第一次	第二次	第三次
1	1	21.20	21.50	21.30
2	2	23.40	23.60	23.50
3	3	20.90	21.10	21.20
4	4	25.30	25.70	25.50
5	5	23.60	23.50	23.80
6	6	24.20	23.90	24.10
7	7	25.60	25.60	25.70
8	8	26.30	26.50	26.40
9	9	25.10	25.40	25.20
10	10	22.40	22.60	22.60

图 8-12 "data08-03.sav" 数据

- 变量间的非相似性测量。

（1）打开"data08-03.sav"数据文件，选择"分析"→"相关"→"距离"，弹出如图 8-8 所示的"距离"对话框。

（2）在左侧的变量列表中选中"第一次""第二次"和"第三次"三个变量，单击 按钮，将其选入"变量"列表。在"计算距离"栏中勾选"变量间"，"测量"栏中选择"非相似性"。

（3）单击"测量"按钮，弹出如图 8-9 所示的"距离：非相似性测量"对话框，在"测量"栏中选择默认的欧式距离。

（4）完成所有设置后，单击"确定"按钮执行命令。

- 变量间的相似性测量。

（1）打开"data08-03.sav"数据文件，选择"分析"→"相关"→"距离"，弹出如图 8-9 所示的"距离"对话框。

（2）在左侧的变量列表中选中"第一次"、"第二次"和"第三次"三个变量，单击 按钮，将其选入"变量"列表。在"计算距离"栏中勾选"变量间"，"测量"栏中选择"相似性"。

（3）单击"测量"按钮，弹出如图 8-10 所示的"距离：相似性测量"对话框，在"测量"栏中选择默认的皮尔逊相关性。

（4）完成所有设置后，单击"确定"按钮执行命令。

8.4.3 距离分析的结果分析

1. 个案间距离分析的结果

从表 8-7 可以看出，个案数全部有效，无缺失值。

表 8-7　个案处理摘要

个案					
有效		缺失		总计	
数字	百分比	数字	百分比	数字	百分比
5	100.0%	0	0.0%	5	100.0%

从表 8-8 可以看出，非相似性矩阵形式给出了两两个案之间的 Euclidean 距离，非相似性测度值越大说明不相似性越强；从表 8-9 可以看出相似性矩阵形式给出了两两个案之间的 pearson 相关性系数，相似性系数值越大说明相似性越强。结合表 8-8 和表 8-9 可以看出编号为 1 和 2 的两个同学的体育成绩最相似，其 Euclidean 距离最小，为 0.066，但是其相关系数最大，为 0.999；编号为 1 和 5 的两个同学的体育成绩最不相似，其 Euclidean 距离最大，为 0.546，但是其相关系数最小，为 0.926。

表 8-8　近似值矩阵

编号	欧氏距离				
	1: 1	2: 2	3: 3	4: 4	5: 5
1: 1	.000	.066	.308	.224	.546
2: 2	.066	.000	.242	.158	.480
3: 3	.308	.242	.000	.084	.240
4: 4	.224	.158	.084	.000	.324
5: 5	.546	.480	.240	.324	.000

这是非相似性矩阵。

表 8-9　近似值矩阵

编号	值的向量之间的相关性				
	1: 1	2: 2	3: 3	4: 4	5: 5
1: 1	1.000	.999	.976	.987	.926
2: 2	.999	1.000	.985	.994	.942
3: 3	.976	.985	1.000	.998	.986
4: 4	.987	.994	.998	1.000	.974
5: 5	.926	.942	.986	.974	1.000

这是相似性矩阵。

2．变量间距离分析的结果

从表 8-10 可以看出，数据全部有效，无缺失值。

表 8-10　个案处理摘要

个案					
有效		缺失		总计	
数字	百分比	数字	百分比	数字	百分比
10	100.0%	0	0.0%	10	100.0%

从表 8-11 可以看出，非相似性矩阵形式给出了两两变量之间的 Euclidean 距离，非相似性测度值越大说明不相似性越强；从表 8-12 可以看出相似性矩阵形式给出了两两个案之间的 pearson 相关性系数，相似性系数值越大说明相似性越强。结合表 8-11 和表 8-12

可以看出第一次和第三次两种仪器测的数据最相似，其 Euclidean 距离最小，为 0.520，但是其相关系数最大，为 0.999。

表 8-11　近似值矩阵

次数	欧氏距离		
	第一次	第二次	第三次
第一次	.000	.775	.520
第二次	.775	.000	.539
第三次	.520	.539	.000

这是非相似性矩阵。

表 8-12　近似值矩阵

次数	值的向量之间的相关性		
	第一次	第二次	第三次
第一次	1.000	.993	.999
第二次	.993	1.000	.995
第三次	.999	.995	1.000

这是相似性矩阵。

8.5　本章小结

　　本章主要介绍了相关系数、两变量相关分析、偏相关分析和距离分析。相关分析主要目的是研究变量间关系的密切程度，在统计分析中，常利用相关系数定量地描述两个变量之间线性关系的紧密程度。两变量相关分析，需要根据数据的特点选择不同的相关系数，如对正态分布的数据可以选择 Pearson 相关系数来进行分析。偏相关分析能够在研究两个变量的线性关系时，计算偏相关系数，该系数在控制一个或多个附加变量效应的同时描述两个变量之间的线性关系。距离分析是对变量对之间和个案对之间相似或不相似的一种测度，这种相似性或距离测度可以用于其他分析过程，例如聚类分析、因子分析等。

第9章

回归分析

　　回归分析是确定两种或两种以上变量间的因果关系,建立回归模型,并根据实测数据求解模型的各个参数,然后评价回归模型是否能够很好地拟合实测数据;如果能够很好地拟合,则可以根据自变量进一步预测。其与相关分析一样,是研究现象之间存在的相互关联关系的方法,但两者存在区别。本章主要介绍线性回归、曲线回归、非线性回归、二元 Logistic 回归、多元 Logistic 回归、有序回归、概率单位回归和加权回归。

学习目标

(1) 深刻理解回归分析的实质。
(2) 熟知各个对话框中的参数含义。
(3) 熟练掌握各个回归分析的操作步骤。
(4) 深刻理解各项结果的含义。

9.1 线性回归

回归分析研究的变量要区分自变量和因变量，相关分析研究的变量之间是对等的关系；回归分析中因变量是随机变量，自变量是非随机变量，相关分析研究的变量都是随机变量；回归分析可以通过一个数学模型来表现现象之间相关的具体形式，相关分析只表明现象是否相关、相关方向和密切程度，不能指出变量间相互关系的具体形式。

线性回归是利用数理统计中的回归分析，确定两种或两种以上变量间相互依赖的定量关系的一种统计分析方法，应用十分广泛。

9.1.1 线性回归的基本原理

如果自变量和因变量之间呈线性关系，这时进行的回归分析就是线性回归，线性回归分析是分析因变量和自变量之间依存变化的数量关系的统计方法，估计包含一个或多个自变量的线性方程的系数，这些系数能最佳地预测因变量的值，线性回归是回归分析中最基本、最简单的分析。

根据自变量个数的多少，将线性回归分为一元线性回归和多元线性回归。在线性回归分析中，若只包括一个自变量和一个因变量，且两者的关系可用一条直线近似表示，这种回归分析称为一元线性回归分析；若包括两个或两个以上的自变量，且因变量和自变量之间是线性关系，则称为多元线性回归分析。

1. 一元线性回归的基本原理

在线性回归分析中，若只包括一个自变量和一个因变量，且两者的关系可用一条直线近似表示，则这种回归分析称为一元线性回归分析。

根据一组样本中若干个观测值（x_1, y_1）、（x_2, y_2），…，（x_n, y_n）来找出一元线性回归的数学模型 $y_i = \beta_0 + \beta_1 x_i + \varepsilon_i$，$i=1, 2, …, n$，其中 ε_i 需要满足 4 个假设条件。

（1）正态性假设，即 ε_i 服从均值为 0，方差为 σ^2 的正态分布。

（2）独立性假设，即 ε_i 之间相互独立，满足 COV（ε_i, ε_j）=0（$i \neq j$）。

（3）无偏性假设，ε_i 的条件期望值为 0。

（4）同共方差性假设，即 ε_i 所有的方差都相同。

由一元线性回归的数学模型 $y_i = \beta_0 + \beta_1 x_i + \varepsilon_i$ 可知，由于解释变量 x 的变化而引起的 y 的线性变化部分为 $y_i = \beta_0 + \beta_1 x_i$；由于随机误差或其他因素的变化而引起的 y 的线性变化部分为 ε_i。

由于无偏性假设，ε_i 的条件期望值为 0，即 $E(\varepsilon_i)=0$，所以对一元线性回归的数学模型两边求期望，得到 $E(y_i) = \beta_0 + \beta_1 x_i$，这就是一元线性回归方程的形式。

一元线性回归方程就是用现有的观测量，来求得参数 β_0 和 β_1 的估计值 $\hat{\beta}_0$ 和 $\hat{\beta}_1$，就能得到一元线性经验方程 $\hat{y}_i = \hat{\beta}_0 + \hat{\beta}_1 x_i$。

2. 多元线性回归的基本原理

在线性回归分析中，若包括两个或两个以上的自变量，且因变量和自变量之间是线性关系，则称为多元线性回归分析。

多元线性回归的数学模型 $y = \beta_0 + \beta_1 x_{i1} + \beta_2 x_{i2} + \cdots + \beta_p x_{ip} + \varepsilon_i$，$i=1, 2, \cdots, n$，由于解释变量 x 的变化而引起的 y 的线性变化部分为 $y = \beta_0 + \beta_1 x_{i1} + \beta_2 x_{i2} + \cdots + \beta_p x_{ip}$；由于随机误差或其他因素的变化而引起的 y 的线性变化部分为 ε。

由于无偏性假设，ε 的条件期望值为 0，即 $E(\varepsilon_i)=0$，所以对多元线性回归的数学模型两边求期望，得到 $E(y) = \beta_0 + \beta_1 x_1 + \beta_2 x_2 + \cdots + \beta_p x_p$，这就是多元线性回归方程的形式。

多元线性回归方程就是用现有的观测量，来求得参数 β_0、β_1、$\cdots$、β_p 的估计值 $\hat{\beta}_0$、$\hat{\beta}_1$、$\cdots$、$\hat{\beta}_p$，就能得到多元线性经验方程 $\hat{y} = \hat{\beta}_0 + \hat{\beta}_1 x_{i1} + \hat{\beta}_2 x_{i2} + \cdots + \hat{\beta}_p x_{ip}$。

9.1.2 方程系数的最小二乘估计

1. 一元线性方程

一元线性方程的最小二乘估计原则就是要求 y_i 和 $\hat{y}_i$ 的误差 e_i 平方和达到最小，即 $Q = \sum_{i=1}^{n} e_i^2 = \sum_{i=1}^{n}(y_i - \hat{y}_i)^2 = \sum_{i=1}^{n}(y_i - \beta_0 - \beta_1 x_i)^2 \rightarrow \min$。根据取极值的必要条件，有 $\sum_{i=1}^{n}(y_i - \beta_0 - \beta_1 x_i) = 0$ 和 $\sum_{i=1}^{n}(y_i - \beta_0 - \beta_1 x_i)x_i = 0$，解上述的方程组，得到参数 β_0 和 β_1 的拟合值。

$$\hat{\beta}_0 = \overline{y} - \overline{x}\hat{\beta}_1$$

$$\hat{\beta}_1 = \frac{L_{xy}}{L_{xx}} = \frac{\sum_{i=1}^{n}(x_i - \overline{x})(y_i - \overline{y})}{\sum_{i=1}^{n}(x_i - \overline{x})^2} = \frac{\sum_{i=1}^{n} x_i y_i - n\overline{x}\,\overline{y}}{\sum_{i=1}^{n} x_i^2 - n\overline{x}^2}$$

$$\overline{x} = \frac{1}{n}\sum_{i=1}^{n} x_i, \quad \overline{y} = \frac{1}{n}\sum_{i=1}^{n} y_i$$

求得参数拟合值后得到一元线性回归方程 $\hat{y}_i = \hat{\beta}_0 + \hat{\beta}_1 x_i$。

2. 多元线性方程

与一元线性方程类似，多元线性回归方程的最小二乘估计原则就是要求 y_i 和 $\hat{y}_i$ 的误差 e_i 平方和达到最小。

$$Q = \sum_{i=1}^{n}(y_i - \beta_0 - \beta_1 x_{i1} - \beta_2 x_{i2} - \cdots - \beta_p x_{ip})^2 \rightarrow \min$$

根据多元微积分的求极值原理，对 Q 求偏导数使其等于 0，可以求得各个回归参数的估计值 $\hat{\beta}_0$、$\hat{\beta}_1$、$\hat{\beta}_2$、$\cdots$ $\hat{\beta}_p$，具体求法不做讨论。

9.1.3 回归方程的检验

根据原始数据求得线性回归方程后，需要对方程进行检验，对于一元线性回归方程检验的原假设是 H0：$\beta_1=0$，H1：$\beta_1\neq 0$；对于多元线性回归方程检验的原假设 H0：$\beta_1=$

$\beta_2 = \cdots = \beta_P = 0$,H1:$\beta_1$、$\beta_2 \cdots \beta_P$ 不全为 0。主要有三种检验方法：相关系数的检验、F 检验和 t 检验。

$$\text{SST} = \sum_{i=1}^{n}(y_i - \bar{y})^2 = \sum_{i=1}^{n}(\hat{y}_1 - \bar{y})^2 + \sum_{i=1}^{n}(y_i - \hat{y}_1)^2 = \text{SSR} + \text{SSE}$$

首先上式中，SST 是因变量观测值和均值之间的差异的偏差平方和，SSR 是回归平方和，是由变量 x 引起的偏差，SSE 是剩余平方和，是由试验误差及其他因素引起的偏差。

1. 相关系数的检验

对于一元线性回归方程相关系数定义为 $R^2 = \dfrac{\text{SSR}}{\text{SST}}$，是判定线性回归模型拟合优度的重要指标，相关系数表示的是回归平方和占总体平方和的比值，这比值表示的是因变量 y 的变异中有多少是由变量 x 引起的，即变量 x 可以解释的变异占总变异的百分比。

R^2 与 SSR 成正比，R^2 值越大，说明 y 和 x 之间的线性相关程度越高，即线性模型的拟合优度越好。R^2 如果为 0，说明 y 与 x 没有线性关系。

对于多元线性回归方程，相关系数定义为调整的 $R^2 = \dfrac{\text{SSR}/p}{\text{SST}/(n-p-1)}$，式中 p 和 $n-p-1$ 分别是 SSR 和 SST 的自由度，调整的 R^2 的数值大小的意义与一元线性回归方程相关系数一样。

使用调整的 R^2 的原因是在多元回归线性方程中随着解释变量 x 的引入，SSE 必然会随之减少，相应的 R^2 的数值会随之变大，为了消除因解释变量的个数对相关系数的影响，故用调整的 R^2 来检验线性模型的拟合优度。

2. F 检验

SST=SSR+SSE，回归平方和 SSR 和剩余平方和 SSE 除以各自的自由度后的比值，就得到 F 统计量。

（1）一元线性回归方程

$$F = \dfrac{\sum_{i=1}^{n}(\hat{y}_1 - \bar{y})^2 / 1}{\sum_{i=1}^{n}(y_i - \hat{y}_1)^2 / (n-2)} = \dfrac{\text{SSR}/1}{\text{SSE}/(n-2)} = \dfrac{R^2}{1-R^2}(n-2) \sim F(1, n-2)$$

确定显著性水平 α 后，可以确定临界值 $F_a(1, n-2)$，若 $F > F_a(1, n-2)$，拒绝原假设 H0，表示回归效果在显著性水平 α 下显著；若 $F < F_a(1, n-2)$，不能拒绝原假设 H0，表示回归效果在显著性水平 α 下不显著。

（2）多元线性回归方程

$$F = \dfrac{\sum_{i=1}^{n}(\hat{y}_1 - \bar{y})^2 / p}{\sum_{i=1}^{n}(y_i - \hat{y}_1)^2 / (n-p-1)} = \dfrac{\text{SSR}/1}{\text{SSE}/(n-2)} = \dfrac{R^2}{1-R^2}(n-2) \sim F(1, n-2)$$

确定显著性水平 α 后，可以确定临界值 $F_a(p, n-p-1)$，若 $F > F_a(p, n-p-1)$，拒绝原假设 H0，表示线性回归效果在显著性水平 α 下显著；若 $F < F_a(p, n-p-1)$，不能拒绝原假设 H0，表示线性回归效果在显著性水平 α 下不显著。

3. T检验

（1）一元线性回归方程

在一元线性回归方程中，$\hat{\beta}_1 \sim N\left(\dfrac{\sigma^2}{\sum_{i=1}^{n}(x_i-\bar{x})^2}\right)$，计算中 $\hat{\sigma}^2$ 代替 σ^2，$\hat{\sigma}^2 = \dfrac{\text{SSE}}{(n-2)}$。

在原假设成立的条件下，t 统计量为 $t = \dfrac{\hat{\beta}_1}{\dfrac{\sigma}{\sqrt{\sum_{i=1}^{n}(x_i-\bar{x})^2}}} \sim t(n-2)$，确定显著性水平 α 后，可以确定临界值 $t_{\frac{\alpha}{2}}(n-2)$，若 $|t| > t_{\frac{\alpha}{2}}(n-2)$，拒绝原假设 H0，表示线性回归效果在显著性水平 α 下显著；若 $|t| < t_{\frac{\alpha}{2}}(n-2)$，不能拒绝原假设 H0，表示线性回归效果在显著性水平 α 下不显著。

（2）多元线性回归方程

在多元线性回归方程中，$\hat{\beta}_1 \sim N\left(\dfrac{\sigma^2}{\sum_{j=1}^{n}(x_{ji}-\bar{x}_1)^2}\right)$，计算中 $\hat{\sigma}^2$ 代替 σ^2，$\hat{\sigma}^2 = \dfrac{\text{SSE}}{(n-p-1)}$。

在原假设成立的条件下，t 统计量为 $t = \dfrac{\hat{\beta}_1}{\dfrac{\sigma}{\sqrt{\sum_{j=1}^{n}(x_{ij}-\bar{x}_{11})^2}}} \sim t(n-p-1)$，确定显著性水平 α 后，可以确定临界值 $t_{\frac{\alpha}{2}}(n-p-1)$，若 $|t| > t_{\frac{\alpha}{2}}(n-p-1)$，拒绝原假设 H0，表示线性回归效果在显著性水平 α 下显著；若 $|t| < t_{\frac{\alpha}{2}}(n-p-1)$，不能拒绝原假设 H0，表示线性回归效果在显著性水平 α 下不显著。

9.1.4 模型假设的残差检验

残差是指回归方程计算得到的预测值与实际观测值之间的差距，这里主要是对前面残差的 4 个假设条件，正态性、独立性、无偏性和同共方差性进行检验。

1. 正态性假设

正态性假设检验 ε_i 服从均值为 0，方差为 σ^2 的正态分布，可以通过绘制残差图对残差的正态性假设进行检验，理论上在残差图中，近 50% 的残差为正，50% 的残差为负；68% 的残差要落在 -1 到 1 之间，96% 残差要落在 -2 到 2 之间。

2. 独立性假设

独立性假设 ε_i 之间相互独立，满足 COV$(\varepsilon_i, \varepsilon_j) = 0$（$i \neq j$），残差的独立性检验首先可以通过残差散点图来验证，以估计值为横坐标，残差为纵坐标，观察点的分布情况，如果残差散点图中的点呈现某种趋势性或规律性变化，说明残差不符合独立性假设。残

差的独立性检验还可以通过 Durbin-Watson（DW）检验，

$$DW = \frac{\sum_{t=2}^{n}(e_t - e_{t-1})^2}{\sum_{t=2}^{n}e_t^2}$$

DW 的取值范围为 0~4，当残差符合独立性假设时，DW≈2；当残差存在正相关时，DW<2；当残差存在负相关时，DW>2。

3. 无偏性假设

无偏性假设 ε_i 的条件期望值为 0，即 $E(\varepsilon_i)=0$，当建立多元线性回归方程时，如果有两个或两个以上的解释变量之间存在线性相关关系，就会导致产生多重共线性现象。

在这种情况下，用最小二乘法估计的参数很不稳定，通过容许度 $Tol_i = 1 - R_i^2$ 或方差膨胀因子 $VIF_i = \frac{1}{1-R_i^2}$ 来验证是否存在共线性，式中的 R_i^2 是用其他解释变量预测第 i 个解释变量的复相关系数。

容许度和方差膨胀因子值互为倒数。容许度的值越小，VIF 的值就越大，解释变量 x_i 和其他解释变量之间存在共线性的可能越大。

当存在严重的共线性时，可以从存在共线性的解释变量中删除不重要的变量，或者重新抽取样本增加样本量，最后就是采用其他方法拟合模型。

4. 同共方差性假设

同共方差性假设，即所有 ε_i 的方差都相同。残差的方差齐性检验首先可以通过残差散点图来检验，作图方式同独立性检验，如果点随机地分布在横轴的周围，说明残差基本符合同共方差性假设，如果呈现随着解释变量值的增加而增加（或减少）的趋势，说明残差不符合同共方差性假设。

如果残差出现异方差的情况，就要先对解释变量进行适当的方差稳定变换后，再进行回归方程参数的估计。

9.1.5 参数设置

（1）打开数据文件，选择"分析"→"回归"→"线性"，弹出"线性回归"对话框，如图 9-1（a）所示，各项含义如下。

- 因变量：将左侧变量列表中的一个变量选入其中。
- 自变量：将左侧变量列表中的一个或多个变量选入其中，同时，可以通过"上一个"按钮和"下一个"按钮切换，可以对自变量进行分组构建不同的模型，具体操作：先选择自变量进入自变量列表，然后在方法栏中选择一种方法，单击"下一个"按钮，自变量列表会被清空，这时再选入其他的自变量，在方法栏中选择一种方法，这样就有两个自变量组，以此类推，可以建立多个自变量组，通过"上一个"按钮就能查看前一个自变量组的设定。
- 方法栏的五种方法。
  - 输入：将自变量列表中的自变量全部选入回归模型，系统默认。

- 步进：先选择对因变量贡献最大，并满足判断条件的自变量进入回归方程，然后将模型中符合剔除数据的变量移出模型，重复进行直到没有变量被引入或剔除，得到回归方程。
- 除去：先建立全模型，然后根据设定的条件一步就剔除部分自变量。
- 后退：先建立全模型，根据选项对话框中设定的判定条件，每次将一个不符合条件的变量从模型剔除，重复进行直到没有变量被剔除，得到回归方程。
- 前进：模型从无自变量开始，根据选项对话框中设定的判定条件，每次将一个最符合条件的变量引入模型，直到所有符合判定条件的变量都进入模型，第一个引入模型的变量应该是与因变量最为相关的。

- 选择变量：选入一个变量，单击"规则"按钮，出现"线性回归：设置规则"对话框，如图9-1（b）所示，在下拉列表中有等于、不等于、晚于、小于或等于、大于、大于或等于，选择一种运算法则，在"值"框中输入一个值，只有被选入的变量满足指定条件的观测记录才会进入回归分析的过程。例如，选择变量，选择等于，并为该值输入10，那么只有那些选定变量值等于10的个案才会包含在分析中。
- 个案标签：选入一个变量作为观测量标签，用于标识图上的点。
- WLS 权重：选入一个变量作为权重变量，通过加权最小二乘法给观测值不同的权重值。

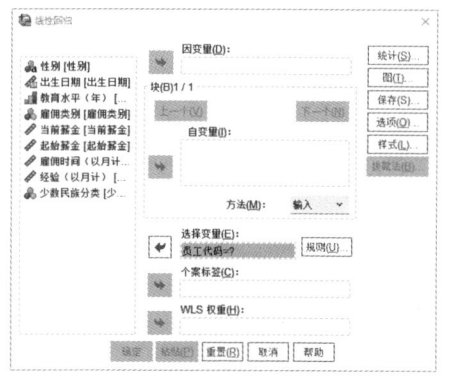

（a）"线性回归"对话框　　　　　　　（b）"线性回归:设置规则"对话框

图9-1　"线性回归"对话框与"线性回归:设置规则"对话框

（2）单击"统计"按钮，弹出"线性回归：统计"对话框，如图9-2所示，选择要输出的统计量，各项含义如下。

- 回归系数。
  - 估算值：输出回归系数、回归系数的标准误、标准化回归系数、对回归系数的T检验及双侧检验的显著性概率等内容。
  - 置信区间：输出每个回归系数指定置信度的置信区间。
  - 协方差矩阵：输出回归系数的协方差矩阵和相关系数阵。
- 残差。
  - 德宾-沃森（Durbin-Watson）：输出德宾-沃森统计量，同时输出可能是异常值的诊断表。

➢ 个案诊断
  ✧ 离群值：设置异常值的判定依据，当残差超过 n 倍标准差时会判定是异常值，系统默认是 3 倍。
  ✧ 所有个案：输出所有观测量的残差值。
- 模型拟合：对拟合过程中引入或剔除出模型的变量信息进行统计输出，包括复相关系数 R，其平方 R^2 及其修正值、估计值的标准差及 ANOVA 方差分析表，系统默认。
- R^2 变化量：输出模型中引入或剔除一个自变量时 R^2 的改变量，如果值大，说明进入或剔除的自变量是因变量的一个良好的预测变量。
- 描述：输出描述统计量，包括有效个案数、均数、标准差、相关系数矩阵及其单侧检验显著性水平矩阵。
- 部分相关性和偏相关性：部分相关是对于因变量与某个自变量，当已移去模型中的其他自变量对该自变量的线性效应之后，因变量与该自变量之间的相关性。偏相关是对于两个变量，在移去由于它们与其他变量之间的相互关联引起的相关性之后，这两个变量之间剩余的相关性。勾选此项，输出部分相关系数、偏相关系数和零阶相关系数。
- 共线性诊断：由于一个自变量是其他自变量的线性函数时所引起的共线性是不被期望的。勾选此项，输出共线性诊断的结果，包括特征根、条件指数、方差-分解比例，以及个别变量的方差膨胀因子（VIF）和容差。

图 9-2 "线性回归：统计"对话框

（3）单击"图"按钮，弹出"线性回归：图"对话框，如图 9-3 所示，选择要输出的图形，各项含义如下。

图可以用来辅助验证正态性、线性相关度和方差相等的假设，也可以帮助检测离群值、异常观察值和有影响的个案。

- 左侧的变量列表显示的是散点图的作图元素：DEPENDENT 因变量、ZPRED 标准化预测值、ZRESID 标准化残差、DRESID 剔除残差、ADJPRED 修正后预测值、SRESID 学生化残差、SDRESID 学生化剔除残差。将左边变量列表中任意两个变量通过按钮选入 X、Y 轴变量框中，选入一组变量后，可以通过"下一个"按钮，选择下一组变量，单击"上一个"按钮，可以回到上一组变量。

- 标准化残差图。
  - 直方图：输出带有正态曲线的标准化残差的直方图。
  - 正态概率图：输出 P-P 图，用来检查残差的正态性。
  - 产生所有局部图：输出每个自变量的残差相对于因变量残差的分布图，要生成部分图，方程中必须至少有两个自变量。

图 9-3 "线性回归：图"对话框

（4）单击"保存"按钮，弹出"线性回归：保存"对话框，如图 9-4 所示，选择保存选项，各项含义如下。
- 预测值：回归模型对每个个案预测的值。
  - 未标准化：输出未标准化的预测值。
  - 标准化：输出标准化的预测值，预测值减去平均值预测值，得到的差除以预测值的标准差。平均值为 0，标准差为 1。
  - 调整后：调整预测值，当一个观测值排除在回归方程之外时，得到的回归方程对这个观测值的预测值。
  - 平均值预测标准误：预测值的均值标准误，对于自变量具有相同值的个案所对应的因变量平均值的标准差的估计。
- 距离：标识以下个案的测量：自变量的值具有异常组合的个案，以及可能对回归模型产生很大影响的个案。
  - 马氏距离：自变量个案值与所有个案平均值的距离，当值过大时，表示该个案自变量的取值有异常。
  - 库克距离：把一个个案从计算回归系数的样本中去除时，所有个案残差变化的大小，距离越大，表示从回归统计的计算中排除的个案对回归系数的影响也越大。
  - 杠杆值：用于测量单个观测对拟合效果的影响程度，取值范围 0~1，取 0 表示此观测对拟合无影响。
- 预测区间：设置显示的预测区间。
  - 平均值：平均预测响应的预测区间的下限和上限。
  - 单值：单个个案的因变量预测区间的下限和上限。
  - 置信区间：可输出 1~99.99 之间的数值，默认为 95，输出上述两个预测区间的置信度。

- 残差：因变量的实际值减去回归方程预测的值。
    - 未标准化：输出未标准化残差，观测值与模型预测值之差。
    - 标准化：输出标准化残差，残差除以其标准差的估计。均值为0，标准差为1。
    - 学生化：输出学生化残差，残差除以残差标准差的估计值。
    - 删除后：个案从回归系数的计算中排除时，该个案的残差，即观测值与调整预测值之差。
    - 学生化删除后：输出学生化已删除残差，删除残差除以单个个案的标准差。
- 影响统计：由于排除了特定个案而导致的回归系数（DfBeta）和预测值（DfFit）的变化。
    - DfBeta：删除一个个案引起的回归系数的变化值。
    - 标准化DfBeta：标准化DfBeta值，当其值大于$2\sqrt{N}$时，表示被删除的个案可能是对回归系数有较大影响的点，N为观测后的个案数目。
    - DfFit：删除一个个案后而产生的预测值的变化值。
    - 标准化DfFit：拟合值的标准化差分，由于排除了某个特定个案而导致的预测值的改变。当其值大于$2\sqrt{P/N}$时，表示被删除的个案可能是对回归系数有较大影响的点，N为观测后的个案数目，P为模型中的参数个数。
    - 协方差比率：删除一个个案后协方差矩阵与全部观测量的协方差矩阵的比值，取值接近1，说明该个案对协方差矩阵没有显著影响。
- 系数统计：将回归系数保存到数据集或数据文件中。
    - 创建系数统计。
        ◆ 创建新数据集：创建一个新数据集，在"数据集名称"框中输入名称。
        ◆ 写入新数据文件：将回归系数保存到新数据集文件中，单击"文件"按钮，选择保存路径。
- 将模型信息导出到XML文件：将模型的信息输出到指定的XML格式的文件中，单击"浏览"按钮指定保存路径。
- 包括协方差矩阵：选择此项，表示在XML文件中保存协方差阵。

图9-4 "线性回归：保存"对话框

(5)单击"选项"按钮,弹出"线性回归:选项"对话框,如图9-5所示,各项含义如下。

- 步进法条件:适用于已指定向前、向后或逐步式变量选择法的情况。变量可以进入到模型中,或者从模型中剔除,这取决于 F 值的概率或者 F 值本身。
  - ➢ 使用 F 的概率:使用 F 的概率作为依据,一个自变量 F 检验显著性水平小于等于进入值时,该变量进入回归方程;当值大于删除值时,该变量被删除。删除值必定大于进入值,且必须为正数,系统默认,进入值为 0.05,删除值为 0.10。如果要将更多的变量选入模型,请增加进入值;若要将更多的变量从模型中移去,就降低删除值。
  - ➢ 使用 F 值:使用 F 值作为依据,F 值大于等于进入值,该变量进入回归方程;当 F 值小于删除值时,该变量被删除。删除值必定小于进入值,且必须为正数系统默认进入值为 3.84,删除值为 2.71。
- 在方程中包含常量:在回归方程中包括常数项,系统默认。
- 缺失值。
  - ➢ 成列排除个案:只要某个变量含有缺失值,则在所有分析过程中将该记录删除。
  - ➢ 成对排除个案:按对删除观测记录,只有在分析过程中使用到的某个变量含有缺失值时,才将相应的记录删除。
  - ➢ 替换为平均值:利用变量的平均值代替缺失值。

图 9-5 "线性回归:选项"对话框

9.1.6 线性回归的 SPSS 实现

实例一:"data09-01.sav"数据文件是一个公司员工的基本情况,如图 9-6 所示。现要求利用公司员工的一些基本情况拟合多元线性回归方程。

| 数据文件:数据文件\Chapter09\data09-01.sav |
| 视频文件:视频文件\Chapter09\线性回归.avi |

(1)打开"data09-01.sav"数据文件,选择"分析"→"回归"→"线性",弹出如图 9-1(a)所示的"线性回归"对话框。

	员工代码	性别	出生日期	教育水平	雇佣类别	当前薪金	起始薪金	雇佣时间	经验	少数民族
1	1	m	02/03/1952	15	3	$57,000	$27,000	98	144	0
2	2	m	05/23/1958	16	1	$40,200	$18,750	98	36	0
3	3	f	07/26/1929	12	1	$21,450	$12,000	98	381	0
4	4	f	04/15/1947	8	1	$21,900	$13,200	98	190	0
5	5	m	02/09/1955	15	1	$45,000	$21,000	98	138	0
6	6	m	08/22/1958	15	1	$32,100	$13,500	98	67	0
7	7	m	04/26/1956	15	1	$36,000	$18,750	98	114	0

图 9-6 "data09-01.sav" 数据

（2）在左侧变量列表中选中"教育水平""起始薪金""雇佣时间""经验"变量，单击 按钮，将其选入"自变量列表"，将"当前薪金"变量选择进入右边的因变量列表。在"方法"栏中选择"步进"。

（3）单击"统计"按钮，弹出如图 9-2 所示的"线性回归：统计"对话框。

（4）在"回归系数"栏中勾选"估算值"和"协方差矩阵"复选框，在"残差"栏中勾选"个案诊断"，在"离群值"参数框输入 3，其余勾选"模型拟合"和"共线性诊断"复选框。单击"继续"按钮返回主对话框。

（5）单击"图"按钮，弹出如图 9-3 所示的"线性回归：图"对话框。

（6）将变量"SDRESID"和"ZPRED"分别选入 Y 轴和 X 轴，单击"下一个"按钮，将变量"ZRESID"和"ZPRED"分别选入 Y 轴和 X 轴，单击"继续"按钮返回主对话框。单击"继续"按钮返回主对话框。

（7）单击"保存"按钮，弹出如图 9-4 所示的"线性回归：保存"对话框，在"距离"栏中勾选"马氏距离"、"库克距离"和"杠杆值"复选框，在"预测区间"栏中勾选"平均值"和"单值"复选框，置信区间默认为 95，在"影响统计"栏中勾选"标准化 DfBeta""标准化 DfFit"和"协方差比率"复选框，并勾选包括协方差矩阵。单击"继续"按钮返回主对话框。

（8）单击"选项"按钮，弹出如图 9-5 所示的"线性回归：选项"对话框，设置选择都为系统默认。单击"继续"按钮返回主对话框。

（9）完成所有设置后，单击"确定"按钮执行命令。

9.1.7 线性回归的结果分析

表 9-1 给出了逐步回归过程中变量的引入和剔除过程及其准则，可以看出，最先引入起始薪金变量，建立模型 1；接着引入经验变量，建立模型 2，依次类推，模型 4 包括所有变量，没有变量剔除。

表 9-1 已输入/除去变量[a]

模型	输入变量	除去变量	方法
1	起始薪金	.	步进（条件：要输入的 F 的概率 <= .050，要除去的 F 的概率 >= .100）
2	经验（以月计）	.	步进（条件：要输入的 F 的概率 <= .050，要除去的 F 的概率 >= .100）
3	雇佣时间（以月计）	.	步进（条件：要输入的 F 的概率 <= .050，要除去的 F 的概率 >= .100）
4	教育水平（年）	.	步进（条件：要输入的 F 的概率 <= .050，要除去的 F 的概率 >= .100）

a. 因变量：当前薪金。

表 9-2 给出了模型的拟合情况，给出了模型编号、复相关系数 R、R^2、调整后的 R^2、标准估算的错误，可见从模型 1 到模型 4，R^2 随之增长，说明模型可解释的变异占总变异的比例越来越大，引入回归方程的变量是显著的，从 R^2、调整后的 R^2 可以看出模型 4 建立的回归方程较好。

表 9-2 模型摘要[e]

模型	R	R^2	调整后的 R^2	标准估算的错误
1	.880[a]	.775	.774	$8,115.356
2	.891[b]	.793	.793	$7,776.652
3	.897[c]	.804	.803	$7,586.187
4	.900[d]	.810	.809	$7,465.139

a. 预测变量：（常量），起始薪金。
b. 预测变量：（常量），起始薪金，经验（以月计）。
c. 预测变量：（常量），起始薪金，经验（以月计），雇佣时间（以月计）。
e. 预测变量：（常量），起始薪金，经验（以月计），雇佣时间（以月计），教育水平（年）。
f. 因变量：当前薪金。

表 9-3 给出了回归拟合过程中每一步的方差分析结果。显著性为 F 值大于 F 临界值的概率，可见从模型 1 到模型 4，显著性概率均小于 0.05，拒绝回归系数都为 0 的原假设。从模型 4 可知，回归平方和为 1.118E+11，残差平方和为 2.614E+10，总计为 1.379 E+11，可见回归平方和占了总计平方和的绝大部分，说明线性模型解释了总平方和的绝大部分，模型拟合效果较好。

表 9-3 ANOVA[a]

模型		平方和	自由度	均方	F	显著性
1	回归	106831048750.124	1	106831048750.124	1622.118	.000[b]
	残差	31085446686.216	472	65858997.217		
	总计	137916495436.340	473			
2	回归	109432147156.685	2	54716073578.343	904.752	.000[c]
	残差	28484348279.654	471	60476323.311		
	总计	137916495436.340	473			
3	回归	110867882865.426	3	36955960955.142	642.151	.000[d]
	残差	27048612570.913	470	57550239.513		
	总计	137916495436.340	473			
4	回归	111779919524.266	4	27944979881.067	501.450	.000[e]
	残差	26136575912.073	469	55728306.849		
	总计	137916495436.340	473			

a. 因变量：当前薪金。
b. 预测变量：（常量），起始薪金。
c. 预测变量：（常量），起始薪金，经验（以月计）。
d. 预测变量：（常量），起始薪金，经验（以月计），雇佣时间（以月计）。
e. 预测变量：（常量），起始薪金，经验（以月计），雇佣时间（以月计）。
f. 预测变量：（常量），起始薪金，经验（以月计），雇佣时间（以月计），教育水平（年）。

表 9-4 给出所有模型的回归系数估计值,包括非标准化系数、标准系数、t 值、显著性、容许值和方差膨胀因子。

Beta 是标准化回归系数,是所有的变量按统一方法标准化后拟合的回归方程中各标准化变量的系数,具有可比性,由表 9-4 可见起始薪金的标准化回归系数是 4 个变量中最大的。

显著性(Sig 值),表中 4 个模型中所有变量和常数项的显著性概率均小于 0.05,均通过显著性检验。

方差膨胀因子(VIF),表中个解释变量的 VIF 值都较小,说明解释变量基本不存在多重共线性问题。

模型 3:当前薪金=-10266.629+1.928×起始薪金-22.509×经验+173.203×雇佣时间。

表 9-4 系数 [a]

模型		非标准化系数		标准系数	T	显著性	共线性统计	
		B	标准误	Beta			容许	VIF
1	(常量)	1928.206	888.680		2.170	.031		
	起始薪金	1.909	.047	.880	40.276	.000	1.000	1.000
2	(常量)	3850.718	900.633		4.276	.000		
	起始薪金	1.923	.045	.886	42.283	.000	.998	1.002
	经验(以月计)	-22.445	3.422	-.137	-6.558	.000	.998	1.002
3	(常量)	-10266.629	2959.838		-3.469	.001		
	起始薪金	1.927	.044	.888	43.435	.000	.998	1.002
	经验(以月计)	-22.509	3.339	-.138	-6.742	.000	.998	1.002
	雇佣时间(以月计)	173.203	34.677	.102	4.995	.000	1.000	1.000
4	(常量)	-16149.671	3255.470		-4.961	.000		
	起始薪金	1.768	.059	.815	30.111	.000	.551	1.814
	经验(以月计)	-17.303	3.528	-.106	-4.904	.000	.865	1.156
	雇佣时间(以月计)	161.486	34.246	.095	4.715	.000	.992	1.008
	教育水平(年)	669.914	165.596	.113	4.045	.000	.516	1.937

a. 因变量:当前薪金。

表 9-5 给出了各个模型中排除变量的统计信息,模型 1 中已经引入起始薪金变量,排除在外的有 3 个变量,从偏相关这一列可以看出除起始薪金外,与当前薪金相关性最高的是经验,因为其偏相关绝对值最大,将其引入回归模型,T 检验的显著性值小于 0.05,拒绝回归系数为 0 的假设。共线性统计中可以看出经验变量的容许度值接近 1,说明与第一个进入模型的起始薪金变量不具有共线性,所以将经验变量作为第二个变量引入模型,依次类推。

表 9-5 排除的变量 [a]

模型		输入 Beta	T	显著性	偏相关	共线性统计		
						容许	VIF	最小容差
1	教育水平(年)	.172[b]	6.356	.000	.281	.599	1.669	.599
	雇佣时间(以月计)	.102[b]	4.750	.000	.214	1.000	1.000	1.000
	经验(以月计)	-.137[b]	-6.558	.000	-.289	.998	1.002	.998

续表

模型		输入 Beta	T	显著性	偏相关	共线性统计		
						容许	VIF	最小容差
2	教育水平（年）	.124c	4.363	.000	.197	.520	1.923	.520
	雇佣时间（以月计）	.102c	4.995	.000	.225	1.000	1.000	.998
3	教育水平（年）	.113d	4.045	.000	.184	.516	1.937	.516

a. 因变量：当前薪金。
b. 模型中的预测变量：（常量），起始薪金。
c. 模型中的预测变量：（常量），起始薪金，经验（以月计）。
d. 模型中的预测变量：（常量），起始薪金，经验（以月计），雇佣时间（以月计）。

表 9-6 给出了各变量之间的系数相关矩阵，表中除了起始薪金和教育水平的相关性大于 0.5 以外，其余各解释变量之间的相关性都较小，可以采用第八章的相关性分析，如果结果两个解释变量之间存在相关性，可以考虑将教育水平变量从模型中剔除。

表 9-6 系数相关矩阵 a

模型			起始薪金	经验（以月计）	雇佣时间（以月计）	教育水平（年）
1	相关性	起始薪金	1.000			
	协方差	起始薪金	.002			
2	相关性	起始薪金	1.000	-.045		
		经验（以月计）	-.045	1.000		
	协方差	起始薪金	.002	-.007		
		经验（以月计）	-.007	11.713		
3	相关性	起始薪金	1.000	-.045	.020	
		经验（以月计）	-.045	1.000	-.004	
		雇佣时间（以月计）	.020	-.004	1.000	
	协方差	起始薪金	.002	-.007	.031	
		经验（以月计）	-.007	11.146	-.449	
		雇佣时间（以月计）	.031	-.449	1202.498	
4	相关性	起始薪金	1.000	-.275	.071	-.669
		经验（以月计）	-.275	1.000	-.034	.365
		雇佣时间（以月计）	.071	-.034	1.000	-.085
		教育水平（年）	-.669	.365	-.085	1.000
	协方差	起始薪金	.003	-.057	.143	-6.504
		经验（以月计）	-.057	12.450	-4.162	213.109
		雇佣时间（以月计）	.143	-4.162	1172.819	-479.645
		教育水平（年）	-6.504	213.109	-479.645	27422.125

a. 因变量：当前薪金。

表 9-7 给出了共线性诊断的结果。

表 9-7 共线性诊断 [a]

模型	维度	特征值	条件指数	方差比例				
				（常量）	起始薪金	经验（以月计）	雇佣时间（以月计）	教育水平（年）
1	1	1.908	1.000	.05	.05			
	2	.092	4.548	.95	.95			
2	1	2.482	1.000	.02	.03	.06		
	2	.429	2.406	.04	.08	.90		
	3	.090	5.263	.94	.90	.04		
3	1	3.408	1.000	.00	.01	.03	.00	
	2	.461	2.720	.00	.03	.96	.00	
	3	.124	5.237	.02	.93	.01	.02	
	4	.007	21.476	.98	.03	.00	.97	
4	1	4.351	1.000	.00	.00	.01	.00	.00
	2	.500	2.948	.00	.01	.81	.00	.00
	3	.124	5.915	.01	.53	.01	.02	.00
	4	.018	15.749	.01	.45	.14	.18	.87
	5	.007	25.232	.97	.02	.03	.79	.12

a. 因变量：当前薪金。

表 9-8 给出了个案诊断的结果，其中个案编号为 18、103、…、454 被怀疑是异常值，因为其标准化残差绝对值大于 3 倍残差标准值。

表 9-8 个案诊断 [a]

个案编号	标准残差	当前薪金	预测值	残差
18	6.173	$103,750	$57,671.26	$46,078.744
103	3.348	$97,000	$72,009.89	$24,990.108
106	3.781	$91,250	$63,026.82	$28,223.179
160	−3.194	$66,000	$89,843.83	−$23,843.827
205	−3.965	$66,750	$96,350.44	−$29,600.439
218	6.108	$80,000	$34,405.27	$45,594.728
274	5.113	$83,750	$45,581.96	$38,168.038
449	3.590	$70,000	$43,200.04	$26,799.959
454	3.831	$90,625	$62,027.14	$28,597.858

a. 因变量：当前薪金。

表 9-9 给出了残差统计数据，包括预测值、标准预测值、残差、标准残差、学生化残差、马氏距离、库克距离、居中杠杆值等，主要用于查找影响点，结合新保存的变量 MAH_1、COO_1、LEV_1 等，来判断是否有影响点，如马氏距离（MAH_1）值越大，越可能含有影响点。

表 9-9 残差统计 [a]

项目	最小值	最大值(X)	平均值	标准偏差	数字
预测值	$13,354.82	$150,076.77	$34,419.57	$15,372.742	474
标准预测值	−1.370	7.524	.000	1.000	474
预测值的标准误	391.071	3191.216	721.093	260.806	474
调整后的预测值	$13,290.94	$153,447.97	$34,425.45	$15,451.094	474
残差	−$29,600.439	$46,078.746	$0.000	$7,433.507	474
标准残差	−3.965	6.173	.000	.996	474
学生化残差	−4.089	6.209	.000	1.004	474
删除的残差	−$31,485.213	$46,621.117	−$5.882	$7,553.608	474
学生化剔除残差	−4.160	6.474	.002	1.016	474
马氏距离(D)	.300	85.439	3.992	5.306	474
库克距离	.000	.223	.003	.016	474
居中杠杆值	.001	.181	.008	.011	474

a. 因变量：当前薪金。

图 9-7 是当前薪金与其回归学生化的已删除残差的散点图，图 9-8 是当前薪金与其回归标准化残差的散点图，可以看出绝大多数的观测量在−2 至+2 之间，但是也存在个别奇异点。

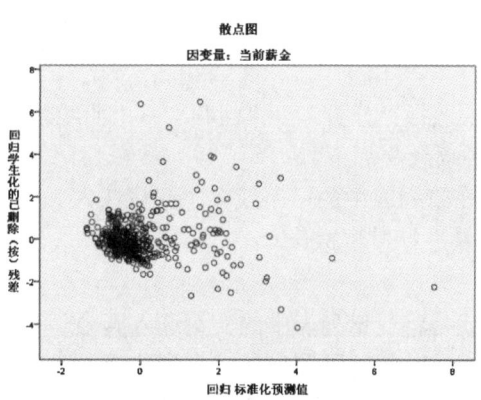

图 9-7　当前薪金与其回归学生化的已删除残差的散点图

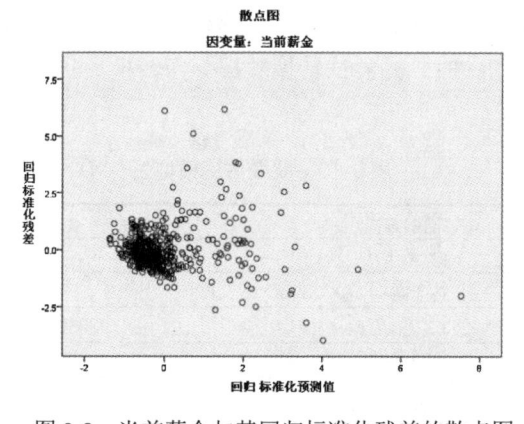

图 9-8　当前薪金与其回归标准化残差的散点图

9.2 曲线回归

曲线回归是指两个变数间呈现曲线关系的回归,是以最小二乘法分析曲线关系资料在数量变化上的特征和规律的方法。

9.2.1 曲线回归的基本原理

线性回归能解决大部分数据的回归分析,但是不能解决所有的问题,尽管有可能通过一些函数的转换,在一定的范围内将因变量和自变量的关系转换成线性关系,但是这种转换有可能导致更为复杂的计算或数据失真,所以如果在研究时不能马上确定一种最佳模型,可以利用曲线估算的方法建立一个简单而又比较适合的模型。

SPSS 曲线回归要求自变量与因变量都应该是数值型的连续变量,如果自变量以时间间隔测度,曲线估算过程将自动生成一个时间变量,同时要求因变量也是以时间间隔测度的变量,而且自变量和因变量的时间间隔和单位应该是完全相同的。

9.2.2 参数设置

(1) 打开数据文件,选择"分析"→"回归"→"曲线估算",弹出"曲线估算"对话框,如图 9-9 所示,各项含义如下。

- 因变量:将左侧变量列表中的一个或多个变量选入其中,如果选入多个变量,则分别对每个自变量进行模型拟合。
- 独立。
  - ➢ 变量选项就是将变量列表中的变量选入其中。
  - ➢ 如果因变量是时间间隔测度的,直接选择"时间"选项。
- 个案标签:选入标签变量,用于在散点图中标记观测记录。
- 模型:可以选择一个或多个曲线估算回归模型。如果要确定使用哪种模型,通过绘图来观察数据分布。如果变量显示为线性相关,那么使用简单线性回归模型。当变量不是线性相关时,先尝试转换数据。当转换后仍不能为线性相关时,就需要更复杂的模型。

表 9-10 曲线估算模型

模型	回归方程	变量变换后的线性方程
线性	$y = \beta_0 + \beta_1 x$	
二次	$y = \beta_0 + \beta_1 x + \beta_2 x^2$	
复合	$y = \beta_0(\beta_1^x)$	$\ln(y) = \ln(\beta_0) + \ln(\beta_1)x$
增长	$y = e^{(\beta_0 + \beta_1 x)}$	$\ln(y) = \beta_0 + \beta_1 x$
对数	$y = \beta_0 + \beta_1 \ln(x)$	

续表

模型	回归方程	变量变换后的线性方程
三次	$y = \beta_0 + \beta_1 x + \beta_2 x^2 + \beta_3 x^3$	
S	$y = e^{(\beta_0 + \beta_1/x)}$	$\ln(y) = \beta_0 + \beta_1/x$
指数	$y = \beta_0 e^{\beta_1 x}$	$\ln(y) = \ln(\beta_0) + \beta_1 x$
逆	$y = \beta_0 + \beta_1/x$	
幂	$y = \beta_0 + x^{\beta_1}$	$\ln(y) = \ln(\beta_0) + \beta_1 \ln(x)$
Logistic	$y = 1/(1/u + \beta_0 \beta_1^x)$	$\ln(1/y - 1/u) = \ln(\beta_0) + \ln(\beta_1)x$

- Logistic：选择此项，激活上限输入框，输入一个大于因变量最大值的正数，用于指定回归方程的上限值。
- 显示 ANOVA 表格：为每个选定的模型输出方差分析表。
- 在方程中包括常量：勾选此项，即在回归方程中包含常数项。
- 模型绘图：输出模型图，包括散点图和曲线图。

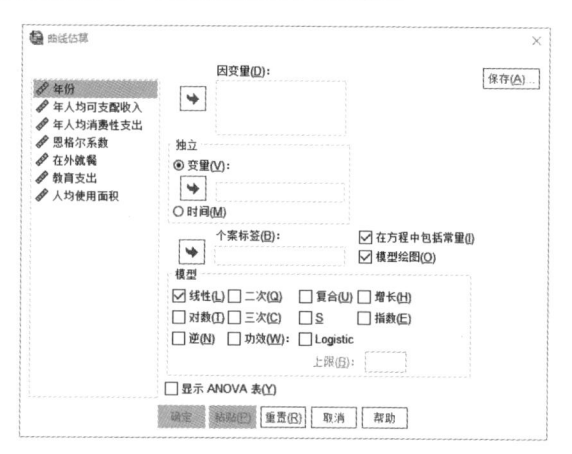

图 9-9 "曲线估算"对话框

（2）单击"保存"按钮，弹出"曲线估算：保存"对话框，如图 9-10 所示，选择需要保存的变量，各项含义如下。

- 保存变量：对于每个选定的模型，可以保存预测值、残差、预测区间，在置信区间框中选择置信水平，有 90、95 和 99，系统默认为 95。
- 预测个案：如果自变量为时间变量，可以在该栏设定超出当前数据时间序列范围的预测周期，可以选择以下选项之一。
  - 从估算期到最后一个个案的预测：使用预先设定好的，求出估计周期到最后一个个案的预测值。一次单击菜单栏中"数据"→"选择个案"，弹出"选择个案"对话框，如图 9-11 所示，选择"基于时间或个案范围"，单击"范围"按钮，弹出"选择个案：范围"对话框，如图 9-12 所示，在"第一个个案"和"最后一个个案"中输入起始时间和终止时间，单击"继续"按钮，回到"选择个案"对话框，单击"确定"按钮，返回数据编辑窗口，完成估计期的设定。
  - 预测范围：直接指定预测的范围，如果预测值的范围超出了时间序列的范围,应该选择此项,并在观测值框中输入预测周期的末端值。该选项主要可以用于预测超出时间序列中最后一个个案的值。

图 9-10 "曲线估算:保存"对话框

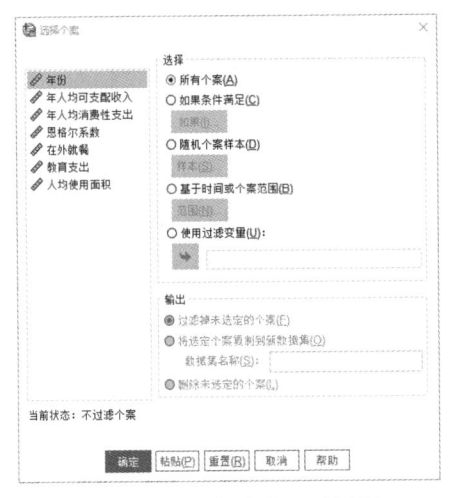

图 9-11 "选择个案"对话框

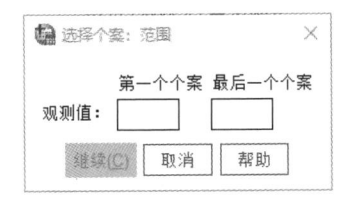

图 9-12 "选择个案:范围"

9.2.3 曲线回归的 SPSS 实现

实例二:"data09-02.sav"数据文件是 1978—2005 年中国人均消费、人均可支配收入和教育支出的数据统计,如图 9-13 所示。现要求分析年人均可支配收入和教育支出之间的关系。

数据文件:数据文件\Chapter09\data09-02.sav

视频文件:视频文件\Chapter09\曲线回归.avi

	年份	年人均可支配收入	年人均消费性支出	恩格尔系数	在外就餐	教育支出	人均使用面积
1	1978	306.00	299.00	.00	.00	.00	.00
2	1979	340.00	332.00	.00	.00	.00	.00
3	1980	429.00	419.00	.00	.00	.00	.00
4	1981	482.05	491.07	55.20	35.99	.00	.00
5	1982	508.54	491.62	57.40	40.74	.00	.00
6	1983	530.45	501.89	58.30	39.57	.00	9.47
7	1984	642.87	561.37	58.00	39.51	.00	9.63

图 9-13 "data09-02.sav"数据

(1)打开"data09-02.sav"数据文件,选择"分析"→"回归"→"曲线估算",弹出如图 9-9 所示的"曲线估算"对话框。

(2)在左侧变量列表中选中"教育支出"变量,单击▶按钮,将其选入"因变量"列表,将"年人均可支配收入"变量选择进入右边的"变量"列表,将"年份"变量选择进入右边的"个案标签"列表,在"模型"栏中勾选"线性""二次""复合"和"三次",并勾选"显示 ANOVA 表"。

(3)完成所有设置后,单击"确定"按钮执行命令。

9.2.4 曲线回归的结果分析

从表 9-11 可以看出模型的一些描述性信息,包括模型名称、因变量等。

从表 9-12 和表 9-13 可以看出共 28 个个案,排除的为 12 个,从数据中可以看出 1978—1989 年教育支出数据缺失。

表 9-11 模型描述

模型名称		MOD_1
因变量	1	教育支出
方程式	1	线性
	2	二次
	3	三次
	4	复合[a]
自变量		年人均可支配收入
常量		包括
值用于在图中标注观测值的变量		年份
有关在方程式中输入项的容差		.0001

a. 此模型需要所有非缺失值为正。

表 9-12 变量处理摘要

项目	变量	
	因变量	自变量
	教育支出	年人均可支配收入
正值的数目	16	28
零的数目	0	0
负值的数目	0	0
缺失值的数目 用户缺失值	12	0
缺失值的数目 系统缺失值	0	0

表 9-13 个案处理摘要

项目	个案数
个案总计	28
排除的个案[a]	12
预测的个案	0
新创建的个案	0

a. 任何变量中带有缺失值的个案无需分析。

从表 9-14 可以看出各个模型的拟合优度,可以看出立方的 R^2 最高,其次为二次项和复合模型,最后为线性。同时,从模型的显著性检验结果看,显著性均小于 0.01,说明模型成立的统计学意义都非常显著,同时从表 9-15 可以看出立方模型的回归系数检验都小于 0.5,说明立方模型的回归系数显著,可知最优模型立方的模型方程式为:教育支出=264.518−0.144×(年人均可支配收入)+2.355E−5×(年人均可支配收入)^2−5.772E−10×(年人均可支配收入)^3

表 9-14 模型摘要和参数估算

因变量：教育支出

方程式	模型摘要					参数估计值			
	R^2	F	df1	df2	显著性	常量	b1	b2	b3
线性	.901	127.655	1	14	.000	−390.322	.112		
二次	.983	386.516	2	13	.000	56.859	−.030	8.247E-6	
三次	.987	314.244	3	12	.000	264.518	−.144	2.355E-5	−5.772E-10
复合	.971	460.711	1	14	.000	28.026	1.000		

自变量为年人均可支配收入。

表 9-15 三次模型的系数检验

项目	非标准化系数		标准系数	T	显著性
	B	标准误	贝塔		
年人均可支配收入	−.144	.061	−1.223	−2.363	.036
年人均可支配收入 ** 2	2.355E-5	.000	3.528	2.975	.012
年人均可支配收入 ** 3	−5.772E-10	.000	−1.369	.	.
（常量）	264.518	123.806		2.137	.054

图 9-14 为各个模型的拟合回归线，从中也可以看出线性相对于其他 3 种模型，拟合优度较差。

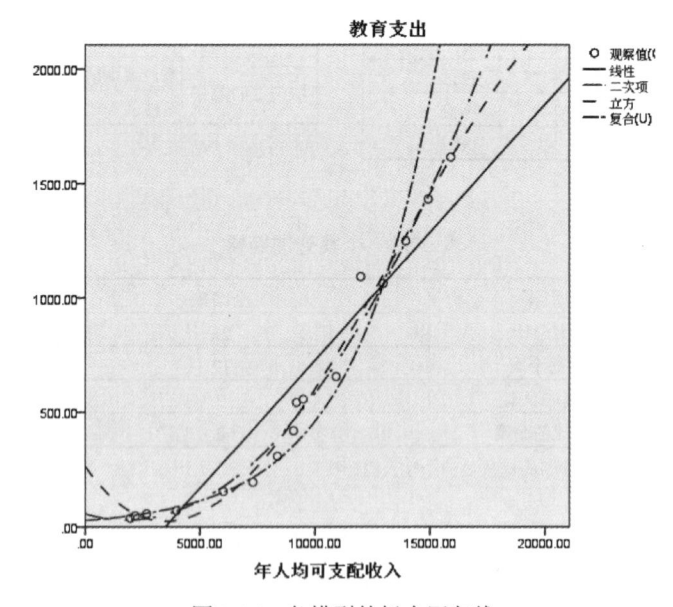

图 9-14 各模型的拟合回归线

9.3 非线性回归

按照自变量和因变量之间的关系类型，回归分析可分为线性回归分析和非线性回归分析。非线性回归的回归参数不是线性的，也不能通过转换的方法将其变为线性。

9.3.1 非线性回归原理

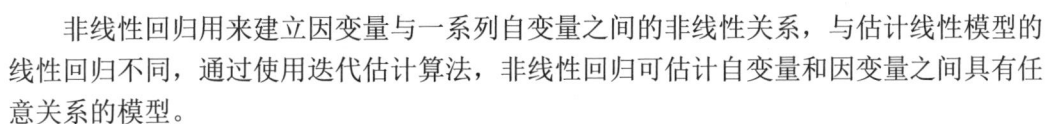

非线性回归用来建立因变量与一系列自变量之间的非线性关系，与估计线性模型的线性回归不同，通过使用迭代估计算法，非线性回归可估计自变量和因变量之间具有任意关系的模型。

对于看起来是非线性，但是可以通过变量转换化成线性的模型，称之为本质线性模型，例如：

$$y = e^{(\beta_0 + \beta_1 x_1 + \beta_2 x_2 + \cdots + \beta_n x_n + \varepsilon)}$$，只要两边取自然对数，方程就可以写成

$$\ln(y) = \beta_0 + \beta_1 x_1 + \beta_2 x_2 + \cdots + \beta_n x_n + \varepsilon$$

有的非线性模型不能通过简单的变量转换化成线性模型，称之为本质非线性模型，例如：

$$y = \beta_0 + e^{\beta_1 x_1} + e^{\beta_2 x_2} + \cdots + e^{\beta_n x_n} + \varepsilon$$

对于可以通过定义和转换能变成线性关系的本质线性模型，可以采用线性回归来估计这一模型，对于不能转换成线性模型的本质非线性模型，就要采用非线性模型进行分析。

9.3.2 常用非线性模型

表中 9-16 是 SPSS 中常用的一些非线性模型，可以作参考，不能随意套用。

根据作图观察或经验等来确定一个本质非线性模型，要求模型能尽可能精确地反应因变量和自变量之间的关系，只有在指定的函数能够准确描述因变量和自变量关系的情况下，结果才是有效的。

表 9-16 非线性模型

模型	回归方程
渐近回归	$b_1 + b_2 \exp(b_3 x)$
渐近回归	$b_1 - (b_2 (b_3^x))$
密度	$(b_1 + b_2 x)^{(-1/b_3)}$
Gauss	$b_1(1 - b_3 \exp(-b_2 x^2))$
Gompertz	$b_1 \exp(-b_2 \exp(-b_3 x))$
Johnson-SchuMCAher	$b_1 \exp(-b_2/(x + b_3))$
对数修改	$(b_1 + b_3 x)^{b_2}$
对数 Logistic	$b_1 - \ln(1 + b_2 \exp(-b_3 x))$
Metcherlich Law of Diminishing Returns	$b_1 + b_2 \exp(-b_3 x)$
Michaelis Menten	$b_1 x/(x + b_2)$
Morgan-Mercer-Florin	$(b_1 b_2 + b_3 x^{b_4})/(b_2 + x^{b_4})$
Peal-Reed	$b_1/(1 + b_2 \exp(-(b_3 x + b_4 x^2 + b_5 x^3)))$

续表

模型	回归方程
三次比	$(b_1 + b_2 x + b_3 x^2 + b_4 x^3)/(b_5 x^3)$
Richards	$b_1/(1 + b_3 \exp(-b_2 x))^{(1/b_4)}$
Verhulst	$b_1/(1 + b_3 \exp(-b_2 x))$
Von Bertalanffy	$(b_1^{(1-b_4)} - b_2 \exp(-b_3 x))^{(1/(1-b_4))}$
韦伯	$b_1 - b_2 \exp(-b_3 x b^4)$
产量密度	$(b_1 + b_2 x + b_3 x^2)^{-1}$

9.3.3 参数设置

（1）打开数据文件，选择"分析"→"回归"→"非线性"，弹出"非线性回归"对话框，如图9-15所示，各项含义如下。

- 因变量：将左侧变量列表中的一个数值型变量选入其中。
- 模型表达式：在框中输入和编辑合适的模型表达式，在函数组、函数和特殊变量中选择函数送入模型表达式的框中，通过 ➡ 按钮将变量列表中的变量选入模型表达式，模型表达式至少包含一个自变量，可以从符号区域选择数字或运算符。

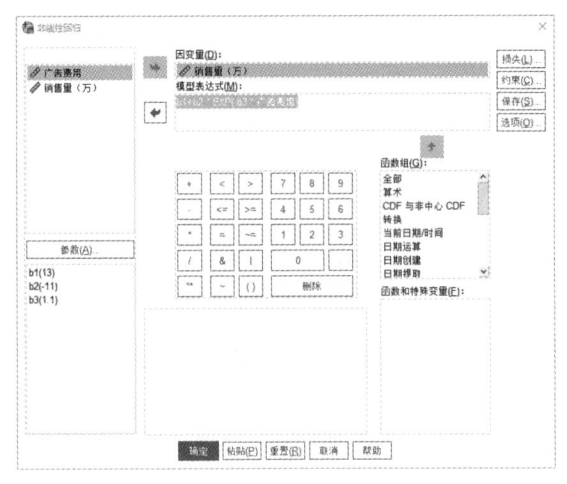

图9-15 "非线性回归"对话框

（2）单击"参数"按钮，弹出"非线性回归：参数"对话框，如图9-16所示，各项含义如下。

- 名称：输入参数名，注意参数名要与模型表达式中使用的名称一致。
- 开始值：框中输入开始值，开始值要尽可能接近期望值，单击"添加"按钮将其加入参数列表，再进行下一个参数的定义，直到定义完所有的参数。选中某个参数，可以单击"删除"按钮和"更改"按钮对其进行剔除或修改。
- 使用上一分析的开始值：选择此项，即用上次分析时所定义的参数值。

图 9-16 "非线性回归:参数"对话框

在非线性回归中,准确地估计参数的开始值非常重要,以保证迭代过程正常、迅速收敛,得到全局最优的解,常用的估计开始值的方法如下。
- 利用样本数据作图,通过图形确定参数的取值范围。
- 根据确定的非线性方程的数学特性进行变换,再通过图形确定参数的取值范围。
- 直接使用数值代替某些参数,从而确定其他参数的取值范围。
- 转换数据,使用线性回归模型估计参数的开始值。
- 使用非线性模型的属性估计参数的估计值。

(3)单击"损失"按钮,弹出"非线性回归:损失函数"对话框,如图 9-17 所示,各项含义如下。

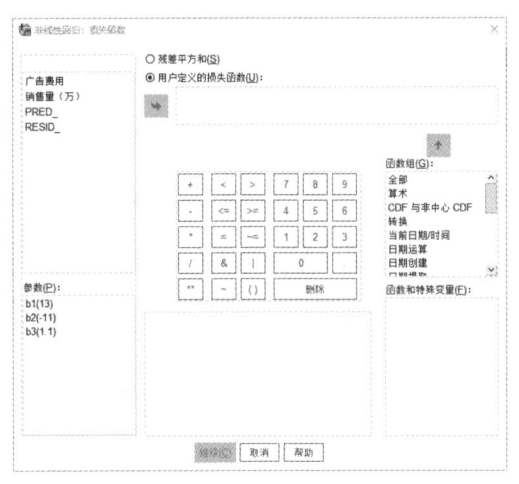

图 9-17 "非线性回归:损失函数"对话框

- 残差平方和:使用残差平方和作为损失函数,系统默认。
- 用户定义的损失函数:用户自定义损失函数,函数表达式的设定与图 9-15 的一致。

在非线性回归中,损失函数是对某统计量的运算法则,是由算法最小化的函数,SPSS 默认的是用最小残差平方和作为损失函数,用户也可以自定义损失函数,如果选择用户定义的损失函数,则必须定义其总和(针对所有个案)应由所选参数值最小化的损失函数。

(4)单击"约束"按钮,弹出"非线性回归:参数约束"对话框,如图 9-18 所示,各项含义如下。

- 未约束：默认对参数的值不做任何约束。
- 定义参数约束：用户自定义对参数的约束条件。选择参数列表中的参数通过 ➡ 按钮选入定义参数约束的框中，在运算符下拉列表 "=" "<=" ">=" 3 种中选择一种，在右侧框中输入一个数值，单击"添加"按钮，将约束表达式送入右下角框中，采用相同方法，可以对多个参数进行约束，同时通过"删除"按钮和"更改"按钮可以对参数表达式进行删除或修改，单击"继续"按钮，返回主界面。

在非线性模型中，一般情况下都要将参数限制在有意义的区间中，在利用迭代方法求解的过程中对参数进行限制。

参数的约束方法有两种，线性约束在约束表达式里只能对参数进行线性运算，比如乘以常数等等，在步骤执行前计算，避免可能导致溢出的步骤。而非线性约束是在约束表达式里至少有一个参数与其他参数进行乘除或幂运算等，在步骤执行后计算。

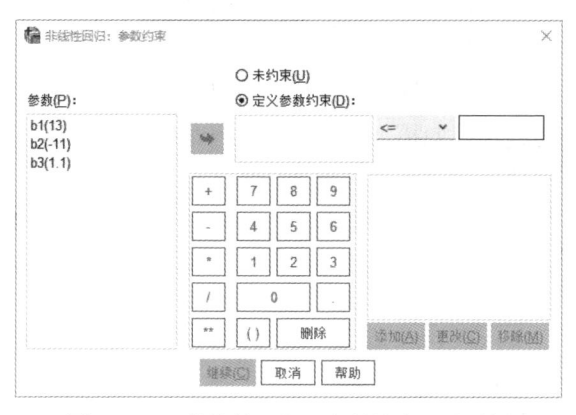

图 9-18 "非线性回归：参数约束"对话框

（5）单击"保存"按钮，弹出"非线性回归：保存新变量"对话框，如图 9-19 所示，可以保存的新变量有预测值、残差和导数，各项含义如下。

- 预测值：保存因变量的预测值，变量名为 PRED_。
- 残差：保存残差，变量名为 RESID_。
- 导数：保存导数，变量名为 "D.参数名的前 6 个字符"。
- 损失函数值：只有用户自定义了损失函数，才会保存损失函数的变量值，变量名为 LOSS_。

图 9-19 "非线性回归：保存新变量"对话框

（6）单击"选项"按钮，弹出"非线性回归：选项"对话框，如图 9-20 所示，各项含义如下。

- 标准误的拔靴法（Bootstrap）估算：此项是反复从原始数据中抽样对标准误进行估计的一种方法，使用重复抽样对每个抽样样本建立相应的非线性回归模型，计算每个参数估计的标准误，作为标准误的拔靴法估算。用原始数据的参数值作为每个抽样样本进行估计时的初始值。
- 估算方法。
  - 序列二次规划：适用于约束模型和不约束模型，如果确定了一个限制模型，或者用户定义了一个损失函数，则系统默认选择此项，它利用了双重迭代算法进行求解，每一步迭代建立一个二次规划算法，来确定寻找的方向，把估计参数不断带入损失函数进行求值，直到寻找过程发生收敛。供设置的依据有以下 5 个：
    - 最大迭代次数：输入最大迭代次数。
    - 步骤限制：输入一个正值作为参数向量长度的最大允许变化量。
    - 最优性容差：在下拉列表中选择最优性容差，即目标函数的精度，如果容差为 1E-6，表示目标函数要保留 6 位有效数字，最优性容差应大于函数精度。
    - 函数精度：在下拉列表中选择函数精度，取值范围为 0~1，要小于最优性容差，当函数值较大时，作为相对精度，当函数值较小时，作为绝对精度。
    - 无限步长：在一步迭代过程中参数的变化大于设置值，则迭代终止。
  - Levenberg-Marquardt：只适合非约束性模型，供设置的判据有以下 3 个。
    - 最大迭代次数：输入最大迭代次数。
    - 平方和收敛：当残差平方和的变化量小于设置值，则迭代终止，系统默认为 1E-8。
    - 参数收敛：任何一个参数的变化量小于设置值，则迭代终止，系统默认为 1E-8。

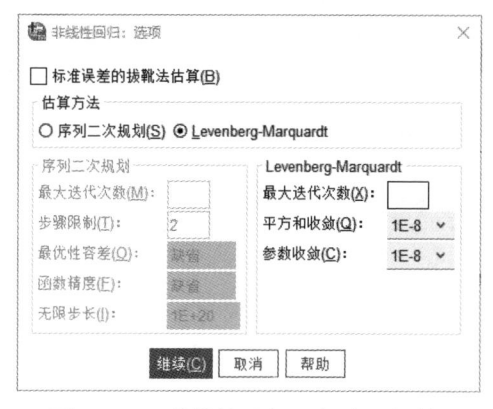

图 9-20 "非线性回归：选项"对话框

9.3.4 非线性回归的 SPSS 实现

实例三:"data09-03.sav"数据文件是多个公司广告费用和销售量的一些资料,如图 9-21 所示。现要求利用广告费用对销售量拟合非线性回归方程。

数据文件:数据文件\Chapter09\data09-03.sav
视频文件:视频文件\Chapter09\非线性回归.avi

	广告费用	销售量(万)
1	2.29	8.71
2	2.15	8.75
3	1.24	6.71
4	1.30	5.80
5	.30	3.10
6	6.52	12.02
7	6.24	11.93

图 9-21 "data09-03.sav"数据

(1) 数据的初步分析

- 选择"图形"→"图形构建器",弹出"图表构建器"对话框,在左下角"选择范围"中选择"散点图/点图",将"广告费用"拖入 x 轴,将"销售量(万)"拖入 y 轴,如图 9-22 所示,单击"确定"按钮,输出结果如图 9-23 所示,可见当 x 值刚开始增加时,y 值迅速增加,当 x 值持续增加时,y 值增速减弱,并最终趋于平稳,故选择 Metcherlich Law of Diminishing 模型,即 $y = b_1 + b_2 * e^{(-b_3*x)}$,$b_1>0$,$b_2<0$,$b_3>0$,此模型符合效益递减规律。

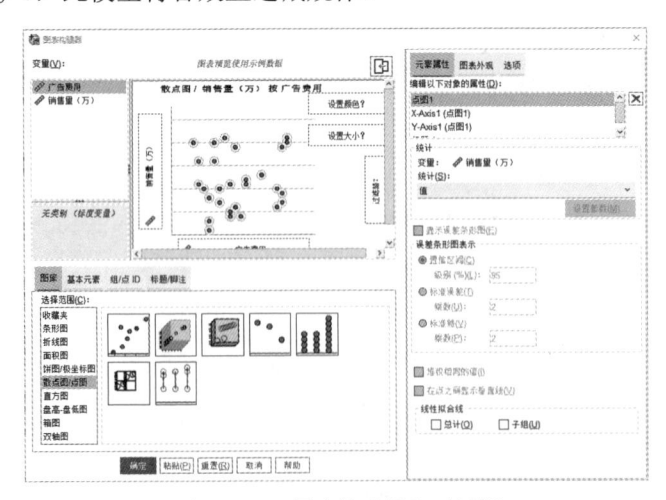

图 9-22 "图表构建器"对话框

- 参数初始值的选择。
  - b_1 代表了销售量上升的最大值,结合图和数据发现最大值接近 13,因此设

定 b_1 的初始值为 13。

➢ b_2 是当 $x=0$ 时，y 值减去 b_1 得到的值，有数据可知，当 $x=0$ 时，y 值为 2，故 b_2 的初始值为-11。

➢ b_3 的初始值可以用图中两个点的斜率来表示，取两个点（2.15,8.75）、（5.75,12.74），得到斜率为 1.1，故 b_3 的初始值为 1.1。

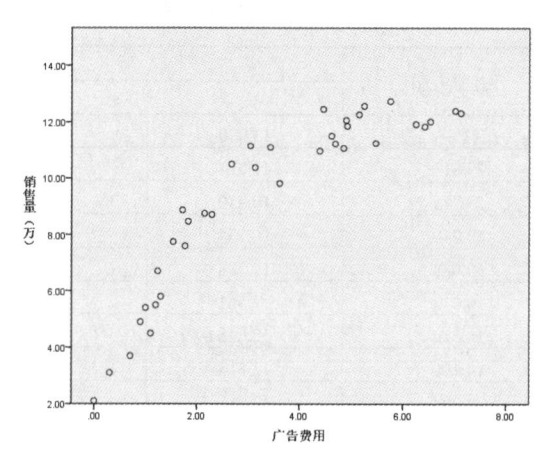

图 9-23 散点图

（2）打开"data09-03.sav"数据文件，选择"分析"→"回归"→"非线性"弹出对话框，弹出如图 9-15 所示的"非线性回归"对话框。

（3）在左侧的变量列表中选中"销售量（万）"变量，单击 按钮，将其选入"因变量列表"，在模型表达式框中编辑模型表达式：b1+b2 * EXP(-b3 * 广告费用)。

（4）单击"参数"按钮，弹出如图 9-16 所示的"非线性回归：参数"对话框，对 b_1, b_2, b_3 三个参数进行定值，分别为："b1=13"、"b2=-11"、"b3 =1.1"，单击"继续"按钮返回主对话框。

（5）单击"损失"按钮，弹出如图 9-17 所示的"非线性回归：损失函数"对话框，使用系统默认的残差平方和，单击"继续"按钮返回主对话框。

（6）单击"约束"按钮，弹出如图 9-18 所示的"非线性回归：参数约束"对话框，在参数列表中选择 b1（13）进入表达式编辑区，选择逻辑符号">="，然后在右边的输入框中输入"0"，单击"添加"按钮，将"b1>=0"加入约束条件列表，同理加入"b2<=0"、"b3>=0"，单击"继续"按钮返回主对话框。

（7）单击"保存"按钮，弹出如图 9-19 所示的"非线性回归：保存"对话框，勾选"预测值"和"残差"复选框，单击"继续"按钮返回主对话框。

（8）单击"选项"按钮，弹出如图 9-20 所示的"非线性回归：选项"对话框，设置均选择系统默认，单击"继续"按钮返回主对话框。

（9）完成所有设置后，单击"确定"按钮执行命令。

Note

9.3.5 线性回归的结果分析

从表 9-17 可以看出模型共经过 11 次迭代得到最优解。

表 9-17 迭代历史记录 [b]

迭代编号 [a]	残差平方和	参数		
		b_1	b_2	b_3
0.3	241.574	13.000	−11.000	1.100
1.4	79.813	11.014	−15.194	.932
2.2	55.715	10.830	−10.413	.639
3.3	52.740	10.734	−10.032	.696
4.2	19.083	12.188	−12.130	.642
5.1	15.013	12.461	−11.317	.514
6.1	14.326	12.648	−11.603	.500
7.1	14.100	12.818	−11.684	.486
8.1	14.091	12.881	−11.690	.473
9.1	14.084	12.864	−11.690	.478
10.1	14.084	12.866	−11.690	.477
11.1	14.084	12.866	−1.690	.477

导数将进行数值计算。 a. 主迭代数在小数左侧显示，次迭代数在小数右侧显示。 b. 11 次迭代后运行停止。 已找到最优解。

从表 9-18 可以得到参数 b_1，b_2，b_3 的值，分别为 12.866，−11.690，0.477，得到非线性模型

$$y = 12.866 - 11.690 \times \mathrm{e}^{(-0.477 \times x)}$$

从标准误列中发现 b_1、b_2、b_3 的标准误都很小，所以 3 个参数的估计值都是可信的。

从表 9-19 可以看出 3 个参数估计值之间的相关性。

表 9-18 参数估计值

参数	估算	标准误	95% 置信区间	
			下限值	上限
b1	12.866	.336	12.181	13.550
b2	−11.690	.425	−12.555	−10.825
b3	.477	.049	.377	.578

表 9-19 参数估计值相关性

参数	b_1	b_2	b_3
b1	1.000	−.264	−.866
b2	−.264	1.000	−.131
b3	−866	−.131	1.000

从表 9-20 可以得到方差分析的结果，$R^2 = 0.959$，可见模型能解释 95.9%的变异，说明模型的拟合效果很好。

表 9-20 ANOVA[a]

源	平方和	自由度	均方
回归	3451.623	3	1150.541
残差	14.084	33	.427
未修正总体	3465.706	36	
校正后的总变异	342.387	35	

因变量：销售量（万） a. R^2 = 1 -（残差平方和）/（校正后的总变异平方和）= .959。

9.4 二元 Logistic 回归

logistic 回归的因变量可以是二分类的，也可以是多分类的。因变量是二分变量的即是二元 logistic 回归。

9.4.1 二元 Logistic 回归原理

在社会科学的研究中，经常会遇到二元变量的情况，如死亡或未死亡、购买或未购买等，对于二元变量，直接采用一般的多元线性模型无法进行回归分析，因为残差不满足正态性、无偏性、共方差性等假设，同时解释变量的取值范围不再是 $-\infty \sim +\infty$。如果希望根据一系列预测变量的值来预测某种特征或结果是否存在，且因变量为二元变量，通常采用二元 Logistic 回归。

1. Logistic回归模型

设因变量为 y，取值为 1 时表示事件发生，取值为 0 时表示事件不发生，影响 y 的 n 个自变量为 $x_1, x_2, \cdots, x_n$，p 表示事件发生的概率，$1-p$ 表示事件不发生的概率，Logistic 回归模型如下：

$$p = \frac{\exp(\beta_0 + \sum_{i=1}^{n} \beta_i x_i)}{1 + \exp(\beta_0 + \sum_{i=1}^{n} \beta_i x_i)}$$

$$1 - p = \frac{1}{1 + \exp(\beta_0 + \sum_{i=1}^{n} \beta_i x_i)}$$

为求 Logistic 回归模型的线性模式，首先求得事件的发生比，即事件发生与不发生的概率之比 $p/(1-p)$，记为 Odds，Odds 的取值范围为 $0 \sim +\infty$，然后对 Odds 进行对数转换，就能得到 Logistic 回归模型的线性模式 Logit $P = \ln(p/(1-p)) = \beta_0 + \sum_{i=1}^{n} \beta_i x_i$，可以看出 Logistic 方程的回归系数可以理解为一个单位的自变量的变化而引起的发生比的对数的改变值。

由于理解发生比理解发生比的对数容易，所以将 Logistic 方程写成

$$\frac{p}{1-p} = \exp(\beta_0 + \beta_i x_i)$$

当其他解释变量保持不变，第 i 个自变量变化一个单位时，发生比的变化值为 $\exp(\beta_i)$，自变量的系数为正值，表示事件发生的概率增加，$\exp(\beta_i)$ 值大于 1；自变量的系数为负值，表示事件发生的概率降低，$\exp(\beta_i)$ 值小于 1；自变量的系数为 0，$\exp(\beta_i)$ 值等于 1。对 Logistic 回归模型的参数估计可以采用最大似然比法和迭代法。

2. 二元Logistic回归方程的检验

（1）回归系数的显著性检验

回归系数的显著性检验主要是为了检验模型中各解释变量与 Logit P 是否存在显著的线性关系。零假设是 $\beta_i = 0$，即第 i 个解释变量与 Logit P 之间不存在显著的线性关系。回归系数的显著性检验主要采用 Wald 统计量，定义为

$$\text{Wald}_i = \left(\frac{\beta_i}{S_{\beta_i}}\right)^2$$

式中，β_i 是回归系数，S_{β_i} 是回归系数的标准误。Wald 统计量服从自由度为 1 的卡方分布。由二元 Logistic 回归分析计算得到 $Wald_i$ 数值和响应的概率 p_i 值。当概率 p_i 值小于显著性水平 α 时，拒绝零假设，认为第 i 个解释变量与 Logit P 之间存在显著的线性关系；当概率 p_i 值大于显著性水平 α 时，接受零假设，认为第 i 个解释变量与 Logit P 之间不存在显著的线性关系。值得注意的是，当解释变量的系数绝对值较大时，其标准误将会扩大，导致 Wald 统计量减小，导致拒绝零假设失败，所以当解释变量的系数绝对值较大时，不应该依据 Wald 统计量进行回归系数的显著性检验。

（2）模型的拟合度检验：模型的拟合度用来判断模型是否很好地拟合了样本数据。

① 模型的拟合度通常采用(-2×对数似然比值)来度量模型对样本数据的拟合度，如果模型拟合度较好，则(-2×对数似然比值)的值相对较小，最佳模型值为 0，反之，值相对较大。似然比值的变化体现的是当一个解释变量进入或被剔除出模型时对拟合度的变化。常用的 3 种似然比卡方统计量分别为步长、块和模型。

➢ 模型卡方统计量用来检验除了常数项以外，模型中所有解释变量的系数是否全为 0。零假设是模型中所有解释变量的系数全为 0。

➢ 块卡方统计量是当选择了多组解释变量时，检验最后一组解释变量的系数是否为 0。零假设是最后一组解释变量的系数为 0。

➢ 步长卡方统计量是用来检验最后一个加入模型的解释变量系数是否为 0。零假设是最后一个加入模型的解释变量系数为 0。

在二元 Logistic 回归分析过程中，SPSS 会计算得到各个似然比卡方统计量的数值和响应的概率 p 值。如果 p 小于给定的显著性水平 α 时，拒绝零假设，反之当概率 p 值大于显著性水平 α 时，接受零假设。

② Cox&Snell R^2 和 Nagelkerke R^2

Cox&Snell R^2 统计量与线性模型中的 R^2 很相似，说明回归方程对解释变量变异量化

的一种反映。定义为 $Cox\&Snell R^2 = 1-(\frac{L_0}{L_B})^{\frac{2}{n}}$，式中，$L_0$ 是方程中只包含常数项时的似然比值，L_B 是当前方程的似然比值，n 为样本量。

由于 Cox&Snell R^2 统计量的取值范围不易确定，所以 Nagelkerke 修改了 Cox&Snell R^2 统计量，变成 Nagelkerke R^2 统计量，定义为 $Nagelkerke R^2 = \dfrac{1-(\frac{L_0}{L_B})^{\frac{2}{n}}}{1-(L_0)^{\frac{2}{n}}}$

Nagelkerke R^2 统计量的取值范围为 0~1，越接近 1，说明回归方程的拟合度越高。

③ Hosmer-Lemeshow 统计量

当解释变量较多，大多数是定距型变量，且不能使用标准拟合度卡方检验时，模型的拟合度检验通常采用 Hosmer-Lemeshow 统计量。通常根据预测概率值的大小将所有样本分为 n 组（一般情况下近似 10 组），然后计算得出 Hosmer-Lemeshow 卡方统计量和概率 p 值，Hosmer-Lemeshow 统计量服从自由度为 $n-2$ 的卡方分布。当 p 值小于显著性水平时，拒绝零假设，认为模型拟合优度较低；当 p 值大于显著性水平时，接受零假设，认为模型拟合优度较高，能很好地拟合数据。值得注意的是 Hosmer-Lemeshow 卡方统计量的检验结果很大程度上与组的划分有关，所以使用前需要有较大的样本量，较多的分组，以及大多数组别中期望频数不小于 5，否则得到的结果可能与实际情况不符。

9.4.2 参数设置

（1）打开数据文件，选择"分析"→"回归"→"二元 Logistic"，弹出"Logistic 回归"对话框，如图 9-24 所示，各项含义如下。

- 因变量：将左侧变量列表中的一个二分属性的变量选入其中。
- 协变量：将左侧变量列表中的一个或多个变量，单击 按钮选入其中。也可以同时选择两个或多个变量，单击 按钮作为交互相，将其选入其中。同时，可以通过"上一个"按钮和"下一个"按钮切换，可以构建多个协变量组，具体操作：先选择变量进入协变量列表，然后在方法栏中选择一种方法，单击"下一个"按钮，协变量列表会被清空，这时再选入其他自变量，再在方法栏中选择一种方法，这样就有两个协变量组，以此类推，可以建立多个协变量组，通过"上一个"按钮就能查看前一个协变量组的设定。
- 方法：在下拉列表，选择一种方法，共有以下 7 种。
  - ➢ 输入：协变量全部进入模型。
  - ➢ 向前：有条件的，向前逐步法，变量引入的根据是得分统计量的显著性水平，将变量剔除出模型的依据是条件参数估计的似然比统计量的概率值。
  - ➢ 向前：LR，向前逐步法，变量引入的根据是得分统计量的显著性水平，将变量剔除出模型的依据是最大偏似然估计的似然比统计量的概率值。
  - ➢ 向前：瓦尔德，向前逐步法，变量引入的根据是得分统计量的显著性水平，将变量剔除出模型的依据是 Wald 统计量的概率值。

➢ 向后：有条件的，向后逐步法，将变量剔除出模型的依据是条件参数估计的似然比统计量的概率值。
➢ 向后：LR，向后逐步法，将变量剔除出模型的依据是最大偏似然估计的似然比统计量的概率值。
➢ 向后：瓦尔德，向后逐步法，将变量剔除出模型的依据是 Wald 统计量的概率值。

- 选择变量：用于选入一个筛选变量，指定筛选变量的取值范围，确定参与分析的观测记录，选入变量后，单击"规则"按钮，弹出"Logistic 回归：设置规则"对话框，定义选择规则，选择一种运算符（等于，不等于，小于，小于或等于，大于，大于或等于），值框中输入一个值，设置好筛选条件。

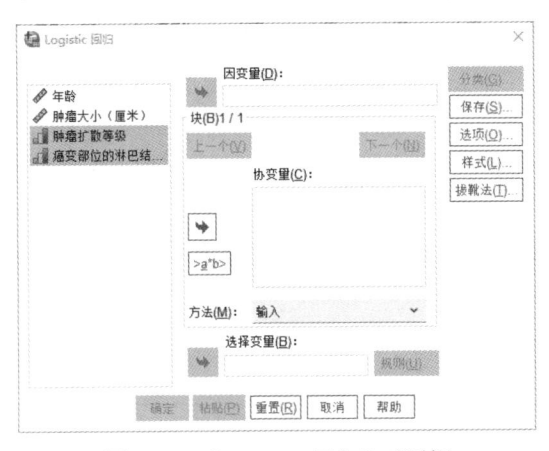

图 9-24 "Logistic 回归"对话框

（2）单击"分类"按钮，弹出"Logistic 回归：定义分类变量"对话框，如图 9-25 所示，各项含义如下。

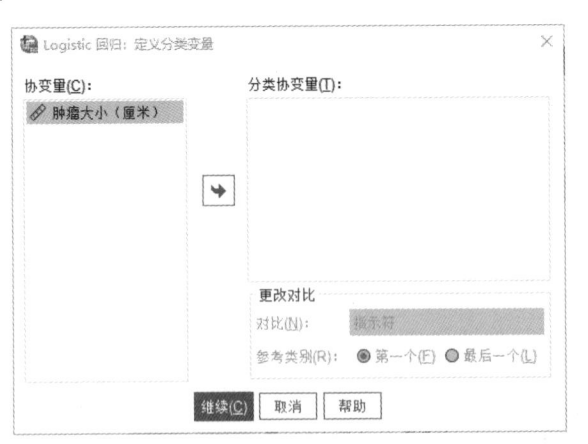

图 9-25 "Logistic 回归：定义分类变量"对话框

- 协变量：框中包含了主对话框中选择好的全部协变量及交互相。
- 分类协变量：框中显示的是当前选择的分类协变量，字符串变量会自动进入分类协变量框中。

- 更改对比：用于选择分类变量各类水平的对比方式，选择分类协变量框中的一个协变量，在对比下拉列表中选择一个方式，单击"继续"按钮，确认修改。
  - 对比。
    - 指示符：指示是否同属于参考分类，参考分类在对比矩阵中整行为 0。
    - 简单：每一种分类都与参考分类进行比较。
    - 差值：除第一类外，每类的预测变量效应都与其前所有各分类的平均效应进行比较。
    - 赫尔默特（Helmert）：除最后一类外，每类的预测变量效应都与其后所有各分类的平均效应进行比较。
    - 重复：除第一类外，每类的预测变量效应都与其前一种分类的效应进行比较。
    - 多项式：多项式比较，要求每类水平相同，仅适用于数字型变量。
    - 偏差：每类的预测变量效应与总体效应进行比较。
  - 参考类别：如果选择了偏差、简单或指示灯对比方式，需要指定一个参考类别，可以选择最后一个或第一个，系统默认为第一个。

（3）单击"保存"按钮，弹出"Logistic 回归：保存"对话框，如图 9-26 所示，各项含义如下。
- 预测值。
  - 概率：事件发生的预测概率。
  - 组成员：根据预测概率得到的每个观测量的预测分组。
- 影响：设置对每一个观测量的影响力指标，包括库克距离、杠杆值、DfBeta，具体含义见第 9.1.5 节参数设置。
- 残差：残差选项包括未标准化、学生化、标准化、偏差和分对数，前 4 项含义见第 9.1.5 节参数设置，剩下的"Logit"表示逻辑残差，残差除以"预测概率×（1-预测概率）"。
- 将模型信息输出到 XML 文件：单击"浏览"按钮，确定保存位置和文件名。勾选"包括协方差矩阵"复选框，表示保存协方差矩阵在上述的 XML 文件中。

图 9-26 "Logistic 回归：保存"

（4）单击"选项"按钮，弹出"Logistic 回归：选项"对话框，如图 9-27 所示，各项含义如下。

- 统计和图：设计输出的统计量和图。
  - 分类图：因变量的预测值和观测值的分类直方图。
  - 霍斯默-莱姆肖拟合优度：拟合良好度统计量。
  - 个案残差列表：包括非标准化残差、预测概率、观测量的实际与预测分组水平。
    - 外离群值：在框中输入一个正数 n，表示只输出标准化残差值大于 n 倍标准偏差的观测量的统计量。
    - 所有个案：输出所有观测量的各种统计量。
  - 估算值的相关性：输出各变量估计参数的相关系数矩阵。
  - 迭代历史记录：输出每一步迭代的相关系数和对数似然比。
  - Exp（B）的置信区间：设置置信区间，在框中输入 1~99 的数值，系统默认为 95。
- 显示：设置输出的统计图表。
  - 在每个步骤：在每一步迭代过程中输出表、统计量和图。
  - 在最后一个步骤：只输出最终方程的表、统计量和图。
- 步进概率：设置变量进入模型和从模型中除去的判据，如果变量的概率值小于等于进入值时，该变量进入模型；当值大于除去值时，该变量被删除。除去值必定大于进入值，且必须为正数，系统默认，进入值为 0.05，除去值为 0.10。
- 分类分界值：设置对观测量进行分类的临界值，大于临界值的归为一类，其余归为一类，取值范围为 0.01~0.99，系统默认为 0.5。
- 最大迭代次数：设置模型的最大迭代次数，系统默认为 20。
- 针对复杂分析或大型数据集节省内存：勾选此项，保留内存空间给复杂分析或大型数据集。
- 在模型中包括常量：选择此项，表示在模型中包括非零的常数项。

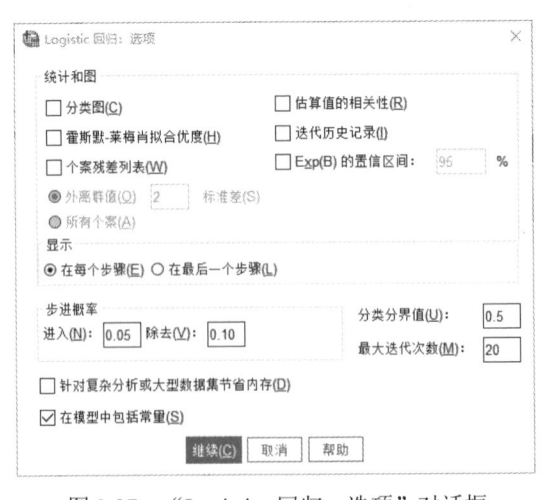

图 9-27 "Logistics 回归：选项"对话框

9.4.3 二元 Logistic 回归的 SPSS 实现

实例四:"data09-04.sav"数据文件是一些肿瘤患者的基本资料,如图 9-28 所示。现要求通过年龄、肿瘤大小和扩散等级来拟合癌变部位的淋巴结是否含有癌细胞的二元 Logistic 回归方程。

数据文件:数据文件\Chapter09\data09-04.sav
视频文件:视频文件\Chapter09\二元 Logistic 回归.avi

	年龄	肿瘤大小(厘米)	肿瘤扩散等级	癌变部位的淋巴结是否含有癌细胞
1	44	.10	1	0
2	60	.15	1	0
3	49	.20	1	0
4	41	.20	1	0
5	39	.26	1	0
6	65	.30	1	0
7	45	.30	1	0

图 9-28 "data09-04.sav"数据

(1)打开"data09-04.sav"数据文件,选择"分析"→"回归"→"二元 Logistic",弹出如图 9-24 所示的"Logistic 回归"对话框,在左侧的变量列表中选中"癌变部位的淋巴结是否含有癌细胞",将其选入"因变量列表",将"年龄""肿瘤大小(厘米)""扩散等级"变量选入右边的"协变量列表","方法"选择系统默认的"输入"。

(2)单击"分类"按钮,弹出如图 9-25 所示的"Logistic 回归:定义分类变量"对话框,将"扩散等级"变量选入分类协变量列表,对比方法选择系统默认的指示符。单击"继续"按钮返回主对话框。

(3)单击"保存"按钮,弹出如图 9-26 所示的"Logistic 回归:保存"对话框。

(4)在"预测值"栏中勾选"概率"和"组成员"复选框,在"影响"栏中勾选"杠杆值"复选框,在"残差"栏中勾选"标准化"复选框,并勾选"包含协方差矩阵"复选框。单击"继续"按钮返回主对话框。

(5)单击"选项"按钮,弹出如图 9-27 所示的"Logistic 回归:选项"对话框。

(6)在"统计和图"栏中勾选"分类图""霍斯默-莱姆肖拟合优度"、"Exp(B)的置信区间",其他为系统默认。单击"继续"按钮返回主对话框。

(7)完成所有设置后,单击"确定"按钮执行命令。

9.4.4 二元 Logistic 回归的结果分析

从表 9-21 可以看出参与分析的个案为 978,无缺失值。

表 9-21　个案处理摘要

未加权的个案 [a]		数字	百分比
选定的个案	已包括在分析中的个案	978	100.0
	缺少个案	0	.0
	总计	978	100.0
未选定的个案		0	.0
总计		978	100.0

a. 如果权重有效,那么请参见分类表了解个案总数。

表 9-22 为因变量编码。表 9-23 为自变量中的分类变量根据指示变量编码方案所生成的新变量。新生成的变量名称为扩散等级(1)和扩散等级(2)。

表 9-22　因变量编码

原始值	内部值
否	0
是	1

表 9-23　分类变量编码

项目		频率	参数编码	
			(1)	(2)
肿瘤扩散等级	≤2 厘米	739	1.000	.000
	2—5 厘米	229	.000	1.000
	> 5 厘米	10	.000	.000

表 9-24 是拟合开始前模型外变量的卡方检验,所有变量的显著性均小于 0.05,整体的显著性也小于 0.05,所以,所有变量进入模型都是有意义的。

表 9-24　拟合开始前模型外变量的卡方检验

	项目	得分	自由度	显著性
步骤 0	变量	年龄	10.293	1	.001
		肿瘤大小(厘米)	84.145	1	.000
		肿瘤扩散等级	35.023	2	.000
		肿瘤扩散等级(1)	32.370	1	.000
		肿瘤扩散等级(2)	26.534	1	.000
	整体统计信息	94.902	4	.000

表 9-25 是 3 种常用的卡方统计量,因拟合方法选择的是输入,所以一步就完成了模型的拟合,步长、块和模型的卡方值都相同,显著性小于 0.05,说明解释变量的全体与 Logit P 之间的线性关系显著,采用此模型是合理的。

表 9-25　3 种常用的卡方统计量

	项目	卡方	自由度	显著性
步骤 1	步长(T)	89.050	4	.000
	块	89.050	4	.000
	模型	89.050	4	.000

表 9-26 是模型拟合优度统计量,表中的-2 对数似然值为 838.913,值较大,说明模型拟合效果不是很好,考克斯-斯内尔(Cox &Snell)R^2 和内戈尔科(Nagelkerke)R^2 值分别为 0.087 和 0.142,值较小,说明模型方程能解释的回归变异很小,模型拟合不理想。

表 9-26 模型拟合优度统计量

步长（T）	-2 对数似然	Cox & Snell R^2	Nagelkerke R^2
1	838.913[a]	.087	.142

a. 估算在迭代号 5 终止，因为参数估算更改小于 .001 。

表 9-27 给出了霍斯默-莱姆肖检验的统计量，显著性小于 0.05，所以拒绝零假设，表示方程拟合效果不理想。

表 9-27 霍斯默-莱姆肖检验

步长（T）	卡方	自由度	显著性
1	69.838	8	.000

表 9-28 是霍斯默-莱姆肖检验的列联表，根据预测概率，将数据分为 10 组，第 2 组和第 3 组是"癌变部位的淋巴结是否含有癌细胞 = 无"的观测值和期望值，第 4 组和第 5 组是"癌变部位的淋巴结是否含有癌细胞 = 有"的观测值和期望值，可见各组的观测值和期望值存在一定的差异，说明模型拟合效果不理想。

表 9-28 霍斯默-莱姆肖检验的列联表

项目		癌变部位的淋巴结是否含有癌细胞=无		癌变部位的淋巴结是否含有癌细胞=有		总计
		实测	期望	实测	期望	
步骤 1	1	99	93.389	0	5.611	99
	2	98	91.363	1	7.637	99
	3	98	88.445	0	9.555	98
	4	91	87.059	8	11.941	99
	5	69	83.584	29	14.416	98
	6	67	81.368	31	16.632	98
	7	68	79.062	30	18.938	98
	8	79	75.457	19	22.543	98
	9	71	70.637	26	26.363	97
	10	60	49.635	34	44.365	94

表 9-29 是观测值和预测值分类表，从表中可以看出 783 名癌变部位的淋巴结没有癌细胞的患者被准确预测，正确率为 97.9%，但是只有 16 名癌变部位的淋巴结含有癌细胞的患者被准确预测，正确率只有 9.0%，总的正确率为 81.7%，说明预测效果不理想。

表 9-29 观测值和预测值分类表[a]

项目		观测值	预测值		
			癌变部位的淋巴结是否含有癌细胞		百分比正确
			无	有	
步骤 1	癌变部位的淋巴结是否含有癌细胞	无	783	17	97.9
		有	162	16	9.0
	总体百分比				81.7

a. 分界值为 .500。

表 9-30 给出了各变量的系数（B），可以写出方程：

Z=-0.010×年龄+1.116×肿瘤大小+2.953×肿瘤扩散等级（1）+2.026×肿瘤扩散等级（2）-5.714

得出估计淋巴结中是否含有癌细胞的概率为：

$$P = \frac{e^z}{1+e^z}$$

表 9-30　方程式中的变量

项目		B	S.E.	Wald	自由度	显著性	Exp(B)	Exp(B)的95%置信区间	
								下限	上限
步骤 1ᵃ	年龄	-.010	.007	1.885	1	.170	.991	.977	1.004
	肿瘤大小（厘米）	1.116	.164	46.145	1	.000	3.052	2.212	4.212
	肿瘤扩散等级			11.412	2	.003			
	肿瘤扩散等级(1)	2.953	.942	9.829	1	.002	19.161	3.025	121.371
	肿瘤扩散等级(2)	2.026	.788	6.613	1	.010	7.582	1.619	35.510
	常量	-5.714	1.215	22.119	1	.000	.003		

a. 在步骤 1 输入的变量：年龄, 肿瘤大小（厘米）, 肿瘤扩散等级。

9.5　多元 Logistic 回归

多元 Logistic 回归是指因变量是二分变量的回归。

9.5.1　多元 Logistic 回归原理

在现实生活中，因变量除了前面介绍的二元变量，还有很多的多元变量，比如厂家为了提高商品的销售量，就希望可以预测顾客们喜欢何种类型的商品，可以通过年龄、性别、薪水及社会活动等通过多元 Logistic 回归分析来确定对选择不同的商品类型的影响程度，从而有侧重点地多提供一些类型的商品。

多元 Logistic 回归分析其实就是用多个二元 Logistic 回归分析模型来描述各个类别与参考类别相比较时的作用大小。

设因变量有 k 个水平，可以对其中的 $k-1$ 个水平各做一个回归方程，每个水平因变量的概率值取值范围为 0~1。当自变量是连续变量或计数变量时，就可以用 Logistic 回归方法对因变量的概率值建立回归方程。

1. Logistic回归模型

$$\ln\left(\frac{p}{1-p}\right) = \left(\beta_0 + \sum_{i=1}^{n}\beta_i x_i\right)$$

对于因变量共有 k 个水平，则在第 j 个水平的 Logistic 回归模型为

$$\ln\left(\frac{p_j}{1-p_k}\right) = (\beta_{j0} + \sum_{i=1}^{n}\beta_{ji}x_{ji})$$

这样对于每一个建立的 Logistic 回归模型都有一组参数，如因变量具有 3 个水平，则会获得 2 组非零参数。

2．模型检验

（1）拟合检验，Pearson 卡方统计量用于检验多维表中观测频数与预测频数之间的差异。

定义为 $X^2 = \sum_{\text{所有单元格}} \frac{(\text{观测频数} - \text{预测频数})^2}{\text{预测频数}}$，Pearson 卡方统计量值越大，说明拟合效果越不好。

其次，卡方偏差也可以用来检测模型拟合度，如果模型拟合优度好，则对数似然比的差值就小，显著性水平值越大，在大样本的情况下卡方偏差与 Pearson 卡方统计量值很接近。

（2）伪 R2 统计量，其中包括 Cox&Snell、Nagelkerke R^2 和 McFadden R^2 统计量，前两个的含义参照第 9.4.1 节，McFadden R^2 统计量，定义为 $\text{McFadden}R^2 = \frac{l(0) - l(B)}{l(0)}$，式中 $l(0)$ 是仅包含截距模型的对数似然比的核，$l(B)$ 是模型中对数似然比的核。

9.5.2 参数设置

（1）打开数据文件，选择"分析"→"回归"→"多元 Logistic"，弹出"多元 Logistic 回归"对话框，如图 9-29 所示，各项含义如下。
- 因变量：将左侧变量列表中的一个分类变量选入其中。
- 因子：将左侧变量列表中的一个或多个分组变量选入其中。
- 协变量：将左侧变量列表中的一个或多个连续变量选入其中。

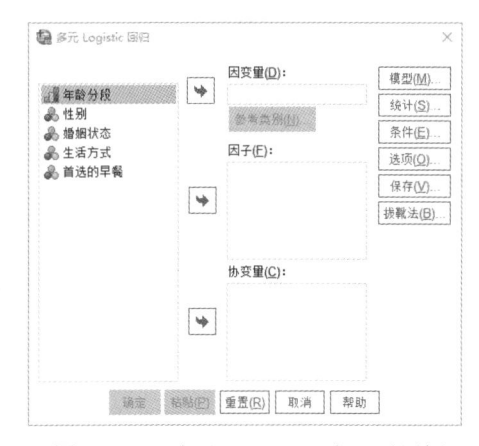

图 9-29 "多元 Logistic 回归"对话框

图 9-30 "多项 Logistic 回归：参考类别"对话框

（2）单击"参考类别"按钮，弹出"多元 Logistic 回归：参考类别"对话框，如图 9-30 所示，各项含义如下。

- 参考类别。
  - ➢ 第一个类别：将第一类作为参考类。
  - ➢ 最后一个类别：将最后一类作为参考类。
  - ➢ 定制：由用户设置除第一和最后类别的其他参考类。
- 类别顺序。
  - ➢ 升序：将分类变量中值最小的类设置为第一类，值最大的设置为最后一类。
  - ➢ 降序：将分类变量中值最大的类设置为第一类，值最小的设置为最后一类。

（3）单击"模型"按钮，弹出"多元 Logistic 回归：模型"对话框，如图 9-31 所示，各项含义如下。

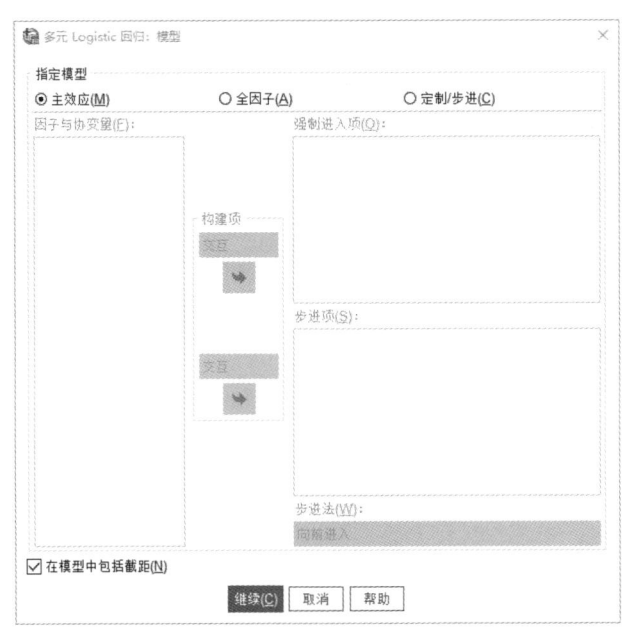

图 9-31 "多元 Logistic 回归：模型"对话框

- 指定模型。
  - ➢ 主效应：模型中只包括协变量和因变量的主效应，不包括交互效应。
  - ➢ 全因子：模型中包括所有的主效应及它们之间可能的交互效应。
  - ➢ 定制/步进：由用户指定使用哪些主效应和交互效应选择此项，激活下面的选项。
- 因子与协变量：列出协变量和因素变量。
- 构建项：用来指定效应的种类，包括主效应、交互效应、所有二阶、所有三阶、所有四阶和所有五阶。
- 强制进入项：选择强制出现在方程中的效应项进入此框。
- 步进项：选择逐步进入或剔除出模型的效应项进入此框。
- 步进法：用于设置步进项列表中的变量逐步进入模型的方法，有向前进入、向后去除、向前步进、向后步进 4 种方法。
- 在模型中包括截距：要求在模型中包含截距。

（4）单击"统计"按钮，弹出"多元 Logistic 回归：统计"对话框，如图 9-32 所示，各项含义如下。
- 个案处理摘要：输出分类变量综合信息。
- 模型
  - 伪 R^2：输出 Cox&Snell、Nagelkerke R^2 和 McFadden R^2 统计量。
  - 步骤摘要：如果模型选择了逐步方法，则输出每一步变量进入或剔除出模型时的效应表。
  - 模型拟合信息：输出模型拟合度信息和只包含截距项的模型信息。
  - 信息准则：逐步回归的判别准则。
  - 单元格概率：输出观测频数和期望频数表、协变量比率和响应分类。
  - 分类表：输出观察响应和预测响应的表。
  - 拟合优度：输出 Pearson 卡方和似然比卡方统计量。
  - 单调性测量：输出和谐对数、不和谐对数和结点数，Somers'D、Goodman&Kruskal's Gamma、Kendall's tau-a 和 Concordance Index C 等统计量。
- 参数
  - 估算值：输出模型参数的估计值，包括估计值的置信区间。
  - 似然比检验：输出模型偏效应的似然比检验统计量。
  - 渐进相关性：输出参数估计值的相关系数矩阵。
  - 渐进协方差：输出参数估计的协方差矩阵。
- 定义子总体
  - 由因子和协变量定义的协变量模式：对所有的因子和协变量进行拟合优度检验，系统默认。
  - 由以下变量列表定义的协变量模式：在左侧列表框中将需要进行拟合优度检验的变量选入右下角的子群体框中。

图 9-32 "多元 Logistic 回归：统计"对话框

（5）单击"条件"按钮，弹出"多元 Logostic 回归：收敛条件"对话框，如图 9-33 所示，各项含义如下。

- 迭代
  - 最大迭代次数：指定最大迭代数，必须是小于等于 100 的整数。
  - 最大逐步二分次数：指定最大等分值。
  - 对数似然收敛：在下拉列表中指定对数似然比的收敛值，回归过程中对数似然比函数的变化值大于这个值时，迭代终止，系统默认为 0。
  - 参数收敛：在下拉列表中指定参数的收敛值，回归过程中参数估计的变化值大于等于这个值时，迭代终止，系统默认为 0.000001。
  - 每次达到以下步数打印一次迭代历史记录：设置输出迭代过程的步距，系统默认为 1。
  - 在迭代中检查数据点分离：设置检查迭代过程的起始值。
- Delta：输入小于 1 的正数，将被添加到交叉表的单元格中，有助于稳定算法、阻止估计偏差。
- 奇异性容差：在下拉列表中指定检验奇异性的容许值，系统默认为 0.00000001。

图 9-33 "多元 Logostic 回归：收敛性准则"对话框

（6）单击"选项"按钮，弹出"多元 Logostic 回归：选项"对话框，如图 9-34 所示，各项含义如下。

- 离散标度：指定离散度量，在刻度下拉列表中有：无，不指定；用户定义，用户指定，在值后的输入框中输入数值；Pearson，卡方统计量；偏差，最大似然比卡方统计量。
- 步进选项：设置把变量引入或剔除模型的准则。
  - 进入概率：指定变量引入模型的检验统计量的概率临界值，值越大，越容易将变量引入模型，系统默认为 0.5。
  - 进入检验：指定在逐步法中引入变量的检验方法，选项有似然比和得分。
  - 除去概率：指定变量剔除出模型的检验统计量的概率临界值，值越小，越容易将变量剔除出模型，系统默认为 0.1。
  - 除去检验：定在逐步法中剔除变量的检验方法，选项有似然比和 Wald。
  - 模型中的最小分布效应（对于后退法）：当使用向后逐步法和向后消去法时指定模型所要包含的最小项目数。

➢ 模型中的最大分布效应（对于前进法）：当使用向前逐步法和向前选择法时指定模型所要包含的最大项目数。
- 以分层方式约束项的进入和移除：选择此项，设置模型对效应项的限制条件，有以下 3 个选项。
  ➢ 将协变量作为因子处理以确定层次结构：适用于协变量和因素变量。
  ➢ 仅考虑因子项以确定层次结构；任何具有协变量的项都可以随时输入：只对因素变量加以限制。
  ➢ 在协变量效应内，仅考虑因子项以确定层次结构：加入协变量的高阶效应时，要求因素变量效应必须先存在模型中。

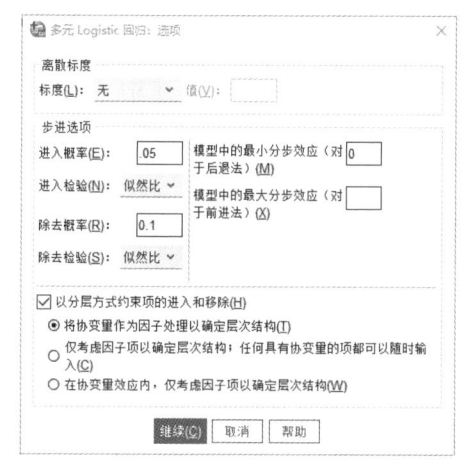

图 9-34　"多元 Logistic 回归：选项"对话框

（7）单击"保存"按钮，弹出"多元 Logistic 回归：保存"对话框，如图 9-35 所示，各项含义如下。
- 保存的变量：设置要保存在数据窗口的变量。
  ➢ 估算响应概率：估算观测量进入因变量各组的响应概率值。
  ➢ 预测类别：保存模型预测的观测量分类。
  ➢ 预测类别概率：预测观测量分类结果的概率
  ➢ 实际类别概率：预测正确时的估算响应概率。
- 将模型信息导出到 XML 文件：单击"浏览"按钮，确定保存位置和文件名。选择"包括协方差矩阵"，表示保存协方差矩阵在上述的 XML 文件中。

图 9-35　"多元 Logistic 回归：保存"对话框

9.5.3　多元 Logistic 回归的 SPSS 实现

实例五："data09-05.sav"数据文件是一批人关于早餐如何选择的资料，如图 9-36 所示。现要求通过年龄、性别、婚姻状态、生活方式来对首选的早餐进行多元 Logistic 回归分析。

数据文件：数据文件\Chapter09\data09-05.sav
视频文件：视频文件\Chapter09\多元 Logistic 回归.avi

	年龄分段	性别	婚姻状态	生活方式	首选的早餐
1	1	0	1	1	3
2	3	0	1	0	1
3	4	0	1	0	2
4	2	1	1	1	0
5	3	0	1	0	1
6	4	0	1	0	3
7	2	1	1	0	1

图 9-36　"data09-05.sav"数据

（1）打开"data09-05.sav"数据文件，选择"分析"→"回归"→"多元 Logistic"，弹出如图 9-29 所示的"多元 Logistic 回归"对话框。

（2）在左侧变量列表中选中"首选的早餐"变量，单击 按钮，将其选入"因变量列表"，将"年龄分段""性别""婚姻状态""生活方式"变量选入右边的因子列表。

（3）单击"参考类别"按钮，弹出如图 9-30 所示的"多元 Logistic 回归：参考类别"对话框。

（4）在"参考类别"栏勾选"最后一个类别"选项，在"类别顺序"栏勾选"升序"。单击"继续"按钮返回主对话框。

（5）单击"统计"按钮，弹出如图 9-32 所示的"多元 Logistic 回归：统计"对话框。

（6）勾选"个案处理摘要"复选框，在"模型"栏勾选"伪 R^2""步骤摘要""模型拟合信息""单元格概率""分类表"和"拟合优度"复选框，在"参数"栏勾选"估算值"和"似然比检验"复选框，在"定义总体"栏勾选"由因子和协变量定义的协变量模式"选项。单击"继续"按钮返回主对话框。

（7）单击"保存"按钮，弹出如图 9-35 所示的"多元 Logistic 回归：保存"对话框。

（8）在"保存的变量"栏中勾选"估计响应概率"、"预测类别"、"预测类别概率"和"实际类别概率"复选框，并勾选"包括协方差矩阵"复选框。单击"继续"按钮返回主对话框。

（9）"选项"按钮和"条件"按钮均为 SPSS 的默认选项。

（10）完成所有设置后，单击"确定"按钮执行命令。

9.5.4 多元 Logistic 回归的结果分析

从表 9-31 可以看出分类变量下各水平的案例数和边缘百分比,以及有效个案和缺失个案的统计量。本例共有 880 个个案,无缺失值。

表 9-31 个案处理摘要

项目		个案数	边缘百分比
首选的早餐	早餐吧	231	26.3%
	燕麦	310	35.2%
	谷类	339	38.5%
年龄分段	小于 31	181	20.6%
	31-45	206	23.4%
	46-60	231	26.3%
	大于 60	262	29.8%
婚姻状态	未婚	303	34.4%
	已婚	577	65.6%
生活方式	不积极的	474	53.9%
	积极的	406	46.1%
有效		880	100.0%
缺失		0	
总计		880	
子群体		16	

从表 9-32 可以看出最终模型和模型中仅有截距项时的似然比检验结果,显著性小于 0.01,说明最终模型优于仅有截距的模型,最终模型成立。

表 9-32 模型拟合信息

模型	模型拟合条件	似然比检验		
	−2 对数似然	卡方	自由度	显著性
仅截距	525.071			
最终	123.322	401.749	10	.000

从表 9-33 可以看到 Pearson 统计量和偏差统计量,显著性都大于 0.05,说明不能拒绝零假设,零假设为模型能很好地拟合数据。

表 9-33 拟合优度

项目	卡方	自由度	显著性
皮尔逊	10.781	20	.952
偏差	11.638	20	.928

表 9-34 伪 R^2

考克斯 - 斯奈尔	.367
内戈尔科	.414
麦克法登	.210

从表 9-35 可以看出年龄分段、婚姻状态和生活方式在最终模型中的似然比卡方检验

结果。零假设是某因素变量从模型中剔除后系数没有变化。因为显著性都小于 0.05，所以拒绝零假设，认为年龄分段、婚姻状态和生活方式对系数的影响都是显著的。

表 9-35 似然比检验

效应	模型拟合条件	似然比检验		
	简化模型的-2 对数似然	卡方	自由度	显著性
截距	123.322[a]	.000	0	
年龄分段	443.987	320.665	6	.000
婚姻状态	149.349	26.027	2	.000
生活方式	148.029	24.707	2	.000

卡方统计是最终模型与简化模型之间的-2 对数似然之差。简化模型是通过在最终模型中省略某个效应而形成的。原假设是，该效应的所有参数均为 0。

a. 因为省略此效应并不会增加自由度，所以此简化模型相当于最终模型。

从表 9-36 可以看出各参数及其检验结果，参考类的早餐为谷类。

表中第 2 列（B）为系数估计，如果系数估计显著为正，说明在其他因素不变的情况下，取此因素水平的观测者，属于当前类别的概率比属于参考类别的概率大，如吃早餐吧这类中，年龄分段=2，系数估计值为 1.309，说明年龄分段=2 的人选择早餐吧要比年龄分段=4 的人选择早餐吧的概率大。

表中第 6 列是 Wald 检验的显著性水平，若值小于 0.05，即对应因素的系数估计显著地不为 0，即对模型的贡献具有显著意义。如早餐吧栏中年龄分段=3 的 wald 检验的显著性水平都大于 0.05，说明这个因素对模型的贡献无显著意义。

表中倒数第 3 列 Exp(B)，例如，早餐吧这一栏，年龄分段=1 的 Exp(B)为 2.675，说明相对于年龄分段=4 而言，年龄分段=1 的人选择早餐吧的概率是年龄分段=4 选择早餐吧概率的 2.675 倍。

表 9-36 参数估计值

首选的早餐[a]		B	标准误差	瓦尔德	自由度	显著性	Exp(B)	Exp(B)的 95%置信区间	
								下限	上限
早餐吧	截距	-1.224	.313	15.312	1	.000			
	[年龄分段=1]	.984	.317	9.608	1	.002	2.675	1.436	4.982
	[年龄分段=2]	1.309	.322	16.554	1	.000	3.703	1.971	6.956
	[年龄分段=3]	.542	.341	2.523	1	.112	1.720	.881	3.358
	[年龄分段=4]	0[b]	.	.	0	.	.	.	.
	[婚姻状态=0]	.843	.193	18.972	1	.000	2.322	1.590	3.393
	[婚姻状态=1]	0[b]	.	.	0	.	.	.	.
	[生活方式=0]	-.792	.183	18.643	1	.000	.453	.316	.649
	[生活方式=1]	0[b]	.	.	0	.	.	.	.
燕麦	截距	1.134	.217	27.318	1	.000			
	[年龄分段=1]	-4.273	.534	64.136	1	.000	.014	.005	.040
	[年龄分段=2]	-2.532	.282	80.516	1	.000	.080	.046	.138
	[年龄分段=3]	-1.192	.218	29.792	1	.000	.304	.198	.466
	[年龄分段=4]	0[b]	.	.	0	.	.	.	.

续表

首选的早餐 [a]		B	标准错误	Wald	自由度	显著性	Exp(B)	Exp(B)的95%置信区间	
								下限值	上限
燕麦	[婚姻状态=0]	-.262	.212	1.531	1	.216	.769	.508	1.165
	[婚姻状态=1]	0[b]	.	.	0	.	.	.	.
	[生活方式=0]	.186	.188	.979	1	.323	1.204	.833	1.740
	[生活方式=1]	0[b]	.	.	0	.	.	.	.

a. 参考类别为：^1。

b. 此参数冗余，因此设置为零。

表 9-37 是根据观测值和预测值得到的，例如，早餐吧这一行，初始观测有 231 人选择早餐吧，经过预测有 116 人被分为早餐吧，正确百分比为 50.2%，其他行同理。模型总体正确百分比为 57.4%，可见模型的正确率还需提高。

表 9-37 分类

观测值	预测值			
	早餐吧	燕麦	谷类	正确百分比
早餐吧	116	30	85	50.2%
燕麦	19	239	52	77.1%
谷类	81	108	150	44.2%
总体百分比	24.5%	42.8%	32.6%	57.4%

从表 9-38 可以看出实测值和预测值的频率和百分比，以生活方式不积极的未婚的小于 31 岁这一行为例，表示实际观测值为 14 人，预测到的观测为 14.618 人，实测值和预测值的百分比分别为 42.4% 和 44.3%。

表 9-38 实测频率和预测频率

生活方式	婚姻状态	年龄分段	首选的早餐	频率			百分比	
				实测	预测	皮尔逊残差	实测	预测
不积极的	未婚	小于 31	早餐吧	14	14.618	-.216	42.4%	44.3%
			燕麦	0	.710	-.852	0.0%	2.2%
			谷类	19	17.673	.463	57.6%	53.6%
		31-45	早餐吧	10	10.611	-.261	45.5%	48.2%
			燕麦	1	2.122	-.810	4.5%	9.6%
			谷类	11	9.267	.748	50.0%	42.1%
		46-60	早餐吧	4	5.305	-.642	16.7%	22.1%
			燕麦	12	8.723	1.391	50.0%	36.3%
			谷类	8	9.973	-.817	33.3%	41.6%
		大于 60	早餐吧	5	5.906	-.387	6.3%	7.4%
			燕麦	54	54.997	-.240	67.5%	68.7%
			谷类	21	19.098	.499	26.3%	23.9%
	已婚	小于 31	早餐吧	12	9.357	1.000	32.4%	25.3%
			燕麦	2	1.371	.548	5.4%	3.7%
			谷类	23	26.272	-1.186	62.2%	71.0%
		31-45	早餐吧	20	18.448	.424	29.9%	27.5%

续表

生活方式	婚姻状态	年龄分段	首选的早餐	频率 观测	频率 预测	皮尔逊残差	百分比 观测	百分比 预测
不积极的	已婚	31-45	燕麦	11	11.136	-.045	16.4%	16.6%
			谷类	36	37.416	-.348	53.7%	55.8%
		46-60	早餐吧	12	11.134	.273	10.4%	9.7%
			燕麦	54	55.254	-.234	47.0%	48.0%
			谷类	49	48.612	.073	42.6%	42.3%
		大于60	早餐吧	1	2.622	-1.016	1.0%	2.7%
			燕麦	74	73.688	.075	77.1%	76.8%
			谷类	21	19.690	.331	21.9%	20.5%
积极的	未婚	小于31	早餐吧	38	37.678	.087	64.4%	63.9%
			燕麦	1	.688	.378	1.7%	1.2%
			谷类	20	20.634	-.173	33.9%	35.0%
		31-45	早餐吧	20	20.396	-.155	66.7%	68.0%
			燕麦	2	1.535	.386	6.7%	5.1%
			谷类	8	8.069	-.028	26.7%	26.9%
		46-60	早餐吧	8	7.287	.342	44.4%	40.5%
			燕麦	5	4.508	.268	27.8%	25.0%
			谷类	5	6.206	-.598	27.8%	34.5%
		大于60	早餐吧	9	6.200	1.233	24.3%	16.8%
			燕麦	20	21.719	-.574	54.1%	58.7%
			谷类	8	9.081	-.413	21.6%	24.5%
	已婚	小于31	早餐吧	20	22.347	-.658	38.5%	43.0%
			燕麦	1	1.232	-.211	1.9%	2.4%
			谷类	31	28.421	.718	59.6%	54.7%
		31-45	早餐吧	40	40.545	-.117	46.0%	46.6%
			燕麦	10	9.207	.276	11.5%	10.6%
			谷类	37	37.248	-.054	42.5%	42.8%
		46-60	早餐吧	15	15.275	-.079	20.3%	20.6%
			燕麦	26	28.516	-.601	35.1%	38.5%
			谷类	33	30.209	.660	44.6%	40.8%
		大于60	早餐吧	3	3.272	-.156	6.1%	6.7%
			燕麦	37	34.596	.754	75.5%	70.6%
			谷类	9	11.131	-.727	18.4%	22.7%

此百分比基于每个子群体中的总观察频率。

9.6 有序回归

有序回归可以在一组预测变量上对多歧分序数响应的依赖性进行建模，序数回归的设计基于McCullagh (1980, 1998) 的方法论，例如，研究患者对药物剂量的反应，可能的反应可以分为无、轻微、适度或剧烈。

轻微反应和适度反应之间的差别很难或不可能量化，并且这种差别是取决于感觉的，不像数值型变量之间的差别是可以定量化的。另外，轻微反应和适度反应之间的差别可能比适度反应和剧烈反应之间的差别更大或更小。所以如果要对这种因变量是有序的分类变量进行回归分析，就需要有序回归。

9.6.1 参数设置

（1）打开数据文件，选择"分析"→"回归"→"有序"，弹出"有序回归"对话框，如图 9-37 所示，各项含义如下。
- 因变量：选入一个有序分类变量作为因变量，可以是数值型或字符串型。
- 因子：选入一个或多个分类变量作为因素变量。
- 协变量：选入一个或多个数值型变量作为协变量。

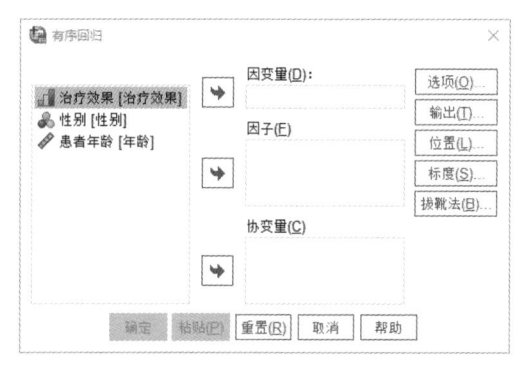

图 9-37 "有序回归"对话框

（2）单击"选项"按钮，弹出"有序回归：选项"对话框，如图 9-38 所示，可以调整迭代估计算法中所使用的参数，选择参数估计值的置信度并选择关联函数，各项含义如下。
- 迭代：可以定制迭代算法。
  - 最大迭代次数：指定一个非负整数作为最大迭代数，如果指定为 0，那么过程会返回初始估计值。
  - 最大逐步二分次数：指定一个正整数作为最大等分值。
  - 对数似然收敛：在下拉列表中指定对数似然比的收敛值，回归过程中对数似然比函数的绝对或相对变化小于该值，迭代终止。系统默认为 0，即不使用该条件。
  - 参数收敛：在下拉列表中指定参数的收敛值，回归过程中参数估计的绝对或相对变化小于该值，迭代终止，系统默认为 0.000001。
- 置信区间：输入 0~100 之间的数，指定置信区间，系统默认为 95。
- Delta：输入小于 1 的正数，将被添加到交叉表的单元格中，有助于稳定算法、阻止估计偏差。
- 奇异性容差：用于检查具有高度依赖性的预测变量。在下拉列表中指定检验奇异性的容许值，系统默认为 0.00000001。
- 联接：指定链接函数，链接函数是累积概率的转换形式，可用于模型估计，共有

5 种函数供选择。

- ➢ 逆柯西 $f(x) = \tan(n(x - 0.5))$ 潜在变量存在较多极端值的情况。
- ➢ 互补双对数 $f(x) = \log(-\log(1-x))$ 在可能存在更多较高类别时使用。
- ➢ 分对数 $f(x) = \log(x/(1-x))$ 用于均匀分布的情况。
- ➢ 负双对数 $f(x) = -\log(-\log(x))$ 在可能存在更多较低类别时使用
- ➢ 概率 $f(x) = \Phi^{-1}(x)$ 潜在变量为正态分布的情况。

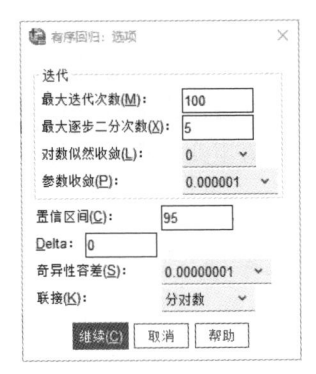

图 9-38 "有序回归:选项"对话框

(3) 单击"输出"按钮,弹出"有序回归:输出"对话框,如图 9-39 所示,各项含义如下。

- 显示
  - ➢ 每次达到以下步数打印一次迭代历史记录:在输入框中输入数值 n,表示输出每隔 n 步的迭代记录。
  - ➢ 拟合优度统计:输出 Pearson 卡方和似然比卡方统计量。
  - ➢ 摘要统计:输出 Cox&Snell 卡方、Nagelkerke 卡方和 McFadden 卡方等统计量。
  - ➢ 参数估算值:输出参数估计值、标准误和置信区间。
  - ➢ 参数估算值的渐进相关性:输出参数估计值的相关系数矩阵。
  - ➢ 参数估算值的渐进协方差:输出参数估计的协方差矩阵。
  - ➢ 单元格信息:输出观测和期望频率、累计频率、频率、累计频率的 Pearson 残差等统计量。
  - ➢ 平行线检验:检验参数估计在各响应类别中是否相等,仅适用于定位模型。
- 已保存的变量,将以下变量保存到工作文件。
  - ➢ 估算响应概率:估计观测量进入因变量各组的响应概率值。
  - ➢ 预测类别:保存模型预测的观测量分类。
  - ➢ 预测类别概率:预测最大的估计响应概率。
  - ➢ 实际类别概率:预测正确时的估计响应概率。
- 打印对数似然:控制对数似然估计的显示。
  - ➢ 包含多项常量:包含常数项,提供似然估计的完整值,系统默认。
  - ➢ 排除多项常量:不包含常数项。

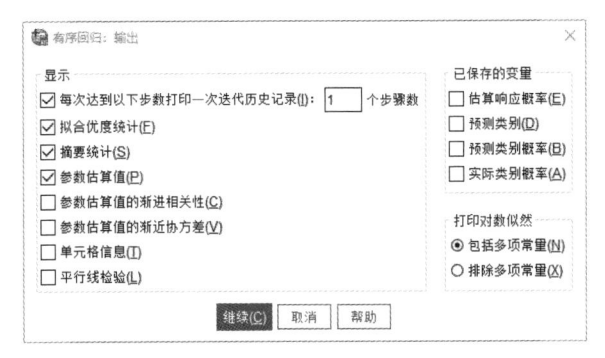

图 9-39 "有序回归：输出"对话框

（4）单击"位置"按钮，弹出"有序回归：位置"对话框，如图 9-40 所示，定制模型设置，各项含义如下。
- 指定模型
  - ➢ 主效应：模型中只包括协变量和因素变量的主效应，不包括交互效应。
  - ➢ 定制：由用户指定使用哪些主效应和交互效应选择此项，激活下面的选项。
- 因子/协变量：包括协变量和因素变量。
- 构建项：用来指定效应的种类，包括主效应、交互效应、所有二阶、所有三阶、所有四阶和所有五阶。

操作步骤为：在因子/协变量列表选中变量，在构建项中选择效应种类，单击 ➡ 按钮，将其选入位置模型列表。

图 9-40 "有序回归：位置"对话框

（5）单击"标度"按钮，弹出"有序回归：标度"对话框，如图 9-41 所示，设置与尺度模型有关的参数，设置方式与"有序回归：位置"对话框相同，不再重复介绍。

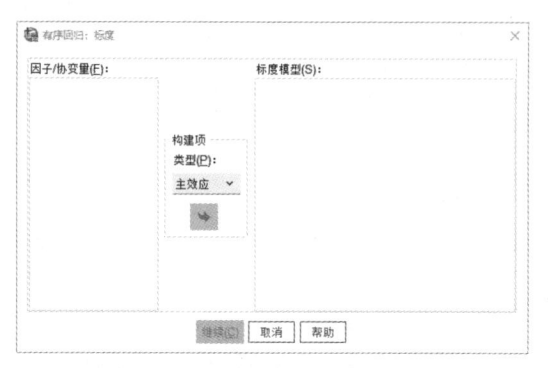

图 9-41 "有序回归：度量"对话框

9.6.2 有序回归的 SPSS 实现

实例五："data09-06.sav"数据文件是一种药物对不同患者的治疗效果，如图 9-42 所示。现要求利用有序回归来分析年龄、性别和治疗效果之间的关系。

数据文件：数据文件\Chapter09\data09-06.sav
视频文件：视频文件\Chapter09\有序回归.avi

图 9-42 "data09-06.sav"数据

（1）打开"data09-06.sav"数据文件，选择"分析"→"回归"→"有序"，弹出如图 9-37 所示的"有序回归"对话框。

（2）在左侧的变量列表中选中"治疗效果"变量，单击▶按钮，将其选入"因变量列表"，将"性别""患者年龄"变量选入右边的因子列表。

（3）"选项"按钮、"输出"按钮、"位置"按钮和"度量"按钮均为 SPSS 的默认选项。

（4）完成所有设置后，单击"确定"按钮执行命令。

9.6.3 有序回归的结果分析

从表 9-39 可以看出提示用户频率为 0 的单元格有 1 个，可以进行统计量的计算，当频率为 0 的单元格很多时，会影响统计量的计算和有效性，在评价模型时要慎重使用卡方检验的拟合优度统计量。

表 9-39　警告

存在 1 (2.5%) 个频率为零的单元格（即，因变量级别 * 预测变量值的实测组合）。

表 9-40 给出了分类变量各水平下的个案数及边缘百分比，本例有效个案为 400 个，无缺失值。

表 9-40　个案处理摘要(O)

项目		N	边缘百分比
治疗效果	很好	76	19.0%
	较好	109	27.3%
	一般	149	37.3%
	较差	27	6.8%
	很差	39	9.8%
性别	男	202	50.5%
	女	198	49.5%
患者年龄	<25	78	19.5%
	25—35	152	38.0%
	35—45	95	23.8%
	>45	75	18.8%
有效		400	100.0%
缺失		0	
总计		400	

从表 9-41 可以看出最终模型和模型中仅有截距项时的似然比检验结果，可以看到显著性小于 0.01，说明最终模型要优于仅有截距的模型。

表 9-41　模型拟合信息

模型	-2 对数似然	卡方(i)	df	显著性
仅有截距	293.240			
最终	129.504	163.736	4	.000

关联函数：分对数。

从表 9-42 可以看到 Pearson 统计量和偏差统计量，显著性都大于 0.05，说明不能拒绝零假设，零假设为模型能很好地拟合数据。

表 9-42　拟合优度

项目	卡方(i)	df	显著性
皮尔逊	32.566	24	.114
偏差	32.718	24	.110

关联函数：分对数。

从表 9-43 可以看出考克斯-斯奈尔统计量、内戈尔科统计量和麦克法登统计量的显著性均大于 0.05，说明不能拒绝零假设，零假设为模型能很好地拟合数据。

表 9-43 伪 R^2

考克斯-斯奈尔	.336
内戈尔科	.356
麦克法登	.141

关联函数：分对数。

从表 9-44 可以看到，第四列为 Wald 统计量，第 6 列为其显著性水平，如果显著性小于 0.05，说明对应的系数估计显著地不为 0，本例中性别=1 的显著性水平大于 0.05，说明药物对男女患者之间的治疗效果差异不显著，而各年龄段与年龄=5 相比，差异都显著，可推断出随着患者年龄的增长，患者自身的抵抗力下降，药效随之下降。

表 9-44 参数估算值

项目		估算(E)	标准误	瓦尔德	自由度	显著性	95% 的置信区间	
							下限	上限
Threshold	[治疗效果 = 1]	-3.699	.315	137.963	1	.000	-4.316	-3.082
	[治疗效果 = 2]	-1.934	.282	47.037	1	.000	-2.487	-1.381
	[治疗效果 = 3]	.456	.248	3.377	1	.066	-.030	.943
	[治疗效果 = 4]	1.140	.262	18.992	1	.000	.627	1.653
位置	[性别=1]	.240	.188	1.627	1	.202	-.129	.608
	[性别=2]	0[a]	.	.	0	.	.	.
	[年龄=1]	-3.780	.354	113.918	1	.000	-4.474	-3.086
	[年龄=2]	-2.435	.298	66.952	1	.000	-3.018	-1.852
	[年龄=3]	-.793	.294	7.273	1	.007	-1.369	-.217
	[年龄=4]	0[a]	.	.	0	.	.	.

关联函数：分对数。

a. 此参数冗余，因此设置为零。

9.7 概率单位回归

概率单位回归分析，主要是用来分析刺激的强度与对刺激显示出特定响应的个案比例之间的关系，例如，给病人不一样的用药量与病人康复的百分比，给害虫不一样的杀虫剂量与害虫死亡数的百分比等，概率单位回归分析属于专业统计分析过程，尤其适合实验数据，使用此过程可以估计引致特定比例的响应所需的刺激强度，例如中位效应剂量。

9.7.1 概率单位回归原理

由于线性模型的一些限制，概率单位回归分析需要把取值范围是实数的变量值通过累计概率函数 f 转换成取值范围为 0~1 之间的概率值，概率分布表达式为 $p_i = f(a + \beta x_i) = f(\varepsilon_i)$。

1．常用的累计概率函数有两种

（1）标准正态累计概率函数：$p_i = f(\varepsilon_i) = \frac{1}{\sqrt{2\pi}} \int_{-\infty}^{\varepsilon_i} e^{-s^2/2} dx$，式中 p_i 表示事件发生的概率，s 是服从标准正态分布的随机变量。

由于是用标准正态分布函数曲线下从 $-\infty$ 到 ε_i 的面积来表示概率的，所以 ε_i 的值越大，事件发生的概率就越大。

（2）Logit 概率函数：$p_i = f(\varepsilon_i) = f(a + \beta x_i) = \frac{1}{1 + e^{-\varepsilon_i}} = \frac{1}{e^{-(a+\beta x_i)}}$，通过转换得到

$\log \frac{p_i}{1 - p_i} = \varepsilon_i = a + \beta x_i$

2．数据要求

（1）对于自变量的每个值，因变量应为具有显示相应响应的值的个案数。
（2）观察变量总数应为自变量具有这些值的个案的总数。
（3）因素变量应是以整数编码的分类变量。
（4）观测量应该是独立的，如果自变量值的数量与观察值的数量相比过多，卡方检验和拟合优度检验是不适宜的。

3．概率回归和Logistic回归的关系

概率回归与 Logistic 回归关系很紧密，实际上，概率回归如果选择 Logit 转换，则此过程进行的就是 Logistic 回归。在应用方面，总的来说，概率回归分析适用于设计的实验，而 Logistic 回归更适用于观察研究。两者的侧重点也有所不同，概率回归分析过程报告不同响应频率下有效值的估计值（包括中位效应剂量），而 Logistic 回归过程报告自变量发生比的估计值。

9.7.2 参数设置

（1）打开数据文件，选择"分析"→"回归"→"概率"，弹出"概率分析"对话框，如图 9-43 所示，各项含义如下。

- 响应频率：将左侧变量列表中的一个变量选入其中，该变量的每一个数值是在指定水平下对响应的观测量的计数信息，值不能为负数。
- 实测值总数：将左侧变量列表中的一个变量选入其中，该变量是在自变量的指定水平下观测量的总数，值不能小于响应频数变量的值。
- 因子：将左侧变量列表中的一个变量选入其中，单击"定义范围"按钮，弹出"概率分析：定义范围"对话框，如图 9-44 所示，设置因变量的最大值和最小值。
- 协变量：将左侧变量列表中的一个或多个变量选入其中，变量值代表不相同的实验刺激条件值。当协变量和概率之间不存在线性关系时，需要在转换下拉列表中选取转换方式。

➢ 无：不转换。
➢ 以 10 为底数的对数：使用以 10 为底数的对数进行转换。
➢ 自然对数：使用以 e 为底数的自然对数进行转换。
- 模型：该选项框用来指定一种算法。
  ➢ 概率：用累计标准正态分布函数的反函数来转换响应比例。
  ➢ 分对数：对响应比例应用自然对数转换。

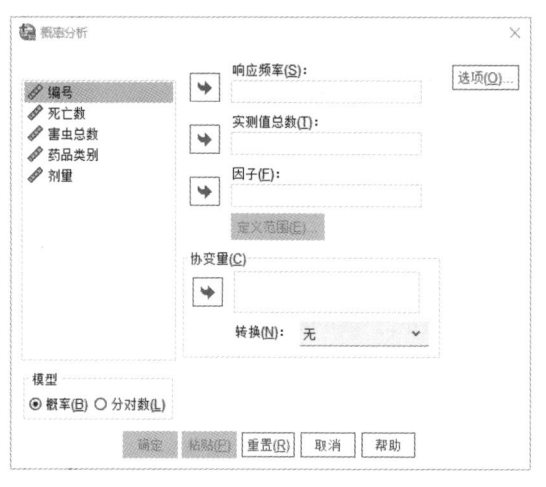

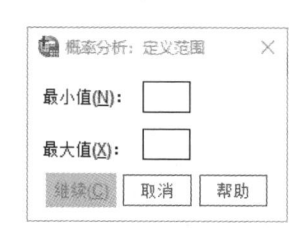

图 9-43 "概率分析"对话框　　图 9-44 "概率分析：定义范围"对话框

（2）单击"选项"按钮，弹出"概率分析：选项"对话框，如图 9-45 所示，各项含义如下。

- 统计：设置输出的统计量。
  ➢ 频率：输出每一个观测量和预测量的频数，以及观测量的残差等信息。
  ➢ 相对中位数：输出因素变量各水平之间的半数效应及其 95%的置信区间，若模型中没有因素变量或具有多个协变量，则此项不可用。
  ➢ 平行检验：假设因素变量各分组回归方程具有相同的斜率。
  ➢ 信仰置信区间：生成确定的响应概率所必需的代理用量的置信区间，如果选择了多个协变量，则该选项不可用。
- 自然响应率：指定在没有刺激条件的响应，有 3 个选项。
  ➢ 无：不计算自然响应频率。
  ➢ 根据数据计算：从样本数据中估计自然响应频率。
  ➢ 值：由用户自己指定自然响应率，取值须小于 1。
- 条件。
  ➢ 最大迭代次数：指定最大迭代次数，系统默认为 20。
  ➢ 步骤限制：在下拉列表中选择参数变量所容许的最大变化量，系统默认为 0.1。
  ➢ 最优性容差：在下拉列表中选择最优性容差，系统默认为缺省。

第 9 章 回归分析

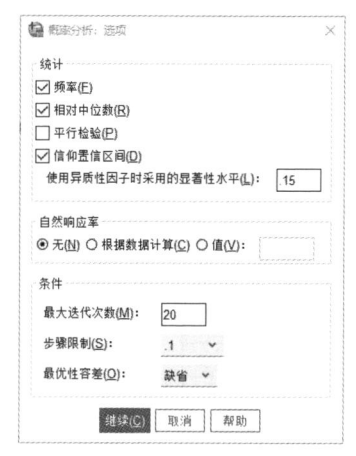

图 9-45 "概率分析：选项"对话框

9.7.3 概率单位回归的 SPSS 实现

实例五："data09-07.sav"数据文件是不同杀虫剂和剂量与害虫死亡数的统计，如图 9-46 所示。现要求利用概率单位回归来估计引致特定比例的响应所需的刺激强度。

数据文件：数据文件\Chapter09\data09-07.sav

视频文件：视频文件\Chapter09\概率单位回归.avi

图 9-46 "data09-07.sav"数据

（1）打开"data09-07.sav"数据文件，选择"分析"→"回归"→"概率"，弹出如图 9-43 所示的"概率分析"对话框。

（2）将"死亡数"变量选入"响应频率"列表，将"害虫总数"变量选入"实测值汇总"列表，将"药品类别"变量选入"因子"列表。

（3）单击"定义范围"按钮，弹出如图 9-44 所示的"概率分析：定义范围"对话框。

（4）设置因素变量的最大值为 3、最小值为 1，将"剂量"变量选入"协变量"列表。在"转换"栏下拉列表中选取转换方式：以 10 为底数的对数。在"模型"栏中选择系统默认的"概率"选项，用累计标准正态分布函数的反函数来转换响应比例。

（5）单击"选项"按钮，弹出如图 9-45 所示的"概率分析：选项"对话框。

（6）在"统计"栏中勾选"频率""相对中位数""平行检验"和"信仰置信区间"选项，其他栏的设置均为系统默认。单击"继续"按钮返回主对话框。

（7）完成所有设置后，单击"确定"按钮执行命令。

9.7.4 概率单位回归的结果分析

从表 9-45 可以看出共 30 个有效个案,没有缺失值,三类药品每类 10 个观测。从表 9-46 可以看出进行 10 次迭代后找到了最佳结果。

表 9-45 数据信息

项目		个案数
有效		30
已拒绝	超出范围 [a]	0
	缺失	0
	不能执行对数转换	0
	响应数 > 主体数	0
	控制组	0
药品类别	1	10
	2	10
	3	10

a. 由于组值超出范围,因此个案被拒绝。

表 9-46 收敛信息

	迭代次数	现有的最佳方程式
PROBIT	10	是

表 9-47 给出了方程的参数估算值、标准误、显著性等统计量。

药品 1 的方程:$p=3.548 \times g$(剂量)-5.948
药品 2 的方程:$p=3.548 \times g$(剂量)-6.227
药品 3 的方程:$p=3.548 \times g$(剂量)-6.416

表 9-47 参数估计值

项目	参数		估算	标准误	Z	显著性	95% 置信区间	
							下限值	上限
PROBIT [a]	剂量		3.548	.209	17.000	.000	3.139	3.957
	截距 [b]	1	−5.948	.347	−17.136	.000	−6.295	−5.601
		2	−6.227	.350	−17.816	.000	−6.577	−5.878
		3	−6.416	.353	−18.190	.000	−6.769	−6.063

a. PROBIT 模型: PROBIT (p) = 截距 + BX(协变量 X 使用底数为 10.000 的对数来转换。)
b. 对应于分组变量 药品类别。

表 9-48 显示 pearson 拟合优度检验显著性水平为 0.555,大于 0.05,说明拟合良好。并行性检验的显著性水平为 0.155,大于 0.05,说明三种药品的方程式直线相互平行。

表 9-48 卡方检验

	项目	卡方(i)	自由度 [b]	显著性
PROBIT	Pearson 拟合优度检验	24.360	26	.555[a]
	并行性检验	3.731	2	.155

a. 由于显著性水平大于 0.150,因此在置信限度的计算中没有使用异质因子。
b. 基于单个个案的统计量与基于分类汇总个案的统计量不同。

从表 9-49 可以看出因变量分组所得的观测值和期望值的数据。

表 9-49 单元格计数和残差

项目	数字	药品类别	剂量	主体数	实测响应	期望响应	残差	概率
概率	1	1	1.114	35	2	.804	1.196	.023
	2	1	1.322	38	3	3.967	−.967	.104
	3	1	1.362	40	4	5.282	−1.282	.132
	4	1	1.398	42	5	6.783	−1.783	.162
	5	1	1.519	39	8	11.215	−3.215	.288
	6	1	1.602	38	11	15.043	−4.043	.396
	7	1	1.708	33	19	17.949	1.051	.544
	8	1	1.806	46	32	31.155	.845	.677
	9	1	1.845	45	36	32.632	3.368	.725
	10	1	1.875	48	41	36.453	4.547	.759
	11	2	1.176	37	1	.738	.262	.020
	12	2	1.322	44	3	2.738	.262	.062
	13	2	1.380	43	2	3.942	−1.942	.092
	14	2	1.398	39	2	3.996	−1.996	.102
	15	2	1.505	40	10	7.499	2.501	.187
	16	2	1.591	42	15	11.766	3.234	.280
	17	2	1.699	44	20	18.520	1.480	.421
	18	2	1.820	33	17	19.479	−2.479	.590
	19	2	1.851	36	20	22.801	−2.801	.633
	20	2	1.875	38	27	25.257	1.743	.665
	21	3	1.176	43	2	.535	1.465	.012
	22	3	1.342	37	3	1.819	1.181	.049
	23	3	1.398	48	5	3.488	1.512	.073
	24	3	1.431	45	5	4.073	.927	.091
	25	3	1.505	46	6	6.487	−.487	.141
	26	3	1.580	45	8	9.391	−1.391	.209
	27	3	1.699	33	10	11.516	−1.516	.349
	28	3	1.813	52	23	26.335	−3.335	.506
	29	3	1.845	46	24	25.385	−1.385	.552
	30	3	1.875	35	22	20.774	1.226	.594

从表 9-50 可以看出三种药品各剂量的致死概率及在 95%的置信区间的上下限值。例如，从表中查出三种药品的半数致死剂量分别为 47.477、56.914 和 64.323。

表 9-50 置信限度

项目	药品类别	概率	剂量的95%置信限度			log（剂量）的95%置信限度[a]		
			估算	下限值	上限	估算	下限值	上限
PROBIT	1	.010	10.491	8.536	12.417	1.021	.931	1.094
		.020	12.521	10.394	14.595	1.098	1.017	1.164
		.030	14.008	11.773	16.178	1.146	1.071	1.209
		.040	15.242	12.927	17.484	1.183	1.112	1.243
		.050	16.326	13.946	18.627	1.213	1.144	1.270
		.060	17.309	14.874	19.662	1.238	1.172	1.294
		.070	18.219	15.737	20.619	1.261	1.197	1.314
		.080	19.075	16.550	21.517	1.280	1.219	1.333
		.090	19.888	17.325	22.371	1.299	1.239	1.350

续表

项目	药品类别	概率	剂量的95%置信限度			log（剂量）的95%置信限度[a]		
			估算	下限值	上限	估算	下限值	上限
PROBIT	1	.100	20.667	18.068	23.188	1.315	1.257	1.365
		.150	24.231	21.477	26.929	1.384	1.332	1.430
		.200	27.496	24.605	30.372	1.439	1.391	1.482
		.250	30.646	27.614	33.716	1.486	1.441	1.528
		.300	33.782	30.593	37.076	1.529	1.486	1.569
		.350	36.973	33.603	40.532	1.568	1.526	1.608
		.400	40.279	36.693	44.156	1.605	1.565	1.645
		.450	43.759	39.912	48.020	1.641	1.601	1.681
		.500	47.477	43.313	52.203	1.676	1.637	1.718
		.550	51.512	46.958	56.805	1.712	1.672	1.754
		.600	55.962	50.931	61.954	1.748	1.707	1.792
		.650	60.967	55.340	67.827	1.785	1.743	1.831
		.700	66.726	60.349	74.686	1.824	1.781	1.873
		.750	73.552	66.205	82.940	1.867	1.821	1.919
		.800	81.979	73.330	93.293	1.914	1.865	1.970
		.850	93.027	82.528	107.109	1.969	1.917	2.030
		.900	109.068	95.646	127.585	2.038	1.981	2.106
		.910	113.340	99.099	133.113	2.054	1.996	2.124
		.920	118.171	102.985	139.398	2.073	2.013	2.144
		.930	123.721	107.428	146.662	2.092	2.031	2.166
		.940	130.229	112.608	155.235	2.115	2.052	2.191
		.950	138.069	118.810	165.641	2.140	2.075	2.219
		.960	147.885	126.521	178.780	2.170	2.102	2.252
		.970	160.915	136.670	196.399	2.207	2.136	2.293
		.980	180.030	151.400	222.585	2.255	2.180	2.347
		.990	214.871	177.834	271.234	2.332	2.250	2.433
	2	.010	12.576	10.401	14.707	1.100	1.017	1.168
		.020	15.009	12.655	17.301	1.176	1.102	1.238
		.030	16.792	14.324	19.190	1.225	1.156	1.283
		.040	18.272	15.719	20.752	1.262	1.196	1.317
		.050	19.571	16.948	22.122	1.292	1.229	1.345
		.060	20.749	18.067	23.363	1.317	1.257	1.369
		.070	21.841	19.105	24.512	1.339	1.281	1.389
		.080	22.866	20.082	25.593	1.359	1.303	1.408
		.090	23.841	21.011	26.621	1.377	1.322	1.425
		.100	24.775	21.902	27.606	1.394	1.340	1.441
		.150	29.047	25.976	32.134	1.463	1.415	1.507
		.200	32.961	29.692	36.324	1.518	1.473	1.560
		.250	36.738	33.250	40.413	1.565	1.522	1.607
		.300	40.496	36.758	44.536	1.607	1.565	1.649
		.350	44.322	40.290	48.789	1.647	1.605	1.688
		.400	48.285	43.908	53.257	1.684	1.643	1.726
			估算	下限值	上限	估算	下限值	上限
		.450	52.457	47.670	58.024	1.720	1.678	1.764
		.500	56.914	51.643	63.189	1.755	1.713	1.801

续表

项目	药品类别	概率	剂量的95%置信限度			log（剂量）的95%置信限度[a]		
			估算	下限值	上限	估算	下限值	上限
PROBIT	2	.550	61.750	55.901	68.868	1.791	1.747	1.838
		.600	67.085	60.542	75.219	1.827	1.782	1.876
		.650	73.084	65.699	82.457	1.864	1.818	1.916
		.700	79.988	71.560	90.901	1.903	1.855	1.959
		.750	88.171	78.421	101.054	1.945	1.894	2.005
		.800	98.273	86.779	113.777	1.992	1.938	2.056
		.850	111.517	97.580	130.739	2.047	1.989	2.116
		.900	130.747	112.999	155.858	2.116	2.053	2.193
		.910	135.868	117.060	162.636	2.133	2.068	2.211
		.920	141.659	121.632	170.342	2.151	2.085	2.231
		.930	148.312	126.858	179.247	2.171	2.103	2.253
		.940	156.113	132.954	189.755	2.193	2.124	2.278
		.950	165.512	140.254	202.508	2.219	2.147	2.306
		.960	177.279	149.331	218.609	2.249	2.174	2.340
		.970	192.898	161.281	240.196	2.285	2.208	2.381
		.980	215.813	178.629	272.275	2.334	2.252	2.435
		.990	257.579	209.767	331.863	2.411	2.322	2.521
	3	.010	14.213	11.877	16.487	1.153	1.075	1.217
		.020	16.963	14.446	19.402	1.230	1.160	1.288
		.030	18.978	16.348	21.525	1.278	1.213	1.333
		.040	20.650	17.935	23.283	1.315	1.254	1.367
		.050	22.119	19.333	24.825	1.345	1.286	1.395
		.060	23.450	20.604	26.224	1.370	1.314	1.419
		.070	24.684	21.783	27.521	1.392	1.338	1.440
		.080	25.843	22.892	28.741	1.412	1.360	1.458
		.090	26.944	23.946	29.901	1.430	1.379	1.476
		.100	28.000	24.956	31.016	1.447	1.397	1.492
		.150	32.828	29.563	36.143	1.516	1.471	1.558
		.200	37.252	33.755	40.902	1.571	1.528	1.612
		.250	41.520	37.756	45.559	1.618	1.577	1.659
		.300	45.768	41.693	50.263	1.661	1.620	1.701
		.350	50.091	45.650	55.122	1.700	1.659	1.741
		.400	54.570	49.699	60.231	1.737	1.696	1.780
		.450	59.285	53.906	65.685	1.773	1.732	1.817
		.500	64.323	58.347	71.595	1.808	1.766	1.855
		.550	69.788	63.106	78.094	1.844	1.800	1.893
		.600	75.818	68.295	85.360	1.880	1.834	1.931
		.650	82.598	74.060	93.638	1.917	1.870	1.971
		.700	90.400	80.615	103.294	1.956	1.906	2.014
		.750	99.649	88.292	114.899	1.998	1.946	2.060
		.800	111.065	97.647	129.438	2.046	1.990	2.112
			估算	下限值	上限	估算	下限值	上限
		.850	126.034	109.741	148.815	2.100	2.040	2.173
		.900	147.766	127.011	177.505	2.170	2.104	2.249

续表

项目	药品类别	概率	剂量的95%置信限度			log（剂量）的95%置信限度 [a]		
PROBIT	3	.910	153.554	131.561	185.245	2.186	2.119	2.268
		.920	160.099	136.684	194.045	2.204	2.136	2.288
		.930	167.618	142.541	204.213	2.224	2.154	2.310
		.940	176.434	149.371	216.211	2.247	2.174	2.335
		.950	187.056	157.552	230.772	2.272	2.197	2.363
		.960	200.355	167.726	249.155	2.302	2.225	2.396
		.970	218.008	181.119	273.801	2.338	2.258	2.437
		.980	243.905	200.565	310.424	2.387	2.302	2.492
		.990	291.108	235.470	378.451	2.464	2.372	2.578

a. 对数底数 = 10。

从表 9-51 可以看出各组相对中位数强度估计值，药品 1 对药品 2 的比值为 47.477/56.914=0.834，药品 1 对药品 3 的比值为 56.914/64.323=0.738，依次类推。

表 9-51 相对中位数强度估计值

项目	(I) 药品类别	(J) 药品类别	95%置信限度			对数转换的95%置信限度 [a]		
			估算	下限值	上限	估算	下限值	上限
PROBIT	1	2	.834	.727	.952	−.079	−.139	−.021
		3	.738	.640	.843	−.132	−.194	−.074
	2	1	1.199	1.050	1.376	.079	.021	.139
		3	.885	.771	1.011	−.053	−.113	.005
	3	2	1.130	.990	1.296	.053	−.005	.113
		1	1.355	1.186	1.563	.132	.074	.194

a. 对数底数=10。

图 9-47 是三种药品剂量的对数值与概率值的散点图。可见，概率值与对数药品剂量呈明显的线性关系，说明对药品剂量进行以 10 为底的对数转换是比较合适的，如果散点图没有呈现明显的线性趋势，可以采取其他的转换方法，确保转换后数据呈线性关系。

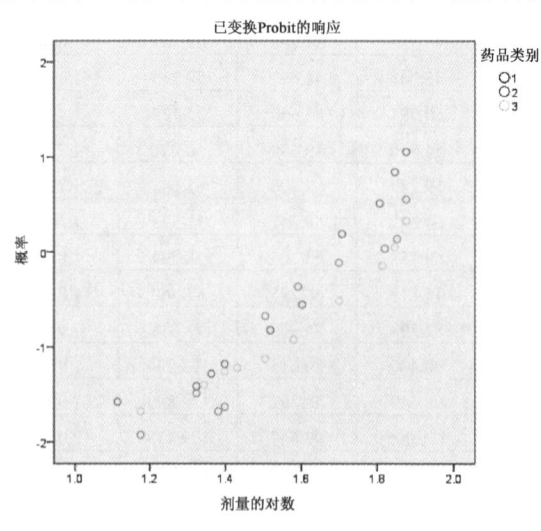

图 9-47 散点图

9.8 加权回归分析

加权回归，是指如果回归线上各点的精度不同，对各点赋以不同的权值，用加权最小二乘法确定回归系数，拟合回归方程。

9.8.1 加权回归分析原理

在建立线性回归模型之前，有一个前提是假设样本具有同共方差性，即所有的观测量在计算过程中对线性回归模型具有相同的贡献，在这个前提下求得线性回归模型参数的方法就是普通最小二乘法。但是在一些情况下，一些观测量的变异相对于其他观测量较大时，样本同共方差性的假设就不成立了，这时就不能使用普通最小二乘法来建立线性回归模型了。但是，如果变异较大的观测量的变异性可以通过其他变量进行预测，就可以使用加权最小二乘法建立线性回归模型。

1. 数据要求

自变量和因变量应该是数值型变量，一些分类变量应该重新编码成二分变量或其他类型的对比变量。加权变量必须是与因变量有关的数值型变量。自变量的每个取值，对应因变量的分布必须是正态分布的。因变量和每个自变量的关系应该是线性的，并且所有的观测量应该是相互独立的。自变量取不同值时，因变量方差的差异一定可以根据加权变量进行预测。

2. 使用加权最小二乘法，主要分为方差诊断和权重估算两个步骤

（1）方差诊断

先利用普通最小二乘法对原始数据建立简单线性模型，并绘制残差对预测值的散点图，如果残差均匀分布在某条与横轴平行的横轴附近，说明样本的方差基本相等；反之，如果方差呈现其他形状，如喇叭口状，说明样本方差不相等，有必要进行加权最小二乘法进行估计。

如果只有一个自变量，可以直接作因变量对自变量的散点图，观察因变量的分布是否均匀，判断方法和残差图相似，如果因变量的分布随着自变量的增加而增加或减小，表示样本同共方差性的假设不成立了，不能使用普通最小二乘法来建立线性回归模型了。

（2）权重估算

如果认为因变量的方差与其他变量之间存在相关关系，就可以使用加权最小二乘法来估计权重，常用的估计方法有以下两种。

- 利用数据的复制集来估计权重，要使用加权最小二乘法估计回归模型，就要将具有相同特点或近似特点的数据进行编组，然后计算因变量在各编组中的方差，并以此方差的倒数作为相应编组中观测的权重。
- 利用变量估计权重。因变量的方差经常与自变量或者其他变量有关，利用方差与其他变量的相关关系估计权重。

9.8.2 参数设置

（1）打开数据文件，选择"分析"→"回归"→"权重估算"，弹出"权重估算"对话框，如图 9-48 所示，各项含义如下。
- 因变量：将左侧变量列表中的一个变量选入其中。
- 自变量：将左侧变量列表中的一个或多个变量选入其中。
- 权重变量：将左侧变量列表中的一个变量选入其中作为权重变量。其中幂的范围用于指定计算权重过程中指数值的范围，在前后框中分别输入起始值和终止值，在按框中指定步长，指数值的范围必须在-6.5 到 7.5 之间。
- 在方程中包括常量：模型中包含常数项。

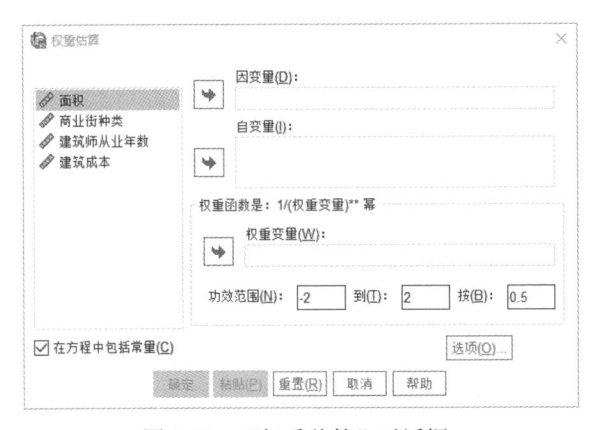

图 9-48 "权重估算"对话框

（2）单击"选项"按钮，弹出"权重估算：选项"对话框，如图 9-49 所示，各项含义如下。
- 将最佳权重保存为新变量：表示将最佳权重保存为新变量在当前数据集，变量名为 WGT_n，n 是生成这个变量的序号。
- 显示 ANOVA 和估算值：有 2 个选项。
  - 对于最佳功效：只输出最终的方差和最佳指数估计值。
  - 对于每个功效值：输出所有的方差和指数估计值。

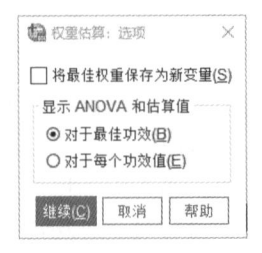

图 9-49 "权重估算：选项"对话框

9.8.3 加权回归的 SPSS 实现

实例四:"data09-08.sav"数据文件是一些关于商业街建筑方面的基本资料,如图 9-50 所示。现要求通过面积、商业街种类和建筑师从业年数来拟合建筑成本的加权回归方程。

| 数据文件:数据文件\Chapter09\data09-08.sav |
| 视频文件:视频文件\Chapter09\加权回归.avi |

	面积	商业街种类	建筑师从业年数	建筑成本
1	.73	1.00	17.00	72.70
2	1.92	.00	20.00	440.48
3	.77	1.00	9.00	109.77
4	.65	.00	15.00	134.47
5	.80	.00	15.00	123.39
6	1.03	1.00	11.00	187.34
7	.94	.00	22.00	91.43

图 9-50 "data09-08.sav"数据

第一步:初步残差分析。

(1)打开"data09-08.sav"数据文件,选择"分析"→"回归"→"线性",弹出如图 9-1 所示的"线性回归"对话框。

(2)将"建筑成本"变量选入因变量列表,将"面积"、"商业街种类"、"建筑师从业年数"三个变量选个变量进入自变量列表。

(3)单击"图"按钮,弹出"线性回归:图"对话框。

(4)将标准化残差(ZRESID)选入 Y 轴,将标准化预测值(ZPRED)选入 X 轴,单击"继续"按钮返回主对话框。

(5)完成所有设置后,单击"确定"按钮执行命令,输出的结果见图 9-51。通过图 9-51 可见,随着预测值的增大,残差也有增大的趋势,说明因变量的变异性或分布随着自变量的增加而增加,说明普通最小二乘法不再是最佳解决方案了,建议采用加权最小二乘法。

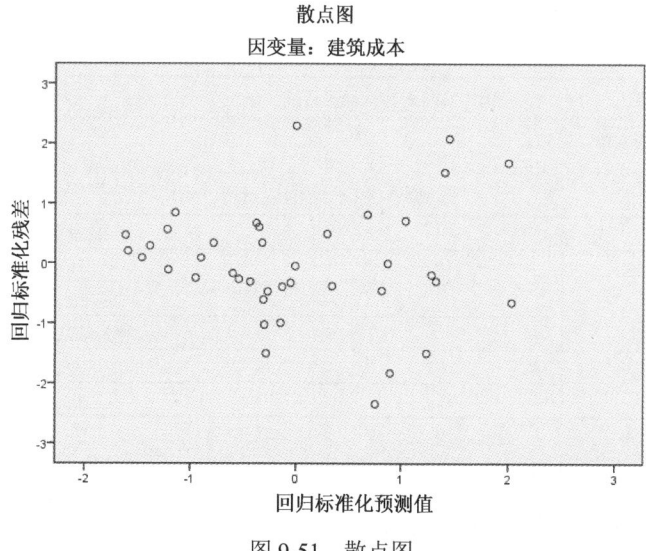

图 9-51 散点图

第二步：加权回归分析。

（1）打开"data09-08.sav"数据文件，选择"分析"→"回归"→"权重估算"，弹出如图9-48所示的"权重估算"对话框。

（2）将"建筑成本"变量选入因变量列表，将"面积""商业街种类""建筑师从业年数"变量选入自变量列表，将"面积"变量选入权重变量列表，作为权重变量。在"功效范围"栏指定计算权重过程中指数值的范围，在前后框中输入起始值 0 和终止值 4，在按框中指定步长 0.5，并勾选"在方程中包括常量"复选框。

（3）单击"选项"按钮，弹出如图9-49所示的"权重估算：选项"对话框。

（4）勾选"将最佳权重保存为新变量"复选框，表示将最佳权重保存为新变量在当前数据集，变量名为WGT_n，n 是生成这个变量的序号。在"显示 ANOVA 和估算值"栏中勾选"对于最佳功效"选项。单击"继续"按钮返回主对话框。

（5）完成所有设置后，单击"确定"按钮执行命令。

9.8.4 加权回归的结果分析

从表 9-52 可以看出按照 0.5 步长的权值计算出的对数似然比结果，似然比数值最大的指数就是最佳指数，本例最大值为-205.143，对应的最佳指数为 3.500。

从表 9-53 可以看出加权模型的信息，包括因变量、自变量和幂值（最佳指数）。

表 9-52　对数似然值[b]

幂	.000	-218.675
	.500	-215.628
	1.000	-212.836
	1.500	-210.356
	2.000	-208.251
	2.500	-206.606
	3.000	-205.529
	3.500	-205.143[a]
	4.000	-205.563

a. 将选择相应的幂进行进一步分析，这是因为它将对数似然函数最大化。

b. 因变量：建筑成本，源变量：面积。

表 9-53　模型描述

因变量		建筑成本
自变量	1	面积
	2	商业街种类
	3	建筑师从业年数
宽度	源	面积
	幂值	3.500

模型：MOD_2。

从表 9-54 可以看出采用最佳指数建立的加权回归模型的拟合优度检验结果，可见 R^2 和调整后的 R^2 都较大，说明模型拟合效果不错。

表 9-54　模型摘要

复 R	.863
R^2	.745
调整后的 R^2	.724
标准估算的错误	46.730
对数似然函数值	−205.143

表 9-55 是方差分析表，可见 F 值为 35.022，显著性水平值小于 0.001，说明由回归解释的变异远远大于残差可解释的变异，说明回归效果是比较好的。

表 9-55　ANOVA

	平方和	自由度	均方	F	显著性
回归	229428.003	3	76476.001	35.022	.000
残差	78612.250	36	2183.674		
总计	308040.252	39			

从表 9-56 可以看出各自变量和常数项的 T 检验显著性水平值均小于 0.05，说明它们模型的构建作用都是显著的，回归效果很好。最终得到的回归方程为 cost=53.438+149.273×面积−26.533×商业街种类−2.209×建筑师从业年数。

表 9-56　系数

项目	非标准化系数		标准系数		T	显著性
	B	标准误	Beta	标准误		
（常量）	53.438	16.988			3.146	.003
面积	149.273	15.425	.864	.089	9.678	.000
商业街种类	−26.533	11.086	−.218	.091	−2.393	.022
建筑师从业年数	−2.209	.941	−.205	.087	−2.348	.024

9.9　本章小结

回归分析可确定两种或两种以上变量间的因果关系，本章介绍了线性回归、曲线回归、非线性回归、二元 Logistic 回归、多元 Logistic 回归、有序回归、概率单位回归和加权回归。线性回归是指自变量和因变量之间呈线性关系时的回归分析。

曲线回归是由曲线估算的方法建立的模型。非线性回归用来建立因变量与一系列自变量之间的非线性关系，与估计线性模型的线性回归不同，通过使用迭代估计算法，非线性回归可估计自变量和因变量之间具有任意关系的模型。

二元 Logistic 回归常在因变量为二元变量的情况下，根据一系列预测变量的值来预测某种特征或结果是否存在。当因变量是多元变量时，则可通过多元 Logistic 回归分析，其实质就是用多个二元 Logistic 回归分析模型来描述各个类别与参考类别相比较时的作用大小。

有序回归，常应用于因变量是有序的分类变量的回归分析。概率单位回归分析，主要用来分析刺激的强度与对刺激显示出特定响应的个案比例之间的关系。加权回归，使用加权最小二乘法建立线性回归模型，要求自变量和因变量是数值型变量。

第10章

聚类分析

聚类分析是统计学中研究"物以类聚"问题的多元统计分析方法,在管理学、医学等各个领域中得到广泛的应用。聚类分析是对样本或变量进行分析的一种统计方法,目的是根据事物本身的特性将相似的事物归类。被归为一类的事物具有较高的相似性,而不同类间的事物有着很大的差异。根据分类过程的不同,又可以分为快速聚类、系统聚类和两步聚类三种方法。

学习目标

(1) 了解聚类分析的原理。
(2) 熟知各个对话框中的参数含义。
(3) 熟练掌握各个聚类分析的操作步骤。
(4) 深刻理解各项结果的含义。

10.1 快速聚类

当要聚成的类数确定时，使用快速聚类过程可以快速地将观测记录分到各类中，特点是处理速度快、占用内存少，适用于大样本的聚类分析，能够保存每个对象与聚类中心之间的距离，能够从外部文件中读取初始聚类中心，并将最终的聚类中心保存到该文件中。

SPSS 快速聚类使用的是 k 平均值分类法对观测记录进行聚类，可以完全使用系统默认值进行聚类，也可以对聚类过程设置各种参数进行人为的干预，如事先制定聚类个数，指定使聚类过程中止的收敛判据，比如迭代次数等。

进行快速聚类首先要选择聚类分析的变量和类数，参与聚类分析的变量必须是数值型变量，且至少要有 1 个。为了清楚地表明各观测量最后聚到哪一类，还应该指定一个表明观测量特征的变量作为标示变量，如姓名、编号等。聚类个数需大于等于 2，但不能大于数据集中的观测记录个数。

如果选择了 n 个数值型变量进行快速聚类，则这 n 个变量组成 n 维空间，每个观测量在 n 维空间中是一个点，设最后要求的聚类个数为 k，则 k 个事先选定的观测量就是 k 个聚类中心点，也称为初始类中心。然后把每个观测量都分派到与这 k 个中心距离最小的那个类中，构成第一个迭代形成的 k 类，根据组成每一类的观测量，计算各变量的均值，每一类的 n 个均值在 n 维空间中又形成 k 个点，构成第二次迭代的类中心。

按照这种方法依次迭代下去，直到达到指定的迭代次数或达到中止迭代的依据要求时，聚类过程结束。

10.1.1 参数设置

（1）打开数据文件，选择"分析"→"分类"→"K-均值聚类"，弹出"K-均值聚类分析"对话框，如图 10-1 所示，各项含义如下。

- 变量：将左侧变量列表中的一个或多个数值型变量选入其中。
- 个案标注依据：将左侧变量列表中的一个变量选入其中作为标示变量。
- 聚类数：在框中输入分类数，系统默认分为 2 类。
- 方法
  - 迭代与分类：聚类的迭代过程中使用 K-Means 算法不断计算类中心，并根据结果更换类中心，把观测记录分派到最近的以类中心为标志的类中去。
  - 仅分类：选定初始类别中心点后，在聚类过程中不改变类中心。
- 聚类中心
  - 读取初始聚类中心：要求使用指定数据文件中的观测量作为初始类中心，选择此项，激活下列选项。
    - 打开数据集：选中后在下拉列表中指定一个当前打开的数据集。
    - 外部数据文件：选中后单击"文件"按钮，指定文件的路径和文件名，该文件的观测量作为初始类中心的数据。

> 写入最终聚类中心：在此选择如何保存聚类结果的类中心，选择此项，激活下列选项。
  ◇ 新数据集：建立一个新数据集，在输入框中输入文件名，运行结果会把最后结果的类中心保存到该数据文件中。
  ◇ 数据文件：单击"文件"按钮，指定文件的保存路径和文件名。

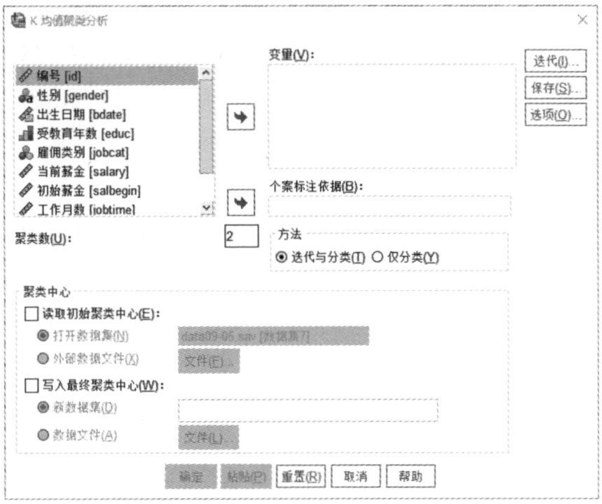

图 10-1 "K-均值聚类分析"对话框

（2）单击"迭代"按钮，弹出"K-均值聚类：迭代"对话框，如图 10-2 所示，各项含义如下。

- 最大迭代次数：指定 K-均值聚类算法的最大迭代次数，当达到最大迭代次数时，即使没有满足收敛依据，达到迭代次数之后迭代也会终止。系统默认为 10，选择范围为 1～999。
- 收敛准则：指定 K-均值聚类算法的收敛依据，它表示初始聚类中心之间的最小距离的比例，值必须大于等于 0，且小于 1，系统默认为 0。例如，在框中输入 0.01，表示如果一次的迭代使任何一个类中心距离的移动与原始类中心距离的比小于 1%，则迭代停止。
- 使用运行平均值：勾选此项，表示每个观测量被分到一类后即可计算新的类中心；不勾选此项，表示在分配了所有个案之后计算新的聚类中心，节省迭代时间。

（3）单击"保存"按钮，弹出"K-均值聚类：保存新变量"对话框，如图 10-3 所示，各项含义如下。

图 10-2 "K-均值聚类分析：迭代"对话框 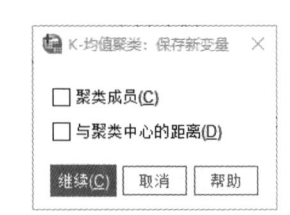　　图 10-3 "K-均值聚类：保存新变量"对话框

- 聚类成员：勾选此项，表示用一个新变量"QCL_1"保存各观测量最终被分配到哪一类中。
- 与聚类中心的距离：勾选此项，表示用一个新变量"QCL_2"保存各观测量到最终所属的类中心的欧式距离。

（4）单击"选项"按钮，弹出"K-均值聚类分析：选项"对话框，如图 10-4 所示，各项含义如下。

- 统计
  - 初始聚类中心：输出初始的类中心，初始聚类中心用于第一轮分类，然后再更新。
  - ANOVA 表：输出方差分析表，该表包含每个聚类变量的一元 F 检验。F 检验只是描述性的，不应解释生成的概率。如果所有个案均分配到单独一个聚类，那么 ANOVA 表不显示。
  - 每个个案的聚类信息：输出每个个案的聚类信息，包括所属类别、到所属类中心的距离等。
- 缺失值
  - 成列排除个案：只要某个变量含有缺失值，就在所有的分析过程中将该记录剔除。
  - 成对排除个案：只有当一个观测量的全部聚类变量值都缺失时才将其剔除，否则将根据所有非缺失量的取值把它分配到距离最近的一类中去。

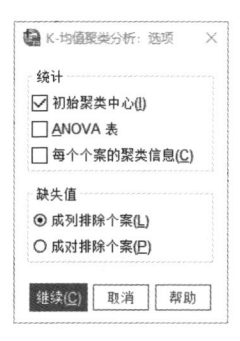

图 10-4 "K 均值聚类分析：选项"对话框

10.1.2 快速聚类的 SPSS 实现

实例一："data10-01.sav"数据文件是一个公司员工的基本情况，如图 10-5 所示。现要求利用通过起始薪金和当前薪金对员工进行快速聚类。

数据文件：数据文件\Chapter10\data10-01.sav
视频文件：视频文件\Chapter10\快速聚类.avi

	id	gender	bdate	educ	jobcat	salary	salbegin	jobtime	prevexp	minority
1	1	m	02/03/1952	15	3	$57,000	$27,000	98	144	0
2	2	m	05/23/1958	16	1	$40,200	$18,750	98	36	0
3	3	f	07/26/1929	12	1	$21,450	$12,000	98	381	0
4	4	f	04/15/1947	8	1	$21,900	$13,200	98	190	0
5	5	m	02/09/1955	15	1	$45,000	$21,000	98	138	0
6	6	m	08/22/1958	15	1	$32,100	$13,500	98	67	0
7	7	m	04/26/1956	15	1	$36,000	$18,750	98	114	0
8	8	f	05/06/1966	12	1	$21,900	$9,750	98	0	0

图 10-5 "data10-01.sav"数据

（1）打开"data10-01.sav"数据文件，选择"分析"→"分类"→"K-均值聚类"，弹出如图 10-1 所示的"K-均值聚类"对话框。

（2）在左侧变量列表中选中"当前薪金"和"初始薪金"变量，单击 ▶ 按钮，将其选入"变量"列表，将"受教育年数"变量选入右边的个案标注依据列表作为标示变量。在"聚类数"后的框中输入分类数为 3，在"方法"栏中勾选"迭代与分类"。

（3）单击"迭代"按钮，弹出如图 10-2 所示的"K-均值聚类分析：迭代"对话框，设置选择系统默认。单击"继续"按钮返回主对话框。

（4）单击"保存"按钮，弹出如图 10-3 所示的"K-均值聚类：保存新变量"对话框，勾选"聚类成员"和"与聚类中心的距离"复选框。

（5）单击"选项"按钮，弹出如图 10-4 所示的"K-均值聚类分析：选项"对话框。

（6）在"统计"栏中选择"初始聚类中心"、"ANOVA 表"和"每个个案的聚类信息"复选框，在"缺失值"栏中勾选"成列排除个案"选项。

（7）完成所有设置后，单击"确定"按钮执行命令。

10.1.3　快速聚类的结果分析

从表 10-1 可知，由于没有指定聚类的初始聚类中心，此表中所示的作为类中心的观测量是系统确定的。

表 10-1　初始聚类中心

项目	聚类		
	1	2	3
当前薪金	$135,000	$82,500	$15,750
初始薪金	$79,980	$34,980	$10,200

从表 10-2 可以看出，经过 9 次迭代后，类中心的变化为 0，迭代停止，表中所示为每次迭代后类中心的变化量。

表 10-2　迭代历史记录[a]

迭代	聚类中心的更改		
	1	2	3
1	.000	15534.146	13154.544
2	26124.950	1834.406	109.129
3	11857.359	1295.991	53.305

续表

迭代	聚类中心的更改		
	1	2	3
4	8237.016	1540.051	51.357
5	4181.983	1329.004	98.643
6	1860.563	828.827	95.845
7	.000	733.979	141.593
8	.000	247.090	48.679
9	.000	.000	.000

a. 由于聚类中心中不存在变动或者仅有小幅变动，因此实现了收敛。任何中心的最大绝对坐标变动为 .000。当前迭代为 9。初始中心之间的最小距离为 69146.583。

从表 10-3 可以看出，个案的最终所属类别和与所属类中心的欧式距离，本例只截取了前 35 个个案，如个案 1，被分到第 2 类，与类中心的欧式距离为 3462.323。

表 10-3 聚类成员

个案号	受教育年数	聚类	距离
1	15	2	3462.323
2	16	3	13344.644
3	12	3	6584.291
4	8	3	5852.021
5	15	2	16867.211
6	15	3	4471.351
7	15	3	9513.791
8	12	3	7257.046
9	15	3	1412.343
10	12	3	3731.378
11	16	3	3526.754
12	8	3	2247.990
13	15	3	129.373
14	15	3	7885.321
15	12	3	745.696
16	12	3	13152.540
17	15	3	18324.983
18	16	1	16051.223
19	12	3	14625.060
20	12	3	2960.107
21	16	3	11207.389
22	12	3	6087.172
23	15	3	4772.431
24	12	3	11895.248

续表

个案号	受教育年数	聚类	距离
25	15	3	8309.286
26	15	3	3711.266
27	19	2	793.167
28	15	3	4875.823
29	19	1	51433.022
30	15	3	3526.261
31	12	3	8475.337
32	19	1	11493.432
33	15	3	14350.211
34	19	1	7889.373
35	17	2	21096.630

从表 10-4 可以看出，最终 3 类的类中心的 2 个变量的值。

表 10-4　最终聚类中心

项目	聚类		
	1	2	3
当前薪金	$99,318	$60,225	$27,675
初始薪金	$42,937	$28,259	$14,144

从表 10-5 可以看出，3 个聚类中心之间的距离，如聚类中心 1 和 2 之间的距离为 41757.688。

表 10-5　最终聚类中心之间的距离

聚类	1	2	3
1		41757.688	77212.249
2	41757.688		35478.506
3	77212.249	35478.506	

从表 10-6 可以看出，2 个变量的聚类均方值都远远大于误差均方值，并且显著性水平值均小于 0.05，说明拒绝 2 个变量使各类之间无差异的假设，表明参与聚类分析的 2 个变量能很好地区分各类，类间的差异足够大。

表 10-6　ANOVA

项目	聚类		误差		F	显著性
	均方	自由度	均方	自由度		
当前薪金	56651568285.658	2	52257662.134	471	1084.082	.000
初始薪金	9976348947.213	2	19847573.399	471	502.648	.000

由于已选择聚类以使不同聚类中个案之间的差异最大化，因此 F 检验只应该用于描述目的。实测显著性水平并未因此进行修正，所以无法解释针对"聚类平均值相等"这一假设的检验。

从表 10-7 可以看出，每类观测量数目，有效观测数为 474，无缺失值。

表 10-7 每个聚类中的个案数量

聚类	1	11.000
	2	74.000
	3	389.000
有效		474.000
缺失		.000

10.2 系统聚类

聚类方法有多种，常用的除了上节介绍的快速聚类外，还有系统聚类。系统聚类分析过程只限于较小的数据文件，但是能够对个案或变量进行聚类，计算可能解的范围，并为其中的每一个解保存聚类成员。此外，只要所有变量的类型相同，系统聚类分析过程就可以分析区间、计数或二值变量。

根据聚类过程，可以将系统聚类分成分解法和凝聚法两种。

分解法：聚类开始前先将所有个体都视为属于一个大类，然后根据距离和相似性原则逐层分解，直到参与聚类的每个个体自成一类为止。

凝聚法：聚类开始前先将每个个体都视为一类，然后根据距离和相似性原则逐层合并，直到参与聚类的所有个体合并成一个大类为止。

系统聚类可以实现样本聚类（Q 型）和变量聚类（R 型），通常情况下在聚类进行之前，先用距离过程对原始变量进行预处理，利用标准化方法对原始数据进行一次转换，并计算相似性测度或距离测度，然后再用聚类过程对转换后的数据进行聚类分析。SPSS 的系统聚类包含了距离过程和聚类过程，输出的统计量能帮助用户确定最好的分类结果。

10.2.1 参数设置

（1）打开数据文件，选择"分析"→"分类"→"系统聚类"，弹出"系统聚类分析"对话框，如图 10-6 所示，各项含义如下。

- 变量：将左侧变量列表中的一个或多个数值型变量选入其中。
- 个案标注依据：将左侧变量列表中的一个变量选入其中作为标示变量。
- 聚类：指定聚类分析的类型，有以下两个选项。
  - 个案：表示对观测记录进行聚类，即 Q 型聚类。
  - 变量：表示对变量进行聚类，即 R 型聚类。
- 显示：指定聚类分析输出的内容，有以下两个复选框。
  - 统计：输出相似矩阵、最终分类信息等。
  - 图：勾选此项，激活"图"按钮，输出聚类过程的冰柱图等。

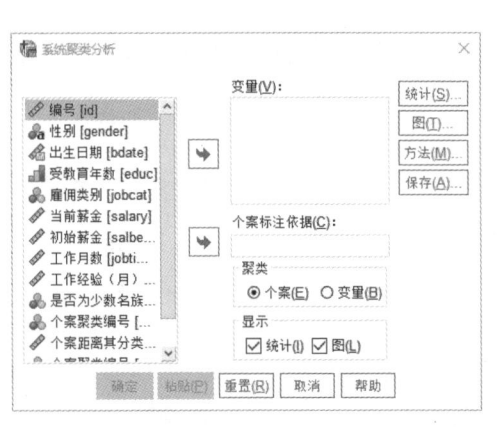

图 10-6 "系统聚类分析"对话框

(2) 单击"统计"按钮,弹出"系统聚类分析:统计"对话框,如图 10-7 所示,各项含义如下。
- 集中计划:输出聚类过程表,包括每一步合并的类、观测量之间的距离等信息。
- 近似值矩阵:输出各项之间的相似度矩阵。
- 聚类成员:指定类成员表的输出格式,有以下 3 个选项。
  - 无:不输出类成员表,系统默认。
  - 单个解:输出指定类数的类成员表,在聚类数后的框中输入数值,值必须大于 1,且小于等于参与聚类的观测记录个数或变量个数。
  - 解的范围:输出聚类个数在一定范围的类成员表,在最小聚类数框中输入最小值,在最大聚类数框中输入最大值。

图 10-7 "系统聚类分析:统计"对话框

(3) 单击"方法"按钮,弹出"系统聚类分析:方法"对话框,如图 10-8 所示,各项含义如下。
- 聚类方法
  - 组间联接:合并两类的依据是使两两配对之间的平均距离最小,配对的两个成员分别属于不同的类。
  - 组内联接:合并两类的依据是当两类合并为一类时,这类中所有的成员两两之间的平均距离最小。

- ➢ 最近邻元素：首先合并最近的或最相似的两个成员，然后用两类间最近点之间的距离来代表两类之间的距离。
- ➢ 最远邻元素：首先合并最近的或最相似的两个成员，然后用两类间最远点之间的距离来代表两类之间的距离。
- ➢ 质心聚类：先计算各类中所有成员的均值，然后用这些均值之间的距离来计算两类之间的距离。
- ➢ 中位数聚类：先计算两个类之间所有配对成员之间的距离，然后以中位数为类中心，计算两个类之间的距离。
- ➢ 瓦尔德法：最小方差法，合并两类的依据是方差最小。
- 测量
  - ➢ 区间：欧式距离、平方欧式距离、余弦、皮尔逊相关性、切比雪夫、块、明可夫斯基距离和定制，系统默认的是欧式距离。
  - ➢ 计数：对于计数数据的统计量有卡方度量和 Phi 平方度量。
  - ➢ 二元：对于二元数据的统计量平方欧式距离、大小差值、模式差值、方差、形状、简单匹配和 Phi 4 点相关。

具体选项的解释参见 8.4 节距离相关分析。

- 转换值：可以对个案和变量进行标准化。
  - ➢ 标准化：可以在后面的选项框中选择标准化的方法，有无、Z 分数等，对二元数据不能进行标准化，选择标准化的方法后，需指定是"按照变量"或"按照个案"进行标准化。
- 转换测量：计算距离完成后，对结果进行转换，有 3 种方法。
  - ➢ 绝对值：对距离取绝对值。
  - ➢ 更改符号：即把不相似性测度转换成相似性测度，把相似性测度转换成不相似性测度。
  - ➢ 重新标度到 0-1 范围：即距离都减去最小值，再除以差值（最大值减最小值）来使距离标准化。

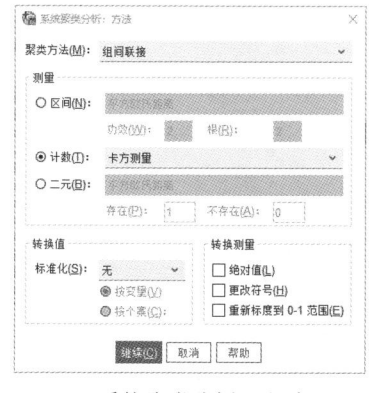

图 10-8　"系统聚类分析：方法"对话框

（4）单击"图"按钮，弹出"系统聚类分析：图"对话框，如图 10-9 所示，各项含义如下。

- 谱系图：输出树形图，用于评估所形成聚类的凝聚性，并且可以提供关于要保留的适当聚类数目的信息。
- 冰柱：输出冰柱图，包括所有聚类或指定范围内的聚类。冰柱图显示关于在分析的每次迭代时如何将个案合并到聚类的信息。
  - ➢ 全部聚类：把聚类的每一步都表现在图中，可以查看整个聚类过程，系统默认。
  - ➢ 指定范围内的聚类：指定需要显示的聚类个数范围，勾选此项，需要设置以下 3 个参数。
    - ◇ 开始聚类：指定起始聚类步数。
    - ◇ 停止聚类：指定终止聚类步数。
    - ◇ 依据：指定要连续显示的两步聚类步骤之间的步数增量。
  - ➢ 无：不输出冰柱图。
- 方向：设置冰柱图的显示方向，有垂直和水平两个选项。

（5）单击"保存"按钮，弹出"系统聚类分析：保存"对话框，如图 10-10 所示，该对话框用于设置需要保存的结果，有如下 3 个选项。

- 无：不保存结果，系统默认。
- 单个解：保存指定聚类个数的分类结果，在聚类数后的框中输入数值，值必须大于 1，且小于等于参与聚类的观测记录个数或变量个数。
- 解的范围：保存聚类个数在一定范围的分类结果，在最小聚类数框中输入最小值，在最大聚类数框中输入最大值。

图 10-9　"系统聚类分析：图"对话框　　图 10-10　"系统聚类分析：保存"对话框

10.2.2　系统聚类的 SPSS 实现

实例一："data10-02.sav"数据文件是一些省市高校教职工的情况，如图 10-11 所示。现要求利用系统聚类对各地区的高校进行聚类。

数据文件：数据文件\Chapter10\data10-02.sav
视频文件：视频文件\Chapter10\系统聚类.avi

	省份	正高级	副高级	中级	初级	无职称
1	北京	10816	18275	20198	4424	2196
2	内蒙古	1545	6106	6637	4967	1691
3	黑龙江	5461	12162	12653	9330	2007
4	上海	5699	10675	14612	4157	1711
5	江苏	8981	25976	35814	21135	4361
6	浙江	5238	13566	18548	7754	2689
7	河南	4718	16767	22849	16750	3805

图 10-11 "data10-02.sav"数据

（1）打开"data10-02.sav"数据文件，选择"分析"→"分类"→"系统聚类"，弹出如图 10-6 所示的"系统聚类分析"对话框。

（2）在左侧变量列表中选中"正高级""副高级""中级""初级"和"无职称"5 个数值型变量，单击 按钮，将其选入"变量"列表，将"省份"变量选入右边的个案标注依据中作为标示变量。在"聚类栏"中勾选"个案"选项，在"输出栏"中勾选"统计"和"图"复选框。

（3）单击"统计"按钮，弹出如图 10-7 所示的"系统聚类分析：统计"对话框。

（4）勾选"集中计划"复选框，在"聚类成员"栏中选择"解的范围"：在"最小聚类数"框中输入 2，在"最大聚类数"框中输入 5。单击"继续"按钮返回主对话框。

（5）单击"方法"按钮，弹出如图 10-8 所示的"系统聚类分析：方法"对话框，所有选项均选择系统默认。单击"继续"按钮返回主对话框。

（6）单击"图"按钮，弹出如图 10-9 所示的"系统聚类分析：图"对话框。

（7）勾选"谱系图"复选框，在"冰柱栏"中勾选"全部聚类"，在"方向"栏中勾选"垂直"选项。单击"继续"按钮返回主对话框。

（8）单击"保存"按钮，弹出如图 10-10 所示的"系统聚类分析：保存"对话框。

（9）在"聚类成员"栏中勾选"解的范围"，在"最小聚类数"框中输入 2，在"最大聚类数"框中输入 5。单击"继续"按钮返回主对话框。

（10）完成所有设置后，单击"确定"按钮执行命令。

10.2.3 系统聚类的结果分析

从表 10-8 可以看出，一共 18 个个案参与聚类，无缺失值。

表 10-8 个案处理摘要[a,b]

个案					
有效		缺失		总计	
数字	百分比	数字	百分比	数字	百分比
18	100.0	0	.0	18	100.0

a. 平方欧氏距离 使用中

b. 平均联接（组间）

从表 10-9 可以看出，整个聚类过程，表格"阶段"一列表示聚类的步数，以第 4 行为例，此步是将第 2 和 18 类合并为一类，其中第 2 类首次出现是在第三步（从首次出现阶段集群中的集群 1 中显示数字为 3），而 18 类是首次出现（从首次出现阶段集群中的集群 2 中显示数字为 0），所以第 4 步中的第 2 类其实包含了第 2 个个案和第 15 个个案，所以第 4 步是将第 2 个、第 15 个和第 18 个个案归为了第 2 类，而这第 2 类下一次合并是在第 7 步（下一个阶段列第 4 步显示的数字为 7）。最后，18 个观测经过 17 步聚为一类。

表 10-9 集中计划

阶段	组合聚类		系数	首次出现聚类的阶段		下一个阶段
	集群 1	集群 2		集群 1	集群 2	
1	16	17	762771.000	0	0	2
2	14	16	1732508.500	0	1	13
3	2	15	2046991.000	0	0	4
4	2	18	5704197.500	3	0	7
5	10	13	5795349.000	0	0	8
6	3	8	21534587.000	0	0	9
7	2	12	22107359.667	4	0	13
8	7	10	22341914.500	0	5	10
9	3	6	32051626.500	6	0	12
10	7	11	33026385.000	8	0	15
11	5	9	38959613.000	0	0	17
12	3	4	40502164.667	9	0	14
13	2	14	84359414.750	7	2	16
14	1	3	124050564.500	0	12	15
15	1	7	130899401.850	14	10	16
16	1	2	473965145.159	15	13	17
17	1	5	1006632931.813	16	11	0

从表 10-10 可以看出，聚类个数为 2~5 的各个案的最终归属类别。

表 10-10 聚类成员

个案	5 个聚类	4 个聚类	3 个聚类	2 个聚类
1:北 京	1	1	1	1
2:内蒙古	2	2	2	1
3:黑龙江	3	1	1	1
4:上 海	3	1	1	1
5:江 苏	4	3	3	2
6:浙 江	3	1	1	1
7:河 南	5	4	1	1
8:安 徽	3	1	1	1
9:山 东	4	3	3	2
10:湖 南	5	4	1	1
11:广 东	5	4	1	1
12:广 西	2	2	2	1
13:四 川	5	4	1	1
14:西 藏	2	2	2	1
15:甘 肃	2	2	2	1
16:青 海	2	2	2	1
17:宁 夏	2	2	2	1
18:新 疆	2	2	2	1

图 10-12 显示的是冰柱图,用柱状图的方式显示了最终聚成 2~5 类的聚集过程。横轴为 18 个个案,纵轴为聚集个数,冰柱中最长的空格长度表示当前的聚类步数,画一条横线在纵轴 5 处,即把 18 个个案聚成 5 类,经过了 4 步,5 类分别是(9,5)、(17,16,14,12,18,15,2)、(11,13,10,7)、(4,6,8,3)、(1)。

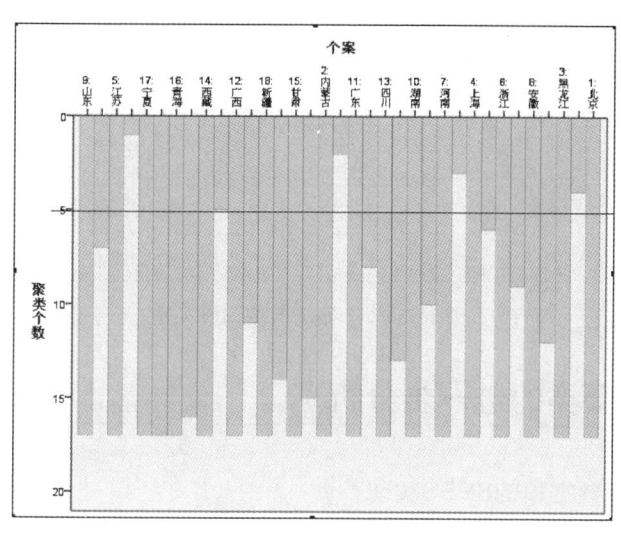

图 10-12 冰柱图

图 10-13 显示的是谱系图(树状图),直观地显示了聚类的整个过程,也可以很方便的指定聚类个数的分类结果,如图中横轴 5 处的黑色线条,其与三条横线相交,表明将全部观测分为了 3 类,蓝线左侧线依然连着一起的分为一类,最终分类结果为(16,17,4,2,15,18,12)、(10,13,7,113,8,6,4,1)、(5,9)。

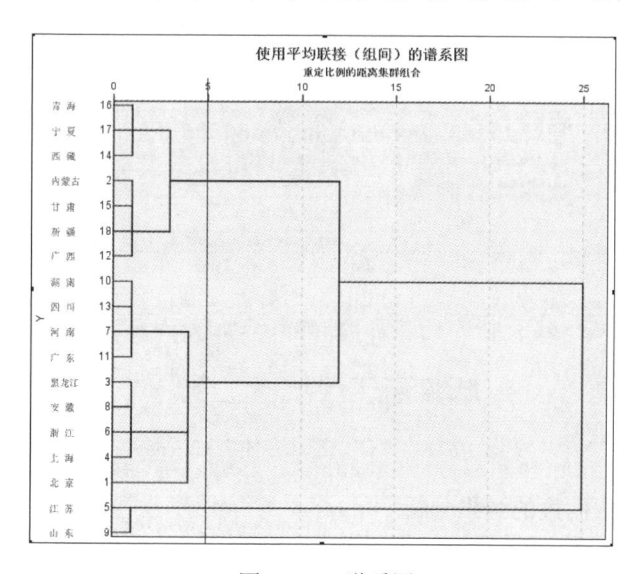

图 10-13 谱系图

在数据窗口中,可以看到保存的"CLU5_1"、"CLU4_1"、"CLU3_1"和"CLU2_1",如图 10-14 所示,表示的是聚类数为 2~5 各个案的最终归属类别,等同于表 10-10。

	省份	CLU5_1	CLU4_1	CLU3_1	CLU2_1
1	北京	1	1	1	1
2	内蒙古	2	2	2	1
3	黑龙江	3	1	1	1
4	上海	3	1	1	1
5	江苏	4	3	3	2
6	浙江	3	1	1	1
7	河南	5	4	1	1
8	安徽	4	3	3	2
9	山东	4	3	3	2
10	湖南	5	4	1	1
11	广东	5	4	1	1
12	广西	2	2	2	1
13	四川	5	4	1	1
14	西藏	2	2	2	1
15	甘肃	2	2	2	1
16	青海	2	2	2	1
17	宁夏	2	2	2	1
18	新疆	2	2	2	1

图 10-14　个案的最终归属类别

10.2.4　系统聚类的进一步分析

1. OLAP多维数据集的SPSS实现

（1）在"系统聚类"运行后的数据窗口中选择"分析"→"报告"→"OLAP 立方体"弹出"OLAP 立方体"对话框，如图 10-15 所示，在左侧的变量列表中选中"正高级"、"副高级"、"中级"、"初级"和"无职称"5 个数值型变量，单击按钮，选入右边的摘要变量列表，将"Average Linkage（Between Group）[CLU4_1]"变量选入右边的分组变量列表。

（2）完成所有设置后，单击"确定"按钮执行命令。

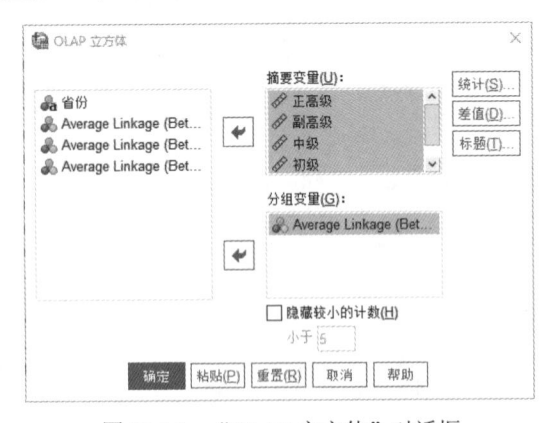

图 10-15　"OLAP 立方体"对话框

2. OLAP多维数据集的结果分析

在结果中找到 OLAP 立方体数据集表格，双击弹出"透视表 OLAP 立方体"，右键选择"透视托盘"，弹出"透视托盘"对话框，将"变量"放入列，将"Average Linkage（Between Group）[CLU4_1]"和"统计"按序放入"行"，将"变量"放入列，如图 10-16 所示，就得到表 10-11。

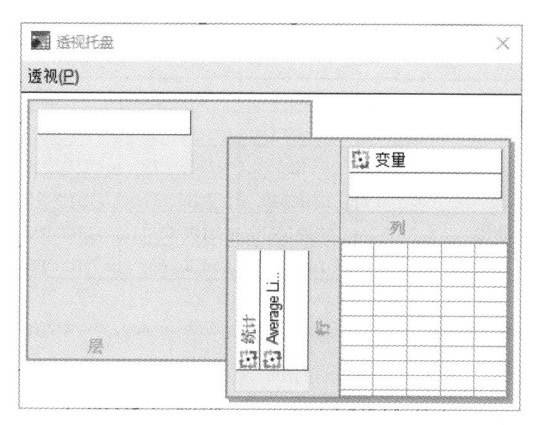

图 10-16 "透视托盘"对话框

"OLAP 立方体"数据集显示了 4 个类别各个变量的信息，结合聚合成员表发现，其中第 3 类各变量的平均值都高于其他几类，说明山东和江苏普通高校的教育资源较丰富，第 1 类和第 4 类的教育资源相差不大，第 2 类各变量的平均值相对较小，说明其中 7 个个案（内蒙古，广西，西藏，甘肃，青海，宁夏和新疆）的教育资源较薄弱，需要加强。

表 10-11 OLAP 立方体

Average Linkage (Between Groups)		正高级	副高级	中级	初级	无职称
1	总和	30252	65699	82154	36101	11589
	个案数	5	5	5	5	5
	平均值	6050.40	13139.80	16430.80	7220.20	2317.80
	标准偏差	2868.639	3085.149	3014.008	2840.752	515.732
	在总和中所占的百分比	38.7%	31.6%	30.4%	23.6%	26.2%
	在总 个案数中所占的百分比	27.8%	27.8%	27.8%	27.8%	27.8%
2	总和	7134	25787	33242	19205	7619
	个案数	7	7	7	7	7
	平均值	1019.14	3683.86	4748.86	2743.57	1088.43
	标准偏差	741.082	2619.022	3622.239	2156.254	961.398
	在总和中所占的百分比	9.1%	12.4%	12.3%	12.6%	17.2%
	在总 个案数中所占的百分比	38.9%	38.9%	38.9%	38.9%	38.9%
3	总和	17478	49790	65814	42381	8236
	个案数	2	2	2	2	2
	平均值	8739.00	24895.00	32907.00	21190.50	4118.00
	标准偏差	342.240	1528.765	4111.119	78.489	343.654
	在总和中所占的百分比	22.4%	24.0%	24.3%	27.7%	18.6%
	在总 个案数中所占的百分比	11.1%	11.1%	11.1%	11.1%	11.1%
4	合计	23302	66359	89381	55092	16803
	数字	4	4	4	4	4
	平均值	5825.50	16589.75	22345.25	13773.00	4200.75
	标准偏差	1109.809	1372.663	1437.541	2080.625	1718.077
	在总计中所占的百分比	29.8%	32.0%	33.0%	36.1%	38.0%
	在总 N 项中所占的百分比	22.2%	22.2%	22.2%	22.2%	22.2%
总计	合计	78166	207635	270591	152779	44247

续表

Average Linkage (Between Groups)	正高级	副高级	中级	初级	无职称
数字	18	18	18	18	18
平均值	4342.56	11535.28	15032.83	8487.72	2458.17
标准偏差	3248.319	7634.131	10120.194	6627.159	1653.363
在总计中所占的百分比	100.0%	100.0%	100.0%	100.0%	100.0%
在总 N 项中所占的百分比	100.0%	100.0%	100.0%	100.0%	100.0%

10.3 两步聚类

两步聚类是一个探索性的分析工具,主要用来揭示原始数据的自然的分类或分组。该方法能同时处理分类变量和连续变量,系统能自动选择最佳的聚类个数,能够根据分类和连续变量创建聚类模型,能够将聚类模型保存到外部 XML 文件,然后读取该文件并使用较新的数据来更新聚类模型,高效率地分析大数据集,用户可以自行设定内存空间。

所谓两步聚类,第一步,构建一个分类的特征树(CF),首先,将一个观测量放在树的叶节点根部,该节点含有该观测量的变量信息。然后使用指定的距离测度作为相似性的判据,使每个后续观测量根据它与已存在节点的相似性,来判断归到某一类中去,如果相似则将其放到最相似的节点上,如果不相似,则形成一个新的节点。第二步,使用凝聚算法对特征树的叶节点进行分组。通过施瓦兹贝叶斯准则(BIC)或 Akaike 信息标准(AIC)为依据来确定最佳的聚类个数。

10.3.1 参数设置

(1)打开数据文件,选择"分析"→"分类"→"二阶聚类",弹出"二阶聚类分析"对话框,如图 10-17 所示,各项含义如下。

- 分类变量:在左侧变量列表中选择一个或多个变量进入。
- 连续变量:在左侧变量列表中选择一个或多个变量进入。
- 距离测量:确定如何计算两个聚类之间的相似性。
  - ➢ 对数似然:假设连续变量是正态分布,分类变量是多项式分布,且所有变量相互独立。
  - ➢ 欧式:欧式距离法,测量是两个聚类之间的"直线"距离,适用于所有变量都是连续变量。
- 连续变量计数:显示在"选项"中设定的需要和不需要标准化处理的连续变量个数。
- 聚类数目
  - ➢ 自动确定:系统自动选择最好的分类数,默认最大的分类数为 15。
  - ➢ 指定固定值:用户在框中输入一个正整数指定分类数。
- 聚类准则:在施瓦兹贝叶斯准则和赤池信息准则中选择一种确定最优聚类个数的准则。

图 10-17 "二阶聚类分析"对话框

（2）单击"选项"按钮，弹出"二阶聚类：选项"对话框，如图 10-18 所示，各项含义如下。

- 离群值处理：设置在聚类特征（CF）树填满的情况下，在聚类过程中特别地处理离群值。如果 CF 树的叶节点中不能接受更多的个案，且所有叶节点均不能拆分，那么说明 CF 树已满。
  - ➤ 使用噪声处理：勾选此项，在百分比后框中输入一个数值，系统默认为 25。当某节点包含的个案数与最大叶子数之比小于指定的百分比，则认为叶子稀疏，当 CF 长满后，把稀疏节点合并为一个"噪声"节点，然后重新执行 CF 树的生长，当 CF 树再次长满后，需要判断"噪声"节点是否留在 CF 树上，如果不能就删除。如果不勾选此项目 CF 树填满，那么它将使用较大的距离更改阈值来重新生长。当聚类结束后，那些不能归入任何一类的观测就被标记成离群值，离群值聚类被赋予标识号-1，并且不会包括在聚类数的计数中。
- 内存分配：指定聚类过程中使用的最大内存空间。在最大大小后框中输入一个大于等于 4 的数值，系统默认为 64。如果聚类过程使用的内存大于这个值，系统将使用硬盘来存储放不下的信息。
- 连续变量标准化：系统默认的是将所有的连续变量都自动选入"要标准化的计数"列表中，对于已经标准化的连续变量通过 ⬅ 将其选入"假定已标准化的计数"列表中，可以节省聚类过程的运行时间。

（3）单击"高级"按钮，打开高级选项对话框。

- CF 树调节准则：设置 CF 树调节准则，有 4 个待定参数。
  - ➤ 初始距离更改阈值：在框中输入一个数值，系统默认为 0。这是用来使 CF 树生长的初始阈值。如果将给定的个案插入到 CF 树的叶子中将生成小于阈值的紧度，那么不会拆分叶子。如果紧度超过阈值，那么会拆分叶子。
  - ➤ 每个叶节点的最大分支数：在框中输入一个数值，系统默认为 8，指定单个节点的最大分支数。
  - ➤ 最大树深度：在框中输入一个数值，系统默认为 3，指定 CF 树最大级别数。

➢ 可能的最大结点数：该数值是通过公式 $(b^{d+1}-1)/(b-1)$ 计算而得，b 代表最大分支数，d 代表最大树深度。每个节点最少需要 16 个字节的空间，CF 树太大会消耗系统资源，影响聚类过程的效率。

- 聚类模型更新：勾选"导入 CF 树 XML 文件"，单击"浏览"按钮，指定一个 XML 格式的 CF 树文件，用当前的数据文件更新以前生产的原聚类模型。在主设置面板中指定分析变量的顺序必须与以前分析时指定的变量顺序相同，更新的模型仅用于当前数据的分析，不会更改原始的 XML 文件，除非把新模型的信息输出至与其同名的文件里。

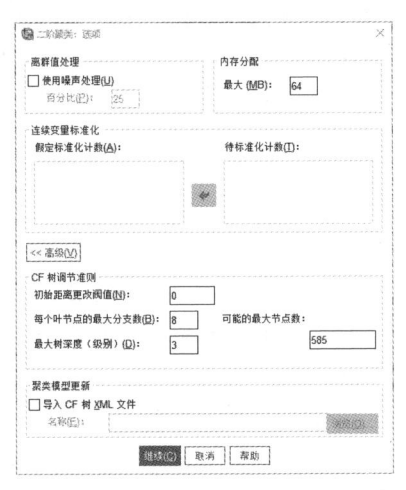

图 10-18 "二阶聚类：选项"对话框

（4）单击"输出"按钮，弹出"二阶聚类：输出"对话框，如图 10-19 所示，各项含义如下。

- 输出：选择输出的统计量。
  ➢ 透视表：输出 4 个表格，第一个 AIC 或 BIC 的统计表，第二个连续变量的均值和标准差，第三个最终分类的观测个数统计表，最后一个最终分类里分类变量的频数统计表。
  ➢ 图表和表：指定为评估字段的变量可以显示在模型查看器作为聚类描述符。
- 工作数据文件：设置将变量保存到活动数据集。
  ➢ 创建聚类成员变量：勾选此项，保存最后的聚类结果，变量名为 TSC_n，n 为表示在给定会话中由此过程完成的活动数据集保存操作的序数。
- XML 文件：以 XML 格式输出最终模型和 CF 树。
  ➢ 导出最终模型：勾选此项，单击"浏览"按钮，指定文件保存路径和位置，保存最终模型信息，可以使用该模型文件以应用模型信息到其他数据文件用于评分目的。
  ➢ 导出 CF 树：勾选此项，单击"浏览"按钮，指定文件保存路径和位置，保存 CF 树，并在以后使用较新的数据对其进行更新。

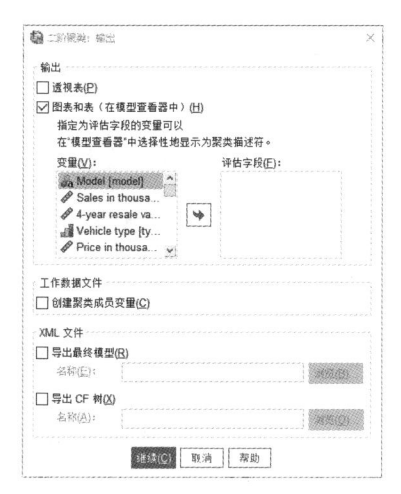

图 10-19 "二阶聚类：输出"对话框

10.3.2 两步聚类的 SPSS 实现

实例三："data10-03.sav"数据文件是一些汽车的基本情况，如图 10-20 所示。要求利用汽车的一些基本资料对汽车进行两步聚类。

数据文件：数据文件\Chapter10\data10-03.sav
视频文件：视频文件\Chapter10\两步聚类.avi

	manufact	model	sales	resale	type	price	engine_s
1	Acura	Integra	16.919	16.360	0	21.500	1.8
2	Acura	TL	39.384	19.875	0	28.400	3.2
3	Acura	CL	14.114	18.225	0		3.2
4	Acura	RL	8.588	29.725	0	42.000	3.5
5	Audi	A4	20.397	22.255	0	23.990	1.8
6	Audi	A6	18.780	23.555	0	33.950	2.8
7	Audi	A8	1.380	39.000	0	62.000	4.2

图 10-20 "data10-03.sav"数据

（1）打开"data10-03.sav"数据文件，选择"分析"→"分类"→"二阶聚类"，弹出如图 10-17 所示的"二阶聚类分析"对话框。

（2）在左侧的变量列表中选中"价格×1000""发动机型号"、"马力"、"轴距"、"宽度"、"长度"、"底盘重量"、"燃料容量"和"燃料效率"9 个变量单击 按钮，选入右边的连续变量列表，将"车辆类型"变量选入右边的分类变量列表，主设置面板上其他选项都为系统默认。

（3）单击"选项"按钮，弹出如图 10-18 所示的"二阶聚类：选项"对话框，设置都为系统默认。单击"继续"按钮返回主对话框。

（4）单击"输出"按钮，弹出如图 10-19 所示的"二阶聚类：输出"对话框。

（5）在"输出"栏中勾选"透视表"和"图表和表"复选框，在"工作数据文件"栏中勾选"创建聚类成员变量"。单击"继续"按钮返回主对话框。

（6）完成所有设置后，单击"确定"按钮执行命令。

10.3.3 两步聚类的结果分析

从表 10-12 可以看出整个聚类的过程,第 1 列表示聚类的步骤数,第 2 列通过 BIC 准则对每个类数计算聚类判据,数值越小表示模型越好,同时还要考虑第 4 列 BIC 变化比率和第 5 列距离测量比率来最终确定最佳的聚类结果。第 3 列是 BIC 变化量,即当前的 BIC 值减去前一个 BIC 值的差。第 4 列 BIC 变化比率是当前 BIC 变化量与前一个变化量的比率。第 5 列距离测量比率。一个好的模型应当有较小的 BIC 值、较大的 BIC 变化比率和较大的距离测量比率。本例选择最终聚类数为 3。

表 10-12 自动聚类

聚类数	施瓦兹贝叶斯准则 (BIC)	BIC 变化量[a]	BIC 变化比率[b]	距离测量比率[c]
1	1214.377			
2	974.051	−240.326	1.000	1.829
3	885.924	−88.128	.367	2.190
4	897.559	11.635	−.048	1.368
5	931.760	34.201	−.142	1.036
6	968.073	36.313	−.151	1.576
7	1026.000	57.927	−.241	1.083
8	1086.815	60.815	−.253	1.687
9	1161.740	74.926	−.312	1.020
10	1237.063	75.323	−.313	1.239
11	1316.271	79.207	−.330	1.046
12	1396.192	79.921	−.333	1.075
13	1477.199	81.008	−.337	1.076
14	1559.230	82.030	−.341	1.301
15	1644.366	85.136	−.354	1.044

a. 变化量基于表中的先前聚类数目。
b. 变化比率相对于双聚类解的变化。
c. 距离测量比率基于当前聚类数目而不是先前聚类数目。

从表 10-13 可以看出最终聚成 3 类的观测频数,以及排除的异常观测的频数。本例观测总数为 157,异常观测为 5。

表 10-13 聚类分布

项目		数字	占组合的百分比	占总数的百分比
聚类	1	62	40.8%	39.5%
	2	39	25.7%	24.8%
	3	51	33.6%	32.5%
	混合	152	100.0%	96.8%
排除的个案		5		3.2%
总计		157		100.0%

从表 10-14 可以看出每一类中连续变量的平均值和标准偏差,可以看出第 1 类的车

辆价格比较便宜，发动机型号、马力、轴距都较小，车型也偏小，燃料效率最高，属于低端车型；第 2 类车价格居中，发动机型号、马力、轴距、车型、燃料容量相对于第 1 类车都有相对的提高，燃料效率降低，属于中端车型；第 3 类车价格最高，发动机型号、马力相对于前 2 类车都有较大的提高，燃料效率居中，属于高端车型。

表 10-14 质心

<table>
<tr><th colspan="2" rowspan="2">项目</th><th colspan="4">聚类</th></tr>
<tr><th>1</th><th>2</th><th>3</th><th>混合</th></tr>
<tr><td rowspan="9">平均值(E)</td><td>价格×1000</td><td>19.61671</td><td>26.56182</td><td>37.29980</td><td>27.33182</td></tr>
<tr><td>发动机型号</td><td>2.194</td><td>3.559</td><td>3.700</td><td>3.049</td></tr>
<tr><td>马力</td><td>143.24</td><td>187.92</td><td>232.96</td><td>184.81</td></tr>
<tr><td>轴距</td><td>102.595</td><td>112.972</td><td>109.022</td><td>107.414</td></tr>
<tr><td>宽度</td><td>68.539</td><td>72.744</td><td>72.924</td><td>71.089</td></tr>
<tr><td>长度</td><td>178.235</td><td>191.110</td><td>194.688</td><td>187.059</td></tr>
<tr><td>底盘重量</td><td>2.83742</td><td>3.96759</td><td>3.57890</td><td>3.37618</td></tr>
<tr><td>燃料容量</td><td>14.979</td><td>22.064</td><td>18.443</td><td>17.959</td></tr>
<tr><td>燃料效率</td><td>27.24</td><td>19.51</td><td>23.02</td><td>23.84</td></tr>
<tr><td rowspan="9">标准偏差</td><td>价格×1000</td><td>7.644070</td><td>10.185175</td><td>17.381187</td><td>14.418669</td></tr>
<tr><td>发动机型号</td><td>.4238</td><td>.9358</td><td>.9493</td><td>1.0498</td></tr>
<tr><td>马力</td><td>30.259</td><td>39.049</td><td>54.408</td><td>56.823</td></tr>
<tr><td>轴距</td><td>4.0799</td><td>9.6537</td><td>5.7644</td><td>7.7178</td></tr>
<tr><td>宽度</td><td>1.9366</td><td>4.1781</td><td>2.1855</td><td>3.4647</td></tr>
<tr><td>长度</td><td>9.6534</td><td>14.4415</td><td>10.3512</td><td>13.4712</td></tr>
<tr><td>底盘重量</td><td>.310867</td><td>.671766</td><td>.297204</td><td>.636593</td></tr>
<tr><td>燃料容量</td><td>1.8699</td><td>4.2894</td><td>2.0445</td><td>3.9376</td></tr>
<tr><td>燃料效率</td><td>3.578</td><td>2.910</td><td>2.060</td><td>4.305</td></tr>
</table>

从表 10-15 可以看出按车辆类型分的频数表，可见第 1 类和第 3 类基本上都是小汽车，第 2 类全部是卡车。

表 10-15 车辆类型

<table>
<tr><th colspan="2" rowspan="2">项目</th><th colspan="2">Automobile</th><th colspan="2">Truck</th></tr>
<tr><th>频率</th><th>百分比</th><th>频率</th><th>百分比</th></tr>
<tr><td rowspan="4">聚类</td><td>1</td><td>61</td><td>54.5%</td><td>1</td><td>2.5%</td></tr>
<tr><td>2</td><td>0</td><td>0.0%</td><td>39</td><td>97.5%</td></tr>
<tr><td>3</td><td>51</td><td>45.5%</td><td>0</td><td>0.0%</td></tr>
<tr><td>混合</td><td>112</td><td>100.0%</td><td>40</td><td>100.0%</td></tr>
</table>

从图 10-21 可以看出聚类方法为两步聚类，总共有 10 个变量，最佳聚类数为 3 类，聚类效果较好。

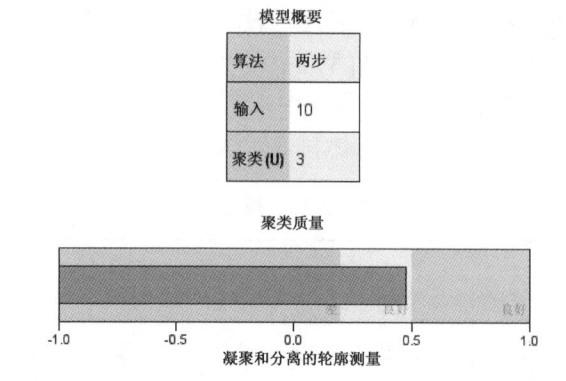

图 10-21　模型概要和聚类质量图

10.4　本章小结

聚类分析是将相似性较高的事物归为一类，而不同类间的事物有着很大的差异。根据分类对象的不同，可以分为样本聚类和变量聚类。本章主要介绍了快速聚类、系统聚类和两步聚类的参数设置和实例操作。常用的有快速聚类和系统聚类。当要聚成的类数确定时，可以使用快速聚类，其适用于大样本的聚类分析；而系统聚类分析过程只限于较小的数据文件，但是能够对个案或变量进行聚类，计算可能解的范围，并为其中的每一个解保存聚类成员。两步聚类是一个探索性的分析工具，主要是用来揭示原始数据的自然分类或分组。

第 11 章

判别分析

判别分析是研究分类的重要方法。当已知分类数目时，则可以根据一定的指标对未知类别的数据进行归类。第 10 章介绍了聚类分析，其针对的样本数据的类别是未知的，需要通过聚类分析来确定类别；而本章所要介绍的判别分析所针对的样本数据的类别是已知的。本章共有 3 个小节，分别为判别分析的概述、一般判别分析和逐步判别分析。

学习目标

(1) 深刻理解判别分析的原理。
(2) 掌握判别分析的判别方法。
(3) 熟练判别分析的操作步骤。
(4) 掌握判别分析的结果分析。

11.1 判别分析的概述

11.1.1 判别分析的基本原理

判别分析是用于分类和预测的方法。其原理是利用已知对象的某些观测指标和所属类别，根据判别准则建立一个或多个判别函数，用研究对象的大量资料确定判别函数中的待定系数，并计算判别指标，然后用总结出的判别规则确定未知对象属于哪一类。

当描述研究对象的性质特征不全或不能直接测量数据确定研究对象所属类别时，可以通过判别分析对其进行归类。

例如，医学中根据各种化验结果判断患者的患病类别；植物学中利用植物的各种特征判断植物的类别。判别分析是进行动植物分类、疾病辅助诊断、人才选拔和城市人民收支等级划分等的主要统计学基础。

判别分析与聚类分析不同。聚类分析所针对的样本数据的类别是未知的，需要通过聚类分析来确定类别；而判别分析所针对的样本数据的类别是已知的。正因如此，判别分析常常与聚类分析联合起来使用，先通过聚类分析将原始样本数据进行分类，然后用判别分析建立判别式以对未知对象进行判别。

在判别分析中，变量的选择是一个重要问题。变量选择是否恰当，是判别分析效果的关键。如果在某个判别问题中，将起最重要的变量忽略了，相应的判别函数的效果一定不好；而另一方面，如果判别变量个数太多，计算量必然大，会影响估计的精度，特别是当引入了一些判别能力不强的变量时，还会严重地影响判别的效果。

判别分析有多种判别准则，如马氏距离最小准则、Fisher 准则、平均损失最小准则、最小平方准则、最大似然准则、最大概率准则。根据不同的判别准则，又有不同的判别方法，如距离判别法、Fisher 判别法、Bayes 判别法和逐步判别法等。

假设某对象有 K 类，这 K 类可以看作 K 个总体，该对象的特性由 P 个指标 $x_1, x_2, \cdots, x_p$ 来描述，已观察到 i 个样品。根据这些观测数据，SPSS 通过判别分析，自动建立判别函数，如下：

$$\begin{cases} d_{i1} = b_{01} + b_{11}x_{i1} + \cdots + b_{p1}x_{ip} \\ d_{i2} = b_{i2} + b_{12}x_{i1} + \cdots + b_{p2}x_{ip} \\ \quad\quad\quad\quad \vdots \\ d_{ik} = b_{0k} + b_{1k}x_{i1} + b_{pk}x_{i1} + \cdots b_{pk}x_{ip} \end{cases}$$

其中，k 为判别函数的个数；d_{ik} 为第 k 个判别函数所求得的第 i 个样品的值；b_{jk} 为第 k 个判别函数的第 j 个系数；x_{ij} 为第 j 个指标在第 i 个样品中的取值；p 为指标的个数。

这些判别函数是各个独立指标（变量）的线性组合。对每个样品进行判别时，把各指标取值代入判别函数，得出判别分数，从而确定该样品属于哪一类。

11.1.2 判别分析的判别方法

1. 距离判别法

距离判别对数据分布无严格要求。其基本思想是根据已知分类的数据，分别计算各类的重心（均值），判别准则是对任意一次观测，若它与第 i 类的重心距离最近，就认为它来自第 i 类。

假设有两个总体 G_1 和 G_2，从两个总体分别抽出 n_1、n_2 个样品，每个样品由 P 个指标 x_1, x_2, $\cdots$, x_p 来描述。

现任取一个样品 x，判断 x 归为哪一类。首先，计算 x 到 G_1、G_2 总体的距离，分别记为 $d(x, G_1)$、$d(x, G_2)$，按照距离最近准则判别归类，其数学模型可写成：

$$\begin{cases} x \in G_1 & \text{若 } d(x, G_1) < d(x, G_2) \\ x \in G_2 & \text{若 } d(x, G_1) > d(x, G_2) \\ \text{待判} & \text{若 } d(x, G_1) = d(x, G_2) \end{cases}$$

此时，若采用欧式距离进行计算，则可得出 $d(x, G_1)$ 和 $d(x, G_2)$ 的值；最后，比较 $d(x, G_1)$ 和 $d(x, G_2)$ 的大小，按照距离最近准则判别归类即可。

2. Fisher判别法

Fisher 判别法对总体的分布无严格要求。Fisher 判别法是 1936 年提出来的，其基本思想是将 m 组 n 维的数据投影到某一个方向，使得投影后的组与组之间尽可能地分开。

假设已知总体数据分为两类：G_1 和 G_2，总体 G_1 有 p 个样品，总体 G_2 有 q 个样品，每个样品观测 p 个指标。定义线性判别函数为：

$$F(x_1, x_2, \cdots, x_n) = C_1 x_1 + C_2 x_2 + \cdots + C_n x_n$$

其中，$C_i (i=1,2,\cdots,n)$ 为常数（待定系数）。

若判别值为 C，对于任何未知数据点 $X(x_1, x_2, \cdots, x_n)$，代入判别函数，依据 $F(x_1, x_2, \cdots, x_n)$ 与 C 值的比较，可以判别点 x 属于哪一类。

3. Bayes判别法

Bayes 判别法要求数据服从多元正态分布。其基本思想是根据先验概率分布求出后验概率分布，并依据后验概率分布作出统计判别。设有总体 $G_i(i=1,2,\cdots,k)$，G_i 的先验概率为 $q_i (q_1 + q_2 + \cdots q_k = 1)$，$G_i$ 具有概率密度函数 $f_i(x)$。在观测到一个样品 x 的情况下，可以用 Bayes 公式计算它来自第 $g(g=1,2,\cdots,k)$ 总体的后验概率：

$$p(g/x) = \frac{q_g f_g(x)}{\sum_{i=1}^{k} q_i f_i(x)}$$

当

$$p(h/x) = \max_{1 \leq g \leq k} p(g/x)$$

时，则判断 x 来自第 h 总体。

11.1.3 判别分析的一般步骤

（1）根据已知的分类数目，利用表明观测量特征的变量值推导出判别函数，并将各观测量的自变量值回代到判别函数中，根据判别函数对观测量所属类别进行判别。

（2）对比原始数据的分类和按判别函数所判的分类，给出判别准确率。

（3）选择拥有较高准确率的判别规则，应用于新样本的类别判断。

由此可知，判别分析过程的输出主要有分类规则和分类结果两部分。

（1）分类规则：主要包括典型判别函数、衡量预测变量与判别函数之间关系的结构矩阵和 Fisher 线性分类函数。典型判别函数是基于 Bayes 判别思想建立的，主要用于考查各类别的观测之间的相关关系，要将它应用于大量的实践操作是不现实的，因为它需要计算关于被分类观测的各种概率，十分烦琐。

Fisher 线性分类函数则是针对每个类别分别建立的一组函数，它可以方便地应用于对新样本的分类预测。

（2）分类结果：依据建立的分类规则对原始样本集重新进行分类，通过比较预测分类与原始分类，确定对初始样本的判别准确率。

11.2 一般判别分析

一般判别分析是最基础的判别分析，包括距离判别法和 Bayes 判别法两种。

11.2.1 参数设置

（1）打开数据文件，数据中必须包括一个表明已知的观测量所属类别的变量和若干个表明分类特征的变量。单击"分析"→"分类"→"判别式"，弹出"判别分析"对话框，如图 11-1 所示。

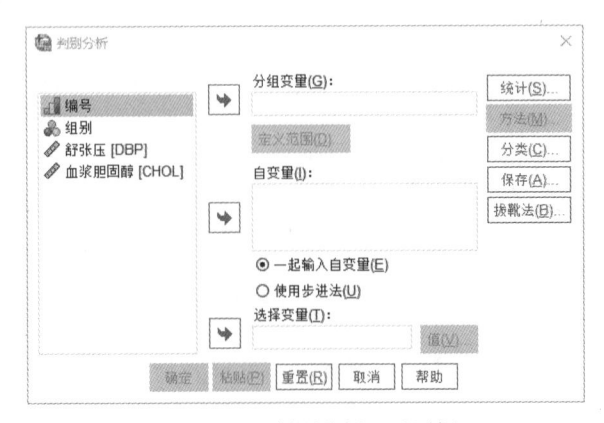

图 11-1　"判别分析"对话框

- 分组变量：用于选入分类变量，它标识了观测量所属的类别。选入分类变量后，激活"定义范围"按钮，单击弹出"判别分析：定义范围"对话框，如图 11-2 所示，在最小值文本框中输入指定分类变量的最小值，在最大值文本框中输入指定分类变量的最大值。
- 自变量：从左侧变量列表选入进行判别分析的自变量。
- 选择变量：选入对观测样本进行筛选的变量。选入筛选变量后，激活"值"按钮，单击它弹出"判别分析：设置值"对话框，如图 11-3 所示，在选定变量的值文本框中输入一个值，则只有选择变量取这个值的观测记录才被用来进行判别函数的推导。

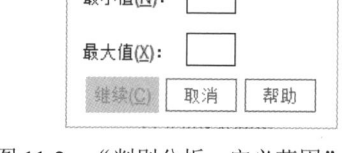

图 11-2　"判别分析：定义范围"对话框　　　图 11-3　"判别分析：设置值"对话框

- 选择变量的方法：在自变量框下面，SPSS 提供了两种变量选择的方法。一起输入自变量表示把指定的变量全部放入判别函数中，不管变量对判别函数是否起作用及作用大小如何，当认为所有自变量都能为判别函数的建立提供丰富信息时，且彼此独立时选中该项；使用步进法是逐步判别法，需要根据各变量对判别贡献的大小进行选择，选中该项后，激活右上方的"方法"按钮。

（2）单击"统计"按钮，弹出"判别分析：统计"对话框，如图 11-4 所示。各项含义如下。

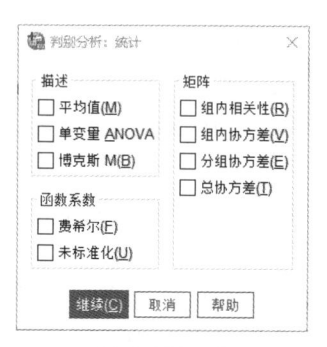

图 11-4　"判别分析：统计"对话框

- 描述：此栏用于选择输出哪些描述统计量，有如下 3 个选项。
  - 平均值：输出每个类别和总体样本中的各个自变量的平均值、标准差。
  - 单变量 ANOVA：指单变量方差分析，用于输出单变量的方差分析结果，检验的零假设时单个自变量在各类中的均值都相等。
  - 博克斯 M（Box´s M）：指协方差分析，用于检验各类别的协方差矩阵是否相等。

- 函数系数：此栏用于选择判别函数系数的输出形式，有如下两个选择。
  - 费希尔（Fisher's）：是直接用于对新样本进行判别分析的 Fisher 系数，对每个类别给出一类系数，把观测量都归入判别得分最大的那一类中。
  - 未标准化：是未经标准化处理的判别系数。
- 矩阵：此栏用于输出矩阵，有如下 4 个选项。
  - 组内相关性：根据类内协方差矩阵计算的相关矩阵。
  - 组内协方差：是将每个类别的协方差矩阵求平均后得到的，不同于总体的协方差阵。
  - 分组协方差：输出每个类别各自的协方差矩阵。
  - 总协方差：输出总样本的协方差矩阵。

（3）单击"分类"按钮，弹出"判别分析：分类"对话框，如图 11-5 所示。各项含义如下。

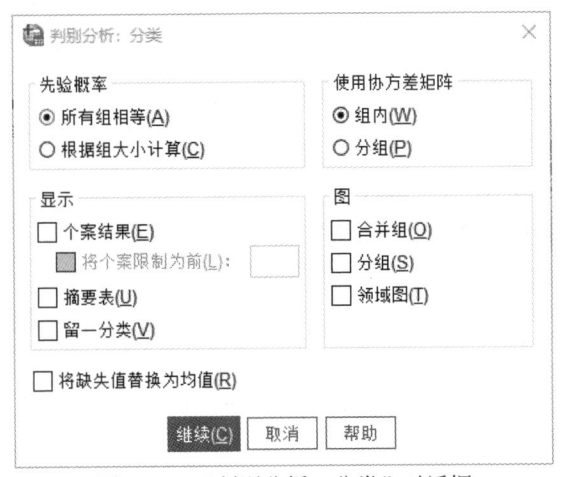

图 11-5 "判别分析：分类"对话框

- 先验概率：此栏用于指定先验概率。
  - 所有组相等：各类别的先验概率相等，如果样本有 n 类，它们的先验概率都为 $1/n$。
  - 根据组大小计算：表示各类别的先验概率与其样本量成正比。
- 显示：此栏用于设置分类结果的输出选项。
  - 个案结果：输出对单个观测量的详细分类信息。将个案限制在前复选框设置输出的范围，若输入 n，表示只对前 n 个观测量有输出，当观测数目很大时建议勾选此项。
  - 摘要表：输出分类总结表，包括正确分类的观测数目（指原始类和根据判别函数给出的预测类相同）和错分观测数目，以及正确率和错误率。
  - 留一分类：输出交互校验信息，由除去单个观测的其他观测导出的判别函数预测这个观测的类别，输出得到的统计信息。
- 使用协方差矩阵：此栏用于设置分类所使用的协方差矩阵。
  - 组内：指定使用合并的类内协方差矩阵进行分类。

➢ 分组：指定使用每个类别的协方差矩阵进行分类。由于分类是依据判别函数，而不是根据原始变量，因此该选项并不等价于二次判别。
- 图：此栏用于选择输出的统计图形。
  ➢ 合并组：根据前两个判别函数的得分所作的、包括所有类别的散点图；如果只有一个判别函数，就输出直方图。
  ➢ 分组：根据前两个判别函数的得分所作的散点图，总体分为几类就生成几张散点图；如果只有一个判别函数，则输出直方图。
  ➢ 领域图：根据判别函数的得分所作的、对观测量进行分类的面积图；此图把平面划分成与分类个数相同的几个区域，每类占据一个区域，各类的均值在其区域中用"*"号标出；如果只有一个判别函数，则不作此图。
- 将缺失值替换为均值：指用变量的均值代替其缺失值。

（4）单击"保存"按钮，弹出"判别分析：保存"对话框，如图 11-6 所示，各项含义如下。

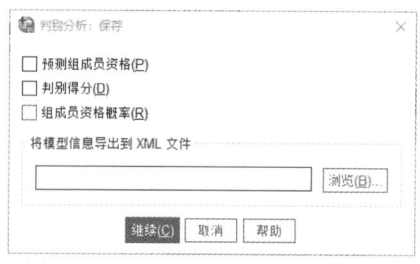

图 11-6 "判别分析：保存"对话框

- 预测组成员资格：保存观测量的预测分类，即根据判别分数把观测量按后验概率最大原则所指派归属的类，新变量的默认变量名为 DIS_n，其中 n 为一个正整数。
- 判别得分：保存观测量的判别得分，该分数由未标准化的判别系数乘以自变量的取值再求和后得来；当前模型有几个判别函数，就新建几个得分变量。
- 组成员资格概率：保存观测记录属于某一类的概率，有几个类别就建立几个新变量。
- 将模型信息输出到 XML 文件：单击"浏览"按钮选择文件路径和名称。

（5）单击"方法"按钮，弹出"判别分析：步进法"对话框，如图 11-7 所示，各项含义如下。

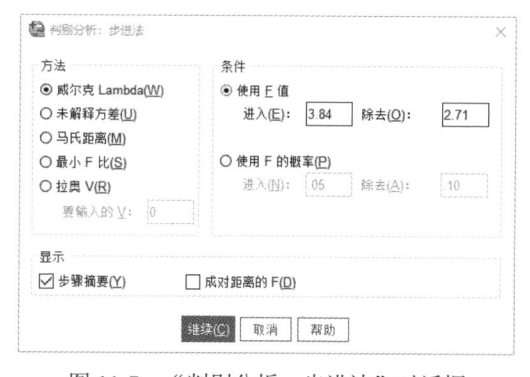

图 11-7 "判别分析：步进法"对话框

- 方法：此栏用于指定逐步判别分析的方法。
  - ➤ 威尔克Lambda（Wilks' lambda）：指每步都选择使总体的威尔克Lambda统计量最小的变量进入判别函数。
  - ➤ 未解释方差：指每步都选择使各类别间不可解释的方差和最小的变量进入判别函数。
  - ➤ 马氏距离：指每步都选择使靠得最近的两个类别的马氏距离达到最大的变量进入判别函数。
  - ➤ 最小F比：指每步都选择使基于任何两类间的马氏距离计算的一个F值最大的变量进入判别函数。
  - ➤ 拉奥V（Rao's V）：指每步都选择使拉奥V统计量产生最大增量的变量进入判别函数。选中此方法后，激活下面的"要输入的V"文本框，此时可以对一个要加入模型中的变量的V值指定一个最小增量。当某变量导致的V值增量大于指定值时，此变量就进入判别函数。
- 条件：此栏用于设置逐步判别过程中保留或删除变量的准则。
  - ➤ 使用F值：是SPSS默认的判据。当加入或剔除一个当变量后，对在判别函数中的变量进行方差分析。当变量的F值大于指定的进入值时，该变量就进入模型，默认的进入值为3.84；当变量的F值小于指定的删除值时，该变量就从模型中被剔除，默认的删除值为2.71；进入值必须大于删除值，否则会出现函数中没有变量的错误。要使模型包含更多的变量，可以减小进入值；要使模型包含更少的变量，可以增大删除值。
  - ➤ 使用F的概率：用F检验的概率决定变量是否加入函数或被剔除。加入变量的F值概率的默认值为0.05，删除变量的F值概率是0.10。进入值必须大于删除值。
- 显示：此栏用于选择要显示的统计量。
  - ➤ 步骤摘要：指输出逐步判别过程里的每一步之后的每个变量的统计量。
  - ➤ 成对距离的F：指输出两两类别之间的F值矩阵。

11.2.2 一般判别分析的SPSS实现

实例一："data11-01.sav"数据文件是某医院研究舒张压与血浆胆固醇对冠心病的影响情况，随机抽取并测定了15例冠心病人、15例正常人和1例未知个体，如图11-8所示。现要求利用判别分析判断未知个体属于冠心病患者还是正常人，数据文件"有无冠心病的调查.sav"。（数据来源于《SAS统计分析教程》，胡良平主编）

数据文件：数据文件\Chapter11\data11-01.sav
视频文件：视频文件\Chapter11\一般判别分析.avi

	编号	组别	DBP	CHOL
1	1	1	9.86	5.18
2	2	1	13.33	3.73
3	3	1	14.66	3.89
4	4	1	9.33	7.10
5	5	1	12.80	5.49
6	6	1	10.66	4.09
7	7	1	10.66	4.45

图 11-8 "data11-01.sav" 部分数据

（1）打开 "data11-01.sav" 数据文件，单击 "分析"→"分类"→"判别式"，弹出如图 11-1 所示的 "判别分析" 对话框。

（2）在源变量列表中选择 "组别" 变量，单击 ⇒ 按钮，将其作为分类变量送入分类变量框中；单击 "定义范围" 按钮，在弹出的如图 11-2 所示的 "判别分析：定义范围" 对话框中分别输入 1 和 2。

（3）选中 "舒张压" "血浆胆固醇" 变量，单击 ⇒ 按钮，将其送入自变量框中。

（4）单击 "统计" 按钮，弹出如图 11-4 所示的 "判别分析：统计" 对话框。勾选平均值、博克斯、费希尔、未标准化、组内协方差、分组协方差。

（5）单击 "分类" 按钮，弹出如图 11-5 所示 "判别分析：分类" 对话框。勾选摘要表。

（6）完成所有设置，单击 "确定" 按钮执行命令。

11.2.3 一般判别分析的结果分析

表 11-1 是关于样本使用的信息，包括有效数据和缺失数据的统计信息，本例中有一个缺失数据，该缺失数据就是未分类的个案。

表 11-1 分析个案处理摘要

未加权的个案		数字	百分比
有效		30	96.8
除外	缺失或超出范围组代码	1	3.2
	至少一个缺失差异变量	0	.0
	两个缺失或超出范围组代码和至少一个缺失差异变量	0	.0
	总计	1	3.2
总计		31	100.0

表 11-2 的组统计给出了各个类别的平均值、标准偏差及加权与未加权的有效个案数，通过这些数据，可以了解两种类别的人在这 2 个生理指标上的差异。

表 11-2 组统计

组别		平均值	标准偏差	有效 N（成列）	
				未加权	加权
冠心病人	舒张压	12.4940	1.64064	15	15.000
	血浆胆固醇	4.8680	1.12948	15	15.000

续表

组别		平均值	标准偏差	有效 N（成列）	
				未加权	加权
正常人	舒张压	10.7153	1.07722	15	15.000
	血浆胆固醇	3.6647	.95708	15	15.000
总计	舒张压	11.6047	1.63641	30	30.000
	血浆胆固醇	4.2663	1.19689	30	30.000

表 11-3 和表 11-4 给出了总样本的协方差矩阵和 2 个类别的协方差矩阵。

表 11-3 总样本的协方差矩阵[a]

		舒张压	血浆胆固醇
协方差	舒张压	1.926	-.468
	血浆胆固醇	-.468	1.096

a. 协方差矩阵具有 28 个自由度。

表 11-4 协方差矩阵

组别		舒张压	血浆胆固醇
冠心病人	舒张压	2.692	-.764
	血浆胆固醇	-.764	1.276
正常人	舒张压	1.160	-.172
	血浆胆固醇	-.172	.916

表 11-5 的测试结果给出了博克斯 M 检验的结果，即对各总体协方差矩阵是否相等的统计检验，可以看出在 0.05 的显著性水平下没有足够的理由拒绝原假设，即认为总体协方差矩阵相等，所以，建议使用表 11-3 的"汇聚组内矩阵"进行计算和分类。若否定了协方差矩阵相等的假设，则应使用如表 11-4 所示的协方差矩阵进行分析。

表 11-5 测试结果

博克斯 M		2.726
F	上次读取的	.838
	df1	3
	df2	141120.000
	显著性	.473

检验等同物填充协方差矩阵的空假设。

表 11-6 是解释方差的比例和典型相关系数，由此可知本例仅一个函数就能解释所有的方差变异。

表 11-6 解释方差的比例和典型相关系数

函数	特征值	方差百分比	累积百分比	典型相关性
1	1.169[a]	100.0	100.0	.734

a. 在分析中使用了前 1 个典则判别函数。

表 11-7 是用来检验判别函数在统计学上是否有显著意义。从显著性值 0.000 可知，该函数在 0.01 水平上极显著。所以，可以接受该函数建立的判别规则。

表 11-7 威尔克 Lambda

函数检验	威尔克 Lambda	卡方	自由度	显著性
1	.461	20.908	2	.000

表 11-8 是判别函数中两个变量的标准化系数，所以，判别函数可以表示为 $y = 0.882 \times$ 舒张压*$+0.843 \times$ 血浆胆固醇*，这里的舒张压*和血浆胆固醇*是标准化后的变量，标准化变量的系数就是判别权重。

表 11-9 即判别载荷，由判别权重和判别载荷可以看出两个解释变量对判别函数的贡献较大。

表 11-8 威尔克 Lambda

项目	函数
	1
舒张压	.882
血浆胆固醇	.834

表 11-9 结构矩阵

	函数
	1
舒张压	.613
血浆胆固醇	.550

判别变量与标准化典则判别函数之间的汇聚组内相关性变量按函数内相关性的绝对大小排序。

表 11-10 是判别函数中两个变量的未标准化系数。若未对原始数据标准化，则可以利用该表格中的系数。所以，判别函数可以表示为 $y = 0.636 \times$ 舒张压*$+0.797 \times$ 血浆胆固醇*-10.775，我们可以根据这个判别函数计算每个个案的判别得分。

表 11-10 典则判别式函数系数

项目	函数
	1
舒张压	.636
血浆胆固醇	.797
（常量）	−10.775

非标准系数

表 11-11 的组质心函数给出两个类别的质心在平面上的位置。根据结果，判别函数在冠心病人这一组的重心为 1.045，在正常人这一组的重心为-1.045。只要根据典型判别函数计算出每个个案的平面位置后，再计算他们和各类重心的距离，就可以判断各个个案属于哪个类别。

表 11-11 组质心函数

组别	函数
	1
冠心病人	1.045
正常人	−1.045

组平均值中评估的非标准规范判别式函数

表 11-12 说明 31 个个案都参与分类。

表 11-12 分类处理摘要

已处理		31
除外	缺失或超出范围组代码	0
	至少一个缺失差异变量	0
输出中使用的		31

表 11-13 是各组的先验概率，在此选择的是所有组的先验概率相等。

表 11-13 组的先验概率

组别	先验	已在分析中使用的个案	
		未加权	加权
冠心病人	.500	15	15.000
正常人	.500	15	15.000
总计	1.000	30	30.000

表 11-14 是每组的分类函数系数。对个案进行判别时，Fisher 判别函数较典型判别函数简单许多，它是直接计算每个个案属于各类的得分，个案在哪个类别中的得分高就属于哪个类别。

由表中结果可说明，冠心病人这一组的分类函数是 $f_1 = 8.441 \times$ 舒张压 $+ 8.045 \times$ 血浆胆固醇 $- 73.002$，正常人这一组的分类函数是 $f_2 = 7.113 \times$ 舒张压 $+ 6.380 \times$ 血浆胆固醇 $- 50.491$。可以计算出每个观测在各组的分类函数值，然后将观测分类到较大的分类函数值中。

表 11-15 是用典型判别函数进行预测的结果。从表中可看出，通过判别函数预测，有 24 个观测是分类正确的，其中冠心病人这一组 15 个观测中有 12 个观测被判对，正常人这一组有 15 个观测中 12 个观测被判对。从而有 24/30=80.0%的原始观测被判对。表格最后一行的未分组个案被判为正常人。

表 11-14 分类函数系数

项目	组别	
	冠心病人	正常人
舒张压	8.441	7.113
血浆胆固醇	8.045	6.380
（常量）	−73.002	−50.491

Fisher 的线性判别式函数。

表 11-15 分类结果[a]

组别			预测组成员资格		总计
			冠心病人	正常人	
原始	计数	冠心病人	12	3	15
		正常人	3	12	15
		未分组的个案	0	1	1
	%	冠心病人	80.0	20.0	100.0
		正常人	20.0	80.0	100.0
		未分组的个案	.0	100.0	100.0

a. 正确地对 80.0% 个原始已分组个案进行了分类。

11.3 逐步判别分析

在研究某一事物分类时，由于人们对客观事物的认识可能并不客观，对于哪些变量能够反映研究范围内事物的特性这一问题的认识还不够深刻，所以对进行判别分析所选择的变量不一定都能很好地反映类别间的差异。在实际工作中，逐步判别分析能很好地选择变量。

上一节主要介绍了一般判别分析，而本节着重介绍的逐步判别分析是假设已知的各类均属于多元正态分布，用逐步选择法选择最能反映类别间差异的变量子集建立较好的判别函数。一个变量能否被选择为变量子集的成员进入模型，主要取决于协方差分析的 F 检验的显著性水平。

逐步判别分析从模型中没有变量开始，每一步都要对模型进行检验，即综合考虑引入的全部变量所形成的整体对模型判别能力贡献的显著性。

判别分析中的每一步，都是把模型外对模型的判别能力贡献最大的变量引入到模型中，同时也考虑把已经在模型中但又不符合留在模型中条件的变量剔除。这是因为新引入的变量有可能使原来已经在模型中的变量对模型的贡献变得不显著了。

当模型中所有变量都符合引入模型的判据，模型外的变量都不符合进入模型的判据时，逐步选择变量的过程便停止。

逐步判别分析所涉及的对话框与一般判别分析的对话框相同，可参见 11.2.1。

11.3.1 逐步判别分析的 SPSS 实现

实例二："data11-02.sav" 数据文件是某研究人员收集的 150 辆汽车的马力、底盘重量和燃料效率资料，其中 149 辆汽车被分为低端车型、中端车型和高端车型，如图 11-9 所示。现要求利用逐步判别分析法，根据未知的 1 辆汽车的数据对其进行归类。

> 数据文件：数据文件\Chapter11\data11-02.sav
> 视频文件：视频文件\Chapter11\逐步判别分析.avi

	组别	X1	X2	X3
1	1	140	2.639	28
2	3	225	3.517	25
3	3	210	3.850	22
4	1	150	2.998	27
5	3	200	3.561	22
6	3	310	3.902	21
7	1	170	3.179	26

图 11-9 "data11-02.sav" 部分数据

（1）打开"data11-02.sav"数据文件，单击"分析"→"分类"→"判别式"，打开如图 11-1 所示的"判别分析"对话框。

（2）在源变量列表中选择"组别"变量，单击▶按钮，将其作为分类变量送入分类变量框中，单击"定义范围"按钮，在弹出的如图 11-2 所示的定义范围对话框中分别输入 1 和 3。

（3）选中"马力"、"底盘重量"、"燃料效率"变量，单击▶按钮，将其送入自变量框中。并单击选中"使用步进法"。

（4）单击"统计"按钮，弹出如图 11-4 所示的"统计"对话框，勾选平均值、博克斯 M、费希尔、未标准化、组内协方差、分组协方差。单击"继续"按钮返回主对话框。

（5）单击"方法"按钮，弹出如图 11-7 所示的"步进法"对话框。选中威尔克 lambda、使用 F 的概率；勾选步骤摘要。单击"继续"按钮返回主对话框。

（6）单击"分类"按钮，弹出如图 11-5 所示"分类"对话框。单击选中根据组大小计算；勾选摘要表、合并组。单击"继续"按钮返回主对话框。

（7）完成所有设置，单击"确定"按钮执行命令。

11.3.2 逐步判别分析的结果分析

表 11-16 是关于样本使用的信息，包括有效数据和缺失数据的统计信息，本例中有一个缺失数据，该缺失数据就是未分类的个案。

表 11-16 分析个案处理摘要

未加权的个案		数字	百分比
有效		149	99.3
除外	缺失或超出范围组代码	1	.7
	至少一个缺失差异变量	0	.0
	两个缺失或超出范围组代码和至少一个缺失差异变量	0	.0
	总计	1	.7
总计		150	100.0

表 11-17 给出了各个类别的平均值、标准偏差及加权与未加权的有效个案数，通过这些数据，可以了解三种类别的车型在这 3 个指标上的差异。

表 11-17　组统计

组别		平均值	标准偏差	有效个案数（成列）	
				未加权	加权
低端车型	马力	142.83607	30.339842	61	61.000
	底盘重量	2.83051	.308607	61	61.000
	燃料效率	27.28033	3.596332	61	61.000
中端车型	马力	187.92308	39.048812	39	39.000
	底盘重量	3.96759	.671766	39	39.000
	燃料效率	19.51282	2.909800	39	39.000
高端车型	马力	233.55102	55.333105	49	49.000
	底盘重量	3.57802	.303299	49	49.000
	燃料效率	22.99592	2.097812	49	49.000
总计	马力	184.46980	57.208551	149	149.000
	底盘重量	3.37396	.642407	149	149.000
	燃料效率	23.83826	4.346599	149	149.000

表 11-18 和表 11-19 给出了总样本的协方差矩阵和 3 个类别的协方差矩阵。

表 11-18　总样本的协方差矩阵[a]

	项目	马力	底盘重量	燃料效率
协方差	马力	1781.762	9.362	−77.732
	底盘重量	9.362	.187	−.796
	燃料效率	−77.732	−.796	8.966

a. 协方差矩阵具有 146 个自由度。

表 11-19　协方差矩阵

组别		马力	底盘重量	燃料效率
低端车型	马力	920.506	6.993	−80.892
	底盘重量	6.993	.095	−.897
	燃料效率	−80.892	−.897	12.934
中端车型	马力	1524.810	21.673	−65.249
	底盘重量	21.673	.451	−1.350
	燃料效率	−65.249	−1.350	8.467
高端车型	马力	3061.753	2.576	−83.664
	底盘重量	2.576	.092	−.231
	燃料效率	−83.664	−.231	4.401

表 11-20 给出了博克斯 M 检验的结果，即对各总体协方差矩阵是否相等的统计检验，可以看出在 0.05 的显著性水平下接受原假设，即认为总体协方差矩阵不相等，所以，建议使用表 11-19 的"分组的协方差矩阵"分析。若否定了协方差矩阵相等的假设，则应使用表 11-18 的"共享的组内矩阵"进行计算和分类。

表 11-20 检验结果

	博克斯 M（B）	161.114
F	近似	13.010
	自由度 1	12
	自由度 2	78197.837
	显著性	.000

对等同群体协方差矩阵的原假设进行检验。

表 11-21 是筛选变量的过程。可以发现，这三步的威尔克 Lambda 检验都很显著，说明每一步加入的变量对正确判断分类都是有显著作用的。

表 11-21 已输入/除去变量 [a,b,c,d]

步长（T）	已输入	威尔克 Lambda				精确 F			
		统计	自由度 1	自由度 2	自由度 3	统计	自由度 1	自由度 2	显著性
1	底盘重量	.447	1	2	146.000	90.452	2	146.000	.000
2	马力	.281	2	2	146.000	64.169	4	290.000	.000
3	燃料效率	.215	3	2	146.000	55.432	6	288.000	.000

在每个步骤中，输入最小化总体威尔克 Lambda 的变量。

a. 步骤的最大数为 6。

b. 要输入的 F 的最大显著性为 .05。

c. 要除去的 F 的最小显著性为 .10。

d. F 级别、容许或 VIN 不足，无法进一步计算的。

表 11-22 解释方差的比例和典型相关系数，由此可知本例有两个函数，第一个判别函数解释了所有变异的 64.8%，第二个判别函数解释了所有变异的 35.2%。

表 11-22 特征值

函数	特征值	方差百分比	累积 %	规范相关性
1	1.533[a]	64.8	64.8	.778
2	.833[a]	35.2	100.0	.674

a. 在分析中使用第一个 2 规范判别式函数。

表 11-23 是用来检验判别函数在统计学上是否有显著意义。从显著性值 0.000 可知，两个函数在 0.01 水平上极显著。所以，可以接受该函数建立的判别规则。

表 11-23 威尔克 Lambda

函数检验	威尔克 Lambda	卡方	自由度	显著性
1 直至 2	.215	222.636	6	.000
2	.546	87.873	2	.000

表 11-24 是判别函数中三个变量的标准化系数。

表 11-24　标准化典则判别函数系数

项目	函数	
	1	2
马力	.394	1.221
底盘重量	−.634	.091
燃料效率	.701	.615

表 11-25 给出的是判别变量和标准化判别函数之间的相关数据，可以看出这哪个判别变量对哪个判别函数的贡献较大。由此可知，第一个判别函数与底盘重量、燃料效率这两个变量的相关性大；第二个判别函数与马力这一个变量的相关性大。

表 11-25　结构矩阵

项目	函数	
	1	2
底盘重量	−.863*	.340
燃料效率	.849*	−.192
马力	−.363	.890*

判别变量与标准化典则判别函数之间的汇聚组内相关性变量按函数内相关性的绝对大小排序。

*. 每个变量和任何判别式函数之间的最大绝对相关性。

表 11-26 是判别函数中三个变量的未标准化系数。若未对原始数据标准化，则可以利用该表格中的系数。

表 11-26　典则判别函数系数

项目	函数	
	1	2
马力	.009	.029
底盘重量	−1.467	.212
燃料效率	.234	.205
（常量）	−2.353	−10.948

非标准系数

表 11-27 的组质心函数给出三个类别的质心在平面上的位置。根据结果，判别函数在低端车型、中端车型和高端车型这三组的质心分别为（1.215,−0.613）、（−1.852,−0.663）、（−0.039,1.290）。只要根据典型判别函数计算出每个个案的平面位置后，再计算他们和各类质心的距离，就可以判断各个个案属于哪个类别。

表 11-27　组质心中的函数

组别	函数	
	1	2
低端车型	1.215	−.613
中端车型	−1.852	−.663
高端车型	−.039	1.290

组平均值中评估的非标准规范判别式函数

表 11-28 说明 150 个个案都参与分类。

表 11-28 分类处理摘要

	已处理	150
除外	缺失或超出范围组代码	0
	至少一个缺失差异变量	0
	输出中使用的	150

表 11-29 给出各组的先验概率。因为操作时选择了根据组大小计算各组的先验概率,所以各组的先验概率与其样本量成正比。

表 11-29 各组的先验概率

组别	先验	已在分析中使用的个案	
		未加权	加权
低端车型	.409	61	61.000
中端车型	.262	39	39.000
高端车型	.329	49	49.000
总计	1.000	149	149.000

表 11-30 是每组的分类函数系数,由表中结果可知,低端车型这一组的分类函数是 $f_1=0.254×$马力$+39.854×$底盘重量$+8.784×$燃料效率-195.451,同理,可得出中端车型和高端车型的分类函数。可以计算出每个观测在各组的分类函数值,然后将观测分类到较大的分类函数值中。

表 11-30 分类函数系数

项目	组别		
	低端车型	中端车型	高端车型
马力	.254	.224	.297
底盘重量	39.854	44.342	42.097
燃料效率	8.784	8.055	8.881
(常量)	-195.451	-188.695	-213.245

Fisher 的线性判别式函数。

图 11-10 是典型判别散点图。利用两个判别函数,计算所有个案在二维平面的坐标及三个类别的重心坐标。该图可以直观地描绘典型判别函数进行分类的结果。

表 11-31 是用典型判别函数进行预测的分类结果统计信息。从表中可看出,通过判别函数预测,有 131 个观测是分类正确的,其中低端车型这一组 61 个观测中有 59 个观测被判对,中端车型这一组 39 个观测中 33 个观测被判对,高端车型这一组 49 个观测中有 39 个被判对。从而有 131/149=87.9% 的原始观测被判对。表格最后一行的未分组个案被判为低端车型。

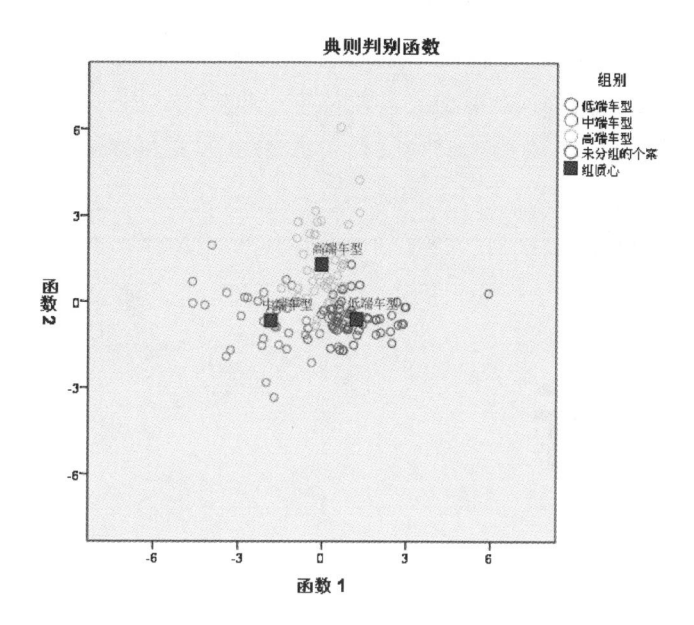

图 11-10　典型判别散点图

表 11.31　分类结果 [a]

项目		组别	预测组成员资格			总计
			低端车型	中端车型	高端车型	
原始	计数	低端车型	59	1	1	61
		中端车型	4	33	2	39
		高端车型	7	3	39	49
		未分组的个案	1	0	0	1
	%	低端车型	96.7	1.6	1.6	100.0
		中端车型	10.3	84.6	5.1	100.0
		高端车型	14.3	6.1	79.6	100.0
		未分组的个案	100.0	.0	.0	100.0

a. 正确地对 87.2% 个原始已分组个案进行了分类。

11.4　本章小结

　　判别分析是用于分类和预测的方法，本章介绍了一般判别分析和逐步判别分析，两者的区别在于变量选择的方法不一样。一般判别分析是不管变量对判别函数是否起作用及作用大小如何，都把指定的变量全部放入判别函数中；逐步判别分析则是根据各变量对判别贡献的大小进行逐步选择的，每一步都是把模型外对模型的判别能力贡献最大的变量引入到模型中，同时也考虑把已经在模型中，但又不符合留在模型中条件的变量剔除。

第12章

因子分析

在实际问题中,往往涉及多个变量,而且各个变量之间可能存在一定的相关性,这无疑增加了问题分析的复杂性。此时,若盲目地减少变量,则会损失很多重要信息,可能会导致错误的结论;若分别分析每个变量,结果又可能是单独的,不能对数据进行综合评价。所以,最好能从众多变量中提取少数的综合变量,使其包含原变量提供的大部分信息,同时又尽量使综合变量尽可能地彼此不相关。针对这类问题,因子分析可以通过数据降维来实现。本章主要介绍因子分析的基本思想、基本步骤及实例操作。

学习目标

(1) 熟知因子分析的适用范围及思想。
(2) 掌握因子分析对话框的各个选项的含义。
(3) 熟练掌握因子分析的操作步骤。
(4) 掌握因子分析的结果分析。

12.1 因子分析的概述

12.1.1 因子分析的基本思想

因子分析的基本思想是从协方差矩阵或相关矩阵出发，根据相关性大小把原始变量分组，使得同组内的变量之间相关性较高，而不同组的变量间的相关性则较低。每组变量用一个不可观测的假想变量表示，将这个假想变量称为公共因子，这几个公共因子能够反映原始变量的主要信息。原始变量是可观测的，而假想变量是不可观测的。

例如，研究学生的数学、物理、语文和英语成绩之间的相关性，会发现数学与物理相关性高，语文与英语相关性高，此时，则可将数学与物理用逻辑思维这个公共因子来表示，语文和英语用语言能力来表示。

一般认为累计方差贡献率大于 85% 时，就能够保证不丢失太多重要信息。

12.1.2 因子分析的统计量

1. 因子模型的一般模型

设有 n 个个案，每个个案观测 p 个指标，这 p 个指标之间有较强的相关性。为了便于研究，并消除由于观测量纲的差异及数量级不同所造成的影响，将样本观测数据进行标准化处理，使标准化后的变量均值为 0，方差为 1。为了方便，这里把原始变量及标准化后的变量向量均用 X 表示，用 $F_1, F_2, \cdots, F_m$（$m<p$）表示标准化的公共因子。

若满足以下前提条件：

（1）$X=(X_1, X_2, \cdots, X_p)$ 是可观测随机向量，且均值向量 $E(X)=0$，协方差矩阵 $\text{cov}(X)=\sum$，且协方差矩阵 $\sum$ 与相关阵 R 相等；

（2）$F=(F_1, F_2, \cdots, F_p)$（$m<p$）是不可观测的变量，其均值向量 $E(F)=0$，协方差矩阵 $\text{cov}(X)=1$，即向量 F 的各分量是相互独立的；

（3）$\varepsilon=(\varepsilon_1, \varepsilon_2, \cdots, \varepsilon_p)$ 与 F 相互独立，且 $E(\varepsilon)=0$，ε 的协方差矩阵 $\sum_\varepsilon$ 是对角方阵，即 ε 的各分量之间也是相互独立的。

则因子模型为：

$$\begin{cases} X_1 = a_{11}F_1 + a_{12}F_2 + \cdots + a_{1m}F_m + \varepsilon_1 \\ X_2 = a_{21}F_1 + a_{22}F_2 + \cdots + a_{2m}F_m + \varepsilon_2 \\ \quad\quad\quad\quad\quad\quad \vdots \\ X_p = a_{p1}F_1 + a_{p2}F_2 + \cdots + a_{pm}F_m + \varepsilon_p \end{cases}$$

因子模型的矩阵形式为：

$$X = AF + \varepsilon$$

其中 F 为主因子，ε 为特殊因子，A 为因子载荷矩阵，A 矩阵如下：

$$\begin{bmatrix} a_{11} & a_{12} & \cdots & a_{1m} \\ a_{21} & a_{22} & \cdots & a_{2m} \\ \vdots & \vdots & \vdots & \vdots \\ a_{p1} & a_{p2} & \cdots & a_{pm} \end{bmatrix}$$

2．因子旋转

得到因子模型后，其中的公共因子不一定能反映问题的实质特征，为了能更好地解释每一个公共因子的实际意义，且减少解释的主观性，可以通过因子旋转达到目的。

因子旋转分为正交旋转与斜交旋转，经过正交旋转而得到的新的公共因子仍然保持彼此独立的性质，而斜交旋转得到的公共因子是相关的，其实际意义更容易解释。但不论是正交旋转还是斜交旋转，都应当使新公共因子的载荷系数 b_{ij} 的绝对值尽可能接近 0 或 1。

因子载荷系数 b_{ij} 是指第 i 个原始变量（X_i）和第 j 个公共因子（F_j）的相关系数，即 X_i 在 F_j 上的重要性。当 b_{ij} 接近 0 时，表明 F_j 与 x_i 的相关性很弱；而当因子载荷系数接近 1 时，则表明 F_j 与 X_i 的关系很强。

如果所有原始变量 X_i 都与某些公共因子存在较强的相关关系，而与另外的公共因子之间几乎不相关的话，公共因子的实际意义就会比较容易确定。SPSS 中提供的因子旋转方法主要有方差最大化正交旋转、正交旋转法、平衡法等。

旋转后的因子模型的矩阵形式为：

$$X = A_1 F' + \varepsilon$$

3．因子得分

因子分析是将变量表示为公共因子的线性组合，此时，还可将公共因子表示为变量的线性组合，即为因子得分函数，如下：

$$F_j = \beta_{j1} X_1 + \beta_{j2} X_2 + \cdots + \beta_{jp} X_p \quad (j = 1, 2, \cdots, m)$$

其中，β_{jp} 为第 j 个公因子在第 p 个原始变量上的得分。由于得分函数中的变量少于实际变量，所以，只能在最小二乘法的意义下对因子得分进行估计。估计因子得分的方法主要有回归估计法、Bartlett 估计法和 Thomson 估计法。

12.1.3 因子分析与主成分分析的区别

因子分析与主成分分析都属于多元统计分析中采用降维思想的方法，两者既有联系又有区别。

（1）因子分析是从数据中探查能对变量起解释作用的公因子和特殊因子，以及公因子和特殊因子组合系数；而主成分只是从空间生成的角度寻找能解释诸多变量变异绝大部分的几组彼此不相关的新变量（主成分）。

（2）因子分析是把变量表示成各因子的线性组合，而主成分分析则是把主成分表示成各变量的线性组合。

(3)因子分析需要一些假设,而主成分分析不需要有假设。因子分析的假设包括:各个公共因子之间不相关,特殊因子之间也不相关,公共因子和特殊因子之间也不相关。

(4)因子分析抽取主因子的方法不仅有主成分法,还有极大似然法等;而主成分只能用主成分法抽取。

(5)因子分析中因子不是固定的,可以旋转得到不同的因子;主成分分析中,当给定的协方差矩阵或者相关矩阵的特征值是唯一时,主成分一般是固定的。

(6)在因子分析中,因子个数需要指定;在主成分分析中,成分的数量是一定的,一般有几个变量就有几个主成分。

12.1.4 因子分析的基本步骤

因子分析有两个核心问题需要解决:一是如何构造因子变量;二是如何解释因子变量。基于此,因子分析的基本步骤如下。

(1)根据研究内容选取原始变量,并确认原始变量是否适合因子分析。

(2)将原始数据标准化,以消除变量间在量纲上的不同。

(3)求标准化数据的相关矩阵,分析变量之间的相关性。

(4)求得初始公因子及因子载荷矩阵。通过分析原始变量间的相关性,根据研究需要从中提取较少的公因子。提取方法利用因子载荷矩阵。求解因子载荷矩阵的方法主要有主成分分析法、主轴因子法、极大似然法等。

(5)因子旋转。若旋转前的公因子具有可解释性,则可跳过这一步;反之,则需要通过因子旋转,使公因子的含义更具有可解释性。对公共因子的解释是否恰当,与数据本身、研究者对专业知识的掌握和因子分析的 SPSS 操作掌握程度都有关系。

(6)因子得分。利用原始变量的线性组合求得。

(7)综合得分。利用因子得分,以各因子的方差贡献率为权重,计算综合评价函数。综合评价模型为:

$$Score = w_1 F_1 + w_2 F_2 + \cdots + w_j F_j$$

其中,w_j 为第 j 个因子的权重。

(8)利用综合得分对评价对象进行排序。

12.2 因子分析的实例分析

因子分析在各行各业的应用非常广泛,尤其是科研论文中因子分析更是频频出现。本节以实例对因子分析的参数设置和操作步骤进行详细介绍。

12.2.1 参数设置

(1)打开数据文件,单击"分析"→"降维"→"因子",打开对话框,如图 12-1

所示，各个选项的含义如下。

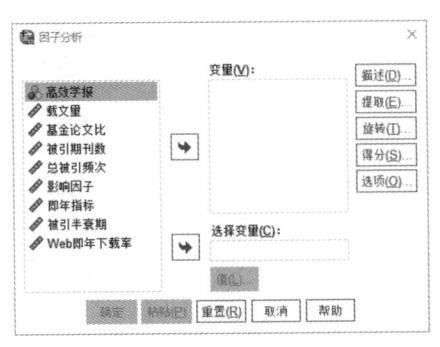

图 12-1 "因子分析"对话框

- 变量：从左侧变量列表选入待分析的原始变量。
- 选择变量：从左侧变量列表选入过滤样本子集的变量。当选入指定变量后，激活"值"按钮。此时，若要选择只满足某个条件的样本进行分析，则可单击"值"按钮，弹出"因子分析：设置值"对话框，如图 12-2 所示，在选定变量的值输入框中指定此变量的某个取值，则在分析过程中只引入此变量取该值的样本。

（2）单击"描述"按钮，弹出"因子分析：描述"对话框，如图 12-3 所示。各项含义如下。

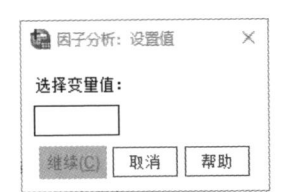

图 12-2 "因子分析：设置值"对话框   图 12-3 "描述统计"对话框

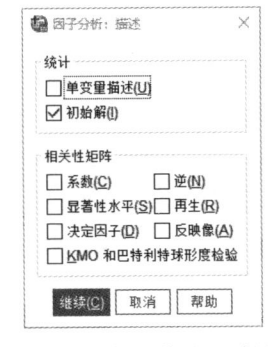

- 单变量描述：输出参与分析的每个原始变量的均值、标准差和有效取值个数。
- 初始解：输出初始公因子、初始特征根和初始方差贡献率等信息。对因子分析来说，这些值包括了每个变量在各因子上的载荷的平方和。
- 系数：输出初始分析变量间的相关系数矩阵。
- 显著性水平：输出每个相关系数对于单侧假设检验的显著性水平。
- 决定因子：输出相关系数矩阵的行列式。
- 逆：输出相关系数的逆矩阵。
- 再生：输出因子分析后的相关矩阵，给出原始相关与再生相关之间的差值，即残差。
- 反映像：输出反映像相关矩阵，包括偏相关系数的负数。
- KMO 和巴特利特球形度检验：要求进行 KMO 检验和巴特利特球形度检验。KMO

检验用于检验变量间的偏相关是否很小；巴特利特球形度检验用于检验相关矩阵是否是单矩阵，即各变量之间是否独立，若不能否定相关矩阵为单位阵，就说明各变量可能独自提供了一些信息，此时若采用因子模型就不合适。

（3）单击"提取"按钮，弹出"因子分析：提取"对话框，如图 12-4 所示，各项含义如下。

图 12-4　"因子分析：提取"对话框

- 方法：在该下拉菜单中，设置公共因子的提取方法。有主成分法、未加权的最小平方法、广义最小平方法、最大似然、主轴因式分解、Alpha 因式分解和映像因式分解。各方法的介绍如下。
    - ➢ 主成分法，假设变量是因子的线性组合，第一主成分有最大的方差，后续主成分所解释的方差逐渐减小，各主成分之间互不相关，主成分法通常用来计算初始公因子，它也适用于相关矩阵为奇异时的情况。
    - ➢ 未加权的最小平方法，使得观测的相关矩阵和再生的相关矩阵之差的平方和最小，并以变量单值的倒数对相关系数加权。
    - ➢ 广义最小平方法，使得观测的相关矩阵和再生的相关矩阵之差的平方和最小，不计对角元素。
    - ➢ 最大似然，不要求多元正态分布。
    - ➢ 主轴因式分解，从初始相关矩阵提取公共因子，并把多元相关系数的平方置于对角线上，再用初始因子载荷估计新的变量共同度，如此重复直至变量共同度在两次相邻迭代中的变化达到临界条件。
    - ➢ Alpha 因式分解，把当前分析变量看作是所有潜在变量的一个样本，最大化因子的可靠性。
    - ➢ 映像因式分解，把每个变量的主要部分定义为其他各变量的线性回归，而不是潜在因子的函数。
- 分析：计算公共因子矩阵。
    - ➢ 相关性矩阵：使用变量的相关矩阵进行提取因子的分析，适用于各变量度量单位不同时的情况。
    - ➢ 协方差矩阵：使用变量的协方差矩阵进行提取因子的分析，适用于各变量方差不相等时的情况。

- 显示：此栏用于选择与因子提取有关的输出选项。
  - 未旋转因子解：是输出未经旋转的因子载荷矩阵，默认选项。
  - 碎石图：输出以特征值大小排列的因子序号为横轴、特征值为纵轴的图形，在碎石图中会有一个明显的拐点，在拐点之前是代表大因子的陡峭折线，之后是代表小因子的缓坡折线。
- 提取：此栏用于设置提取公因子的规则。
  - 基于特征值：用于指定需要提取的公共因子的最小特征值，默认为1。
  - 固定因子数：用于指定需要提取的公共因子的数目。理论上有多少个分析变量，最多就有多少个公共因子。
- 最大收敛迭代次数：用于指定因子分析收敛的最大迭代次数，默认为25。

（4）单击"旋转"按钮，弹出"因子分析：旋转"对话框，如图12-5所示，各项含义如下。

图12-5 "因子分析：旋转"对话框

- 方法：此栏用于选择因子旋转的方法。可选项有无、最大方差法、直接斜交法、四次幂极大法、等量最大法和最优斜交法。
  - 无，表示不进行旋转，是系统默认选项。
  - 最大方差法，是方差最大选择，是一种正交旋转，它使得每个因子上具有较高载荷的变量的数目最小，由此可以简化对因子的解释。
  - 直接斜交法，是直接斜交旋转，选中该选项后激活下面的 Delta 文本框，取默认值0时表示倾斜性最大，Delta 的取值需小于等于0.8。
  - 四次幂极大法，是4次最大正交旋转，使每个变量中需要解释的因子数最少，由此可简化对初始变量的解释。
  - 等量最大法，是平均正交旋转，是最大方差法和最大四次方值法的结合，使得在每个公共因子上较高载荷的变量数目、解释初始变量的公共因子数目都达到最少。
  - 最优斜交法，是斜交旋转方法，它允许公共因子间彼此相关，计算起来比直接斜交法快,因子适用于大数据集的分析；选中该项后激活下面的 Kappa 文本框，默认为4。
- 显示：此栏用于选择有关因子旋转的显示。有旋转后的解和载荷图两个复选框。

- 最大收敛迭代次数：指定因子旋转收敛的最大迭代次数，默认为 25。

（5）单击"得分"按钮，弹出"因子分析：因子得分"对话框，如图 12-6 所示，各项含义如下。

图 12-6 "因子分析：因子得分"对话框

- 保存为变量：指将因子得分作为新变量保存在数据文件中。
- 方法：用于指定估计因子得分的方法。该栏在选中保存为变量复选框后被激活。可选项有回归、巴特利特（Bartlett）、安德森-鲁宾（Anderson-Rubin）。
  - 回归：其因子得分均值为 0，方差等于估计因子得分与实际因子得分之间的多元相关的平方。
  - 巴特利特：其因子得分均值为 0，超出变量范围的特殊因子平方和被最小化。
  - 安德森-鲁宾：为了保证因子的正交性而对 Bartlet 因子得分进行调整，其因子得分的均值为 0、标准差为 1，且彼此不相关。
- 显示因子得分系数矩阵：输出标准化的因子得分系数矩阵；对原始变量进行标准化后，可以根据该矩阵计算各观测量的因子得分。

（6）单击"选项"按钮，弹出"因子分析：选项"对话框，如图 12-7 所示，各项含义如下。

图 12-7 "因子分析：选项"对话框

- 缺失值：此栏用于设置对缺失值的处理方法。
  - 成列排除个案：在分析过程中对指定的分析变量中有缺失值的个案一律删除。
  - 成对排除个案：成对删除含有缺失值的观测量，即只有当前用到的某个变量存在缺失值时，才删除相应个案。

> 替换为均值：是用变量的均值代替该变量的所有缺失值。
- 系数显示格式：此栏用于选择载荷系数的显示格式。
  > 按大小排序：指载荷系数按照取值大小排序，使载荷矩阵中的同一因子上具有较高载荷的变量排在一起，便于观察和分析。
  > 禁止显示小系数：指不显示绝对值小于指定值的载荷系数，选中此项后，激活绝对值如下文本框，默认为 0.10，用户可设 0~1 的数作为临界值。

12.2.2 因子分析的 SPSS 实现

实例一："data12-01.sav"数据文件是对代表期刊学术影响力的 8 项指标进行研究，如图 12-8 所示。现要求从中提取能够体现期刊学术影响水平的潜在因素，即公共因子。（数据来源于 2008 年版《中国学术期刊综合引证报告》的统计数据。）

数据文件：数据文件\Chapter12\data12-01.sav
视频文件：视频文件\Chapter12\因子分析.avi

	高效学报	载文量	基金论文比	被引期刊数	总被引频次	影响因子	即年指标	被引半衰期	Web即年下载率
1	1	258	1.80	586	1158.000	.529	.039	4.6	45.4
2	2	279	.72	625	1052.000	.537	.054	4.7	36.9
3	3	153	.78	279	407.000	.365	.033	4.8	30.8
4	4	450	1.00	597	1461.000	.593	.058	4.5	49.5
5	5	226	.82	727	1503.000	.756	.088	5.0	47.6
6	6	82	.65	139	155.000	.172	.000	5.5	27.4
7	7	128	.23	123	148.000	.249	.078	3.0	28.3

图 12-8 "data12-01.sav"部分数据

（1）打开"data12-01.sav"数据文件，单击"分析"→"降维"→"因子分析"，打开如图 12-1 所示的"因子分析"对话框。

（2）选中载文量、基金论文比、被引期刊数、总被引频次、影响因子、即年指标、被引半衰期和 Web 即年下载率这 8 个变量，单击 按钮，将其选入变量列表框中。

（3）单击"描述"按钮，弹出如图 12-3 所示"描述"对话框。勾选如下复选框：单变量描述、系数、显著性水平和 KMO 和巴特利特球形度检验。单击"继续"按钮返回主对话框。

（4）单击"提取"按钮，弹出如图 12-4 所示的"因子分析：提取"对话框。勾选碎石图；其余设置保留默认设置。单击"继续"按钮返回主对话框。

（5）单击"旋转"按钮，弹出如图 12-5 所示的"因子分析：旋转"对话框。单击选中最大方差法；勾选载荷图复选框。单击"继续"按钮返回主对话框。

（6）单击"得分"按钮，弹出如图 12-6 所示的"因子分析：因子得分"对话框。勾选保存为变量、显示因子得分系数矩阵复选框。单击"继续"按钮返回主对话框。

（7）单击"选项"按钮，弹出如图 12-7 所示的"因子分析：选项"对话框。勾选"按大小排序"复选框。单击"继续"按钮返回主对话框。

（8）完成所有设置后，单击"确定"按钮执行命令。

12.2.3 因子分析的结果分析

表 12-1 是 8 个初始变量的描述统计量,包括平均值、标准偏差和分析个案数。

表 12-1 描述统计量

项目	平均值	标准偏差	分析个案数
载文量	222.73	120.813	15
基金论文比	.7633	.34946	15
被引期刊数	463.93	247.202	15
总被引频次	928.93333	590.058044	15
影响因子	.46773	.174411	15
即年指标	.04620	.026950	15
被引半衰期	4.820	.6982	15
Web 即年下载率	35.073	8.6610	15

表 12-2 是初始变量的相关性矩阵表。从相关性矩阵中可以看出多个变量间的相关系数较大,且对应的显著性普遍较小,说明这些变量之间存在着显著的相关性,进而说明有进行因子分析的必要。

表 12-2 相关性矩阵表

	项目	载文量	基金论文比	被引期刊数	总被引频次	影响因子	即年指标	被引半衰期	Web 即年下载率
相关系数	载文量	1	0.391	0.834	0.854	0.549	0.415	-0.006	0.771
	基金论文比	0.391	1	0.501	0.461	0.43	0.114	0.28	0.597
	被引期刊数	0.834	0.501	1	0.962	0.757	0.541	0.276	0.754
	总被引频次	0.854	0.461	0.962	1	0.815	0.566	0.291	0.77
	影响因子	0.549	0.43	0.757	0.815	1	0.669	0.32	0.695
	即年指标	0.415	0.114	0.541	0.566	0.669	1	-0.009	0.48
	被引半衰期	-0.006	0.28	0.276	0.291	0.32	-0.009	1	0.058
	Web 即年下载率	0.771	0.597	0.754	0.77	0.695	0.48	0.058	1
显著性(单尾)	载文量		0.075	0		0.017	0.062	0.492	0
	基金论文比	0.075		0.029	0.042	0.055	0.343	0.156	0.009
	被引期刊数	0	0.029		0	0.001	0.019	0.16	0.001
	总被引频次	0	0.042	0		0	0.014	0.147	0
	影响因子	0.017	0.055	0.001	0		0.003	0.123	0.002
	即年指标	0.062	0.343	0.019	0.014	0.003		0.487	0.035
	被引半衰期	0.492	0.156	0.16	0.147	0.123	0.487		0.419
	Web 即年下载率	0	0.009	0.001	0	0.002	0.035	0.419	

表 12-3 是 KMO 检验和巴特利特球形度检验表。KMO 检验用于研究变量之间的偏

相关性,计算偏相关时由于控制了其他因素的影响,所以会比简单相关系数小。一般认为 KMO 统计量大于 0.9 时效果最好,0.7 以上可以接受,0.5 以下则不宜作因子分析,本例中的 KMO 统计量为 0.771,可以接受。而本例中的巴特利特球形度检验的显著性为 0.000,小于 0.01,由此可知各变量间显著相关,即否定相关矩阵为单位阵的零假设。

表 12-3 KMO 和巴特利特检验

KMO 取样适切性量数		.771
Bartlett 的球形度检验	上次读取的卡方	87.722
	自由度	28
	显著性	.000

表 12-4 为公因子方差表,给出的是初始变量的共同度,其是衡量公共因子相对重要性指标。"提取"列即为变量共同度的取值,共同度取值为[0,1]。如:载文量的共同度为 0.765,可以理解为提取的 2 个公共因子对载文量变量的方差贡献率为 76.5%。

表 12-4 公因子方差表

项目	初始值	提取
载文量	1.000	.765
基金论文比	1.000	.539
被引期刊数	1.000	.895
总被引频次	1.000	.925
影响因子	1.000	.747
即年指标	1.000	.565
被引半衰期	1.000	.816
Web 即年下载率	1.000	.775

提取方法:主成份分析。

表 12-5 为总方差解释表,给出了每个公共因子所解释的方差及累计和。从"初始特征值"一栏中可以看出,前 2 个公共因子解释的累计方差达 75.345%,而后面的公共因子的特征值较小,对解释原有变量的贡献越来越小,因此提取两个公共因子是合适的。

"提取载荷平方和"一栏是在未旋转时被提取的 2 个公共因子的方差贡献信息,其与"初始特征值"栏的前两行取值一样。"旋转载荷平方和"是旋转后得到的新公共因子的方差贡献信息,和未旋转的贡献信息相比,每个公共因子的方差贡献率有变化,但最终的累计方差贡献率不变。

表 12-5 总方差解释

组件	初始特征值			提取载荷平方和			旋转载荷平方和		
	总计	方差百分比	累积 %	总计	方差百分比	累积 %	总计	方差百分比	累积 %
1	4.864	60.804	60.804	4.864	60.804	60.804	4.450	55.629	55.629
2	1.163	14.541	75.345	1.163	14.541	75.345	1.577	19.716	75.345
3	.886	11.075	86.420						
4	.566	7.077	93.497						

续表

组件	初始特征值			提取载荷平方和			旋转载荷平方和		
	总计	方差百分比	累积 %	总计	方差百分比	累积 %	总计	方差百分比	累积 %
5	.230	2.880	96.377						
6	.184	2.302	98.679						
7	.082	1.022	99.701						
8	.024	.299	100.000						

提取方法：主成份分析。

图 12-9 是关于初始特征值（方差贡献率）的碎石图，其是根据表 12-5 "初始特征值"栏中的"合计"列的数据所作的图形。观察发现，第 2 个公因子后的特征值变化趋缓，故而选取 2 个公共因子是比较合适的。

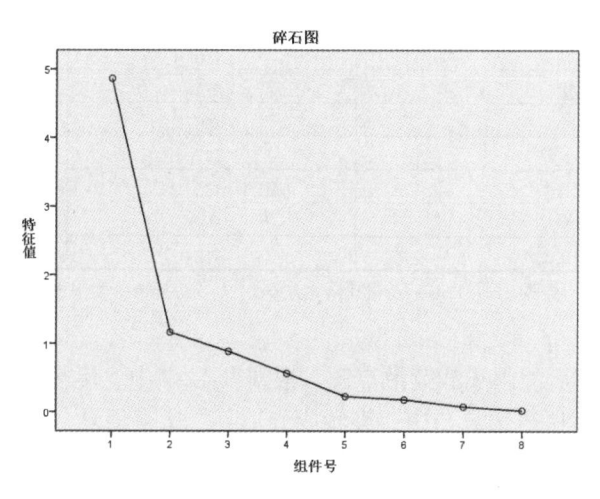

图 12-9 碎石图

表 12-6 的"成分矩阵"是未经旋转的因子载荷矩阵，表 12-7 的"旋转后的成分矩阵"是经过旋转后的因子载荷矩阵。观察两个表格可以发现，旋转后的每个公共因子上的载荷分配更清晰了，因而比未旋转时更容易解释各因子的意义。

因子载荷是变量与公共因子的相关系数，当某变量在某公共因子中的载荷绝对值越大，表明该变量与该公共因子更密切，即该公共因子更能代表该变量。由此可知，本例中的第 1 个公共因子更能代表总被引频次、被引期刊数、Web 即年下载率、影响因子、载文量和即年指标这六个变量；第 2 个公共因子更能代表被引半衰期和基金论文比这两个变量。

表 12-6　成分矩阵 [a]

项目	组件	
	1	2
总被引频次	.962	.000
被引期刊数	.946	.016

续表

项目	组件	
	1	2
Web 即年下载率	.874	-.104
影响因子	.863	.049
载文量	.842	-.237
即年指标	.639	-.397
基金论文比	.592	.435
被引半衰期	.264	.864

提取方法：主成份分析。　　a. 已提取 2 个成分。

表 12-7　旋转后的成分矩阵[a]

项目	组件	
	1	2
总被引频次	.906	.322
被引期刊数	.886	.332
载文量	.873	.058
Web 即年下载率	.858	.195
影响因子	.797	.335
即年指标	.735	-.161
被引半衰期	-.040	.903
基金论文比	.412	.608

提取方法：主成份分析。　　旋转方法：Kaiser 标准化最大方差法。[a]　　a. 旋转在 3 次迭代后已收敛。

图 12-10 是旋转后的因子载荷散点图，根据表 12-7 中"旋转后的成分矩阵"两列数据所作，由此图观察所得信息与由"旋转成分矩阵"所得信息一致。

表 12-8 为因子得分系数矩阵，由此可得最终的因子得分公式：F_1=0.231×载文量 -0.011×基金论文比+…+0.199×Web 即年下载率；F_2=-0.134×载文量+0.393×基金论文比 +…-0.024×Web 即年下载率。

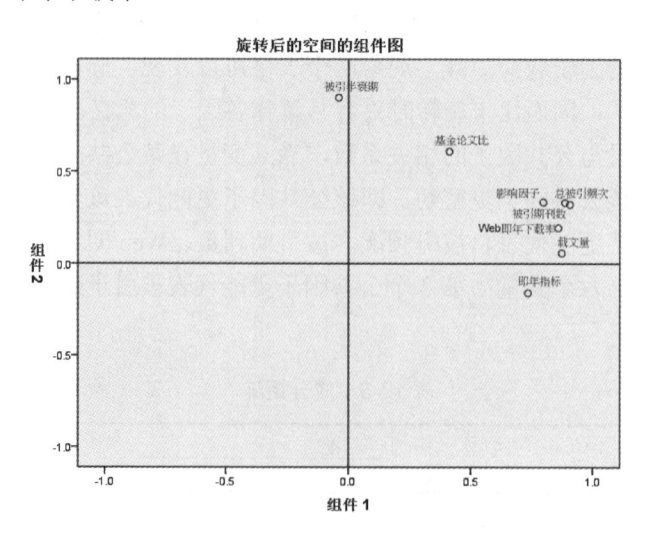

图 12-10　旋转后的因子载荷散点图

表 12-8　因子得分系数矩阵

项目	组件	
	1	2
载文量	.231	-.134
基金论文比	-.011	.393
被引期刊数	.179	.078
总被引频次	.186	.066
影响因子	.153	.099
即年指标	.238	-.278
被引半衰期	-.197	.718
Web 即年下载率	.199	-.024

提取方法：主成份分析。

旋转方法：凯撒正态化最大方差法。

若用户需要研究各学报的综合影响力，可对 2 个公共因子的得分进行加权求和，权数即为公共因子对应的方差贡献率，其可从表 12-5 中的"旋转载荷平方和"栏得到。本例采用方差贡献率作为取值，2 个旋转后的公共因子的方差贡献率分别为 55.629% 和 19.716%，所以，各学报的综合得分公式为：$F=55.629\% \times F_1 + 19.716 \times F_2$

12.3　本章小结

本章重点介绍了因子分析的实质和实例操作。因子分析是根据变量间的相关性大小把原始变量分组，使得同组内的变量之间相关性较高，而不同组的变量间的相关性则较低。当得到的因子模型中的公共因子不能反映问题的实质特征时，可采用因子旋转解决这个问题。因子选择又分为正交旋转与斜交旋转，通过正交旋转得到的新的公共因子仍然保持彼此独立的性质，而斜交旋转得到的公共因子是相关的，其实际意义更容易解释。

第13章

对应分析

对应分析是由法国统计学家 Jean Paul Benzerci 于 1970 年提出的一种多元统计分析方法，是一种直观、简单、方便的多元统计方法，目前已在很多方面都有应用，如：市场细分、产品定位、地质研究、计算机工程、品牌形象、满意度、城镇居民消费结构分析、临床医学等方面。上一章介绍了因子分析，而本章介绍的对应分析与其存在许多异同点。本章主要介绍对应分析的基本原理、简单对应分析和多元对应分析。

学习目标

(1) 熟知对应分析的基本原理。
(2) 掌握对应分析对话框的各个选项的含义。
(3) 熟练掌握对应分析的操作步骤。
(4) 掌握对应分析的结果分析。

13.1 对应分析的基本原理

对应分析（Correspondence Analysis，CORA）也称相应分析、关联分析或 R-Q 型因子分析，通过分析由定性变量构成的交互汇总表揭示变量间的联系。对应分析是借助列联表建立起来的，基本思想是将一个列联表的行和列中各元素的比例结构以点的形式在较低维的空间中表示出来。对应分析根据所用变量的数目可以分为简单对应分析和多元对应分析（也称为多重对应分析），前者用于分析两个分类变量之间的关系，后者用于分析多个分类变量之间的相关性。

13.1.1 对应分析与因子分析的区别与联系

因子分析根据研究对象的不同分为研究变量的 R 型因子分析和研究样品的 Q 型因子分析；而对应分析是在 R 型和 Q 型因子分析的基础上发展起来的。

因子分析中的 R 型因子分析和 Q 型因子分析是相互对立的，这两个过程只能分开进行；而对应分析综合了 R 型和 Q 型因子分析的优点，可以揭示同一变量的各个样品之间的差异，以及不同变量各个样品之间的对应关系。

因子分析需要进行因子选择，还可能需要进行因子旋转等复杂的数学运算；而对应分析省去了这些运算，其可以从因子载荷图上对样品进行直观地分类，而且能够指示分类的主因子，以及分类的依据，图形中邻近的变量点表示它们关系密切可分为一类，同样，邻近的样品点表示它们关系密切可归为一类，而且属于同一类型的样品点可用邻近的变量点来表征。同时，可以在一个低维度空间中对对应表里的两个名义变量之间的关系进行描述。

对每个变量而言，图中类别点之间的距离反映邻近有相似分类图的各类别之间的关系。一个变量在从原点到另一个变量分类点的向量上的投影点描述了变量之间的关系。

13.1.2 使用对应分析的注意事项

（1）用于分析的分类变量是名义变量或定序变量；对合计数据或对除频数以外的对应测度，使用正相似性值的权重变量。

（2）行变量的类别取值与列变量相互独立。

（3）行、列变量构成的交叉频数表中不能有零或负数。

（4）如果包含的变量超过两个，使用多元对应分析；如果是有序尺度变量，使用分类主成分分析。

（5）对应分析不能用于相关关系的假设检验。它虽然可以揭示变量间的联系，但不能说明两个变量之间存在的联系是否显著。因而在进行对应分析前，可以用卡方统计量检验两个变量的相关性。

（6）对应分析输出的图形通常是二维的，这是一种降维的方法，将原始的高维数据按一定规则投影到二维图形上。而投影可能引起部分信息的丢失。

（7）对极端值敏感，极端值（异常点）对对应分析的结果影响较大。在进行分析之前，建议先检查列联表中的数据，避免极端值的存在。比如有取值为零的数据存在时，可视情况将相邻的两个状态取值合并。

（8）原始数据的无量纲化处理。运用对应分析法处理问题时，各变量应具有相同的量纲或均无量纲。

（9）在对应分析中，由于变量取值都是离散的，所以必须将原始数据整理成列联表的单元格计数形式。经转换形成的列联表是一个 $n \times p$ 的矩阵，表示有 n 个观测记录和 p 个变量。

13.2 简单对应分析

简单对应分析是对两个定性变量进行的分析。由于变量取值均为离散型，所以将变量取值转换为 $n \times p$ 的矩阵形式，然后对二维列联表中行因素和列因素间的对应关系进行分析处理。

13.2.1 参数设置

（1）打开数据文件，选择"分析"→"降维"→"对应分析"，弹出"对应分析"对话框，如图13-1所示。其中的行、列栏分别用于选入对应分析的行变量和列变量。

（2）选入变量后，激活"定义范围"按钮，由于定义行范围和定义列范围的窗口一样，所以以定义行范围为例。单击行栏下的"定义范围"按钮，弹出"对应分析：定义行范围"对话框，如图13-2所示，各项设置含义如下。

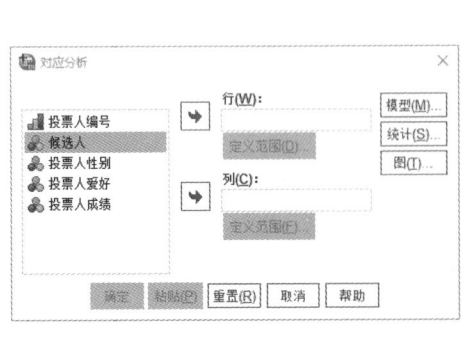

图13-1 "对应分析"对话框　　图13-2 "对应分析：定义行范围"对话框

- 最小值和最大值：分别表示相应分类变量的最小值和最大值，此处只可输入整数，输入后单击右侧的"更新"按钮确认。

- 类别约束：用于设置分类变量取值的约束条件，其下列表框显示的是当前分类变量的取值列表。选中框中的一个值，然后单击右侧的三个单选框设置其约束条件。
    - 无：表示分类数据保持原状，不作任何约束，为默认选项。
    - 类别必须相等：为等同约束，表示各类别必须有相同的得分。
    - 类别为补充性：为增补约束，增补的种类不影响分析过程和种类维数，但会在有效种类的定义空间里被描述。

（3）单击"模型"按钮，弹出"对应分析：模型"对话框，如图13-3所示，各项含义如下。

图13-3 "对应分析：模型"对话框

- 解中的维数：指定对应分析解的维数，默认值为2。
- 距离测量：选择对表的行间距和列间距进行测度。
    - 卡方：即χ^2距离，用加权指标 profiles 的距离作为距离测度，这里的权就是行或列的质量。
    - 欧式：即欧式距离，是用两行之间或两列之间差的平方和的平方根作为距离测度。
- 标准化方法：该栏用于设置标准化的方法，各项含义如下：
    - 除去行列平均值：行、列数据都被中心化，当选择χ^2距离时，只可以指定该方法。
    - 除去行平均值：只有行数据被中心化。
    - 除去列平均值：只有列数据被中心化。
    - 使行总计相等，并除去平均值：行数据被中心化，且确定中心之前，先令行边际都相等。
    - 使列总计相等，并除去平均值：列数据被中心化，且确定中心之前，先令列边际都相等。
- 正态化方法：该栏用于设置正规化的方法，各选项含义如下：
    - 对称：对各个维度，行得分是列得分除以匹配奇异值的加权平均，列得分是行得分除以匹配奇异值的加权平均。
    - 主成分：如果要检查行或列变量各自内部分类间的距离，而不是检查行、列间的距离，选用此方法。

- 行主成分：如果要检查行变量内部分类间的距离，选用此方法。
- 列主成分：如果要检查列变量内部分类间的距离，选用此方法。
- 定制：用户自定义，输入一个"-1~1"之间的数字。"-1"相当于主要列法，"1"相当于主要行法，"0"相当于对称法。

（4）单击"统计"按钮，弹出"对应分析：统计"对话框，如图13-4所示，各项含义如下。

图13-4 "对应分析：统计"对话框

- 对应表：输出含有变量行和列边际总和的交叉分组列表。
- 行点概述：输出行详细信息表，包括行变量各分类的得分、质量、惯量、对维度的惯量贡献、维度对分数惯量的贡献。
- 列点概述：输出列详细信息表，包括列变量各分类的得分、质量、惯量、对维度的惯量贡献、维度对分数惯量的贡献。
- 对应表的排列：输出按照第一个维度上的得分升序排列的行、列对应表。其下的排列的最大维数可以输入指定表格的最大维数，默认为1。
- 行概要：表示每个行变量分类对所有列变量分类的分布情况。
- 列概要：表示每个列变量分类对所有行变量分类的分布情况。
- 行点：表示所有非增补行输出标准差和相关系数。
- 列点：表示所有非增补列输出标准差和相关系数。

（5）单击"图"按钮，弹出"对应分析：图"对话框，如图13-5所示，各项含义如下。

图13-5 "对应分析：图"对话框

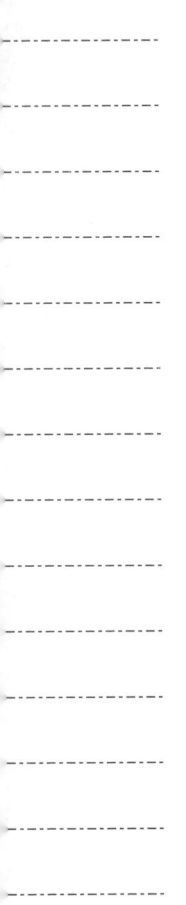

- 散点图：该栏生成维的所有成对图矩阵。
  - 双标图：输出行列的联合分布图。如果选择了主标准化，则双标图不可用。
  - 行点：以矩阵形式输出每个行分类的得分图。
  - 列点：以矩阵形式输出每个列分类的得分图。
  - 散点图的 ID 标签宽度：设置散点图 ID 标签的字符个数，默认为 20。该值必须为小于或等于 20 的非负整数。
- 折线图：该栏为所选变量的每一维生成一个图。
  - 转换后行类别：以行分类的原始取值对行分类的得分作图。
  - 转换后列类别：以列分类的原始取值对行分类的得分作图。
  - 折线图的 ID 标签宽度：设置折线图 ID 标签的字符个数，默认为 20。该值必须为小于或等于 20 的非负整数。
- 图维：设置输出维数，对所有输出的多维图形有效。
  - 显示解中所有的维：表示分析用到的行列维度都将以交叉矩阵的形式输出。
  - 限制维数：限制输出指定维度组合的图形，必须在最低维数、最高维数后指定最小、最大维度。此指定项适用于所有请求的多维图。

13.2.2 简单对应分析的 SPSS 实现

实例一："data13-01.sav"数据文件是某班级三名同学竞选班长的数据统计，文件包括每位投票人的投票对象、性别、爱好和成绩，如图 13-6 所示。现要求利用简单对应分析方法分析各位投票人的爱好与投票倾向性的关系。

数据文件：数据文件\Chapter13\data13-01.sav
视频文件：视频文件\Chapter13\简单对应分析.avi

	投票人编号	候选人	投票人性别	投票人爱好	投票人成绩
1	1	1	1	2	3
2	2	2	1	3	4
3	3	1	1	1	2
4	4	2	1	1	1
5	5	3	2	1	4
6	6	3	1	2	3
7	7	3	2	2	4

图 13-6 "data13-01.sav"部分数据

（1）打开"data13-01.sav"数据文件，选择"分析"→"降维"→"对应分析"，弹出如图 13-1 所示的"对应分析"对话框。

（2）选中"候选人"变量，单击 按钮将其选入"行"选框中，并单击其下面的"定义范围"按钮，在弹出的如图 13-2 所示的"对应分析：定义行范围"对话框中的最小值、最大值中分别输入 1、3，然后单击"更新"按钮确认，单击"继续"按钮返回主对话框。

（3）选中"投票人爱好"变量，单击 按钮将其选入"列"选框中，并单击下面的"定义范围"按钮，在弹出的"对应分析：定义列范围"对话框中的最小值、最大值中分

别输入 1、4，然后单击"更新"按钮确认，单击"继续"按钮返回主对话框。

（4）其他设置均采用默认设置。

（5）完成所有设置后，单击"确定"按钮执行命令。

13.2.3 对应分析的结果分析

表 13-1 是 SPSS 对应分析模块的版权信息，说明该模块是由荷兰 Leiden 大学 DTSS 课题组编制的，SPSS 通过合同对该程序进行了套装，所以每次都会显示该信息。

表 13-2 对应表反映了两个变量各类别组合的基本情况，它可以用于检查是否存在数据录入错误。从此表来看，爱阅读和运动的同学投于敏的多。

表 13-1　版权信息

CORRESPONDENCE
Version 1.1
by
Data Theory Scaling System Group （DTSS）
Faculty of Social and Behavioral Sciences
Leiden University, The Netherlands

表 13-2　对应表

候选人	投票人爱好				活动边际
	阅读	运动	歌舞	乐器	
于敏	6	6	2	2	16
赵峰	2	2	4	3	11
李运	3	3	3	4	13
活动边际	11	11	9	9	40

表 13-3 的摘要表是对整个对应分析的结果汇总表，它是输出中最重要的一个，主要用于确定使用了多少个维度来对结果进行解释。其中，奇异值就是惯量的平方根，相当于相关分析里的相关系数；而惯量就是常说的特征根，用于说明对应分析的各个维度，能够解释列联表的两个变量之间相互联系的程度。

第一维惯量值为 0.114，第二维为 0.009。在"惯量的比例"中给出了各维度所占的百分比，第一维惯量解释了总信息量的 92.8%，第二维惯量解释了总信息量的 7.2%。由此可知，二维图形可以完全表示两变量间的信息，并且观察时以第一维度为主。

表 13-3　摘要表

维度	奇异值	惯量	卡方	显著性	惯量比例		置信度奇异值	
					占	累积	标准差	相关系数 2
1	.338	.114			.928	.928	.145	.061
2	.094	.009			.072	1.000	.176	
总计		.123	4.913	.555[a]	1.000	1.000		

a. 6 自由度。

表 13-4 和表 13-5 分别是行点和列点总览表。两者中的 Mass 列为每一类别所占总体的百分比；维数得分列为坐标值；贡献列给出了每个类别对各个维度的贡献量，包括点对维数的惯量和维数对点的惯量。

表 13-4　行点总览表 [a]

候选人	Mass	维数得分		惯量	贡献				
		1	2		点对维数的惯量		维数对点的惯量		
					1	2	1	2	总计
于敏	.400	−.690	−.092	.065	.564	.036	.995	.005	1.000
赵峰	.275	.659	−.356	.044	.354	.371	.925	.075	1.000
李运	.325	.291	.414	.015	.082	.593	.641	.359	1.000
活动总计	1.000			.123	1.000	1.000			

a. 对称规范化。

表 13-5　列点总览表 [a]

投票人爱好	Mass	维数得分		惯量	贡献				
		1	2		点对维数的惯量		维数对点的惯量		
					1	2	1	2	总计
阅读	.275	−.524	−.019	.026	.224	.001	1.000	.000	1.000
运动	.275	−.524	−.019	.026	.224	.001	1.000	.000	1.000
歌舞	.225	.701	−.432	.041	.328	.447	.905	.095	1.000
乐器	.225	.580	.479	.030	.224	.551	.841	.159	1.000
活动总计	1.000			.123	1.000	1.000			

a. 对称规范化。

图 13-7 是二维对应分析图，观察此图遵循如下两步：首先检查各变量在横轴和纵轴方向上的区分情况，如果同一变量不同类别在某个方向上靠得较近，则说明这些类别在该维度上区别不大；然后比较不同变量各个分类间的位置关系，落在邻近区域内的不同变量的分类点，彼此之间的相互联系较为紧密。

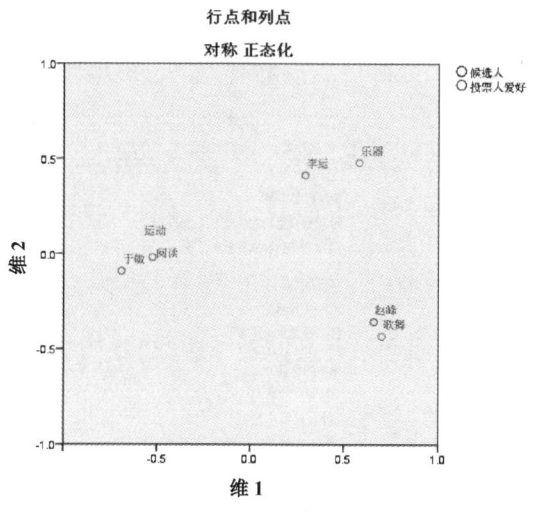

图 13-7　二维对应分析图

本例中，两个变量在第一维度上分得很开，在第二维度上区分效果一般，由此可知，变异以第一维度为主。在投票倾向性上，爱好运动和阅读的同学更支持于敏，爱好歌舞的同学更支持赵峰，爱好乐器的同学更支持李运。

13.3 多元对应分析

多元对应分析是对多个定性变量进行的分析，较简单对应分析的设置相对复杂。

13.3.1 多元对应分析的基本概念和特点

对多个定性变量的研究，其计算方法和计算结果与两个变量时的情况具有一定的相似性。但多元对应分析比简单对应分析要更进一步，主要表现在：可以同时分析多个分类变量之间的关系，并同样用图形方式表示出来；能够处理的变量种类更加丰富，如可以对无序多分类变量、有序多分类变量和连续型变量同时进行分析；最优尺度分析还对多选题的分析提供了支持。

但是，SPSS 的最优尺度分析过程不像多元回归过程一样能够自动筛选变量，因此变量较多时容易使图形显得混乱，可能会掩盖掉真实的变量联系。此时，需要用户根据经验和分析结果进行耐心地筛选，以得到最优结果，这对用户的分析水平是一个严峻的考验。

需要注意：多元对应分析过程要求把字符串变量按照字母顺序转换为正整数；用户和系统定义的缺失值，以及小于 1 的取值都会被当作缺失值对待；数据集必须含有至少 3 个观测；所有分析变量都需为多分类的名义变量。

13.3.2 参数设置

（1）打开数据文件，单击"分析"→"降维"→"最优标度"，弹出"最优标度"对话框，如图 13-8 所示。

图 13-8 "最佳标度"对话框

- 最优标度级别：该栏用于设置变量的度量类型。
  - 所有变量均为多重名义：当所有变量均为无序多分类（名义变量）时，选择该项。
  - 某些变量并非多重名义：当有的变量是单分类的名义变量、有序分类变量或者离散的数值型变量时，选择该项。
- 变量集的数目：该栏用于设置变量集的个数。
  - 一个集合：表示只分析一组变量间的关系。
  - 多个集合：表示分析数据集中存在多选题变量集，即分析有多个变量是同一道多选题的不同答案。
- 选定的分析：该栏是不可编辑的，是用于显示当前选项所使用的分析方法。
  - 多重对应分析：当选择"所有变量均为多重标称"和"一个集合"时，多元对应分析使用该方法。用于分析多个无序分类变量间的关系，并使用散点图表示出来，分析过程与简单对应分析非常相似，但分析的变量可以为多个。
  - 分类主要成分：当选择"某些变量并非多重标称"和"一个集合"时，多元对应分析使用该方法。使用尽量少的主成分来解释尽可能多的原始信息。是市场研究中非常重要的多维偏好分析。
  - 非线性典型相关性：当选择"多个集合"时，多元对应分析使用该方法。用于分析两个或多个变量集之间的关系，允许变量为任何类型：无序分类、有序分类或连续变量。

（2）单击"定义"按钮，弹出"多重对应分析"对话框，如图 13-9 所示，各项含义如下。

- 分析变量：用于选择待分析的变量。变量名的显示格式为"name（n）"，其中 name 为变量名，n 为其当前权重；权重的确定方法：选中"分析变量"栏中的变量，单击"定义变量权重"按钮，弹出"MCA：定义变量权重"对话框，如图 13-10 所示，在变量权重后面的输入框输入权重值即可，默认值为 1。

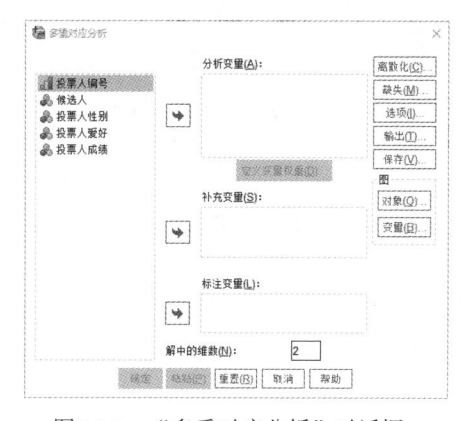

图 13-9 "多重对应分析"对话框   图 13-10 "MCA：定义变量权重"对话框

- 补充变量：其不用于分析，只用于结果对比和描述。
- 标注变量：用于在结果里标识各个记录。

- 解中的维数：用于描述分析结果的低维空间维数，默认值为2。

（3）单击"离散化"按钮，弹出"MCA：离散化"对话框，如图13-11所示，各项含义如下。

图 13-11 "MCA：分箱化"对话框

- 变量：该列表显示变量的格式为"name（f）"，其中name为变量名，f为其当前的离散化方法。
- 方法：其后面的下拉菜单中有如下4个选项。
  - ➢ 未指定：指不进行离散化操作。
  - ➢ 分组：将取值重新编码为固定个数或者固定间隔的类别。选中后，分组栏的设置项变为可编辑的，在类别数后指定分类的个数，同时指定变量的分布情况是正态分布还是均匀分布；或者，在同等间隔后指定自动分类的间隔大小。
  - ➢ 排秩：将变量取值排序后，取其秩进行分类。
  - ➢ 乘：将当前取值标准化后，乘以10再取整，最后加上一个常数，使得离散化后的最小值为1。

> 由于多元对应分析要求所有分析变量都是多分类的名义变量，且取值需为正整数，所以当有变量不符合这些条件时，则必须对这些变量进行离散化。若用户没有对其进行离散化，那么在结果输出的时候，系统会自动采用某方法对其进行离散化。

（4）单击"缺失"按钮，弹出"MCA：缺失值"对话框，如图13-12所示，各项含义如下。

- 分析变量和补充变量：这两个列表分别显示了当前选入的分析变量和补充变量。变量的显示格式为"name（f）"，其中name为变量名，f为其当前的缺失值处理方法。
- 策略：该栏提供了如下3种缺失值处理方法。
  - ➢ 排除缺失值；以便在量化后进行相关性插补：指排除含缺失值的变量，是被动处理方式。所选变量含缺失值的观测对此变量的分析不作贡献；如果所有变量都采用此方法，则这些变量取值都为缺失的观测，并将被作为增补对象处理。如果输出相关矩阵，则分析后缺失值的替换方式有两种，众数表示用类别取值的众数来取代缺失值，如果存在多个众数，取类指示最小的那个。附加类别表示用 1 个额外的分类值取代所有缺失值。

- ➢ 插补缺失值：是替换缺失值，是主动处理方式。
- ➢ 排除对于此变量具有缺失值的对象：指排除分析变量含缺失值的观测，此法对补充变量无效。

（5）单击"选项"按钮，弹出"MCA：选项"对话框，如图 13-13 所示，各项含义如下。

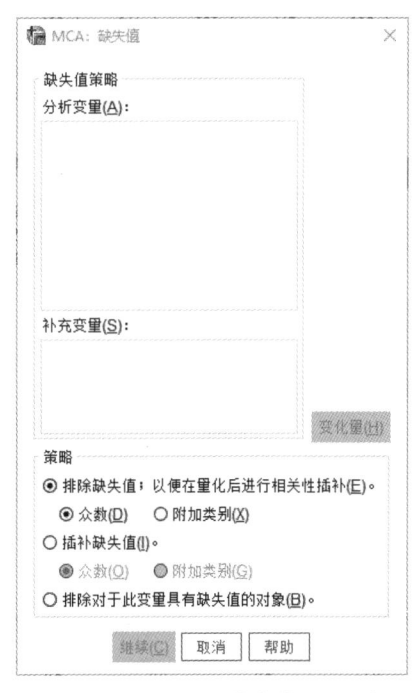

图 13-12 "MCA：缺失值"对话框

图 13-13 "MCA：选项"对话框

- 补充对象：此栏用于设置补充观测在数据集里的记录号（行号）。有个案全距和单个个案两个方式。
  - ➢ 个案范围：选中该项，在第一个、最后一个分别指定第一个记录号和最后一个记录号，然后单击"添加"按钮将其加入下面的补充列表。
  - ➢ 单个个案：选中该项，在其后面的输入框指定特定的记录号，然后单击"添加"按钮将其加入下面的补充列表。
- 正态化方法：该栏中的下拉列表用来选择变量或观测得分的正态方法。一个分析过程只能指定一个正态化方法，有 5 个可选项，它们分别对应于图 13-3 中的正规化方法。
  - ➢ 变量主成分：相当于简单对应分析的主要列方法。
  - ➢ 对象主成分：相当于简单对应分析的主要行方法。
  - ➢ 对称：相当于简单对应分析的对称方法。

- ➤ 独立：相当于简单对应分析的主要方法。
- ➤ 定制：相当于简单对应分析的定制方法。
- 条件：此栏用于设置模型的拟合标准。
  - ➤ 收敛：该项用于指定收敛的临界值，若循环求解的最后两个模型的拟合优度之差小于设置的收敛值，则停止循环。默认值为 0.00001。
  - ➤ 最大迭代次数：该项用于指定最大循环次数。默认值为 100。
- 图的标注依据：用于设置输出图形的显示方式。
  - ➤ 变量标签或值标签：选中该项，则显示变量标签或变量值。其下面标签长度的限制用于指定变量标签的最大长度。
  - ➤ 变量名称或值：选中该项，则显示变量名或变量值。
- 图维：此栏用于设置输出图形的维数，其设置方法与简单对应分析的图维数设置方法一样，参见图 13-5。
- 配置：此栏用于设置从一个文件读入坐标的结构信息，单击"文件"按钮选择文件。文件的第一个变量，对应于当前分析中第一维的坐标；文件中的第二个变量，对应于当前分析中第二维的坐标，依次类推。下拉菜单用于指定文件里的坐标所对应的观测的起始位置，选项内容如下：
  - ➤ 无：表示不读入坐标信息，选中该项时，"文件"按钮不可用。
  - ➤ 初始：表示对应于分析中的起始观测。
  - ➤ 固定：表示文件中的坐标信息将用来装配当前的分析变量，它们被当作补充变量处理。

（6）单击"输出"按钮，弹出"MCA：输出"对话框，如图 13-14 所示，其用于设置多元对应分析的输出内容，各项含义如下。

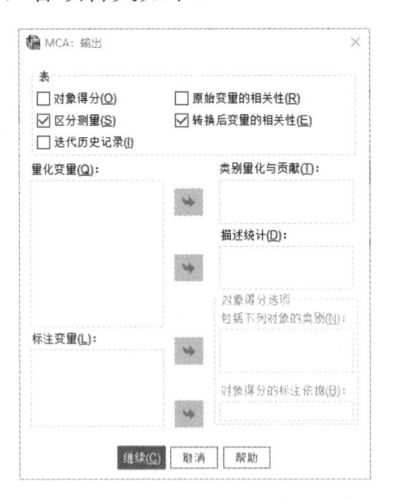

图 13-14 "MCA：输出"对话框

- 表：此栏用于选择输出哪些表格，有如下 5 个选项。
  - ➤ 对象得分：包括质量、收敛标准、坐标等信息。选中后，右下角的"对象得分选项"栏变为可选状态，其中"包括下列对象的类别"列表中的分析变量，将在结果表里显示它们的类别信息；"对象得分的标注依据"用于指定标识对象得分的标签变量。
- ➢ 区分测量：输出每个变量、每个维度的判别度量方式。
- ➢ 迭代历史记录：输出迭代过程中方差的变化过程。
- ➢ 原始变量的相关性：输出初始变量取值的相关系数矩阵及其特征值。
- ➢ 转换后变量的相关性：输出变换后变量的相关系数矩阵及其特征值。
- 类别量化与贡献：是量化变量列表，对其每一个维度输出类别量化的信息包括质量、标准和坐标。
- 描述统计：输出变量的频数、缺失值个数、众数等基本统计信息。

（7）单击"保存"按钮，弹出"MCA：保存"对话框，如图13-15所示，用于设置多元对应分析的保存选项，各项含义如下。

图13-15　"MCA：保存"对话框

- 离散化数据：此栏用于设置保存离散化数据的选项。
  - ➢ 创建离散化数据：表示建立一个新的数据集来保存指定数据，在数据集名称后输入数据集的名称。
  - ➢ 写入新数据文件：表示建立一个新的文件来保存指定数据，单击"文件"按钮选择文件。
- 对象得分：此栏用于设置保存对象得分数据的选项。
  - ➢ 将对象得分保存到活动数据集：把指定数据存至当前数据集。选中后激活底部的多标定尺寸，用于设置待保存数据的维度，有两个选项：全部单选框表示保存所有维度，第一个输入框指定待保存的最大维度。
  - ➢ 创建离散数据与写入新数据文件：与"离散化数据"栏中的设置一样。
- 转换后变量：此栏用于设置保存变量变换数据的选项。其中的各项设置同"对象得分"中的设置相同。

（8）单击"对象"按钮，弹出"MCA：对象图"对话框，如图13-16所示，用于设置对象作图的参数，各项含义如下。

- 图：此栏用于设置作图的类别。
  - ➢ 对象点：只对对象点作图。

➢ 对象和质心（双标图）：对对象点及其中心点作图。
- 双标图变量：此栏用于设置作行、列联合分数图的变量。
    ➢ 所有变量：表示使用全部变量。
    ➢ 选定变量：选中该项，激活右侧的两个列表，此时把需要的变量从"可用"列表选入"选定"列表。
- 标注对象：此栏用于设置标识对象的标签变量。
    ➢ 个案号：指以行号作为标签。
    ➢ 变量：选中该项，激活右侧的两个列表，此时把标签变量从"可用"列表选入"选定"列表，可以同时选入多个。

（9）单击"变量"按钮，弹出"MCA：变量图"对话框，如图 13-17 所示，用于设置变量作图的参数，各项含义如下。

图 13-16 "MCA：对象图"对话框　　　　图 13-17 "MCA：变量图"对话框

- 类别图：对选入的每个变量作一个图形，显示其各类别的中心值。
- 联合类别图：在一个图形中显示所有选入变量各类别的中心值。
- 转换图：对选入变量作最优量化值对类别指示变量的图形。在维数输入框中指定作图的维数，对每一个维数输出一个图形。选中"包含残差图"复选框表示对每个选入的变量输出残差图。
- 区分测量：选中"显示图"复选框后激活后面的选项，为指定变量输出区分度量（就是量化后变量在各维度上的方差）的图形，指定变量的方式有以下两种。
    ➢ 使用所有变量：表示使用全部变量。
    ➢ 使用选定变量：选中该项后，激活下面的方框，把需要使用的变量从左侧变量列表选入其中即可。

13.3.3 多元对应分析的 SPSS 实现

实例二：本节仍采用如图 13-6 所示的 "data13-01.sav" 数据文件。现要求利用多元对应分析方法分析各位投票人的爱好、性别和成绩与各位投票人投票倾向的关系。

数据文件：数据文件\Chapter13\data13-01.sav
视频文件：视频文件\Chapter13\多元对应分析.avi

（1）打开 "data13-01.sav" 数据文件，选择 "分析" → "降维" → "最优标度"，弹出如图 13-8 所示的 "最优标度" 对话框。选中 "所有变量均为多重名义" 和 "一个集合"。

（2）单击 "定义" 按钮，弹出如图 13-9 所示的 "多重对应分析" 对话框。

（3）在 "变量" 列表中选中 "候选人"、"投票人性别"、"投票人爱好" 和 "投票人成绩" 这 4 个变量，单击 ▶ 按钮将其选入 "分析变量" 选框中。

（4）此时激活 "定义变量权重" 按钮，选中 "候选人" 变量，单击它，弹出如图 13-10 所示的 "MCA：定义变量权重" 对话框，保持默认值 "1"；其他三个变量采用同样的方法设置权重。单击 "继续" 按钮返回主对话框。

（5）单击 "输出" 按钮，弹出如图 13-14 所示的 "输出" 对话框。

（6）在 "量化变量" 列表中选中 "候选人" 变量，单击 ▶ 按钮将其选入 "类别量化与贡献" 列表中；在 "量化变量" 列表中选中 "投票人性别" 变量，单击 ▶ 按钮将其选入 "描述统计" 列表中。单击 "继续" 按钮返回主对话框。

（7）单击 "变量" 按钮，弹出如图 13-17 所示的 "MCA：变量图" 对话框。

（8）选中 "候选人" 变量，单击 ▶ 按钮将其选入 "类别图" 列表中；选中 "投票人性别"、"投票人爱好" 和 "投票人成绩" 变量，单击 ▶ 按钮将其选入 "联合类别图" 列表中。单击 "继续" 按钮返回主对话框。

（9）其他选项采用默认值。

（10）完成所有设置后，单击 "确定" 按钮执行命令。

13.3.4 多元对应分析的结果分析

表 13-6 是 SPSS 对应分析模块的版权信息。

表 13-6　版权信息

Multiple Correspondence
Version 1.0
by
Data Theory Scaling System Group （DTSS）
Faculty of Social and Behavioral Sciences
Leiden University, The Netherlands

表13-7罗列了原始数据的基本使用情况。

表13-7 个案处理摘要

有效活动个案	40
具有缺失值的活动个案	0
补充个案	0
总计	40
在分析中使用的个案	40

表13-8给出了性别变量的编码和统计信息。

表13-8 投票人性别

	项目	频率
有效	男[a]	21
	女	19
	总计	40

a. 众数。

表13-9给出了最后一次迭代的次数、方差、方差增量等信息。表格下方显示了迭代终止的原因。

表13-9 迭代记录

迭代编号	方差考虑情况		损失
	总计	提高	
62[a]	1.519747	.000010	2.480253

a. 由于已达到了收敛检验值,因此迭代过程停止。

表13-10给出了两个维度的方差总计(特征值)及其惯量等信息。

表13-10 模型摘要

维度	克隆巴赫 Alpha	方差所占百分比		
		总计(特征值)	惯量	方差百分比
1	.507	1.614	.404	40.359
2	.398	1.425	.356	35.628
总计		3.039	.760	75.987
平均值	.456[a]	1.520	.380	37.994

a. Cronbach's Alpha 平均值是基于平均特征值。

表13-11是"候选人"变量的类别中心坐标。其他变量的质心坐标与此类似。

表 13-11　候选人

点:坐标

类别	频率	质心坐标 维度	
		1	2
于敏	16	−.435	−.779
赵峰	11	.908	.302
李运	13	−.233	.704

变量主成分正态化。

图 13-18 是"候选人"变量的类别点图,是根据表 13-11 所作的图形。通过这样的单个图形可以判断把该变量映射至二维空间后,各个类别取值的区分程度,其他变量的图形与此类似。

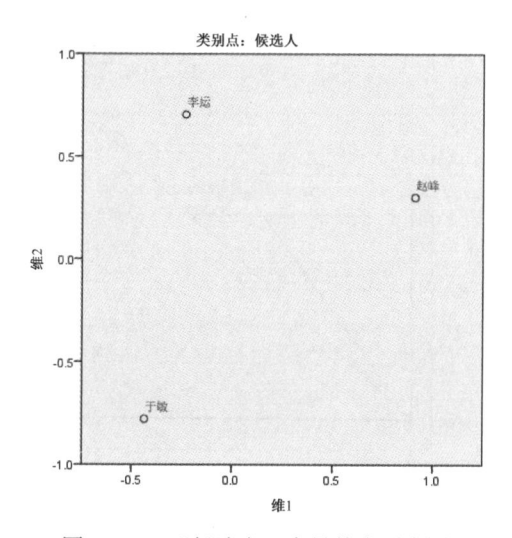

图 13-18　"候选人"变量的类别点图

图 13-19 是所有变量的类别点联合图,其是把四个分析变量的类别点中心坐标,在一个图形中加以显示的效果,此图形与图 13-19 所示的简单对应分析的二维分析图类似,它根据图形中各点的邻近关系进行分类,只是多了几个变量的信息。

图 13-20 是所有变量的区分测量图,其相当于变量量化后的值向量与对象得分维度向量的平方相关系数,反映了维度得分与量化后变量值的相关性大小。由此可以判断重点变量在与其相关性较大的维度上的特征,在这个维度上的类别点一般会分得更开。从图中可以看出:

投票人爱好在维度 1 上的值受较大关注;投票人成绩在两个维度上都需要关注;投票人性别在维度 2 上的值受较大关注。各个变量的区分度量在两个维度上都有较大的关注,故可知各个变量的权重值设为 1 较合理,不需更改权重再作分析。

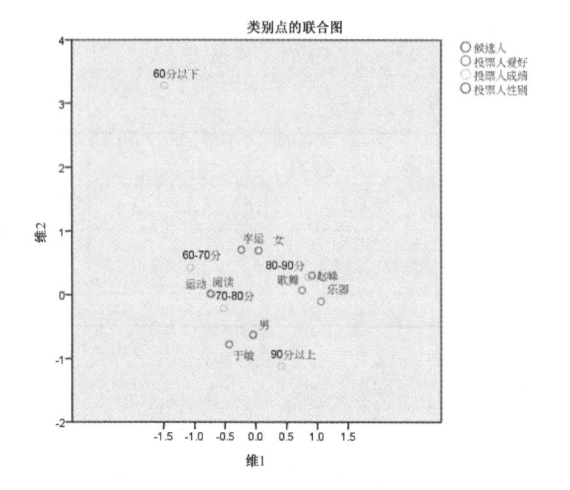

图 13-19　所有变量的类别点联合图

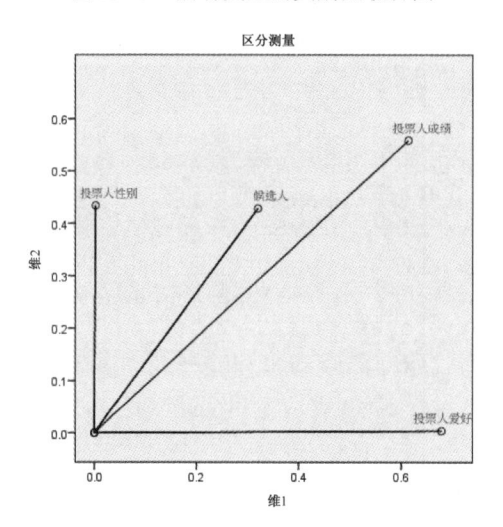

图 13-20　所有变量的区分测量图

综上可知：爱好运动和阅读、70～80 分的同学对李运和于敏比较青睐；90 分以上的同学更喜欢于敏；60～70 分的同学更喜欢李运；爱好歌舞和乐器、80～90 分的同学更喜欢赵峰；从性别上看，女生更喜欢李运和赵峰，男生更喜欢于敏。若出现某个变量的区分度量在两个维度上都较小，可以考虑增大该变量的权重后再作分析。

13.4　本章小结

本章着重介绍了对应分析与因子分析的异同点，并利用实例对简单对应分析和多元对应分析的各项参数含义、操作步骤等方面进行了介绍。对应分析将一个列联表的行和列中各元素的比例结构以点的形式在较低维的空间中表示出来。简单对应分析是对两个定性变量进行的分析；而多元对应分析比简单对应分析要更进一步，其可以同时分析多个分类变量之间的关系和处理多种变量种类。

第14章

尺度分析

调查问卷是市场调查中最常用的方法。在问卷调查中,问卷的设计和分析是问卷调查成功的关键,所以,问卷中的题目能否反映调查意图及所得数据是否可靠非常重要,可以通过"分析"→"度量"实现对问卷的分析。本章主要介绍信度分析和多维尺度分析。

学习目标

(1) 熟知尺度分析的估计方法。
(2) 掌握尺度分析对话框的各个选项的含义。
(3) 熟练掌握尺度分析的操作步骤。
(4) 掌握尺度分析的结果分析。

14.1 信度分析

14.1.1 信度分析的简介

信度，又叫可靠性，可检验同一事物重复测量结果的一致性程度，其与测量结果的正确与否无关，而是反映测量工具（如调查问卷）的稳定性或可靠性，一般用信度系数表示。

一致性高的测量工具是指，同一群人接受性质、题型和目的相同的不同测量工具测量后，在各结果之间显示出较强的正相关性；稳定性高的测量工具是指，一群人在不同的时空条件下，接受相同工具的测量后，所得结果的差异很小。

一般而言，如果信度系数达到 0.9 以上，表示该测验或量表的信度很好；信度系数在 0.8 以上，表示可以接受；如果在 0.7 以上，则应该对该测量工具进行修订，但仍不失其价值；如果低于 0.7，则此量表的调查结果很不可信，需要重新设计量表。

根据评价对象的不同，信度分析可分为内在信度和外在信度。内在信度衡量量表的某一组问题（或整个量表）测量的是否是同一个特征，这些问题之间是否具有较高的内在一致性，如果内在信度系数达到 0.8 以上，就认为量表具有较高的内在一致性，常用的内在信度系数为 Cronbach α 系数和分半信度；外在信度是指在不同时间对同批对象进行重复测量时量表结果的一致性程度，如果两次测量的结果相关性强，则说明得到的结果是可信的，常用的外在信度指标是重测信度，但由于在实际工作中实施重复测量较困难，所以应用较少。

在当今社会和经济活动管理中，对某个事物或个体做综合评价都是极为普遍的。如某公司考核一名员工的升迁问题，则需要考核该员工的工作能力等情况。那么根据所要调查的内容所编制的量表的可靠性就非常重要，所以，可以利用信度分析来反映量表的稳定性或可靠性，以保证评估结果的可信性和可用性。

14.1.2 信度分析的方法

针对不同的数据类型，需要采用不同的信度估计方法。

1. Cronbach α 信度系数

α 信度系数用来衡量量表中多个问题得分之间的一致性，适用于多重计分的测验数据或问卷数据。α 信度系数是目前最常用的信度系数。计算公式为

$$\alpha = \frac{k}{k-1}\left(1 - \frac{\sum_1^k S_i^2}{S_x^2}\right)$$

式中 k 为题目个数；S_i^2 为第 i 题得分的方差；S_x^2 为测验总得分的方差。

α 信度系数与量表的题目数量关系密切。如果一个含有约 10 个题目的量表，α 系数

应能达到 0.8 以上；如果量表的题目增加，α 系数会随之升高，当题目多于 20 个时，α 系数会很容易地升至 0.9 以上；如果量表的题目减少，α 系数会随之降低，如一个只有 4 个题目的量表，其 α 系数有时可能会低于 0.6。因此判断量表信度时，首先应当了解该量表所含题目的数量，再以此为基础判断 α 系数是否达到了可接受水平。

2．分半信度

任何测验都是对所有可能题目的一份取样，如果抽取不同的部分，就能编制很多平行的等值测验，这些测验叫作复本（内容、形式相等的测验），如考试用到的 A、B 卷。

如果一种测验有两个以上的复本，根据被试者接受两个复本测验的得分计算相关系数，就可以得到复本信度。但由于建立复本非常困难，所以通常采用分半法估计信度，即把测验题目分成对等的两半，根据各人在这两半测验中的分数，计算其相关系数作为信度指标。计算公式为

$$r_x = \frac{2r_{hh}}{1+r_{hh}}$$

式中 r_{hh} 为两半测验分数之间的相关系数；r_x 为整个测验的信度估计值。

计算分半信度时，要求人为分开的两部分测验题目要尽可能相似，它们的得分应具有相近的平均值和标准差。若不能满足以上条件，则需要采用弗朗那根公式和卢伦公式来估计信度。

注意 测验的题目数量较少时，就不适合采用该方法。

3．库德-理查逊（Cuttman）公式

如果一个测验全由二值计分（如 1 和 0）的题目组成，α 信度系数公式中每个题目得分的方差，就等于该题目上的通过率 p（1 的比例）与未通过率 q（0 的比例）的乘积。计算公式为

$$r_{kk} = \frac{k}{k-1}\left(1 - \frac{\sum_{1}^{k} p_i q_i}{S_x^2}\right)$$

式中 k 为题目个数；p_i 为通过第 i 题的人数比例，q_i 为未通过第 i 题的人数比例；S_x^2 为测验总得分的方差。

4．平行测验的信度分析

对于信度，也可以定义为两平行测验所得分数之间的相关性，即用一个测验上某题的得分去推断另一个测验上该题的得分能力，用这种能力定义测验的信度。平行测验的信度估计要求方差齐性，有时还要求两平行测验的均值相等。

14.1.3 参数设置

（1）选择"分析"→"刻度"→"可靠性分析"，弹出"可靠性分析"对话框，如

图 14-1 所示，各项含义如下。
- 项：用于选入分析的变量。
- 模型：下拉菜单中有 5 个选项，如下所述。
  - Alpha：表示 Cronbach α 系数，是默认选项。
  - 折半：表示分半信度。
  - 格特曼（Cuttman）：表示 Cuttman 系数。输出结果中"可靠性统计"表中的 Lambda3 实际就是 Cronbach α 系数。
  - 平行：表示平行测验的信度估计。
  - 严格平行：表示在平行测验的基础上，要求各变量的均值相等。
- 标度标签：表示在该框中可以对所计算的信度系数进行说明。

（2）单击"统计"按钮，弹出"可靠性分析：统计"对话框，如图 14-2 所示，在其中选择要输出的统计量，各项含义如下。

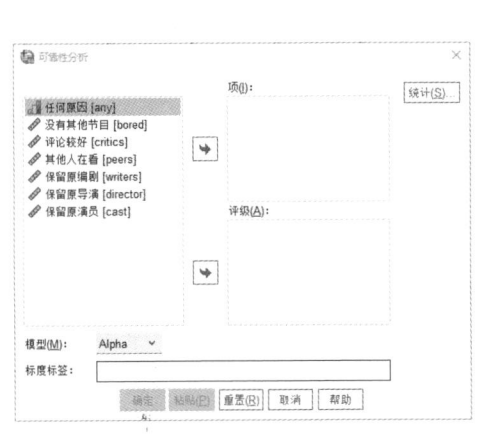

图 14-1 "可靠性分析"对话框　　图 14-2 "可靠性分析：统计"对话框

- 描述：此栏用于选择输出哪些统计量，有以下 3 个可选项。
  - 项：输出各变量的均值、标准差等信息。
  - 标度：输出各变量之和（即总分）的均值、方差和标准差等信息。
  - 删除项后的标度：输出在问卷中删除指定变量（问题）后，相应统计量的改变值。此项比较重要，可用来对问卷中的各项进行逐一分析，以达到改进问卷的目的。
- 项之间：此栏用于设置输出变量间的相关信息。有相关性和协方差两个可选项，分别表示输出各变量的相关系数和协方差。
- 摘要：此栏用于设置关于各项目的描述统计量的输出，有以下 4 个可选项。
  - 均值：输出项目均值的最小、最大、平均值，项目均数的极差和方差，均值的最大项与最小项之比。
  - 方差：输出项目方差的最小、最大、平均值，项目方差的极差和方差，方差的最大项与最小项之比。
- 协方差：输出项目协方差的最小、最大、平均值，项目协方差的极差和方差，协方差的最大项与最小项之比。
- 相关性：输出项目相关系数的最小、最大、平均值，项目相关系数的极差和方差，相关系数的最大项与最小项之比。
- ANOVA 表：此栏用于设置方差分析的方法，检验各个题目上的得分是否具有一致性，有如下 4 个可选项。
  - 无：表示不进行方差分析。
  - F 检验：输出重复测验的方差分析表，当数据呈正态分布时可用该方法。
  - 傅莱德曼（Friedman）卡方：输出 Friedman 卡方值和 Kendall 谐和系数，该方法适用于取秩格式的数据，它可以取代方差分析中的 F 检验。
  - 柯克兰（Cochran）卡方：对各变量进行 Cochran 卡方检验，该方法适用于二分变量数据。
- 霍特林（Hotelling）T 平方：表示对所有项目均数相等的零假设的多变量检验。
- 图基（Tukey）可加性检验：检验各变量之间是否具有显著的交互作用。
- 同类相关系数：输出组内相关系数，同时给出相关系数的置信区间、F 统计量和显著性检验值。选中该项，激活下面 4 个选项。
  - 模型：用于指定计算组内相关系数的模型。下拉菜单中有 3 个可选项：
    - 双向混合：当人为效应及项目效应均为固定时选择此项。
    - 双向随机：当人为效应及项目效应均为随机时选择此项。
    - 单向随机：当人为效应为随机时选择此项。
  - 类型：用于指定组内相关系数是如何被定义的，下拉菜单中有 2 个可选项：
    - 一致性：表明研究中不关注评分者给出相同分数。
    - 绝对一致：表明研究者关注评分者给出相同的分数。
  - 置信区间：用于指定置信区间，在后面输入框中输出取值即可，默认为 95%。
  - 检验值：输入一个组内相关系数的假定值，用于假设检验。输入数值要求在 0~1 之间，默认为 0，表示相关系数为 0 的零假设。

14.1.4 信度分析的 SPSS 实现

实例一："data14-01.sav" 数据文件来源于 SPSS 自带数据文件 "tv-survey.sav"，该数据是调查用户是否继续收看某个节目，如图 14-3 所示。数据中包括 7 个问题，取值 1 表示用户基于这个理由会继续观看该节目，取值 0 表示这个理由不会促使用户继续观看此节目。现要求根据信度分析，判断由该问卷所得的结论是否可靠。

| 数据文件：数据文件\Chapter14\data14-01.sav |
| 视频文件：视频文件\Chapter14\信度分析.avi |

	any	bored	critics	peers	writers	director	cast
1	1	1	1	1	1	1	1
2	0	0	0	0	1	0	1
3	0	0	0	0	0	0	1
4	0	0	0	0	0	1	0
5	0	0	0	0	0	1	1
6	0	1	0	0	1	1	1
7	1	1	0	1	0	0	1

图 14-3 "data14-01.sav" 部分数据

（1）打开"data14-01.sav"数据文件，选择"分析"→"刻度"→"可靠性分析"，弹出如图 14-1 所示的"可靠性分析"对话框。

（2）将左侧的 7 个变量全部选中，单击 按钮，将其选入"项目"列表中。

（3）单击"模型"后面的下拉菜单，选择格特曼。

（4）单击"统计"按钮，弹出如图 14-2 所示的"可靠性分析：统计"对话框。勾选"相关性"复选框。

（5）完成各项设置后，单击"确定"按钮执行命令。

（6）重复上述 2—4 步操作，并将第 2 步改为选择 α，比较采用这两个模型所得的结果有何异同。

14.1.5　信度分析的结果分析

表 14-1 给出了初始数据中关于缺失值的统计信息。

表 14-1　个案处理摘要

项目		数字	%
个案	有效	906	100.0
	除外[a]	0	0.0
	总计	906	100.0

a. 基于过程中所有变量的成列删除。

表 14-2 的"可靠性统计 1"给出了 Cuttman 系数的计算结果，表 14-3 的"可靠性统计 2"给出了 Cronbach α 系数的计算结果。

"可靠性统计 1"中的 Lambda3 为 0.767，而"可靠性统计 2"中的 Cronbach α 系数也为 0.767，这与前面介绍操作步骤时提到的"采用 Cuttman 系数所输出的可靠性统计表中的 Lambda3 实际就是 Cronbach α 系数"相符。

从"可靠性统计 2"可以看出，0.767 是对真实 α 系数的估计，在前面介绍信度分析的方法时提到"α 系数与量表的题目数量关系密切，对于含有 10 个题目左右的量表，其 α 系数应该能达到 0.8 以上"，考虑到此量表只有 7 个题目，所以认为该量表达到了可以接受的水平。

另外，在"可靠性统计 2"中的基于标准化项目的 Cronbach α 是只在选中图 14-2 中的"项之间"列表中的任一项时才会输出的结果。

表 14-2 可靠性统计 1

Lambda（L）	1	.658
	2	.803
	3	.767
	4	.427
	5	.806
	6	.800
项数		7

表 14-3 可靠性统计 2

克隆巴赫 Alpha	基于标准化项目的克隆巴赫 Alpha	项数
.767	.748	7

表 14-4 给出的是各题目得分之间的相关矩阵。由表可知，前 4 个题目之间的相关性较高，说明如果用户基于这 4 个原因中的一个选择观看该节目的话，那么用户基于其他 3 种原因而选择观看该节目的可能性很大。

表 14-4 相关性矩阵

项目	任何原因	没有其他节目	评论较好	其他人在看	保留原编剧	保留原导演	保留原演员
任何原因	1.000	.736	.693	.770	.269	.234	.200
没有其他节目	.736	1.000	.525	.568	.236	.172	.125
评论较好	.693	.525	1.000	.547	.179	.185	.118
其他人在看	.770	.568	.547	1.000	.211	.179	.153
保留原编剧	.269	.236	.179	.211	1.000	.036	.066
保留原导演	.234	.172	.185	.179	.036	1.000	.042
保留原演员	.200	.125	.118	.153	.066	.042	1.000

14.2 多维尺度分析

多维尺度分析常应用于市场调查等方面，比如让消费者比较不同品牌之间的相似程度，将这些数据进行多维尺度分析，就可以判断消费者认为哪些品牌是相似的，从而可以判断竞争对手。

14.2.1 多维尺度分析的简介

多维尺度分析，用于研究多个事物之间的相似程度，并在低维空间（常用二维空间）中用点与点之间的距离将相似程度展示出来。在实际应用中，获取距离矩阵主要有两种方法：一是直接评价法，即要求被访者对多个对象进行两两比较并给出相似性评价结果；另一种是间接评价法，由研究人员根据经验，事先找出影响研究对象相似性的主要属性，然后让被访者对这些属性进行逐一评价，再将这些属性得分当作多维空间的坐标，计算对象之间的距离。

多维尺度分析过程对数据的分布没有特点要求，但是需要正确指定分析变量的测量尺度，即序数、区间或比率。

14.2.2 参数设置

（1）打开数据文件，选择"分析"→"刻度"→"多维标度（ALSCAL）"，弹出"多维标度"对话框，如图14-4所示。

图14-4 "多维标度"对话框

- 变量：该列表框用于选入表示距离的分析变量。
- 个别矩阵：该选框用于选入分组变量，分析时将会为每一组变量分别计算距离矩阵。需选中下面的"从数据创建距离"选项才能激活此项。
- 距离：此栏用于指定距离的计算方法，有以下2个选项。
  - ➢ 数据为距离：若当前数据矩阵中的元素显示行和列两两配对的不相似程度时，即距离矩阵时，选择此项。在"形状"按钮右侧显示当前指定的矩阵形状。单击"形状"按钮，弹出"多维刻度：数据形状"对话框，如图14-5所示，有如下3个可选项。

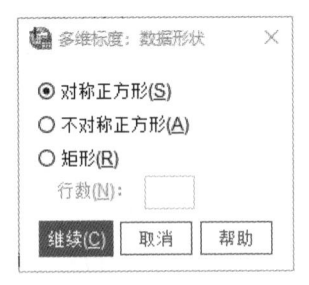

图14-5 "多维标度：数据形状"对话框

- ◇ 对称正方形：表示完全对称方阵，行和列表示相同的项目，如果只录入了半个矩阵，系统会根据对称性自动填充另一半。
- ◇ 不对称正方形：表示不对称方阵，行和列表示相同的项目，但上三角和下三角中相应的值是不相等的。如两个事物 A 和 B 比较和 B 和 A 比较所得分数不同。
- ◆ 矩形：表示完全不对称的矩形形式，行和列表示不同的项目。SPSS 把有序排列的数据文件当作矩形矩阵，如果其中含有两个以上的矩形矩阵，则一定要设置每个矩阵的行数。在下面的行数文本框可指定单个矩阵行数，输入值必须大于等于 4，并且能够整除矩阵中的行数。
- ➢ 根据数据创建距离：表示从当前数据出发计算距离矩阵。在"测量"按钮右侧显示当前指定的距离测量方式。单击"测量"按钮，弹出"多维标度：根据数据创建测量"对话框，如图 14-6 所示，各含义如下。
  - ◆ 测量和转换值：这两部分的参数设置参加第 8.4 节的"距离分析"。
  - ◆ 创建距离矩阵：此栏用于指定创建距离矩阵的方式，有变量间和个案间两个选项。变量间表示计算配对变量之间的不相似性距离矩阵；个案间表示计算配对个案之间的不相似性距离矩阵。

图 14-6 "多维标度：根据数据创建测量"对话框

（2）单击"模型"按钮，弹出"多维标度：模型"对话框，如图 14-7 所示，各项含义如下。

图 14-7 "多维标度：模型"对话框

- 测量级别：此栏用于设置数据的测量尺度，有如下 3 个可选项。
  - ➢ 有序：表示有序测量尺度，即分析数据是有序分类资料。由于调查数据多是由受访者对相似性所做的主观打分，所以大多数据都为此类型。选中此

项，激活"打开结观测值"复选框，用于设置对节的处理方式。默认为不勾选，表示对取值相同的观测值赋予相同的秩；若勾选该复选框，表示对取值相同的观测值赋予不同的秩。
- ➢ 区间：分析数据是由连续性或定量的变量组成的资料。
- ➢ 比率：分析数据是由比例测度或定量变量组成的资料。
- 条件性：此栏用于指定哪些比较是有意义的，有如下3个可选项。
    - ➢ 矩阵：适用于只有一个距离矩阵，或者每个距离矩阵仅代表单个受访者的情况。它表示单个距离矩阵内部的各个数值的意义相同，是可以相互比较的。
    - ➢ 行：适用于距离矩阵为非对称的或矩形的。它表示仅同行数据之间的比较才有实际意义，同列数据之间无须进行比较。
    - ➢ 无条件：不受任何限制，任意两个数据之间的比较都是有意义的。
- 维：此栏用于指定多维尺度分析的维度，默认的最大维度与最小维度均为2。用户可在最大、最小输入框中分别指定维度的最大值和最小值。一般情况，可以选择计算1~6维度的解；但对于加强模型，最小维度至少为2。SPSS 会对指定范围内的每个维度分别进行分析。
- 标度模型：此栏用于设置尺度模型的距离选项，有如下2个可选项。
    - ➢ 欧式距离：即 Euclidean 距离，它可以用于任何类型的矩阵分析。如果数据中只包含一个矩阵，就进行典型多维尺度分析；否则，进行重复多维尺度分析。
    - ➢ 个体差异欧式距离：表示使用个体差异的欧式距离矩阵进行分析，它要求数据包含两个以上的距离矩阵。

（3）单击"选项"按钮，弹出"多维标度：选项"对话框，如图 14-8 所示，在其中选择要输出的统计量，各项含义如下。

图 14-8 "多维标度：选项"对话框

- 显示：此栏用于选择输出哪些结果，有如下4个可选项。
    - ➢ 组图：输出多维尺度分析图，它可以直观地分析散点间相关性的合理解释。该图在多维尺度分析中非常重要。
    - ➢ 个别主体图：为每位受试者分别输出单独的分析图形。
    - ➢ 数据矩阵：输出每位受试者的数据矩阵。

➢ 模型和选项摘要：输出所有选项的基本信息，包括数据、模型、迭代等信息。
● 条件：此栏用于设置迭代收敛的依据，有如下 3 项内容。
  ➢ S 应力收敛：用于指定 S 应力的最小改变量，默认为 0.001。当两次相邻迭代的 S 应力增量小于等于该指定值时停止迭代。为了提高解的精度，可以输入一个比以前设置值小的正值。
  ➢ 最小 S 应力值：用于指定 S 应力的最小值，默认为 0.005。当迭代计算出的 S 应力小于等于该指定值时停止迭代。该值范围为（0,1）。
  ➢ 最大迭代次数：用于指定最大迭代次数，默认为 30。当迭代次数达到设定的最大值时停止迭代。可以通过提高最大迭代次数来增加分析的精度，但计算时间也会相应增加。
● 将小于 n 的距离视为缺失：指 SPSS 将小于 n 的值当作缺失值处理。默认 n 值为 0。

14.2.3 多维尺度分析的 SPSS 实现

实例二："data14-02.sav"数据文件是 7 位受访者对 6 门课程作两两比较的打分情况，如图 14-9 所示。受访者根据两者间的相似程度打分，采用 7 分制，分值越小表示相似程度越大。现要求对这些数据进行多维尺度的分析，以判断哪些课程在受访者看来是相似的。

数据文件：数据文件\Chapter14\data14-02.sav
视频文件：视频文件\Chapter14\多维尺度分析.avi

	受试者	课程	英语	数学	物理	语文	化学	生物
1	1	英语	1	7	6	2	6	5
2	1	数学	7	1	5	6	5	4
3	1	物理	6	4	1	5	7	5
4	1	语文	2	6	5	1	3	2
5	1	化学	6	5	7	3	1	4
6	1	生物	5	4	5	2	4	1
7	2	英语	1	5	7	3	3	7

图 14-9 "data14-02.sav"部分数据

（1）打开数据文件"data14-02.sav"数据文件，选择"分析"→"刻度"→"多维标度（ALSCAL）"，弹出如图 14-4 所示的"多维标度"对话框。

（2）选中从英语到生物的 6 个变量，单击 按钮，将其作为分析变量选入"变量"列表框中。用户需注意：输入分析变量的顺序一定要与数据文件中的顺序一致。

（3）单击"选项"按钮，弹出如图 14-8 所示的"多维标度：选项"对话框。勾选"组图"。单击"继续"按钮返回主对话框。

（4）其余选项采用默认设置。

（5）完成各项设置后，单击"确定"按钮执行命令。

14.2.4 多维尺度分析的结果分析

表 14-5 给出了二维空间中的迭代记录，由此可知，在 5 次迭代后的 S-stress Improvement（S 应力）值为 0.00031，小于指定值 0.001，所以达到了收敛标准。

表 14-5 迭代记录

Iteration history for the 2 dimensional solution（in squared distances）		
Young's S-stress formula 1 is used.		
Iteration	S-stress	Improvement
1	.34782	
2	.32646	.02136
3	.32216	.00430
4	.32108	.00107
5	.32077	.00031
Iterations stopped because		
S-stress improvement is less than	.001000	

表 14-6 给出了 Stress（应力）和 RSQ（平方相关系数）值的输出，它们是多维尺度分析的信度和效度的估计值。Stress 是拟合劣度指标，百分比越大说明模型拟合越差；RSQ 即 R^2，为拟合优度指标，值越大说明模型拟合越好，一般在 0.6 是可以接受的。本例的 Stress 平均值为 0.302 80（32.280%），RSQ 平均值为 0.462 12，均说明模型拟合不太好。用户需注意：当拟合度不太好时，可以通过 SPSS 中的"分析"→"度量"→"多维刻度（PROXSCAL）"进行分析，或者加大受试者的人数。

表 14-6 Stress（应力）和 RSQ（平方相关系数）值

Stress and squared correlation（RSQ）in distances							
RSQ values are the proportion of variance of the scaled data（disparities）							
in the partition（row, matrix, or entire data）which							
is accounted for by their corresponding distances.							
Stress values are Kruskal's stress formula 1.							
Matrix	Stress	RSQ	Matrix	Stress	RSQ	Matrix	Stress	RSQ
1	.314	.447	2	.350	.295	3	.254	.603
4	.276	.541	5	.224	.694	6	.329	.337
7	.348	.317						
Averaged（rms）over matrices								
Stress = .30280 RSQ = .46212								

表 14-7 中"1"、"2"列表示 6 门课程在二维空间中的坐标值，可用于作多维尺度分析图。

表 14-7 二维导出构形表

```
Configuration derived in 2 dimensions

                    Stimulus Coordinates

                         Dimension

Stimulus    Stimulus      1         2
Number      Name

   1        英语        1.5336     .1927
   2        数学       -1.0132     .9939
   3        物理        -.6767    1.2494
   4        语文        1.3111     .0859
   5        化学        -.5305   -1.2564
   6        生物        -.6244   -1.2655
```

图 14-10 的"欧式距离模型"即是多维尺度分析图，是用户进行多维尺度分析时最关注的结果。该图把反应变量之间相似程度的坐标在平面上排列出来，通过观察哪些散点比较接近，将变量进行分类，并寻找散点之间相关性的合理解释。本例有三组聚集点：数学和物理相似、化学和生物相似、语文和英语相似。

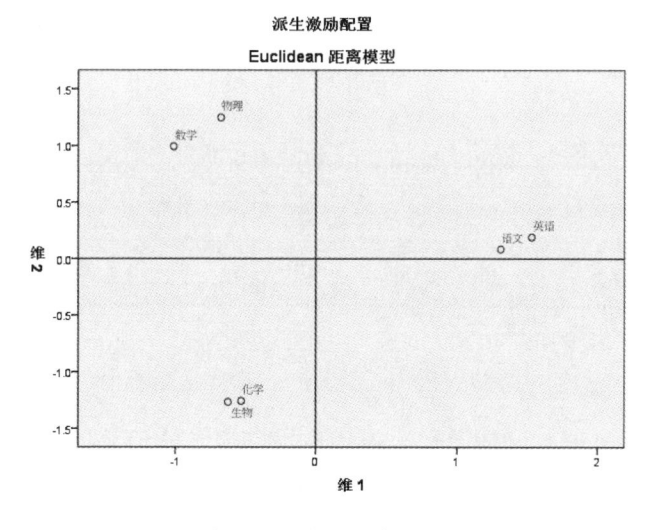

图 14-10 多维尺度分析图

图 14-11 是欧式距离模型的线性拟合散点图，它是欧式距离对原始数据不一致程度的散点图。如果模型的拟合程度好，所有散点应分布在一条直线的周围。本例各点的分布比较分散，不呈现明显的线性趋势，再次说明模型的拟合效果不好。

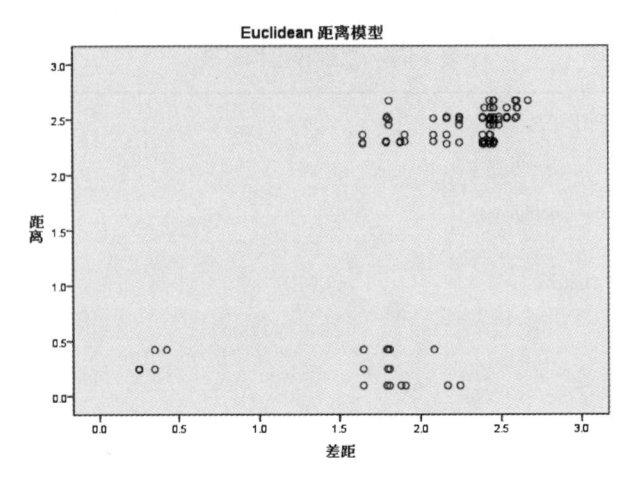

图 14-11 线性拟合散点图

14.3 本章小结

  本章着重介绍了信度分析和多维尺度分析。信度分析用来检验同一事物重复测量结果的一致性程度，其与测量结果的正确与否无关，而是反映测量工具的稳定性或可靠性，一般用信度系数表示。而多维尺度分析用于研究多个事物之间的相似程度，并在低维空间中用点与点之间的距离将相似程度展示出来；在实际应用中，可以通过直接评价法和间接评价法来获取距离矩阵。

第15章

生存分析

生存分析涉及有关疾病的愈合、死亡，或者器官的生长发育等时效性指标。某些研究虽然与生存无关，但由于研究中随访资料常因失访等原因造成某些数据观察不完全，需用专门方法进行统计处理，这类方法起源于对寿命资料的统计分析，故也称为生存分析。本章主要介绍生存分析的简介、寿命表分析和Kaplan-Meier分析。

学习目标

(1) 熟知生存分析的常用概念。
(2) 掌握生存分析对话框的各个选项的含义。
(3) 熟练掌握生存分析的操作步骤。
(4) 掌握生存分析的结果分析。

15.1 生存分析的概述

生存分析，是指根据试验或调查得到的数据对生物或人的生存时间进行分析和推断，研究生存时间和结局与众多影响因素间关系及其程度大小的方法。生存分析广泛应用于生物科学、犯罪学、社会学和市场学等，如分析患者的生存时间、电子设备的使用年限等。

15.1.1 生存分析的常用概念

1. 生存时间

生存时间，用 T 表示，指量测某事件出现的时间。例如，出现失效的时间、反应时间和病症复发时间等。这些时间受随机因素的影响，和任何随机变量一样形成一个分布。

生存时间有两个特点：一是分布类型不易确定，一般不服从正态分布，有时近似服从指数分布、Weibull 分布、Gompertz 分布等，多数情况都不服从特定的分布类型；二是影响生存时间的因素较为复杂，不易控制。

生存时间的分布通常用下列三个函数来刻画：生存函数、概率密度函数和危险率函数。

（1）生存函数（累计生存率）

记作 $S(t)$，定义为个体生存时间长于 t 的概率。

$$S(t)=P（个体生存时间\ T>t）=1-F(t)$$

式中：$F(t)$ 指个体的生存时间 T 的分布函数。

假设生存率用 $S(t_k)$ 表示，指个体经历 t_k 个单位时间后仍存活的概率。

若无删失数据，则

$$S(t_k)=P(T\geq t_k)=\frac{过了\ t_k\ 时仍存活的个数}{观测总个数}$$

若有删失数据，则

$$S(t_k)=P(T\geq t_k)=p_1p_2\cdots p_k$$

式中：$p_1, p_2, \cdots, p_k$ 表示不同时间段的生存概率。

（2）概率密度函数（或密度函数）

记作 $f(t)$，它和任何其他连续随机变量一样，生存时间 T 的概率密度函数 $f(t)$ 的定义是：

$$f(t)=\lim_{\Delta t}\frac{P(个体在区间(t,t+\Delta t)中死亡)}{\Delta t}$$

$f(t)$ 函数是非负函数；$f(t)$ 的图形叫作密度曲线，密度曲线与 t 轴之间的面积等于 1。

（3）危险率函数（条件生存率）

记作 $h(t)$，其定义是

$$h(t)=\lim_{\Delta t\to 0}\frac{P(年龄是\ t\ 的个体在区间(t,t+\Delta t)中死亡)}{\Delta t}$$

粗略地讲，$h(t)$是在时间t时活着的个体，在往后的单位时间死亡的（条件）概率。

以上三个函数在数学上是等价的，即若给出其中一个，另两个可以导出，推导公式为

$$h(t) = \frac{f(t)}{S(t_k)}$$

2．中位生存期

指生存时间的中位数，也称之为半数生存期，表示生存率等于50%的时刻，反映了生存时间的平均水平。

3．失效事件

表示观测到随访对象出现了所规定的结局，如某个产品出现了功能失效。应注意失效事件与截尾数据的不同含义。

失效事件是生存分析的基石，必须绝对准确。失效事件应由研究目的决定，并非死亡就表示发生了失效事情，因为患者有可能死于其他疾病而非所研究的疾病。

4．删失数据和完整数据

根据研究对象的结局，生存时间数据可分为完全数据和删失数据。完全数据指观测对象在观测期内出现响应，使记录到的时间信息是完整的；删失数据指尚未观测到研究对象出现响应时，由于某种原因终止了观测，使得记录的时间信息不完整，常在数据右上角用"+"标识。

15.1.2　生存分析的数据要求

根据生存数据的来源及其特点，提出以下几点生存分析的数据要求。

（1）样本需由随机抽样方法获得，应保证一定的数量，死亡例数及其比例不能太少。

（2）完全数据所占的比例不能太少，即删失数据不宜太多。

（3）删失数据出现的原因应具有无偏性，这就需要对被删失的研究对象的基本情况进行分析。

（4）输出时间应尽可能准确，由于许多常用的生存分析方法，都是在对生存时间排序的基础上做的统计处理，即使小小的舍入误差也可能因改变时间顺序而影响结果。

15.1.3　生存分析的方法

目前，生存分析主要有以下3种分析方法。

1．参数法

当已知生存时间服从特定的分布时，则可利用参数法根据已知分布的特点对观测对象的生存时间进行分析，包括指数分布法、Weibull分布法、对数正态回归分析法和对数logistic回归分析法等。

2．非参数法

当对生存时间的分布未知时，可根据样本提供的顺序统计量对生存率进行估计，包括乘积极限法和寿命表法。

3．半参数法

其兼有参数法和非参数法的特点。主要用来研究影响生存时间和生存率的因素，属于多因素分析方法，如 Cox 模型分析法。

针对以上分析方法，SPSS 提供了 4 种分析过程，包括寿命表、Kaplan-Meier、Cox 回归和 Cox 依时协变量。现就前 3 种常用的分析过程进行详细介绍。

15.2 寿命表分析

寿命表分析适用于大样本的情况，其把数据按时间段分成几组，用此分析过程观测不同时间段的生存率。

寿命表法是通过计算落入单位时间段内的失效观察和删失观测的个数，估计该区间上的死亡概率；并且用该区间及其之前各区间上的生存概率之积估计生存率。

当资料按照固定时间段收集时，随访结果只有时间段内的若干观察人数、出现预期观察结果的人数和删失人数，每位研究对象的确切生存时间是无法知道的，此时应当使用寿命表法进行分析，即分组资料的生存分析。

15.2.1 参数设置

（1）打开数据文件，选择"分析"→"生存分析"→"寿命表"，弹出"寿命表"对话框，如图 15-1 所示，各项含义如下。

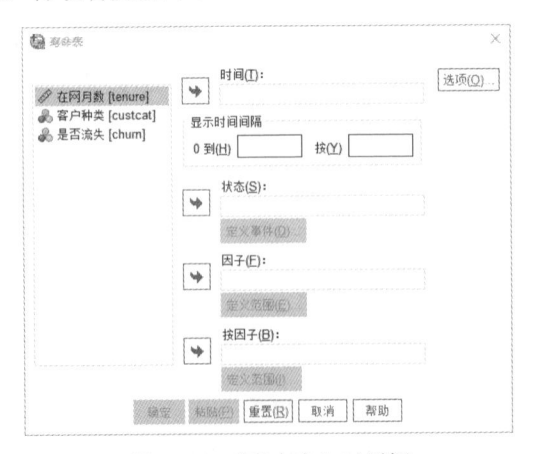

图 15-1 "寿命表"对话框

- 时间：用于从左侧变量列表中选入代表生存时间的变量。若出现负数，则不参与分析。

- 显示时间间隔：用于指定在生命表的生存时间的区间及其步长。"0 到"中的 0 表示第一个时间区间的开始点，此时需用户在"0 到"后的输入框中指定最后一个时间区间的上限；在"步长"后的输入框中指定生存时间的单位时间段。例如，在"0 到"后的输入框输入 100，在"步长"后的输入框输入 10，表示最后一个区间的上限为 100，且从 0 至 100 是每 10 个时间单位为一个区间。
- 状态：用于选入定义事件是否发生的生存状态变量。将变量选入该框后，单击"定义事件"按钮，弹出"寿命表：为状态变量定义事件"对话框，如图 15-2 所示，在此给出了两种表示事件已发生的方法。
  - 单值：指单个状态变量值，需在后面的输入框中指定状态变量的代表事件发生的取值。
  - 值的范围：表示指定状态变量的取值范围，需在"到"前后的输入框分别指定取值范围的起始值和终止值。
- 因子：用于选入第一个因素变量，即分组因素。将变量选入该框后，单击"定义事件"按钮，弹出"寿命表：定义因子范围"对话框，如图 15-3 所示，在最大值和最小值输入框里分别指定取值范围的最大值和最小值，SPSS 对此范围外的取值将忽略。

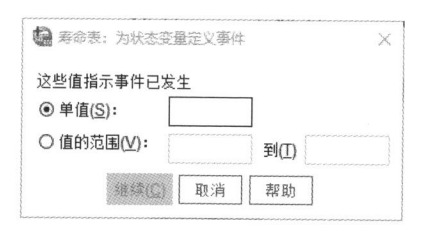

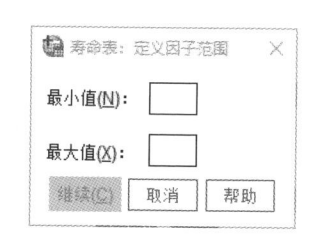

图 15-2　"寿命表：为状态变量定义事件"对话框　　图 15-3　"寿命表：定义因子范围"对话框

- 按因子：用于选入第二个因素变量，即分层因素。将变量选入该框后，也需设置取值范围的最大值和最小值，方法同上。

（2）单击"选项"按钮，弹出"寿命表：选项"对话框，如图 15-4 所示，各项含义如下。

图 15-4　"寿命表：选项"对话框

- 寿命表：选中该复选框，表示在结果里输出生命表。

- 图：此栏用于选择输出的图形类型，有 5 个可选项，分别为：生存分析、对数生存分析、风险、密度、一减去生存函数。
- 比较第一个因子的级别：选择比较第一个因素不同取值水平的比较方法。SPSS 采用 Wilcoxon（Gehan）检验，它用于比较不同分组的生存率。如果还指定了第二个因素，则先以第一个因素变量的取值进行分组，再利用 Wilcoxon（Gehan）检验对第二个因素变量中各组的第一个因素变量不同取值水平进行比较，有如下 3 个可选项。
  - 无：表示不对各取值水平进行比较，是默认选项。
  - 总体：指同时比较第一个因素不同取值水平的差异，其检验的零假设为各分组的生存曲线全部相同，相当于方差分析中的总体比较。
  - 成对：指配对比较第一个因素不同取值水平的差异，相当于方差分析中的两两比较，同时也会给出整体比较的结果。

15.2.2 寿命表分析的 SPSS 实现

实例一："data15-01.sav"数据文件摘自 SPSS 自带的数据文件"telco.sav"，如图 15-5 所示。数据中包括 tenure（在网月数）、custcat（客户种类）、churn（是否流失）这 3 个变量。现要求利用寿命表分析来研究不同种类客户的流失情况有何差异。

| 数据文件：数据文件\Chapter15\data15-01.sav |
| 视频文件：视频文件\Chapter15\寿命表分析.avi |

	tenure	custcat	churn
1	13	1	1
2	11	4	1
3	68	3	0
4	33	1	1
5	23	3	0
6	41	3	0
7	45	2	1

图 15-5 "data15-01.sav"数据

（1）打开"data15-01.sav"数据文件，选择"分析"→"生存分析"→"寿命表"，弹出如图 15-1 所示的"寿命表"对话框。

（2）选中左侧变量列表中的在网月数变量，单击按钮，将其作为时间变量选入时间选框中，并在下方的"0 到"后输入 72，在"按"后输入 12。

（3）选中左侧变量列表中的客户流失变量，单击按钮，将其作为状态变量选入状态选框中，并单击"定义事件"按钮，弹出如图 15-2 所示的"寿命表：为状态变量定义事件"对话框，在单值后输入 1。单击"继续"按钮返回主对话框。

（4）选中左侧变量列表中的客户种类变量，单击按钮，将其作为因素变量选入因子选框中，并单击"定义范围"按钮，弹出如图 15-3 所示的"寿命表：定义因子范围"

对话框，在最大值和最小值输入框里分别为 4 和 1。单击"继续"按钮返回主对话框。

（5）单击"选项"按钮，弹出如图 15-4 所示的"选项"对话框。勾选"寿命表"、"生存分析"；单击选中"成对"比较。单击"继续"按钮返回主对话框。

（6）完成所有设置后，单击"确定"按钮执行命令。

15.2.3 寿命表分析的结果分析

从表 15-1 "进入时间间隔的数目"一列可以看出，四类客户的人数相近；由"终端事件数"一列可以发现，四类客户均在入网一年后存在较大的流失，所以建议运营公司在客户入网一年内加强服务措施，以提高客户满意度。

表 15-1 寿命表

一阶控制		时间间隔开始时间	进入时间间隔的数目	时间间隔期内撤销数目	有风险的数目	终端事件数	终止比例	生存分析比例	期末累积生存分析比例	期末累积生存分析比例的标准误	概率密度	概率密度的标准误	风险率	风险率的标准误
客户种类	基本服务	0	266	36	248.000	47	.19	.81	.81	.02	.016	.002	.02	.00
		12	183	44	161.000	16	.10	.90	.73	.03	.007	.002	.01	.00
		24	123	40	103.000	13	.13	.87	.64	.04	.008	.002	.01	.00
		36	70	25	57.500	7	.12	.88	.56	.04	.006	.002	.01	.00
		48	38	26	25.000	0	0.00	1.00	.56	.04	0.000	0.000	0.00	0.00
		60	12	12	6.000	0	0.00	1.00	.56	.04	0.000	0.000	0.00	0.00
	上网服务	0	217	4	215.000	10	.05	.95	.95	.01	.004	.001	.00	.00
		12	203	14	196.000	17	.09	.91	.87	.02	.007	.002	.01	.00
		24	172	18	163.000	13	.08	.92	.80	.03	.006	.002	.01	.00
		36	141	27	127.500	10	.08	.92	.74	.03	.005	.002	.01	.00
		48	104	36	86.000	9	.10	.90	.66	.04	.006	.002	.01	.00
		60	59	49	34.500	0	0.00	1.00	.66	.04	0.000	0.000	0.00	0.00
		72	10	10	5.000	0	0.00	1.00	.66	.04	0.000	0.000	0.00	0.00
	附加服务	0	281	18	272.000	15	.06	.94	.94	.01	.005	.001	.00	.00
		12	248	34	231.000	8	.03	.97	.91	.02	.003	.001	.00	.00
		24	206	42	185.000	7	.04	.96	.88	.02	.003	.001	.00	.00
		36	157	30	142.000	5	.04	.96	.85	.02	.003	.001	.00	.00
		48	122	48	98.000	4	.04	.96	.81	.03	.003	.001	.00	.00
		60	70	53	43.500	5	.11	.89	.72	.05	.008	.003	.01	.00
		72	12	12	6.000	0	0.00	1.00	.72	.05	0.000	0.000	0.00	0.00
	所有服务	0	236	12	230.000	28	.12	.88	.88	.02	.010	.002	.01	.00
		12	196	25	183.500	23	.13	.87	.77	.03	.009	.002	.01	.00
		24	148	20	138.000	14	.10	.90	.69	.03	.006	.002	.01	.00
		36	114	29	99.500	8	.08	.92	.63	.04	.005	.002	.01	.00
		48	77	23	65.500	10	.15	.85	.54	.04	.008	.002	.01	.00
		60	44	30	29.000	5	.17	.83	.45	.05	.008	.003	.02	.01
		72	9	9	4.500	0	0.00	1.00	.45	.05	0.000	0.000	0.00	0.00

图 15-6 是关于四类客户流失的生存分析函数图，该图是对寿命表的图形展示，其能更形象地展示分析结果。由图可知，在入网一年后，基本服务这类客户的累计生存函数下降最快，其次是所有服务的客户，再是附加服务的客户，下降最慢的是上网服务的客户。

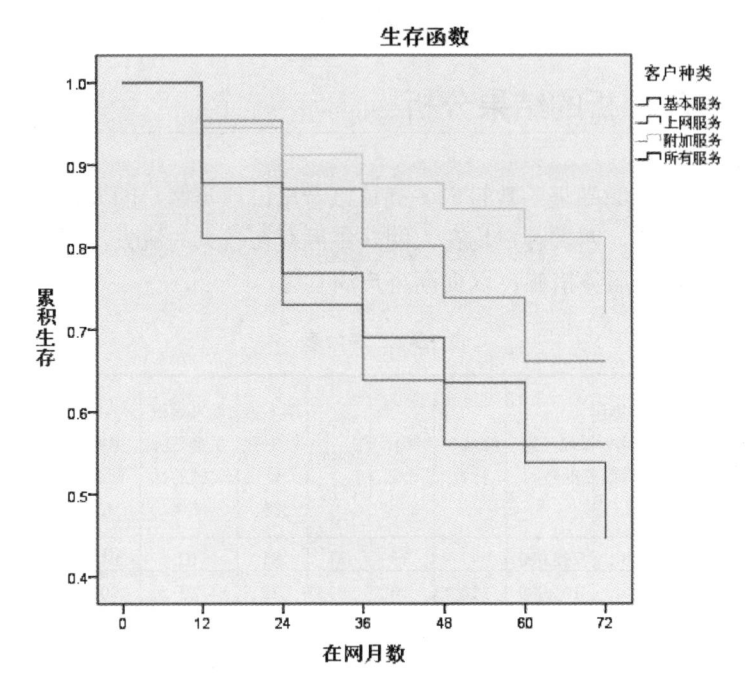

图 15-6　生存分析函数图

表 15-2 是总体比较表，通过威尔科克森检验，显著性值为 0.000，说明四类客户的生存曲线存在显著差异。

表 15-2　总体比较 [a]

威尔科克森（吉亨）统计	自由度	显著性
49.179	3	.000

a. 比较是精确的。

表 15-3 成对比较表给出了更详细的结论。可以看出，除了基本服务与所有服务之间不存在显著差异外，其余两两之间均存在显著差异。

表 15-3　成对比较 [a]

(I) custcat	(J) custcat	威尔科克森（吉亨）统计	自由度	显著性
1	2	18.640	1	.000
	3	37.154	1	.000
	4	2.949	1	.086
2	1	18.640	1	.000
	3	5.515	1	.019

续表

（I）custcat		Wilcoxon（Gehan）统计	自由度	显著性
	4	9.222	1	.002
3	1	37.154	1	.000
	2	5.515	1	.019
	4	27.229	1	.000
4	1	2.949	1	.086
	2	9.222	1	.002
	3	27.229	1	.000

a. 执行的是精确比较。

15.3 Kaplan-Meier 分析

Kaplan-Meier 分析适用于样本含量较小的情况，它不能给出特定时刻的生存率，所以不用担心某些时间段内只有很少的几个观测，甚至没有观测的情况。为充分利用每个数据所包含的信息，必须采用更为精确的估计方法，而 Kaplan-Meier 的乘积极限估计是目前应用最多且效率最高的方法。

SPSS 的 Kaplan-Meier 过程，适用于如下问题的研究：

（1）估计某研究因素不同水平的中位生存时间。

（2）比较某研究因素不同水平的生存时间有无差异。

（3）控制某分层因素后，对感兴趣的分组因素不同水平的生存时间做比较。

15.3.1 参数设置

（1）打开数据文件，选择"分析"→"生存分析"→"Kaplan-Meier"，弹出"Kaplan-Meier"对话框，如图 15-7 所示。

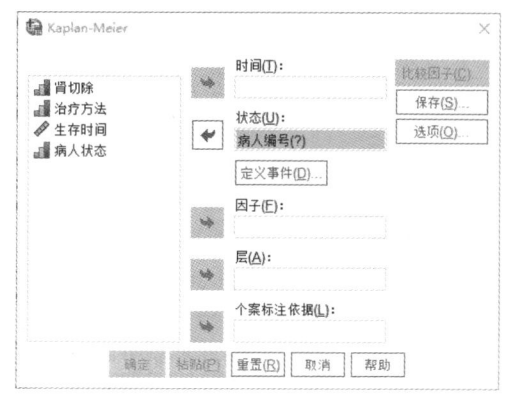

图 15-7 "Kaplan-Meier"对话框

- 时间：用于从左侧的变量列表中选入生存时间变量。

- 状态：用于从左侧的变量列表中选入生存状态变量。将变量选入该框后，单击"定义事件"按钮，弹出"Kaplan-Meier：为状态变量定义事件"对话框，如图15-8所示，有如下3个方法用于指定事件发生与否。
  - 单值：指单个状态变量值，需在后面的输入框中指定状态变量的代表事件发生的取值。如患者结局是0、1这两个取值，分别代表死亡、截尾，当指定值为0时，则表示只对取值为2的个案进行生存时间的分析。
  - 值的范围：表示指定状态变量的取值范围，需在"到"前后的输入框分别指定取值范围的起始值和终止值。如某变量取值1、2、3、4，若将取值范围指定为1到3，则表示对取值为1、2、3的个案进行生存时间的分析。
  - 值的列表：用户可自行指定状态变量的取值，SPSS对指定的所有单个状态变量值进行生存时间的分析。设置方法为：在其后的输入框中输入某个数字后，单击"添加"按钮，将其添加到下面的列表里；若需修改已经加入的值，可在列表中选中它，然后在值的列表输入框中进行修改，最后单击"更改"按钮确认修改；若需删除已经选入的值，则在列表中选中它后直接单击"移除"按钮即可删除。

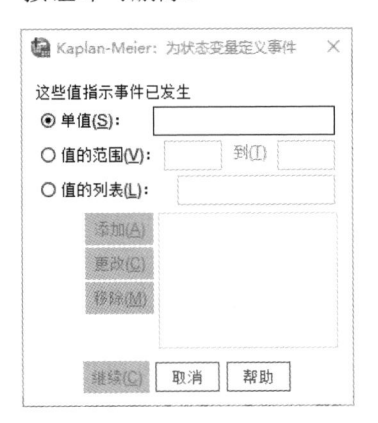

图15-8 "Kaplan-Meier：为状态变量定义事件"对话框

- 因子：用于选入因素变量，即控制变量。
- 层：用于选入分层因素，以控制变量中不同的取值作为不同的层，SPSS会对其每个取值水平分别进行分析。
- 个案标注依据：当有必要关心个案在研究队列中的情况时，可以在此选入个案的标签变量，SPSS会以列表方式用该变量值标出所有的个案，该变量可以是字符型。

(2) 单击"比较因子"按钮，弹出"Kaplan-Meier：比较因子级别"对话框，如图15-9所示，在此设置因素变量取值水平的比较方法。

- 检验统计：在此选中具体的检验统计量，有如下3个选项。
  - 秩的对数：即Wantel-Haenszel检验，检验各组生存率曲线的分布是否相同，且对所有死亡时间赋予的权重一样。
  - 布雷斯洛（Breslow）：检验各组生存率曲线的分布是否相同，对较早死亡时间赋予较大的权重，所以对于早期差别较为敏感。
- ➢ 塔罗内-韦尔（Tarone-Ware）：检验各组生存率曲线的分布是否相同，以各时刻观测例数的平方根为权重。当两个危险率函数曲线或生存曲线有交叉时，可以考虑勾选该项。

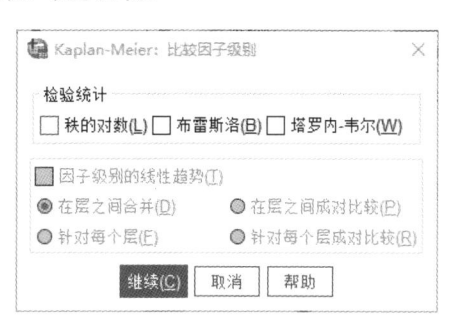

图 15-9 "Kaplan-Meier：比较因子级别"对话框

- 因子级别的线性趋势：用于指定分组因素各水平之间的线性趋势检验。只有当分组因素是有序变量时（如病情的早期、中期、晚期），作线性趋势检验才有实际意义，在这种情况下，SPSS 假定各水平之间的效应是等距的。
- 对话框中的四个单选框用来指定进行总体比较还是两两比较，以及对分层变量的处理方式。
    - ➢ 在层之间合并：对因素变量各取值水平下的生存曲线作整体比较，不进行配对比较，是默认选项。
    - ➢ 在层之间成对比较：以不同的配对方式作因素变量各水平之间的两两比较。此选项对线性趋势检验无效。
    - ➢ 针对每个层：在指定了分层变量的前提下，对每一层分别进行因素变量各取值水平间的整体比较。
    - ➢ 针对每个层成对比较：在指定了分层变量的前提下，对每一层以不同的配对方式分别进行因素变量各取值水平间的两两比较，此选项对线性趋势检验无效。

（3）单击"保存"按钮，弹出"Kaplan-Meier：保存新变量"对话框，如图 15-10 所示。在此设置保存选项，有如下 4 个可选项。
- 生存分析：即累积生存概率估计，自动生成变量名的前缀为"sur"。
- 生存分析的标准误：即累积生存估计的标准误，自动生成变量名的前缀为"se"。
- 风险：即累积风险函数估计，自动生成变量名的前缀为"haz"。
- 累积事件：指当个案按其生存时间和状态代码进行排序时的事件累积频率，自动生成变量名的前缀为"cum"。

（4）单击"选项"按钮，弹出"Kaplan-Meier：选项"对话框，如图 15-11 所示，在此设置输出的统计量和图形，各项含义如下。

图 15-10 "Kaplan-Meier：保存新变量"对话框　　图 15-11 "Kaplan-Meier：选项"对话框

- 统计：在此选择输出哪些统计量，有如下 3 个选项。
  - ➢ 生存分析表：生成的表格包括乘积限生命表、标准误、累计频数和风险例数。默认勾选该选项。
  - ➢ 平均值和中位数生存分析函数：生成的表格包括生存时间的平均值、中位数及其标准误和置信区间。
  - ➢ 四分位数：生成的表格包括生存时间的 25%、50% 和 75% 的百分数，以及它们的标准误。
- 图：此选择输出哪些统计图形，包括生存分析函数、一减去生存分析、风险和生存分析函数的对数。

15.3.2　Kaplan-Meier 分析的 SPSS 实现

实例二："data15-02.sav"数据文件为某医院对 58 位肾上腺样瘤病人采用不同治疗方法研究的数据，如图 15-12 所示。

现要求利用 Kaplan-Meier 分析在切除肾脏条件下两种治疗方法的结果是否具有显著差异［数据来源于《生存数据分析的统计方法》（ELISA T.LEE.著，中国统计出版社）］。

数据文件：数据文件\Chapter15\data15-02.sav
视频文件：视频文件\Chapter15\Kaplan-Meier 分析.avi

	病人编号	肾切除	治疗方法	生存时间	病人状态
1	1	1	1	77	0
2	2	1	1	18	1
3	3	0	1	8	1
4	4	1	1	68	1
5	5	1	1	35	1
6	6	1	1	8	1
7	7	1	1	26	1

图 15-12　"data15-02.sav"部分数据

（1）打开数据文件"data15-02.sav"，选择"分析"→"生存分析"→"Kaplan-Meier"，弹出如图 15-7 所示的"Kaplan-Meier"对话框。

（2）选中左侧变量列表中的"生存时间"变量，单击➡按钮，将其作为时间变量选入"时间"选框中。

（3）选中左侧变量列表中的"病人状态"变量，单击➡按钮，将其作为状态变量选入"状态"选框中。

（4）单击"定义事件"按钮，弹出如图 15-8 所示"Kaplan-Meier：定义状态变量事件"对话框，在单值后面的输入框中输入 1。单击"继续"按钮返回主对话框。

（5）选中左侧变量列表中的"治疗方法"变量，单击➡按钮，将其作为控制变量选入"因子"选框中。

（6）选中左侧变量列表中的肾切除变量，单击➡按钮，将其作为分层变量选入"层"选框中。

（7）单击"比较因子"按钮，弹出如图 15-9 所示的"比较因子级别"对话框。勾选"秩的对数""布雷斯洛"和"塔罗内-韦尔"；选中"针对每个层成对比较"。单击"继续"按钮返回主对话框。

（8）单击"选项"按钮，弹出如图 15-11 所示的"选项"对话框。勾选"平均值""中位数生存时间"和"四分位数"复选框。单击"继续"按钮返回主对话框。

（9）完成所有设置，单击"确定"按钮执行命令。

15.3.3　Kaplan-Meier 分析的结果分析

表 15-4 是警告。由于数据中的"生存时间"中包含负数，所以会出现此警告。

表 15-4　警告

找到因变量值为负数或缺失的个案。将忽略这些个案。

表 15-5 给出了包括因素变量各取值水平下的事件发生数与删失数的统计信息。Kaplan-Meier 分析过程将变量中的负数或缺失值剔除。数据文件中共有 58 个个案人，但进入分析的数据总计为 56 个个案，说明有 2 个个案的数据存在负数或缺失值。在"简剔后"列中可以看出，切除肾脏的个案被删除了 9 个，这是因为状态变量被指定为 1，而对于非 1 的个案则未进入分析。

表 15-5　个案处理摘要

肾切除		总数	事件数	简剔后	
				个案数	百分比
否	化学与免疫法结合	7	7	0	0.0%
	其他方法	3	3	0	0.0%
	总体	10	10	0	0.0%
是	化学与免疫法结合	29	25	4	13.8%
	其他方法	17	12	5	29.4%
	总体	46	37	9	19.6%
总体	总体	56	47	9	16.1%

表 15-6 是"生存分析时间的平均值和中值",表 15-7 是"中位数与生存时间的百分位数"。两个表都是不同分层级不同处理情况生存描述统计量。生存时间的平均值和中位数是生存时间的平均值和中位数,以及它们 95% 的置信区间。生存时间的四分位数是输出时间的百分位数,包括 25%、50% 和 75% 的数值。从两个表可以粗略看出:化学与免疫结合的治疗方法同其他治疗方法在延长病人生存时间上的差异不太明显。更精确的判断需要通过假设检验确定。

表 15-6 生存分析时间的平均值和中值

肾切除	治疗方法	平均值 [a]				中位数			
		估算	标准误	95% 置信区间		估算	标准误	95% 置信区间	
				下限	上限			下限	上限
否	化学与免疫法结合	12.571	2.034	8.585	16.558	12.000	3.928	4.301	19.699
	其他方法	8.000	0.000	8.000	8.000	8.000			
	总体	11.200	1.555	8.152	14.248	8.000	.949	6.141	9.859
是	化学与免疫法结合	46.217	7.154	32.194	60.240	36.000	7.908	20.500	51.500
	其他方法	52.392	18.232	16.657	88.128	20.000	4.749	10.692	29.308
	总体	47.414	7.698	32.326	62.503	30.000	6.982	16.316	43.684
总体	总体	40.825	6.579	27.929	53.720	20.000	3.606	12.932	27.068

a. 如果已对生存分析时间进行检剔,那么估算将限于最大生存分析时间。

表 15-7 百分位数

肾切除	治疗方法	25.0%		50.0%		75.0%	
		估算	标准误	估算	标准误	估算	标准误
否	化学与免疫法结合	17.000	2.315	12.000	3.928	8.000	1.793
	其他方法	8.000		8.000		8.000	
	总体	15.000	3.795	8.000	.949	8.000	.791
是	化学与免疫法结合	72.000	16.537	36.000	7.908	14.000	3.404
	其他方法	40.000	8.277	20.000	4.749	16.000	2.627
	总体	68.000	12.163	30.000	6.982	14.000	2.962
总体	总体	52.000	14.250	20.000	3.606	10.000	1.614

表 15-8 的"成对比较"利用 3 种检验统计量分别对控制变量的不同水平做时序检验,检验结果表明:无论病人的肾脏切除与否,化学与免疫结合的治疗方法同其他治疗方法在延长病人生存时间上没有显著差异。

表 15-8 成对比较

	肾切除	治疗方法	化学与免疫法结合		其他方法	
			卡方	显著性	卡方	显著性
Log Rank (Mantel-Cox)	否	化学与免疫法结合			2.440	.118
		其他方法	2.440	.118		
	是	化学与免疫法结合			.110	.741
		其他方法	.110	.741		

续表

肾切除	肾切除	治疗方法	化学与免疫法结合		其他方法	
			卡方	显著性	卡方	显著性
Breslow（Generalized Wilcoxon）	否	化学与免疫法结合			2.182	.140
		其他方法	2.182	.140		
	是	化学与免疫法结合			.264	.607
		其他方法	.264	.607		
Tarone-Ware	否	化学与免疫法结合			2.312	.128
		其他方法	2.312	.128		
	是	化学与免疫法结合			.304	.582
		其他方法	.304	.582		

15.4 Cox 回归模型

Cox 回归模型用于拟合 Cox 比例风险模型，它是多因素生存分析比较常用的一种方法。该方法主要应用于肿瘤或其他慢性疾病的预后分析，其优点包括适用于多因素的分析、不考虑生存时间的分布形态、能够有效地利用截尾数据。

一般情况下，在 Cox 回归模型中，因变量常指生存时间，自变量则是与生存时间有关的一些变量，即协变量或预后变量。对于 Cox 回归模型，其需要满足两个前提假设：各危险因素的作用大小不随时间变化而变化；各危险因素之间不存在交互作用。此外，需注意：样本例数不能太小，一般要求样本例数为变量个数的 5~20 倍；生存资料的截尾数据不能超过 20%；要有一定发生结局事件例数。

15.4.1 参数设置

（1）打开数据文件，选择"分析"→"生存分析"→"Cox 回归"，弹出"Cox 回归"对话框，如图 15-13 所示，设置分析变量和其取值规则，各项含义如下。

图 15-13 "Cox 回归"对话框

- 时间：用于从左侧变量列表中选入生存时间变量，应是数值型变量。

- 状态：用于从左侧的变量列表中选入生存状态变量，可以是分类型或连续型变量。单击"定义事件"按钮，弹出"Cox 回归：为状态变量定义事件"对话框，如图 15-14 所示，该对话框与图 15-18 对话框的内容及设置方法均一样。

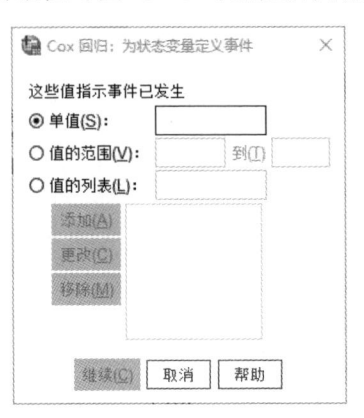

图 15-14 "Cox 回归：为状态变量定义事件"对话框

- 协变量：用于从左侧变量列表中选入一个或多个协变量，可以是分类型或连续型变量。当有多组协变量时，可单击"上一个"按钮和"下一个"按钮切换不同组的协变量。若考虑协变量间的交互作用，可先在左侧变量列表中选中有交互作用的变量，单击">a*b>"按钮，形成交互作用项进入协变量框中。当需要为协变量设置进入回归模型的方法时，可选中该协变量，然后在下方的下拉列表中选择需要的方法。这 7 个进入回归模型方法的含义如下。
    - 输入：即强行进入法，同一组中的协变量一次性地全部进入回归方程。
    - 向前-有条件：指通过条件似然检验确定协变量是否能进入回归方程的向前选择法。
    - 向前-LR：指通过似然率检验确定协变量是否能进入回归方程的向前选择法。
    - 向前-瓦尔德：指通过瓦尔德（Wald）检验确定协变量是否能进入回归方程的向前选择法。
    - 向后-有条件：指通过条件似然检验确定协变量能否从方程中消去的向后消去法。
    - 向后-LR：指通过条件似然率检验确定协变量能否从方程中消去的向后消去法。
    - 向后-瓦尔德：指通过瓦尔德（Wald）检验确定协变量能否从方程中消去的向后消去法。

一般情况下，使用向后消去法能减少漏掉前者的有价值的预测因子。但若要求至少有一个协变量进入模型，则可以使用向前选择法。

- 层：用于选入分层变量，应是分类型变量。分层变量可以看作研究者欲加以控制的混杂因素，SPSS 可以根据分层变量将数据分组，然后对每个组生成单独的风险函数，以便于研究者分析数据。

（2）单击"分类"按钮，弹出"Cox 回归：定义分类协变量"对话框，如图 15-15

所示，各项含义如下。

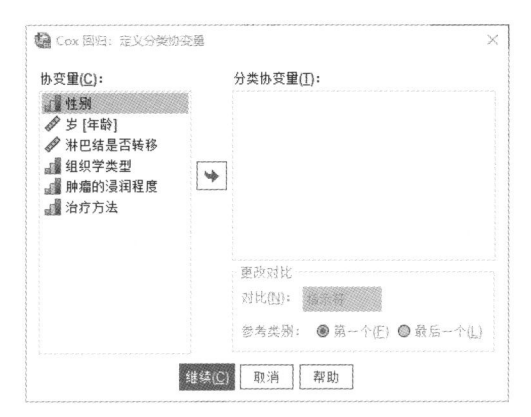

图 15-15 "Cox 回归：定义分类协变量"对话框

- 协变量：该列表框显示主对话框中选定的所有协变量。
- 分类协变量：该列表框用于从左侧协变量列表选入指定为分类变量的协变量，变量名后的括号显示当前变量正在使用的对照方法。
- 更改对比：该栏用于设置对指定协变量的对照方式，对比下拉列表给出如下 7 个对照方式。
    - 指示符：指明各类代表信息的有或无，需指定参考类别，参考类别在对比矩阵中取值均为 0。
    - 简单：预测变量的每个类别（除参考类别）都与参考类别进行比较。
    - 差值：除第一类外，预测变量的每个类别都与其前面所有类别的平均效应进行比较，也叫逆 Helmert 对比。
    - 赫尔模特（Helmert）：除最后一类外，预测变量的每个类别都与后面所有类别的平均效应进行比较。
    - 重复：除第一类外，预测变量的每个类别都与其前的所有类别进行比较。
    - 多项式：此方法假设各类别的间距相等，仅适用于数值型分类变量。
    - 偏差：预测变量的每个类别（除参考类别）与总体效应进行比较。
- 参考类别：用于指定参考类别。如果在上方选择了指示符、简单或偏差方法，就需要指定一个参考类别，可选项有最后一个和第一个，默认的都是第一个。若选择了第一个作为参考类别的变量，其在协变量列表框的名称后面会显示"第一"字样，如 X（指示符（第一））；若选择最后一个作为参考类别的变量时不作提示。

（3）单击"图"按钮，弹出"Cox 回归：图"对话框，如图 15-16 所示，各项含义如下。

- 图类型：此栏用于选择输出哪些类型的图形，有如下 4 个可选项。
    - 生存分析：在线性刻度上显示累积生存函数。
    - 风险：在线性刻度上显示累积风险函数。
    - 负对数的对数：向估计应用了 ln（-ln）转换之后的累积生存估计。
    - 一减生存分析函数：以线性刻度绘制 1 减生存函数。

图 15-16 "Cox 回归：图"对话框

- 协变量值的绘制位置：要作出生存函数或风险函数关于时间的图形，需要指定协变量的值。默认状态下，是以模型中对比变量和协变量的均值绘制函数图形。若用户要根据需求自己设定值，则先在该列表框中选中某个变量，然后在更改值栏中单击值选项，并在后面的输入框指定需要的固定值即可。
- 单线：用于选入一个分类协变量，作图时将它作为分线变量作图，即按变量取值将数据分成几组，对各组分别作一条曲线。

（4）单击"保存"按钮，弹出"Cox 回归：保存"对话框，如图 15-17 所示，各项含义如下。

图 15-17 "Cox 回归：保存"对话框

- 保存模型变量：用于指定生成的生存变量，此栏给出如下 7 项可选的保存内容。
  - 生存分析函数：即生存函数估计值，自动生成变量名前缀为"sur"。
  - 生存分析函数的标准误：即生存函数估计值的标准误，自动生成变量名前缀为"se"。
  - 生存分析函数负对数的对数：即对数转换后的累计生存函数，自动生成变量名前缀为"lml"。
  - 风险函数：即累计危险函数估计值，自动生成变量名前缀为"haz"。
  - 偏残差：用它对生存时间作图可以检查关于风险函数的比例假设，自动生成变量名前缀为"pr"。
  - DfBeta：剔除某个观测后引起的参数估计值的变化，对最终模型的每个协变量都生成一个新变量用于保存，自动生成变量名前缀为"dfb"。

> X*Beta:保存线性预测的得分,由中心化协变量与估计参数相乘后再求和所得,自动生成变量名前缀为"xbe"。

(5)单击"选项"按钮,弹出"Cox 回归:选项"对话框,如图 15-18 所示,各项含义如下。

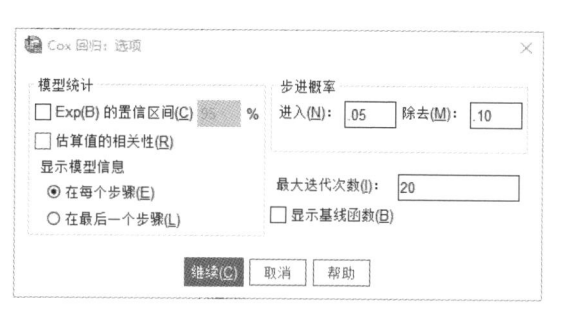

图 15-18 "Cox 回归:选项"对话框

- 模型统计:此栏用于设置模型统计量。
  > Exp(B)的置信区间:表示 exp 的置信区间,默认为 95%,用户可根据需要更改为 90%、99%等。
  > 估算值的相关性:表示系数估计值的相关矩阵。
  > 显示模型信息:指对当前模型显示对数似然统计量、似然比统计量和总体卡方值。对模型中的变量显示参数估计值及其标准误,Wald 统计量。此处给出两种输出方式,分别为在每个步骤中和在最后一个步骤中。
    ◇ 在每个步骤:指逐步回归的每一步都输出相关的统计量。
    ◇ 在最后一个步骤:指只在逐步回归的最后一步输出相关的统计信息。
- 步进概率:此栏用于指定协变量进入或剔除模型的临界概率,如果选择了逐步回归法,则需要对此栏进行设置。在进入输入框指定变量进入模型的临界值,默认为 0.05;在除去输入框指定变量移出模型的临界值,默认为 0.10。
- 最大迭代次数:为模型指定最大迭代次数。在后面的输入框指定最大的迭代次数,默认为 20。
- 显示基线函数:生成基准危险函数、协变量均值生存函数和危险函数表。若指定了时间相依协变量,不能激活该项。

15.4.2 Cox 回归模型的 SPSS 实现

实例三:"data15-03.sav"数据文件为 63 例病人的生存时间、结局及影响因素的数据,如图 15-19 所示。现要求利用 Cox 回归模型进行预后分析(数据来源于《医学统计》,孙振球主编,人民卫生出版社,北京:2002 年第 1 版)。

数据文件:数据文件\Chapter15\data15-03.sav
视频文件:视频文件\Chapter15\Cox 回归模型.avi

编号	年龄	性别	组织学类型	治疗方法	淋巴结是否转移	肿瘤的浸润程度	生存时间	病人结局
1	54	0	0	0	1	0	52	1
2	57	0	1	1	0	0	51	1
3	58	0	0	1	1	1	35	0
4	43	1	1	0	0	1	103	0
5	48	0	1	0	0	2	7	0
6	40	0	0	0	1	0	60	1
7	44	0	1	0	0	2	58	1

图 15-19 "data15-03.sav" 部分数据

（1）打开 "data15-03.sav" 数据文件，选择 "分析" → "生存分析" → "Cox 回归"，弹出如图 15-13 所示的 "Cox 回归" 对话框。

（2）选中 "生存时间" 变量，单击 ➡ 按钮，将其作为时间变量选入 "时间" 选框中。

（3）选中 "病人结局" 变量，单击 ➡ 按钮，将其作为状态变量选入 "状态" 选框中。

（4）单击 "定义事件" 按钮，弹出如图 15-14 所示的 "Cox 回归为状态变量定义事件" 对话框，在单值后面的输入框中输入 0。单击 "继续" 按钮返回主对话框。

（5）选中 "年龄"、"性别"、"组织学类型"、"治疗方法"、"淋巴结是否转移"、"肿瘤的浸润程度" 变量，单击 ➡ 按钮，将其作为协变量选入 "协变量" 选框中，并在方法下拉列表中选择 "向后：瓦尔德"。

（6）单击 "分类" 按钮，弹出如图 15-15 所示的 "Cox 回归分类" 对话框。选择 "组织学类型"、"淋巴结是否转移"、"治疗方法"、"肿瘤的浸润程度" 变量进入分类协变量框中。选中这四个变量，将对比方式均设为 "指示灯"，其中 "组织学类型" 变量的参考类别为 "第一个"，其他三个分类协变量的参考类别均为 "最后一个"。单击 "继续" 按钮返回主对话框。

（7）单击 "图" 按钮，弹出如图 15-16 所示的 "Cox 回归图" 对话框，勾选 "生存分析"、"风险" 复选框；并选中协变量列表中的 "治疗方法" 变量，单击 ➡ 按钮，将其选入 "单线" 选框。单击 "继续" 按钮返回主对话框。

（8）单击 "选项" 按钮，弹出如图 15-18 所示的 "Cox 回归选项" 对话框。勾选 "Exp(B) 的置信区间" 和 "估算值的相关性" 复选框；单击选中 "在每个步骤"。单击 "继续" 按钮返回主对话框。

（9）完成所有设置，单击 "确定" 按钮执行命令。

15.4.3 Cox 回归模型的结果分析

表 15-9 是对数据处理的说明。从表中可以看出，个案总数为 63，用于分析的个案数为 26，被检剔的个案数为 37，带有缺失值和负时间的个案数为 0，在层中发生最早事件前检剔的个案数为 0。删除记录不会用于计算回归系数，但要用于计算基准危险率。

表 15-9　个案处理摘要

项目		个案数	百分比
分析中可用的个案	事件 [a]	26	41.3%
	检剔的	37	58.7%
	总计	63	100.0%
已删除的个案	具有缺失值的个案	0	0.0%
	具有负时间的个案	0	0.0%
	层中最早发生的事件之前检剔的个案	0	0.0%
	总计	0	0.0%
总计		63	100.0%

a. 因变量：月。

表 15-10 给出了对分类变量自动编码的结果，它有助于解释分类协变量的回归系数。由（1）列可以看出，取值为 0 的表示参考类别。默认情况下，参考类别为分类变量取值的最后一个类别。但本例中在参数设置时，将组织学类型的参考类别选为第一个，所以，该变量的第一分类是参考类别，即在原始数据中的取值为 0 的低分化这一类。

表 15-10　分类变量编码 [a,c,e,f]

项目		频率	（1）[d]	（2）
组织学类型 [b]	0=低分化	31	0	
	1=高分化	32	1	
治疗方法 [b]	0=新方法	26	1	
	1=传统方法	37	0	
淋巴结是否转移 [b]	0=否	27	1	
	1=是	36	0	
肿瘤的浸润程度 [b]	0=未突破浆膜	21	1	0
	1=突破浆膜	16	0	1
	2=严重突破浆膜	26	0	0

a. 类别变量：组织学类型　　b. 指示符参数编码　　c. 类别变量：治疗方法
d. 由于 (0,1) 变量已重新编码，因此其系数不会与指示符 (0,1) 编码的系数相同。　　e. 类别变量：淋巴结是否转移
f. 类别变量：肿瘤的浸润程度

表 15-11 是向后-瓦尔德法的系数检验结果，包括每一步对系数检验的对数似然比值、总体分数的发卡检验、从前一步到本步变化量的卡方检验。如果删除一个变量后的卡方更改量的显著性大于 0.05，则去除此变量是合理的，例如本例中"更改自上一步"列中第 2、3、4、5 步的显著性均大于 0.05，由此可知在第 2、3、4、5 步分别剔除组织性类型、年龄、性别、肿瘤的浸润程度都是合理的；反之，如果加入一个变量后卡方更改量的显著性小于 0.05，则加入此变量是合理的。

表 15-11 模型系数的 Omnibus 检验 [f]

步长	-2 对数似然	总体（得分）			更改自上一步			更改自上一块		
		卡方	自由度	显著性	卡方	自由度	显著性	卡方	自由度	显著性
1[a]	175.496	25.785	7	.001	26.498	7	.000	26.498	7	.000
2[b]	175.795	25.699	6	.000	.299	1	.585	26.199	6	.000
3[c]	176.046	25.498	5	.000	.252	1	.616	25.947	5	.000
4[d]	177.227	23.874	4	.000	1.181	1	.277	24.766	4	.000
5[e]	182.777	17.594	2	.000	5.550	2	.062	19.217	2	.000

a. 在步骤号 1: 岁　性别　组织学类型　治疗方法　淋巴结是否转移　肿瘤的浸润程度　处输入的变量

b. 在步骤号 2: 岁　性别　组织学类型　治疗方法　淋巴结是否转移　肿瘤的浸润程度　处输入的变量

c. 在步骤号 3: 岁　处除去的变量

d. 在步骤号 4: 性别　处除去的变量

e. 在步骤号 5: 肿瘤的浸润程度　处除去的变量

f. 起始块号 1。方法 = 向后步进（瓦尔德）

表 15-12 是向后逐步回归法（向后：瓦尔德）的系数检验结果，即使用每一步向后剔除拟合的统计量和瓦尔德检验。由表可知，步骤 1 是全部指定的协变量进入模型，但瓦尔德检验说明在这一步骤中几乎没有变量对模型贡献显著；步骤 5 是经过一步步剔除对模型没有统计意义的协变量，最后剩下治疗方法、淋巴结是否转移，从瓦尔德检验说明这两个变量对模型贡献显著。

Exp（B）列表示变量相对于参考类别的危险率。在步骤 5 中，治疗方法变量的相对危险率为 0.172，由此可知治疗方法变量相对于参考类别（值标签取值为 1，即传统方法）来说，危险率仅为参照变量的 0.172 倍；同理，淋巴结是否转移变量的相对危险率为 0.394，表明其仅为参考类别（值标签取值为 1，即淋巴结转移）的 0.394 倍。所以，可得出结论：新治疗方法和淋巴结未转移能延长病人的生存时间。

表 15-12 方程式中的变量

	项目	B	SE	瓦尔德	自由度	显著性	Exp（B）
步骤 1	年龄	-.011	.017	.424	1	.515	.989
	性别	-.654	.643	1.033	1	.309	.520
	组织学类型	.383	.679	.319	1	.572	1.467
	治疗方法	-1.027	.758	1.838	1	.175	.358
	淋巴结是否转移	-1.386	.748	3.428	1	.064	.250
	肿瘤的浸润程度			4.234	2	.120	
	肿瘤的浸润程度（1）	-1.171	.593	3.907	1	.048	.310
	肿瘤的浸润程度（2）	-.025	.462	.003	1	.957	.975
步骤 2	年龄	-.008	.017	.251	1	.616	.992
	性别	-.667	.634	1.107	1	.293	.513
	治疗方法	-1.007	.747	1.815	1	.178	.365
	淋巴结是否转移	-1.045	.459	5.183	1	.023	.352
	肿瘤的浸润程度			4.062	2	.131	
	肿瘤的浸润程度（1）	-1.140	.590	3.729	1	.053	.320
	肿瘤的浸润程度（2）	-.009	.461	.000	1	.984	.991

续表

	项目	B	SE	瓦尔德	自由度	显著性	Exp（B）
步骤 3	性别	-.658	.637	1.067	1	.302	.518
	治疗方法	-1.023	.749	1.863	1	.172	.360
	淋巴结是否转移	-1.008	.454	4.924	1	.026	.365
	肿瘤的浸润程度			4.188	2	.123	
	肿瘤的浸润程度（1）	-1.158	.588	3.881	1	.049	.314
	肿瘤的浸润程度（2）	-.021	.460	.002	1	.964	.979
步骤 4	治疗方法	-1.527	.561	7.401	1	.007	.217
	淋巴结是否转移	-1.012	.454	4.965	1	.026	.364
	肿瘤的浸润程度			4.438	2	.109	
	肿瘤的浸润程度（1）	-1.140	.581	3.842	1	.050	.320
	肿瘤的浸润程度（2）	.080	.455	.031	1	.860	1.083
步骤 5	治疗方法	-1.762	.548	10.337	1	.001	.172
	淋巴结是否转移	-.931	.445	4.389	1	.036	.394

表 15-13 为拟合结束时，未进入模型的变量统计量。统计结果 Sig 都大于 0.05，表明对模型无统计意义的变量都没有进入模型。

表 15-13 方程式中没有的变量 a

	项目	得分	自由度	显著性
步骤 5	年龄	.420	1	.517
	性别	1.398	1	.237
	组织学类型	.046	1	.830
	肿瘤的浸润程度	4.886	2	.087
	肿瘤的浸润程度（1）	4.845	1	.028
	肿瘤的浸润程度（2）	1.113	1	.292

a. 残差卡方 = 6.282，自由度为 5，显著性= .280。

从表 15-14 中可以看出，两个变量之间的相关系数均不大，说明进入模型的变量之间基本相互独立，共线性问题不明显。

表 15-14 回归系数的相关性矩阵

项目	治疗方法
淋巴结是否转移	.011

表 15-15 给出了每个预测变量的均值，以及在设置中所指定的作图协变量的各个模式。本例采用的治疗方法变量作为作图协变量，其他变量的描述均统一显示为同行的均值。

表 15-15 协变量平均值和模式值

项目	平均值	模式	
		1	2
年龄	46.857	46.857	46.857
性别	.460	.460	.460

续表

项目	平均值	模式 1	模式 2
组织学类型	.508	.508	.508
治疗方法	.413	1.000	.000
淋巴结是否转移	.429	.429	.429
肿瘤的浸润程度（1）	.333	.333	.333
肿瘤的浸润程度（2）	.254	.254	.254

图 15-20 是"协变量平均值处的生存函数"，其是各协变量取均值时的累计生存函数图，数据来自表 15-15，即"协变量平均值和模式值"。图 15-21 是"模式 1-2 的生存函数"，其是按治疗方法分组后的累计生存函数图，由图可知，新方法的生存函数曲线较高，而传统方法的生存函数曲线偏低。

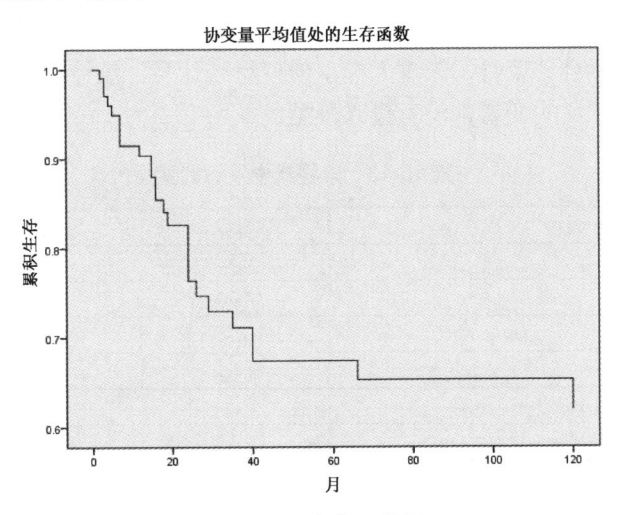

图 15-20　累计生存函数图

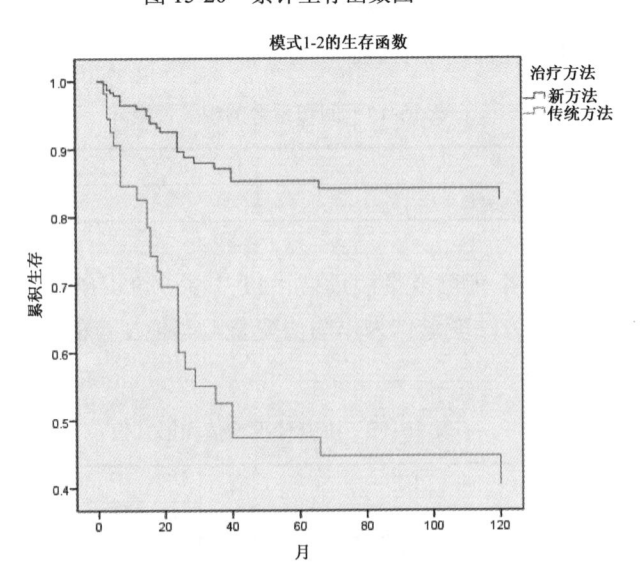

图 15-21　按治疗方法分组后的累计生存函数图

图 15-22 是各协变量取均值时的累计危险函数图,数据来自表 15-15,即"协变量平均值和模式值"。图 15-23 是按治疗方法分组后的累计危险函数图。这两张图所反映的信息与图 15-20 和图 15-21 完全类似。

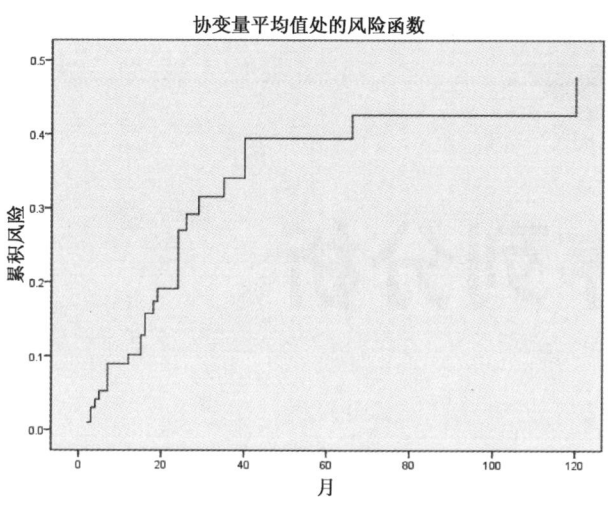

图 15-22 累计危险函数图

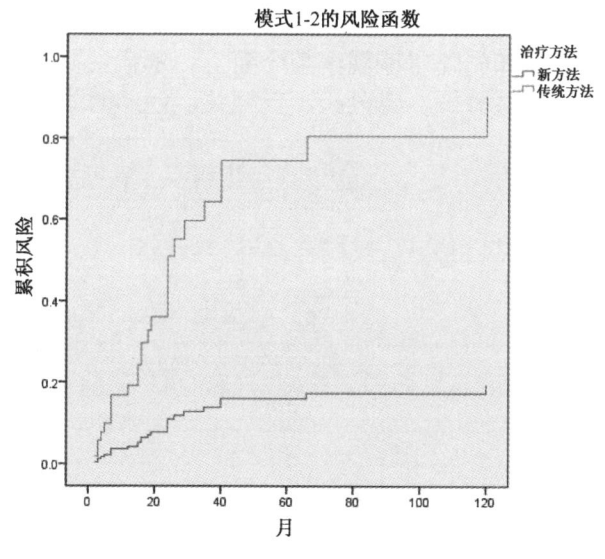

图 15-23 按治疗方法分组后的累计危险函数图

15.5 本章小结

本章主要介绍了生存分析的常用概念和各个分析方法。常用的生存时间概念有生存时间、中位生存期、失效事件、删失数据和完整数据等常用概念;生存分析的方法主要有参数法、非参数法和半参数法这 3 种分析方法。针对不同的生存分析方法,本章利用实例对寿命表分析、Kaplan-Meier 分析和 Cox 回归模型进行了详细介绍。

第16章

时间序列分析

　　时间序列通过定期度量时间段中某个变量获得的一组观察值,很多数据都可以时间序列的形式存在,如一年中每个月物品的销售量、每天的股票价格、若干年的人口总数、一个国家几十年的 GDP 等,他们都有一个共同点,即都曾在一定时间长度内的已知间隔定期观察某个变量。本章主要介绍了时间序列的预处理、序列图、周期性分解、谱分析、自相关、创建时间模型、应用时间模型和交叉相关性。

学习目标

(1) 了解时间序列与一般序列的区别。
(2) 理解时间序列分析的作用。
(3) 熟知各个对话框中的参数含义。
(4) 熟练掌握时间序列分析的操作步骤。
(5) 深刻理解各项结果的含义。

16.1 时间序列的预处理

时间序列数据与以往研究的数据有不同之处，以往的数据都是在某一个时刻或某一段时间内存在的数据，没有先后顺序可言，交换个案之间的顺序对于分析结果没有影响。但是，时间序列数据是不能随意交换先后顺序的，相邻观测值之间通常是不独立的，存在着某种前后相承的关系，所以分析这类数据就需要特殊的分析方法，对时间序列进行观察、研究，寻找它们发展变化的规律，从而来预测将来的发展趋势，这就是时间序列分析。

时间序列分析可以分为描述性时间序列分析和统计时间序列分析，描述性时间序列分析就是通过比较先后的数据，经过作图观测，发现时间序列数据的特点和发展规律，通常情况下描述性时间序列分析是在进行统计时间序列分析之前的探索研究。

而统计时间序列分析又可以分为频域分析和时域分析，前者是将时间序列看成不同频率的正弦或余弦波叠加的结果，主要分析其频率特征，常用于电子信号等方面，本书不涉及这方面的知识；后者主要是认为时间序列观测值之间具有一定的关系，通过拟合模型来重点分析这种关系随时间变化的趋势。

在对时间序列进行分析之前，需要对其进行预处理，在 SPSS 中，预处理主要分 3 步。

（1）检查时间序列是否存在缺失值，对存在缺失值的数据进行替换。

（2）SPSS 不会自动序列的时间变量，需要对时间变量进行标识，所以需要对时间序列进行定义。

（3）时间序列分析方法是建立在序列满足平稳性的条件上的，所以往往需要对时间序列进行计算和创建来满足平稳性的要求。

> 视频文件：视频文件\Chapter16\时间序列的预处理.avi

16.1.1 替换缺失值

如果要进行时间序列分析的数据中存在缺失值，若采取直接删除的方法来解决，序列开头和末尾的缺失值可能不会引发特殊的问题，只会缩短序列的有效长度，但是序列中间的缺失值则可能导致原有时间序列周期性发生错位，无法得到正确的分析结果，所以采用替换缺失值过程，对缺失值进行替换，依次单击"转换"→"替换缺失值"，弹出"替换缺失值"对话框，如图 16-1 所示，各项含义如下。

- 新变量：在左侧变量列表中选取需要修补缺失值的变量选入其中。
- 名称和方法：设置名称和方法。
  - 名称：指定新变量的名称。
  - 方法：指定替换缺失值的方法，有 5 个选项。
    - ◇ 序列平均值：整个序列的均数来替换缺失值，系统默认。
    - ◇ 临近点的平均值：用相邻若干个点的有效值的均数替换缺失值，在附（邻）近点的跨度数值框中输入相邻点数的个数，系统默认为 2，若勾选全部，则使用全部序列。
- ◇ 临近点的中位数：用相邻若干个点的有效值的中位数替换缺失值，在附（邻）近点的跨度数值框中输入相邻点数的个数，系统默认为 2，若勾选全部，则使用全部序列。
- ◇ 线性插值：用相邻两点的均值替换缺失值，若时间序列的最前或最后数据有缺失值，则缺失值不能被替换。
- ◇ 邻近点的线性趋势：将记录号作为自变量，时间序列值作为因变量进行回归，求得该点的预测值。

设置完成后，单击"变化量"按钮，完成对该变量缺失值替换名称和方法的修改。

图 16-1　"替换缺失值"对话框

16.1.2　定义时间变量

在 SPSS 时间序列分析时，只有用户定义了时间变量，系统才能识别指定序列的时间变量，确保输出标示的正确性。

1．参数设置

打开数据文件，依次单击"数据"→"定义日期和时间"，弹出"定义日期"对话框，如图 16-2 所示，各项含义如下。
- "个案是"列表框：给出了多种时间格式，有"年份""年份 季度"等。
- "第一个个案是"栏：定义起始日期值，该值作为第一个观测量，之后的观测量根据时间间隔自动生成。
- 当前日期：显示定义的起始日期值。

2．定义时间变量的SPSS实现

（1）打开"data 16-01"数据文件，在"个案是"列表框选择"年度 季度 月份"，在"第一个个案是"栏可见"年""季度"和"月份"，系统默认为"1900""1""1"，右边的"更高级别的周期长度"可见"季度"的默认周期为 4，"月份"的默认周期为 12，如图 16-2 所示。

(2)此处将年改成"1978",月份改为"2",按"确定"按钮,定义完日期,在数据窗口就可以看到起始日期定义为 1978 年第 1 季度第 2 月份,如图 16-3 所示。

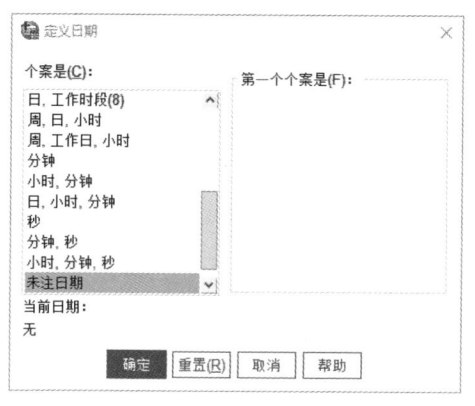

图 16-2 "定义日期"对话框

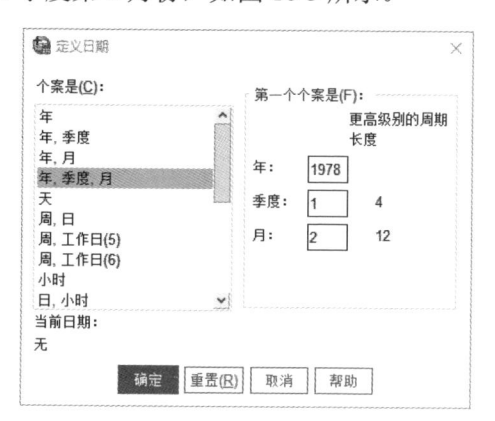

图 16-3 定义完日期的对话框

(3)当再次打开"定义日期"对话框,可以看见"当前日期"栏中显示了"年份(1978)季度(1;4)月份(2;12)",如图 16-4 所示。

YEAR_	QUARTER_	MONTH_	DATE_
1978	1	2	FEB 1978
1978	1	3	MAR 1978
1978	2	4	APR 1978
1978	2	5	MAY 1978
1978	2	6	JUN 1978
1978	3	7	JUL 1978
1978	3	8	AUG 1978
1978	3	9	SEP 1978
1978	4	10	OCT 1978
1978	4	11	NOV 1978
1978	4	12	DEC 1978

图 16-4 数据窗口

16.1.3 建立时间序列新变量

许多时间序列分析方法都是建立在序列满足平稳性的条件上的,判断序列是否平稳有以下 2 个判断标准。

(1)均值和方差不随时间的变化而变化。

(2)自相关系数只与时间间隔有关,与所处的时刻无关。

所以在时间序列分析之前要先检验序列的平稳性,把不平稳的序列变成平稳的序列。判断时间序列的平稳性,我们可以借助图形,如序列图、自相关图等,以此为参考通过 SPSS 中创建时间序列过程完成序列的平稳化。

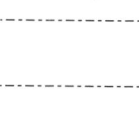

1. 参数设置

（1）打开数据文件，选择"转换"→"创建时间序列"，弹出"创建时间序列"对话框，如图16-5所示，各项含义如下。

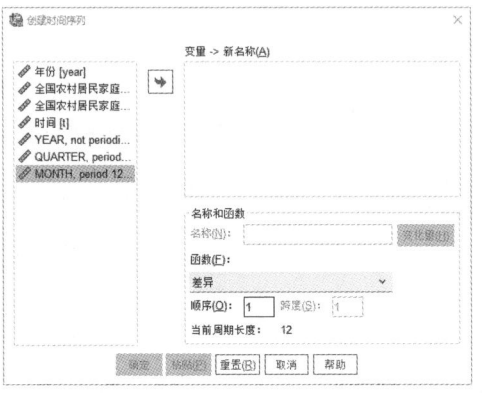

图16-5 "创建时间序列"对话框

- 变量->新名称：将左侧变量列表中的一个数值型变量选入其中。在列表中新名称等号左边是默认的新变量名，等号右边表示的是函数下拉列表中选择的转换函数，括号中是选中的需要转换的变量。
- 名称和函数
    - 名称：用来指定新变量的名称，出现的是系统默认的新变量名。
    - 函数下拉列表中，共有9种转换方法。
        - 差异：计算变量连续值之间的非季节差值，在顺序输入框中输入数值，指定差值的阶数，系统默认为1。计算差值会损失数据，如果阶数为 n，则新变量的前 n 个值用缺失值表示。
        - 季节性差异：计算季节性差分，间距取决于当前定义的时间周期，没有定义时间周期的序列不能做季节性差分，在顺序输入框中输入数值，指定差分的阶数，系统默认为1，如果阶数为 n，则新变量的前（周期*n）个值用缺失值表示。
        - 中心移动平均值：计算以当前值为中心，在指定跨度范围内的均值。在跨度输入框中输入数值，指定计算均值的级数，如果跨度为偶数，则把当前值乘以2加上前后各跨度/2个数的和，再除以（跨度+2）得到均值；如果跨度为奇数，则当前值加上前后各（跨度-1）/2个数的和，再除以跨度得到均值。对于序列最初和最后的几个记录，该方法无法计算均值，如跨度为5，则最初和最后各2个记录为缺失值。
        - 前移动平均值：计算当前值之前的跨度平均值，在跨度输入框中输入数值，系统默认为1。
        - 运行中位数：计算以当前值为中心，计算跨度范围内的中位数，在跨度输入框中输入数值，系统默认为1，跨度去奇数或偶数时算法与中心移动平均值一样。
- 累计求和：表示以原时间序列的累计和作为新序列。
- 延迟：在顺序输入框中输入数值 n，系统默认为 1，当前值取之前第 n 个观测的值。
- 提前：在顺序输入框中输入数值 n，系统默认为 1，当前值取之后第 n 个观测的值。
- 平滑：可以计算原始序列的 T4253H 平滑序列。

（2）名称和函数都修改完后，单击"变化量"按钮，完成对需要转换的变量的设置。

2．建立时间序列新变量的SPSS实现

实例一："data16-01.sav"数据文件是1978年到2007年全国农村居民家庭人均纯收入的资料，如图16-6所示，现要求对这个时间序列建立时间序列新变量。

| 数据文件：数据文件\Chapter16\data16-01.sav |
| 视频文件：视频文件\Chapter16\时间序列的预处理.avi |

	year	Y	lnY	t
1	1978	133.57	4.895	1
2	1979	149.46	5.007	2
3	1980	191.33	5.254	3
4	1981	223.44	5.409	4
5	1982	270.11	5.599	5
6	1983	309.77	5.736	6
7	1984	355.33	5.873	7

图 16-6　"data16-01.sav"数据

（1）打开"data16-01.sav"数据文件，选择"转换"→"创建时间序列"，弹出如图 16-5 所示的"创建时间序列"对话框。

（2）将"年份"变量通过 按钮选入右边的"变量->新名称列表"，其他为系统默认。

（3）完成所有设置后，单击"确定"按钮执行命令。

3．结果分析

从表 16-1 可以看出新变量的名称，第一个非缺失值观测号，最后一个非缺失值观测号，有效个案数，创建新序列使用的函数。

表 16-1　创建的序列

序列号	序列名称	非缺失值的个案编号		有效个案数	创建函数
		第一个	最后一个		
1	year_1	2	30	29	DIFF（year,1）

16.2　序列图

在创建一个时间序列模型之前，需要了解时间序列数据的性质，如是否呈现某种变

化趋势，是否存在周期性波动等，可以通过对时间序列做序列图来判断上述性质。

16.2.1 参数设置

（1）打开数据文件，选择"分析"→"时间序列预测"→"序列图"，弹出"序列图"对话框，如图16-7所示，各项含义如下。

- 变量：将左侧变量列表中的一个或多个满足时间序列要求的变量选入其中。
- 时间轴标签：将左侧变量列表中的一个分类变量选入其中作为标示时间轴。
- 转换：提供了3种数据转换方式。
  - ➢ 自然对数转换：用数据的自然对数转换，要求数据值都大于0。
  - ➢ 差异：计算变量连续值之间的差值，在输入框中输入正整数，指定差值的阶数，系统默认为1。
  - ➢ 季节性差异：计算时间跨度相同的两个序列值之间的差值来转换数据，没有定义时间周期的序列不能做季节性差分，在输入框中输入正整数，指定差分的阶数，系统默认为1。
  - ➢ 当前周期长度：显示当前定义的时间周期。
- 每个变量对应一个图表：勾选此项，每个变量都输出一张图表。

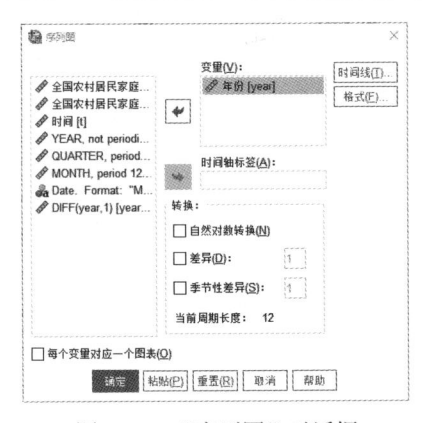

图16-7 "序列图"对话框

（2）单击"时间线"按钮，弹出"序列图：时间轴参考线"，如图16-8所示，定义时间轴的参考线，各项含义如下。

- 无参考线：输出的图形中没有参考线。
- 以下对象的每次变动对应一条参考线：参考线会随着参考变量的更改而更改，在左边变量列表中选择一个变量通过 按钮选入参考变量列表作为参考变量。
- 绘制日期参考线：在一个特定的日期显示参考线，如果已经定义了日期，则输入要显示基准线的日期，如图16-8所示；如果没有定义日期，则输入要显示基准线的参考变量的值，如图16-9所示。

图 16-8　序列图：时间轴参考线
对话框（已定义日期）

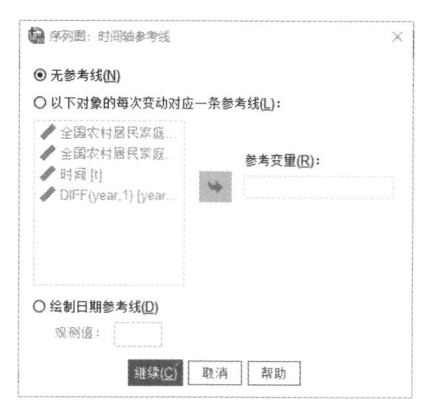

图 16-9　序列图：时间轴参考线
对话框（未定义日期）

（3）单击"格式"按钮，弹出"序列图：格式"对话框，如图 16-10 所示，定义哪条轴显示时间、图表是线图还是面积图，并在序列平均值处显示参考线，各项含义如下。

- 时间处于水平轴：表示水平轴上显示的是时间，垂直轴上显示的是序列值，不勾选此项，将生成时间值位于垂直轴上而序列值位于水平轴上的图表。
- 单变量图：如果只选择了一个变量，或者在主设置面板已经勾选了每个变量对应一个图表，则对变量可以选择输出折线图或面积图。
  - ➤ 序列平均值的参考线：勾选此项，在序列均值处显示一条指示序列平均值参考线。
- 多变量图：当选择了多个变量，如果勾选连接变量之间的个案，则输出一张显示多个变量的序列图。

图 16-10　"序列图：格式"对话框

16.2.2　序列图的 SPSS 实现

实例一："data16-02.sav"数据文件是 1989 年 1 月到 1998 年 12 月市场上每月男装、女装、珠宝等销售情况，如图 16-11 所示。现要求利用序列图对男装销售量进行分析。

数据文件：数据文件\Chapter16\data16-02.sav
视频文件：视频文件\Chapter16\序列图.avi

	日期	男装	女装	珠宝	邮寄	页	电话	印刷	服务
1	01/01/1989	11357.92	16578.93	10776.38000	7978	73	34	22294.48	20
2	02/01/1989	10605.95	18236.13	10821.97000	8290	88	29	27426.47	20
3	03/01/1989	16998.57	43393.55	22845.79000	8029	65	24	27978.66	26
4	04/01/1989	6563.75	30908.49	11102.62000	7752	85	20	28949.65	22
5	05/01/1989	6607.69	28701.58	16066.57000	8685	74	17	22642.27	21
6	06/01/1989	9839.00	29647.57	11061.28000	7847	87	30	27210.61	23
7	07/01/1989	9398.32	31141.51	11328.97000	7881	79	28	26632.96	22

图 16-11 "data16-02.sav" 数据

（1）打开"data16-02.sav"数据文件，选择"数据"→"定义日期和时间"，弹出如图 16-2 所示的"定义日期"对话框。

（2）在"个案是"列表中选择"年、月"，"年"后输入框中输入"1989"，"月"后输入框中输入"1"，单击"确定"按钮定义日期，在数据窗口就可以看到起始日期定义为 1989 年第 1 月份。

（3）选择"分析"→"时间序列预测"→"序列图"，弹出如图 16-7 所示的对话框。

（4）从源变量列表中选择"男装销售"变量，通过 按钮选入变量列表，将"日期"变量选入"时间轴标签"列表中，用来标示时间轴。

（5）单击"时间线"按钮，弹出如图 16-8 所示的"序列图：时间轴参考线"对话框。

（6）勾选"绘制日期参考线"选项，在"年"输入框中输入"1990"，在"月"输入框中输入"1"。单击"继续"按钮返回主对话框。

（7）完成所有设置后，单击"确定"按钮执行命令。

16.2.3 序列图的结果分析

表 16-2 给出了模型的一些基础信息，包括模型名称（MOD_1）、系列或序列（男装销售）、转换（无）、非季节性差分（0）、季节性差分（0）、季节周期长度（12）、水平轴标（日期）、干预开始（1990 年 1 月）、参考线（无）和曲线下方的区域（未填写）。

表 16-2 模型描述

模型名称		MOD_1
系列或序列	1	男装销售
转换		无
非季节性差分		0
季节性差分		0
季节周期长度		12
水平轴标		日期
干预开始		YEAR, not periodic=1990, MONTH, period 12=1
参考线		无
曲线下方的区域		未填写

应用 MOD_1 中的模型规范。

从表 16-3 可以看出系列或序列长度为 120，没有缺失值。

表 16-3　个案处理摘要

项目		男装销售
系列或序列长度		120
图表中的缺失值数	用户缺失	0
	系统缺失	0

图 16-12 显示了从 1989 年 1 月到 1998 年 12 月每个月男装销售的序列图，竖线为基准线，对应的时间为 1990 年 1 月，图中可见：序列表现出明显的上下波动趋势，总体上序列还呈现一定的上升趋势，此外基本上每年的 12 月份男装销售都达到一个高峰，呈现出较为明显的周期性波动特征，还有就是图 16-12 中 09/01/1997 对应的数值有可能是异常值，分析时需要注意。

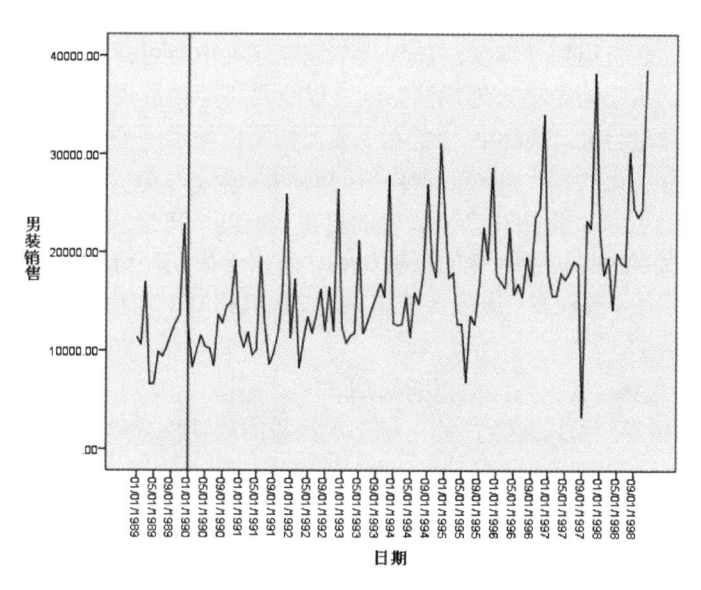

图 16-12　序列图

16.3　周期性分解

周期性分解过程可将一个序列分解成一个周期性成分、一个组合趋势和循环的成分和一个"误差"成分。此过程是对统计方法 I（也称比率与移动平均值方法）的实现。例如，科学家想要对特定气象站的臭氧层每月测量结果进行分析。目标是确定数据中是否存在任何趋势。为了揭示真实趋势，由于季节性影响，科学家首先需要考虑所读取资料中的变异。可使用"周期性分解"过程来删除任何系统性的周期性变化，然后，对周期性调整序列执行趋势分析。

16.3.1 参数设置

(1) 打开数据文件，选择"分析"→"预测"→"季节性分解"，弹出"季节性分解"对话框，如图 16-13 所示，各项含义如下。

- 变量：在左侧变量列表中选择需要周期性分解处理的变量选入其中，该变量必须包括 4 个完整的季节数据。
- 模型类型：指定周期性分解的模型类型，可以选择乘法模型或加法模型。
  - 乘性。周期性成分是一个因子，用来与经过周期性调整的序列相乘以得到原始序列。实际上，"趋势"会评估与序列的总体水平成正比的季节性成分。无周期性变动的观察值的周期性成分为 1。
  - 加性。将周期性调整添加到季节调整序列中即可得到初始序列。此调整尝试从序列中移去周期性影响，以查看可能被周期性成分"掩盖"的其他兴趣特征。实际上，"趋势"会评估不依赖于序列的总体水平的季节性成分。无周期性变动的观察值的周期性成分为 0。
- 移动平均值权重：指定移动平均值的权重，有两个可选项。
  - 所有点相等：所有点的权重相等，常用于周期是奇数的情形。
  - 端点按 0.5 加权：用端点权重乘 0.5 计算移动平均值，常用于周期是偶数的情形。
- 当前周期长度：显示当前数据的周期。
- 显示个案列表：勾选此项，输出每个观测量的周期性分解结果。

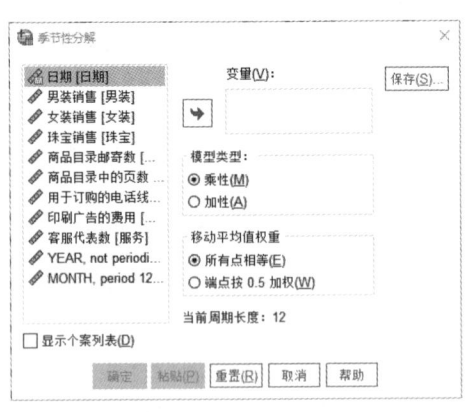

图 16-13 "季节性分解"对话框

(2) 单击"保存"按钮，弹出"季节：保存"对话框，如图 16-14 所示，各项含义如下。

- 创建变量：设置如何处理新变量。
  - 添加到文件：周期性分解生成的新序列作为新变量添加到当前数据集，变量名由三个字母前缀、下划线和数字组成。
  - 替换现有项：周期性分解生成的新序列作为临时变量添加到当前数据集，替换现有的临时变量，变量名由三个字母的前缀、一个井字符（#）和一个数字组成。

第 16 章 时间序列分析

> 不创建：周期性分解生成的新序列不添加到当前数据集中。

- "季节性分解"过程会创建四个新变量，并且每个指定的序列都带有以下三个字母的前缀。
  - ERR：残差或"误差"值，这些值是在从序列中删除季节性、趋势和循环成分之后保留的。
  - SAS：季节性调整序列，这些值是在删除序列的周期性变化之后获得的。
  - SAF：季节性调整因子，这些值指示每个周期对序列水平的影响。
  - STC：平滑的趋势循环成分，这些值显示序列中出现的趋势和循环行为。

图 16-14 "周期：保存"对话框

16.3.2 周期性分解的 SPSS 实现

实例：仍用如图 16-11 所示的"data16-02.sav"数据文件来进行周期性分析。

| 数据文件：数据文件\Chapter16\data16-02.sav |
| 视频文件：视频文件\Chapter16\周期性分解.avi |

（1）定义时间日期参照第 16.2.2 节序列图，不再重复介绍。

（2）选择"分析"→"时间序列预测"→"季节性分解"，弹出如图 16-13 所示的"季节性分解"对话框。

（3）从左边源变量列表中选择"男装销售"变量通过按钮选入变量列表，在"模型"栏勾选"乘性"选项，在"移动平均值权重"栏中勾选"端点按 0.5 加权"选项，并勾选"显示个案列表"复选框。

（4）单击"保存"按钮，弹出如图 16-14 所示的"季节：保存"对话框，勾选"添加到文件"选项，单击"继续"按钮返回主对话框。

（5）完成所有设置后，单击"确定"按钮执行命令。

16.3.3 周期性分解的结果分析

表 16-4 给出了模型的一些基本信息，包括模型名称（MOD_1）、模型类型（乘性）、系列名称（男装销售）、季节性周期长度（12）和移动平均值的计算方法（跨度等于周期性加 1，且端点按 0.5 加权）。

表 16-4 模型描述

模型名称		MOD_1
模型类型		乘法
系列名称	1	男装销售
季节性周期长度		12
移动平均值的计算方法		跨度等于周期性加1,且端点按 0.5 加权

应用 MOD_1 中的模型规范。

表 16-5 列出了变量的原始序列、季节因子、季节性调整序列等信息,只截取了部分结果（1989.1—1990.12）,从表 16-5 可以看出每年的 12 月份季节因子数值最高,说明 12 月份对序列的影响最大,可以判断男装销售的周期为 12,即为 1 年。

表 16-5 周期性分解

系列名称: 男装销售

DATE_	原始序列	移动平均序列	原始序列与移动平均序列之比（%）	季节因子（%）	季节性调整序列	长期趋势序列	不规则（误差）因子
JAN 1989	11357.920	.	.	95.0	11952.222	15603.400	.766
FEB 1989	10605.950	.	.	84.4	12563.682	14867.455	.845
MAR 1989	16998.570	.	.	84.6	20086.460	13395.563	1.499
APR 1989	6563.750	.	.	84.7	7744.927	11424.611	.678
MAY 1989	6607.690	.	.	85.5	7731.251	10276.244	.752
JUN 1989	9839.000	.	.	86.4	11387.613	10021.865	1.136
JUL 1989	9398.320	11933.6900	78.8	85.9	10940.902	10854.893	1.008
AUG 1989	10395.530	11876.8363	87.5	95.0	10944.713	11362.371	.963
SEP 1989	11663.130	11490.5967	101.5	93.5	12475.429	11664.137	1.070
OCT 1989	12805.220	11407.1229	112.3	114.3	11206.928	11870.294	.944
NOV 1989	13636.250	11769.1846	115.9	110.8	12306.759	12242.872	1.005
DEC 1989	22849.010	11940.4825	191.4	179.9	12702.772	12185.671	1.042
JAN 1990	12325.800	11913.7575	103.5	95.0	12970.747	12012.775	1.080
FEB 1990	8273.580	12007.5192	68.9	84.4	9800.784	11710.131	.837
MAR 1990	10061.190	12189.0550	82.5	84.6	11888.864	11944.208	.995
APR 1990	11497.760	12307.5446	93.4	84.7	13566.836	12258.765	1.107
MAY 1990	10363.160	12433.6008	83.3	85.5	12125.295	12086.349	1.003
JUN 1990	10194.680	12334.1096	82.7	86.4	11799.276	11904.357	.991
JUL 1990	8401.240	12157.7225	69.1	85.9	9780.168	11939.312	.819
AUG 1990	13642.890	12218.1438	111.7	95.0	14363.627	12722.179	1.129
SEP 1990	12772.630	12376.5150	103.2	93.5	13662.202	13157.271	1.038
OCT 1990	14539.470	12368.8296	117.5	114.3	12724.716	13051.517	.975
NOV 1990	14927.350	12274.2558	121.6	110.8	13471.981	12581.105	1.071
DEC 1990	19170.120	12650.1267	151.5	179.9	10657.514	12065.689	.883

从图 16-15 可以看到在数据窗口生成的模型销售量的误差项（ERR_1）、季节校准序列（SAS_1）、季节因素指数（SAF_1）和季节趋势周期（STC_1）。

	服务	YEAR_	MONTH_	DATE_	ERR_1	SAS_1	SAF_1	STC_1
1	20	1989	1	JAN 1989	.76600	11952.22247	.95028	15603.40013
2	20	1989	2	FEB 1989	.84505	12563.68151	.84418	14867.45453
3	26	1989	3	MAR 1989	1.49949	20086.45963	.84627	13395.56335
4	22	1989	4	APR 1989	.67792	7744.92743	.84749	11424.61089
5	21	1989	5	MAY 1989	.75234	7731.25092	.85467	10276.24396
6	23	1989	6	JUN 1989	1.13628	11387.61315	.86401	10021.86514
7	22	1989	7	JUL 1989	1.00792	10940.90214	.85901	10854.89324

图 16-15　保存的变量

16.4　谱分析

谱分析过程主要是用来标识时间序列中的周期行为，特点是不需要分析一个时间点与下一个时间点之间的变异，只要按不同频率的周期性成分分析整体序列的变异。平滑序列在低频率具有更强的周期性成分；而随机变异（白噪声）将成分强度分布到所有频率。

16.4.1　参数设置

打开数据文件，选择"分析"→"时间序列预测"→"谱分析"，弹出"谱图"对话框（图 16-16），各项含义如下：

- 变量：将左边源变量列表中的一个或多个数值型变量选入其中。
- 谱窗口：用来指定平滑序列的滤波算法。
  - 图基-哈明（Tukey-Hamming）：

$$W_k = 0.54D_p(2\pi f_k) + 0.23D_p(2\pi f_k + \pi/p) + 0.23D_p(2\pi f_k - \pi/p) \qquad k = 0,\cdots,p$$

  其中 p 是跨度一半的整数部分，D_p 是 p 阶的 Dirichlet 中心。

  - 图基-汉宁（Tukey-Hanning）

$$W_k = 0.5D_p(2\pi f_k) + 0.25D_p(2\pi f_k + \pi/p) + 0.25D_p(2\pi f_k - \pi/p) \qquad k = 0,\cdots,p$$

  其中 p 是跨度一半的整数部分，Dp 是 p 阶的 Dirichlet 中心。

  - 帕曾（Parzen）

$$W_k = \frac{1}{p}(2 + \cos(2\pi f_k))\left(F_{\frac{p}{2}}(2\pi f_k)^2\right) \qquad k = 0,\cdots,p$$

  其中 p 是跨度一半的整数部分，$F_{\frac{p}{2}}$ 是 $\frac{P}{2}$ 阶的 Fejer 中心。

  - 巴特利特（Bartlett）

$$W_k = F_p(2\pi f_k) \qquad k = 0,\cdots,p$$

  其中 p 是跨度一半的整数部分，F_p 是 P 阶的 Fejer 中心。

  - 丹尼尔（单位）：计算权重都等于 1。
  - 无：不做处理。
  - 跨度：在输入框中指定跨度，通常使用奇整数，系统默认为 5。

- 中心变量：校准序列以 0 为均数，并剔除异常值，使数据以 0 为中心。
- 双变量分析-第一个变量与每个变量：如果选择了两个或两个以上变量，勾选此项，表示将第一个变量与其他每个变量都做两变量分析。
- 图：选择需要输出的分析图。
  - 周期图：以频率为横轴的非平滑的频谱振幅图。
  - 平方一致：两序列提衰量的乘积。
  - 正交谱：两个时间序列异相频率分类相关的测度。
  - 交叉振幅：正交谱平方与余谱密度平方之和的平方根，用来体现振幅的大小。
  - 谱密度：用来过滤不规则变化的周期图。
  - 同谱密度：两个时间序列同相频率分类相关的测度。
  - 相位谱：一个序列领先或滞后其他序列的各频率分量的长度的测度。
  - 增益：用谱密度为序列之一划分的交叉振幅的商。
    - 按频率：按频率生成图，频率范围为 0 到 0.5 之间。
    - 按周期：按周期生成图，周期范围为 2 到观测值的数量之间。

图 16-16　"谱图"对话框

16.4.2　谱分析的 SPSS 实现

实例：仍用如图 16-11 所示的"data16-02.sav"数据文件来进行谱分析。

| 数据文件：数据文件\Chapter16\data16-02.sav |
| 视频文件：视频文件\Chapter16\谱分析.avi |

（1）打开"data16-02.sav"数据文件，选择"分析"→"时间序列预测"→"谱分析"，弹出如图 16-16 所示的"谱图"对话框。

（2）从左边源变量列表中选择"男装销售"变量通过➡按钮选入变量列表，在"图"栏中勾选"谱密度"复选框，其他采用系统默认选项。

（3）完成所有设置后，单击"确定"按钮执行命令。

16.4.3 谱分析的结果分析

表16-6给出了模型的一些基本信息,包括模型名称、分析类型、系列名称等。

表16-6 模型描述

模型名称			MOD_1
分析类型			单变量
系列名称		1	男装销售
值范围			通过零点居中减少
周期图平滑	频谱窗口（W）		Tukey-Hamming
	窗口范围		5
	权重值	W（-2）	2.231
		W（-1）	2.238
		W（0）	2.240
		W（1）	2.238
		W（2）	2.231

正在应用来自 MOD_1 的模型指定项。

图 16-17 是按频率的周期图,从周期图可以看出有很多连续的峰值,在小于 0.1 的频率处有最高的峰值,初步判断此数据可能包含了一个年度的周期成分,一个年度周期对应数据集中的周期 12,而频率和周期互为倒数,周期 12 对应的频率为 1/12（0.083）,刚好与最高峰值处的频率相一致。

图 16-18 是按频率的谱密度图,谱密度图是消除背景噪声平滑后的周期图,可以看出最高峰值所在的频率在 0.083 处,结合周期图和谱密度可以判断数据拥有一个年度的周期成分。

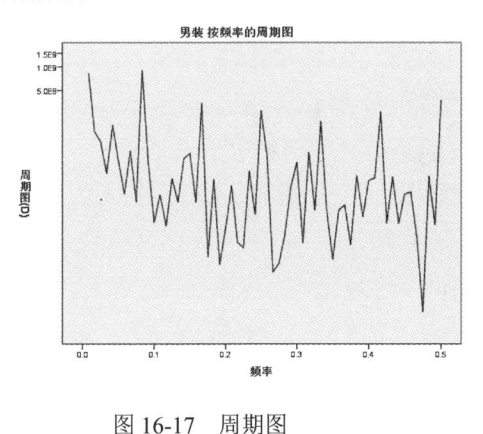

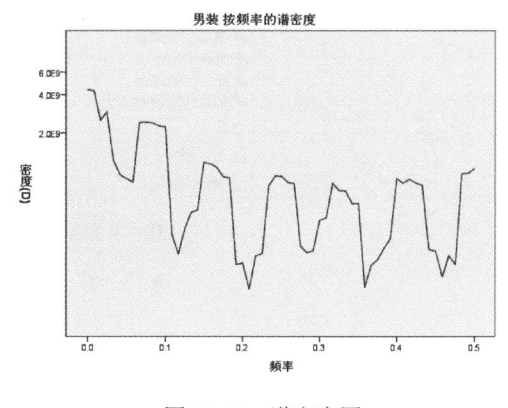

图16-17 周期图   图16-18 谱密度图

16.5 自相关

时间序列的自相关分析是为了了解不同间隔的观察值之间的相关程度,而用来解释自相关系数的工具就是相关图，根据自相关函数图和偏相关函数图来分析观察值间的相关程度。

16.5.1 参数设置

1. 打开数据文件，选择"分析"→"时间序列预测"→"自相关"，弹出"自相关性"对话框，如图 16-19 所示，各项含义如下。

- 变量：将左侧源变量列表中的一个或多个数值型变量选入其中。
- 显示：指定显示函数。
  - ➤ 自相关性：勾选此项，计算 1，2，…直到一个指定数的延迟的相关值。
  - ➤ 偏自相关性：在消除干涉延迟相关的影响后，计算序列同延迟一个或多个样品值的相关值。
- 转换：指定数据转换方法。
  - ➤ 自然对数转换：用数据的自然对数进行转换。
  - ➤ 差异：计算变量连续值之间的差值，在输入框中输入数值，指定差值的阶数，系统默认为 1。
  - ➤ 季节性差异：计算时间跨度相同的两个序列值之间的差值来转换数据，没有定义时间周期的序列不能做季节性差分，在输入框中输入数值，指定差分的阶数，系统默认为 1。
  - ➤ 当前周期长度：显示当前定义的时间周期。

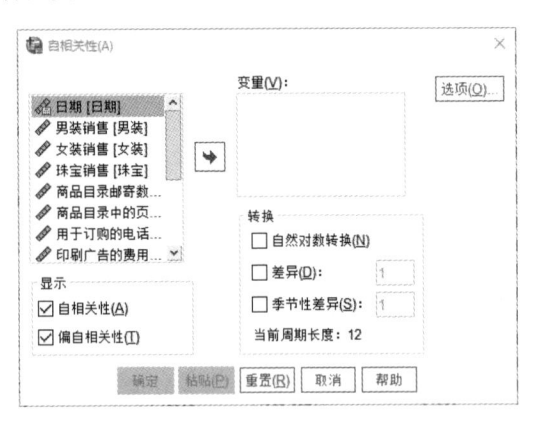

图 16-19 "自相关性"对话框

2. 单击"选项"按钮，弹出"自相关性：选项"对话框，如图 16-20 所示，各项含义如下：

- 最大延迟数：输入数值指定最大延迟数，系统默认为 16。
- 标准误法：选择计算标准误的方法。
  - ➤ 独立模型：用独立模型计算标准误，假设潜在过程是白噪声时的标准误。
  - ➤ 巴特利特近似：用近似值计算标准误，随着延迟的增大而变大。

- 在周期性延迟处显示自相关性：如果定义了季节，勾选此项，显示周期延迟处的自相关。

图 16-20 "自相关性：选项"对话框

16.5.2 自相关的 SPSS 实现

实例：仍用如图 16-11 所示的"data16-02.sav"数据文件来进行自相关分析。

| 数据文件：数据文件\Chapter16\data16-02.sav |
| 视频文件：视频文件\Chapter16\自相关.avi |

（1）定义时间日期参照第 16.2.2 节序列图，不再重复介绍。

（2）打开"data16-02.sav"数据文件，选择"分析"→"时间序列预测"→"自相关性"弹出如图 16-19 所示的"自相关性"对话框。

（3）从左侧源变量列表中选择"男装销售"变量，通过按钮选入变量列表，在"输出"栏中勾选"自相关性"和"偏自相关性"复选框。

（4）单击"选项"按钮，弹出如图 16-20 所示的"自相关性：选项"对话框，在"最大延迟数"框中输入 30，单击"继续"按钮返回主对话框。

（5）完成所有设置后，单击"确定"按钮执行命令。

16.5.3 自相关分析的结果分析

表 16-7 给出了模型的一些基本描述，从上到下依次为模型名称（MOD_1），系列名称（男装销售），转换（无），非季节性差分（0），季节性差分（0），季节周期长度（12），最大延迟数（16），为计算自相关的标准误而假定的过程（独立性（白噪声）），显示和绘制（所有延迟）。

表 16-7 模型描述

模型名称		MOD_1
系列名称	1	男装销售
转换		无
非季节性差分		0
季节性差分		0

续表

模型名称	MOD_1
季节周期长度	12
最大延迟数	30
为计算自相关的标准误而假定的过程	独立性（白噪声）[a]
显示和绘制	所有延迟

正在应用来自 MOD_1 的模型指定项   a. 不适用于计算偏自相关性的标准误。

表 16-8 从上到下依次为序列长度（120），缺失值的用户缺失和系统缺失都为 0，有效值的数量为 120，可计算的首次延迟数为 119。

表 16-8 个案处理摘要

项目		男装销售
序列长度		120
缺失值的数目	用户缺失值	0
	系统缺失值	0
有效值的数量		120
可计算的首次延迟数		119

表 16-9 是"自相关性"表格，可以看出显著性都小于 0.05，说明全部自相关均有显著意义。表 16-9 对应的是图 16-21。周期性序列的自相关函数呈现明显的周期性波动，且以周期长度及其整数倍数为阶数的自相关和偏自相关函数均显著不为 0。从图 16-21 可以看出本序列呈现周期性，因为周期为 12，自相关函数呈现明显的周期性波动，且在 12、24 处的自相关和偏自相关函数均显著不为 0。此外，本序列还具有一定的趋势性，因为偏自相关函数呈现下降趋势，很快落入置信区间内。

表 16-9 自相关性

序列：男装销售

延迟	自相关	标准误[a]	博克斯-杨统计		
			值	自由度	显著性[b]
1	.401	.090	19.742	1	.000
2	.332	.090	33.376	2	.000
3	.187	.089	37.730	3	.000
4	.184	.089	41.986	4	.000
5	.130	.089	44.125	5	.000
6	.110	.088	45.674	6	.000
7	.138	.088	48.127	7	.000
8	.162	.087	51.555	8	.000
9	.138	.087	54.070	9	.000
10	.231	.087	61.183	10	.000
11	.233	.086	68.491	11	.000
12	.569	.086	112.321	12	.000

续表

延迟	自相关	标准误[a]	Box-Ljung 统计		
			值	自由度	显著性[b]
13	.301	.085	124.700	13	.000
14	.233	.085	132.202	14	.000
15	.101	.085	133.636	15	.000
16	.112	.084	135.391	16	.000
17	.039	.084	135.608	17	.000
18	.054	.083	136.021	18	.000
19	.066	.083	136.647	19	.000
20	.130	.083	139.109	20	.000
21	.108	.082	140.827	21	.000
22	.198	.082	146.658	22	.000
23	.213	.081	153.497	23	.000
24	.467	.081	186.823	24	.000
25	.202	.081	193.114	25	.000
26	.182	.080	198.254	26	.000
27	.108	.080	200.093	27	.000
28	.071	.079	200.894	28	.000
29	.001	.079	200.895	29	.000
30	−.047	.078	201.259	30	.000

a. 假定的基本过程为独立性（白噪声）。　　b. 基于渐近卡方近似值。

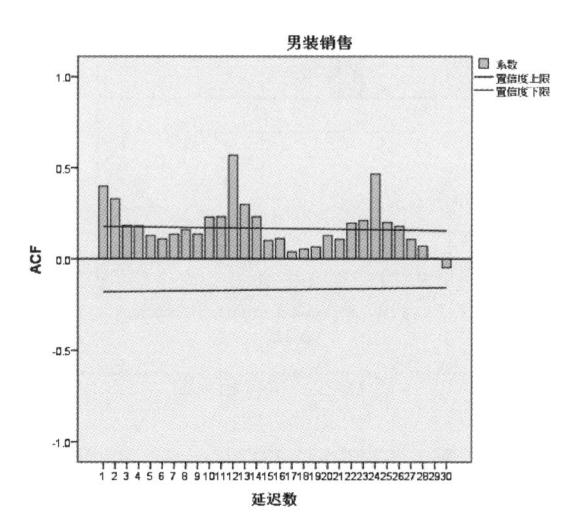

图 16-21　自相关图

表 16-10 是"偏自相关性"表格，从左至右依次为延迟数、偏自相关和标准误。图 16-22 对应的是偏自相关表。

表 16-10 偏自相关性

序列：男装销售

延迟	偏自相关	标准误	延迟	偏自相关	标准误
1	.401	.091	16	−.011	.091
2	.204	.091	17	−.065	.091
3	−.001	.091	18	.008	.091
4	.071	.091	19	−.022	.091
5	.019	.091	20	.050	.091
6	.012	.091	21	.024	.091
7	.077	.091	22	.065	.091
8	.079	.091	23	.084	.091
9	.017	.091	24	.175	.091
10	.152	.091	25	−.174	.091
11	.092	.091	26	−.017	.091
12	.489	.091	27	.074	.091
13	−.088	.091	28	−.066	.091
14	−.098	.091	29	−.041	.091
15	−.083	.091	30	−.127	.091

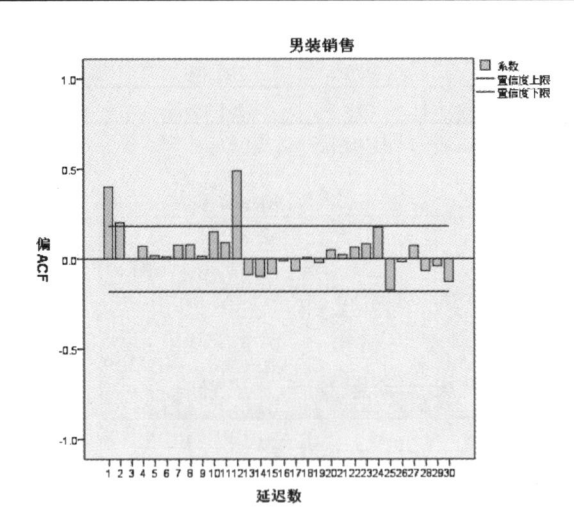

图 16-22 偏自相关图

16.6 创建时间模型

时间序列建模程序是根据时间序列的特征和分析的要求，选择合适的模型进行数据建模。时间序列建模器过程会估计时间序列的指数平滑法模型、单变量自回归积分移动平均值（ARIMA）模型和多变量 ARIMA 模型，并生成预测值。

该过程包含的专家建模器可自动为一个或多个因变量序列标识和估计最佳拟合 ARIMA 或指数平滑法模型，因而就不必通过反复试验来标识适当的模型了。另外，可以指定定制的 ARIMA 模型或指数平滑法模型。

16.6.1 参数设置

(1)打开数据文件,选择"分析"→"时间序列预测"→"创建传统模型",弹出"时间序列建模器"对话框,如图 16-23 所示,各项含义如下。

- 因变量:将左边源变量列表中的一个或多个数值型变量选入其中。
- 自变量:将左边源变量列表中的一个或多个数值型变量选入其中。
- 估算期:显示估计期的启动和结束位置,系统默认从第一个个案到最后一个个案。如果需要改变估计期,依次单击菜单"数据"→"选择个案",在对话框中勾选"基于时间或个案范围",单击"范围"按钮,指定第一个个案和最后一个个案,来设定估计期。
- 预测期:显示预测期的启动和结束位置,系统默认从模型评估期后的第一个个案到活动数据集内的最后一个个案,如果要改变预测期,在选项卡中进行设置。
- 方法:有专家建模器、指数平滑法和 ARIMA 模型 3 个选项。专家建模器会自动为每个时间序列找到最佳拟合模型。

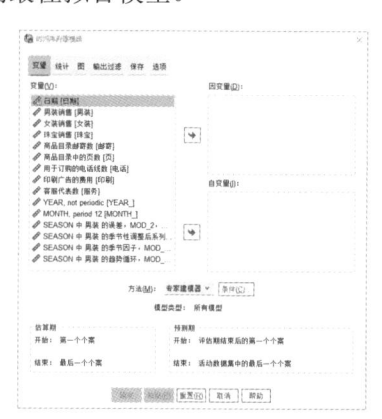

图 16-23 "时间序列建模器"对话框

(2)在方法列表中选择"专家建模器",单击"条件"按钮,弹出"时间序列建模器:专家建模器条件"对话框,如图 16-24 所示,各项含义如下。

- 模型选项卡:设置选择分析的模型。
  ➢ 在模型类型中共有 3 个模型供选择。
    ◇ 所有模型:包含指数平滑法模型和 ARIMA 模型,系统自动识别最佳模型。
    ◇ 仅限指数平滑模型:只考虑指数平滑法模型。
    ◇ 仅限 ARIMA 模型:只考虑 ARIMA 模型。
    ◇ 专家建模器考虑季节性模型:只有在数据定义了时间周期后才有效,勾选此项,同时考虑季节性和非季节性模型,如果不勾选此项,只考虑非季节性模型。
    ◇ 当前周期长度:显示已定义的时间周期。

➢ 事件：选择任何自变量都被当作事件变量，事件变量值，除 1 以外，都表明该时期的因变量序列期望不受事件影响。

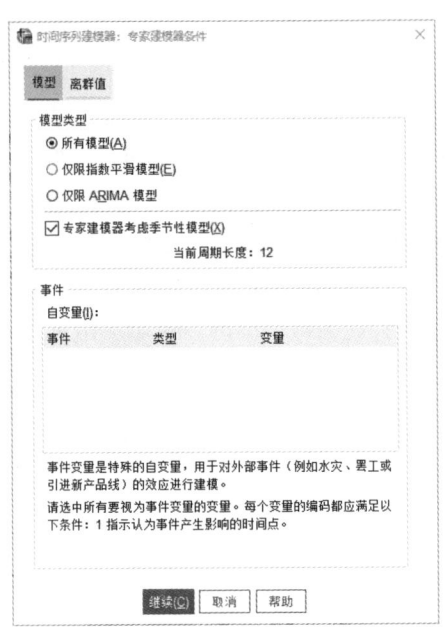

图 16-24　"时间序列建模器：专家建模器条件"对话框

- 单击"离群值"选项卡，弹出如图 16-25 所示的对话框，选择异常值的处理方式，各项含义如下。

图 16-25　专家建模器条件"离群值"对话框

➢ 自动检测离群值：勾选此项，系统自动检测异常值，激活要检测的离群值类型中的选项。

◆ 加性：只影响单个记录的异常值，例如，因编码错误而导致的异常值。
◆ 水平变动：由数据水平移动导致的异常值。
◆ 革新：由噪声变动而导致的异常值，对于平稳序列，创新异常值只影响少数观测值；对于不平稳序列，创新异常值可能会影响每个序列点后的每个观测值。
◆ 瞬态：一个指数水平衰减至 0 的异常值。
◆ 季节加性：周期性的影响某些序列点的异常值，且对这些序列点的影响都是相同的。
◆ 局部趋势：表示在一个特定的序列点开始出现明显的趋势成分的异常值。
◆ 加性修补：表示两个或两个以上连续的加性异常值。

（3）指数平滑法最早由 C.C.Holt 在 1958 年提出，最初只应用于以无趋势、非季节性作为基本形式的时间序列分析，后经 Brown、Winter 等统计学家的进一步研究，使其适用于更多类型的时间序列分析。指数平滑法的估计是非线性的，目标是使预测值和观测值之间的均方差最小。在方法下拉列表中选择"指数平滑法"，然后单击"条件"按钮，弹出"时间序列建模器：指数平滑条件"对话框，如图 16-26 所示，各项含义如下。

- 模型类型分为非季节性模型和季节性模型两大类。
  - 非季节性模型。
    ◆ 简单：适用于无趋势或无季节性因素影响的时间序列，唯一的平滑参数是水平，简单模型与 ARIMA（0,1,1）模型非常相似。
    ◆ 霍尔特（Holt）线性趋势：适用于有线性趋势，但没有季节性因素影响的时间序列，平滑参数为水平和趋势，但相互之间没有约束，Holt 线性趋势模型与 ARIMA（0,2,2）模型非常相似。
    ◆ 布朗（Brown）线性趋势：适用于有线性趋势，但没有季节性因素影响的时间序列，是 Holt 线性趋势模型的一种特殊情况，平滑参数为水平和趋势，且假定它们相等，Brown 线性趋势模型与 ARIMA（0,2,2）模型非常相似，并且其第二阶移动平均悉数等于第一阶系数一半的平方。
    ◆ 衰减趋势：适用于线性趋势正在逐渐消失，但没有季节性因素影响的时间序列，平滑参数为水平、趋势和阻尼趋势。阻尼趋势模型与 ARIMA（1,1,2）模型非常相似。
  - 季节性模型。
    ◆ 简单季节性：适用于无趋势，季节因素影响在时间上是常量的时间序列，平滑参数是水平和季节，简单季节性模型与 SARIMA（0,1,1）×（0,1,1）S 模型非常相似。
    ◆ 温特斯（Winters）加性：适用于有线性趋势且不依赖与序列水平季节性影响的时间序列，平滑参数为水平、趋势和周期，Winters 可加性模型与 SARIMA（0,1,0）×（0,1,1）S 模型非常相似。

◇ 温特斯（Winters）乘性：适用于有线性趋势且依赖与序列水平季节性影响的时间序列，平滑参数为水平、趋势和周期，没有 SARIMA 模型与 Winters 相乘性模型相似。
➢ 当前周期长度：显示当前数据定义的时间周期。
● 在因变量转换中选择对时间序列转换的方法。
➢ 无：对时间序列不进行转换。
➢ 平方根：对时间序列进行平方根转换。
➢ 自然对数：对时间序列进行自然对数转换。

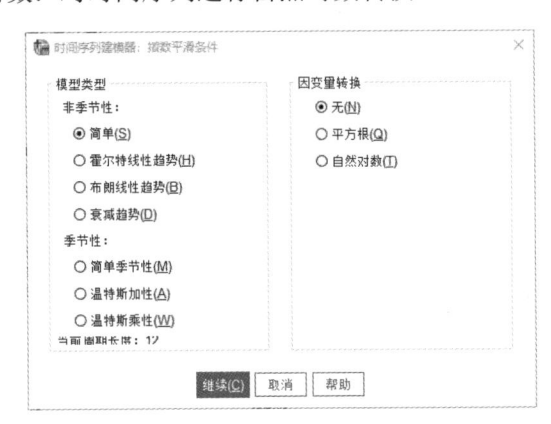

图 16-26 "时间序列建模器：指数平滑条件"对话框

（4）ARIMA 模型是时间序列分析常用的模型，也被称为 Box-Jenkins 模型，可以对包含季节趋势的时间序列进行分析，可以通过制定 3 个参数进行时间序列分析，即自回归系数（p）、差分（d），移动平均值（q）。

建立 ARIMA 模型的一般步骤：①对数据求差分，直到其平稳；②模型识别，选定一个模型，对一般 ARIMA 模型体系中的一些特征，分析其理论特征，把这种理论特征作为标准，观测实际资料与理论特征的接近程度，最后根据分类比较分析的结果来判定实际模型的类型；③对初步模型的参数进行估计及假设检验，来判断模型的合理性，如不恰当，则返回到第二步，重新选定模型；④利用最优模型对序列的未来取值或趋势进行预测。

在方法下拉列表中选择 ARIMA，然后单击"条件"按钮，弹出"时间序列建模器：ARIMA 条件"对话框，如图 16-27 所示，各项含义如下。

● 模型参数设置。
➢ ARIMA 阶数：指定模型各成分的阶数，确定自定义模型结构。结构栏中需要输入非负的整数来定义 3 个参数（自回归、差分和移动平均值）的值，来确定模型结构，季节性栏中只有当前数据定义了时间周期才能有效。
◇ 自回归：用于设置自回归阶数，如输入 2 表示用序列过去 2 个时间周期的值来预测现值。
◇ 差值：指定差分转换的阶数，用于消除趋势的影响。如输入 1，表示一阶差分；输入 2，表示二阶差分。

- ◆ 移动平均值：指定移动平均值的阶数，用原先值同序列平均值的偏差来预测当前值。
  - ◆ 当前周期长度：显示数据文件定义的时间周期。
- ➢ 转换：选择对因变量转换的方法。
  - ◆ 无：对时间序列不进行转换。
  - ◆ 平方根：对时间序列进行平方根转换。
  - ◆ 自然对数：对时间序列进行自然对数转换。
- ➢ 在模型中包括常量：在 ARIMA 模型中包含常数项，当确信时间序列数据的均值为零时，或者使用了差分时，建议不勾选此项。

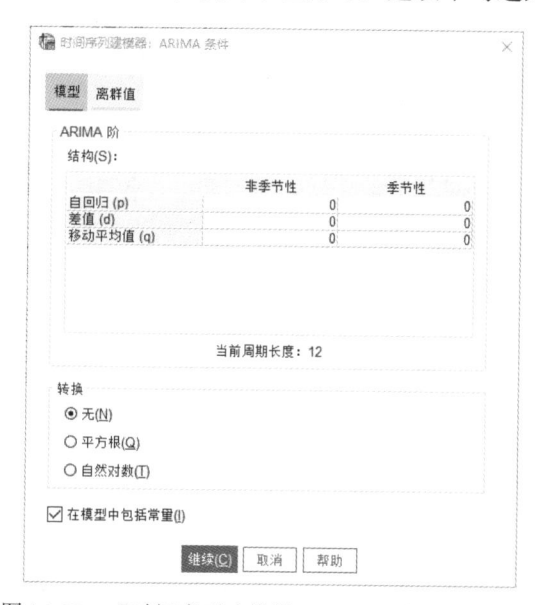

图 16-27 "时间序列建模器：ARIMA 条件"对话框

- 单击"离群值"选项卡，弹出如图 16-28 所示的对话框，选择异常值的处理方式，各项含义如下。
  - ➢ 不检测离群值，也不为其建模：离群值不被检测，也不进入模型，系统默认。
  - ➢ 自动检测离群值：自动对离群值进行检测，勾选此项，激活要检测的离群值类型中的选项：
    - ◆ 加性：只影响单个记录的异常值，例如，因编码错误而导致的异常值。
    - ◆ 水平变动：由数据水平移动导致的异常值。
    - ◆ 革新：由噪声变动而导致的异常值，对于平稳序列，创新异常值只影响少数观测值；对于不平稳序列，创新异常值可能会影响摸个序列点后的每个观测值。
    - ◆ 瞬态：一个指数水平衰减至 0 的异常值。
    - ◆ 季节可加：周期性的影响某些序列点的异常值，且对这些序列点的影响都是相同的。

◇ 局部趋势：表示在一个特定的序列点开始出现明显的趋势成分的异常值。

◇ 加性修补：表示两个货两个以上连续的加性异常值。

➤ 将特定时间点作为离群值进行建模：设置特点的时间点作为异常值，勾选此项，激活离群值定义中的选项，在观测值这一列输入时间点，在类型中选择异常值的类型，下拉列表中共有加性、水平变动、革新、瞬态、季节加性和局部趋势6个选项。

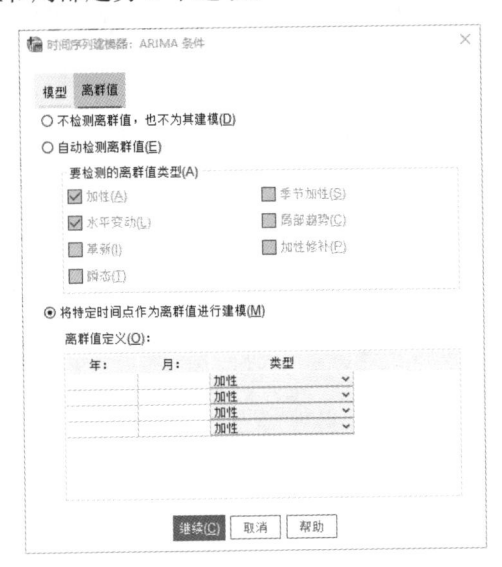

图16-28 ARIMA条件"离群值"对话框

（5）单击"统计"选项卡，弹出时间序列模型"统计"对话框，如图16-29所示，各项含义如下。

- 按模型显示拟合测量、杨-博克斯（Ljung-Box）统计和离群值数目：输出拟合程度的测度、Ljung-Box统计量和离群值的数量等，勾选此项，激活拟合测量中的选项。
- 拟合测量：选择拟合测度的统计量。
  ➤ 平稳 R^2：将模型的平稳部分和简单均值模型进行比较。当有趋势成分或季节成分时，平稳的 R^2 要比 R^2 统计量好。取值范围为负无穷到1，负值表示当前模型没有基本均值模型好，正值表示当前模型要优于基本均值模型。
  ➤ R^2：用来估计模型解释的时间序列变异占总变异的比例。当时间序列是平稳序列时，要优于平稳的 R^2 统计量。取值范围为负无穷到1，负值表示当前模型没有基本均值模型好，正值表示当前模型要优于基本均值模型。
  ➤ 均方根误差：用来度量因变量序列与其模型预测值间的差异程度，度量单位与因变量相同。

- 平均绝对误差百分比：用来度量因变量序列与其模型预测值间的差异程度，因不要求使用的单位，可以用来比较度量单位不同的序列之间的差异。
- 平均绝对误差：用来度量因变量序列与其模型预测值间的差异程度，度量单位与因变量相同。
- 最大绝对误差百分比：用百分比表示的最大预测误差，当预测单个记录最坏的结果时，使用此统计量。
- 最大绝对误差：用来度量最大预测误差，当预测单个记录最坏的结果时，使用此统计量。最大绝对误差百分比和最大绝对误差可以发生在不同的观测记录上，有必要区分两者。
- 正态化 BIC：标准化贝叶斯信息，在均方误差的基础上，包括模型中参数的数量和序列在长度上的损失，同时还考虑模型的复杂性，来度量模型的拟合优度。

- 用于比较模型的统计：输出模型比较的统计量。
  - 拟合优度：输出平稳 R^2、R^2、均方根误差等拟合测量统计量。
  - 残差自相关函数：输出模型自相关函数的统计表和百分比表。
  - 残差偏自相关函数：输出模型偏相关函数的统计表和百分比表。
- 单个模型的统计：输出单个模型的信息。
  - 参数估算值：输出每个模型的参数估计表，对指数平滑模型和 ARIMA 模型显示单独的表。如果存在异常值，则单独输出一张表格。
  - 残差自相关函数：输出模型残差的自相关函数的统计表和置信区间。
  - 残差偏自相关函数：输出模型残差的偏相关函数的统计表和百分区间。
- 显示预测值：为每个估计模型输出预测值和置信区间。

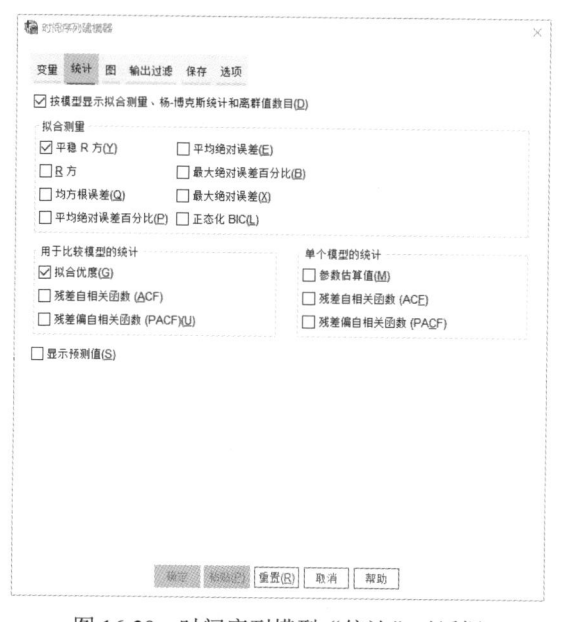

图 16-29 时间序列模型"统计"对话框

(6)单击"图"选项卡,弹出时间序列模型"图"对话框,如图 16-30 所示,各项含义如下。

- 用于比较模型的图:输出拟合程度的图形,其中前 8 个选项对应统计中的拟合测量中的 8 个选项,这里不再重复解释,此外还有以下两个选项。
  - ➢ 残差自相关函数:在图形中包含残差自相关函数。
  - ➢ 残差偏自相关函数:在图形中包含残差部分自相关函数。
- 单个模型的图:输出单个模型的图形。
  - ➢ 序列:输出序列图,勾选此项,激活每个图显示的内容中的选项。
  - ➢ 实测值:在图形中包含因变量序列的观察值。
  - ➢ 预测值:在图形中包含预测范围内的预测值。
  - ➢ 拟合值:在图形中包含估计范围内的预测值。
  - ➢ 预测值的置信区间:在图形中包含预测范围内的置信区间。
  - ➢ 拟合值的置信区间:在图形中包含估计范围内的置信区间。
- 残差自相关函数:输出每个模型的残差自相关图。
- 残差偏自相关函数:输出每个模型的残差偏相关图。

图 16-30 时间序列模型"图"对话框

(7)单击"输出过滤"选项卡,弹出时间序列模型"输出过滤"对话框,如图 16-31 所示,各项含义如下。

- 在输出中包括所有模型:输出所有模型的分析结果,系统默认。
- 根据拟合优度过滤模型:根据拟合优度输出一些模型的分析结果,勾选此项,激活输出栏中的选项。
  - ➢ 最佳拟合模型:输出最佳拟合模型。
    - ◇ 模型的固定数目:在数值框中输入需要输出的最好模型的个数,如果值大于估计模型个数，则表示输出所有的模型。
- ◆ 占模型总数的百分比：在百分比框中输入需要输出的最好模型的个数占总模型的百分比。
- ➢ 最差拟合模型：输出最差拟合模型。
  - ◆ 模型的固定数目：在数量框中输入需要输出的最差模型的个数，如果值大于估计模型个数，则表示输出所有的模型。
  - ◆ 占模型总数的百分比：在百分比框中输入需要输出的最差模型的个数占总模型的百分比。
- ➢ 拟合优度测量：指定用于过滤模型的拟合优度测度。在下拉列表中共有 8 个选项，系统默认为平稳的 R^2。选项的含义见 Statistics 选项卡中拟合测量。

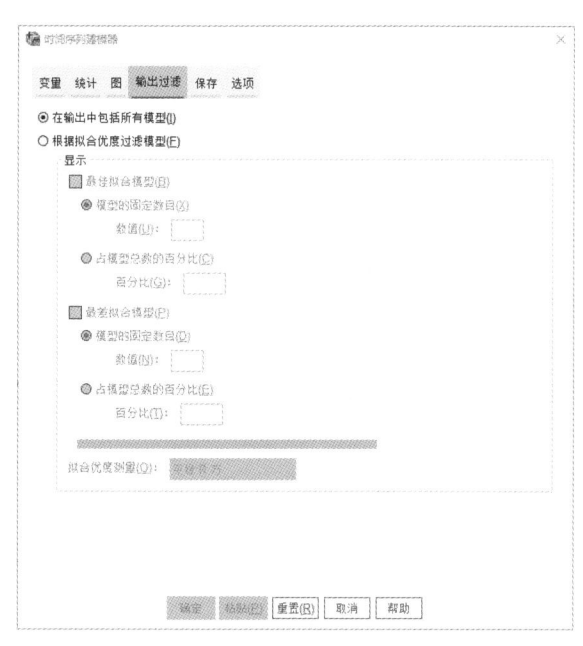

图 16-31 时间序列模型"输出过滤"对话框

（8）单击"保存"选项卡，弹出时间序列模型"保存"对话框，如图 16-32 所示，各项含义如下。

- 保存变量：设置关于新变量的保存。
  - ➢ 预测值：保存模型的预测值。
  - ➢ 置信区间下限：保存预测值置信区间的下限。
  - ➢ 置信区间上限：保存预测值置信区间的上限。
  - ➢ 噪声残值：保存模型残差，如果对因变量进行了转换，保存的是转换后序列的残差值。
- 导出模型文件：保存模型信息。
  - ➢ XML 文件：单击"浏览"按钮，指定保存的路径和名称，XML 文件只兼容 SPSS 应用程序。

> PMML 文件：单击"浏览"按钮，指定保存的路径和名称，PMML 文件兼容符合 PMML 的应用程序，包括 SPSS 应用程序。

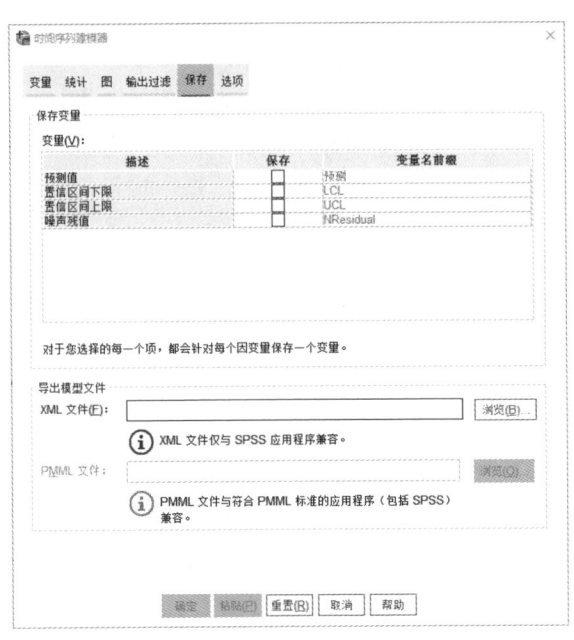

图 16-32　时间序列模型"保存"对话框

（9）单击"选项"选项卡，弹出时间序列模型"选项"对话框，如图 16-33 所示，设置预测期、缺失值处理方式等选项参数，各项含义如下。

- 预测期。
    > 评估期结束后的第一个个案到活动数据集中的最后一个个案：表示模型预测范围从估计模型的第一个个案到最后一个个案，当估计模型所用的数据不是全部数据时，选择此项，可以用来比较模型预测值和观测值的差异，系统默认。
    > 评估期结后的第一个个案到指定日期之间的个案：表示模型预测范围从估计模型的第一个个案到用户指定的某个日期，主要用来预测超过当前时间范围的记录，日期栏指定要预测的日期。
- 用户缺失值：设置缺失值的处理方式。
    > 视为无效：用户缺失值当作系统缺失值，作为无效数据。
    > 视为有效：用户缺失值当作有效值。
- 置信区间宽度：指定置信区间的宽度，在框中输入小于 100 的正数，用于模型预测值的置信区间和残差自相关的计算，系统默认为 95%。
- 输出中的模型标识前缀：指定输出结果中不同模型的名称前缀，默认为"模型"，名称的后缀为依次增加的整数。
- ACF 和 PACF 输出中显示的最大延迟数：指定自相关函数和部分自相关函数的最大延迟阶数，系统默认为 24。

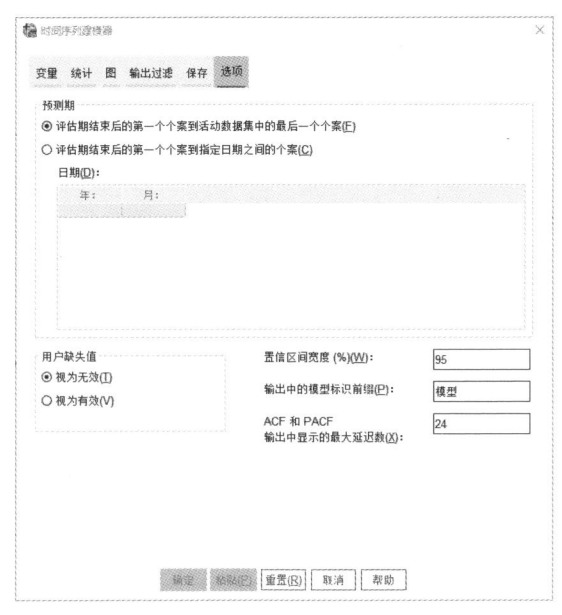

图 16-33 时间序列模型"选项"对话框

16.6.2 创建时间模型的 SPSS 实现

实例仍用如图 16-11 所示的"data16-02.sav"数据文件进行自相关分析。因创建时间模型中"专家建模器"能自动为一个或多个因变量序列标识和估计最佳拟合 ARIMA 或指数平滑法模型,所以我们以"专家建模器"为例,不再反复试验 ARIMA 或指数平滑法模型。

视频文件:视频文件\Chapter16\创建时间模型和应用时间模型.avi

(1)定义时间日期参照 16.2.2 序列图,不再重复介绍。

(2)打开"data16-02.sav"数据文件,选择"分析"→"时间序列预测"→"创建模型"弹出如图 16-23 所示的"时间序列建模器"对话框。

(3)从左侧源变量列表中选择"男装销售"变量通过 按钮选入变量列表,在"方法"栏选择"专家建模器"。

(4)单击"统计"选项卡,弹出如图 16-29 所示的时间序列模型"统计"对话框,勾选"显示预测值"选项,其他采用系统默认选项。

(5)单击"图"选项卡,弹出如图 16-30 所示的时间序列模型"图"对话框,勾选"残差自相关函数"和"残差偏自相关函数"复选框,在"每个图显示的内容"栏中勾选"拟合值"复选框,其他采用系统默认选项。

(6)单击"保存"选项卡,弹出如图 16-32 所示的时间序列模型"保存"对话框,在"导出模型文件"栏单击"浏览"按钮,指定保存的路径和名称,名称为 catalog01。

(7)单击"选项"选项卡,弹出如图 16-33 所示的时间序列模型"选项"对话框,在"预测期"栏选择"评估期结束后的第一个个案到指定日期之间的个案",日期中的"年"输入框输入 1999,"月"输入框输入 6,其他选项为系统默认。

(8) 完成所有设置后，单击"确定"按钮执行命令。

16.6.3 创建时间模型的结果分析

从表 16-11 可以看出最佳拟合模型为温特斯可加性模型。

表 16-11 模型描述

项目		模型类型
模型标识	男装销售	模型_1	温特斯可加性

表 16-12 从左到右依次给出了各拟合统计量的平均值、最小值、最大值和百分位数，从表 16-13 可以看出平稳的 R^2 为 0.713，大于 0，说明当前的模型要优于基准模型。

表 16-12 模型拟合度

拟合统计信息	平均值	标准误差	最小值	最大值	百分位数						
					5	10	25	50	75	90	95
平稳 R^2	.713		.713	.713	.713	.713	.713	.713	.713	.713	.713
R^2	.719		.719	.719	.719	.719	.719	.719	.719	.719	.719
RMSE	3383.634		3383.634	3383.634	3383.634	3383.634	3383.634	3383.634	3383.634	3383.634	3383.634
MAPE	17.814		17.814	17.814	17.814	17.814	17.814	17.814	17.814	17.814	17.814
MaxAPE	482.446		482.446	482.446	482.446	482.446	482.446	482.446	482.446	482.446	482.446
MAE	2166.830		2166.830	2166.830	2166.830	2166.830	2166.830	2166.830	2166.830	2166.830	2166.830
MaxAE	15656.236		15656.236	15656.236	15656.236	15656.236	15656.236	15656.236	15656.236	15656.236	15656.236
正态化 BIC	16.373		16.373	16.373	16.373	16.373	16.373	16.373	16.373	16.373	16.373

表 16-13 模型统计

模型	预测变量数	模型拟合度统计	杨-博克斯 Q（18）			界外值数
		平稳 R 方	统计	DF	显著性	
男装销售-模型_1	0	.713	21.476	15	.122	0

从表 16-14 可以看出 1999 年 1 月—6 月的预测值，UCL 和 LCL 分别是 95%置信区间的上限和下限。

表 16-14 预定

模型		一月 1999	二月 1999	三月 1999	四月 1999	五月 1999	六月 1999
男装销售-模型_1	预定	22261.78	20679.95	20979.81	20245.51	20788.45	20875.04
	UCL	28962.89	27393.91	27706.61	26985.12	27540.85	27640.19
	LCL	15560.67	13965.98	14253.01	13505.90	14036.05	14109.88

对于每个模型，预测从所请求估算期范围内的最后一个非缺失值之后开始，并结束于最后一个所有预测变量都有可用的非缺失值的周期，或者在所请求预测期的结束日期结束，以较早者为准。

图 16-34 为残差序列图，从残差 ACF 和残差 PACF 两个图形中都没有显著的趋势特征，可以初步判断本例使用的模型是比较恰当的。

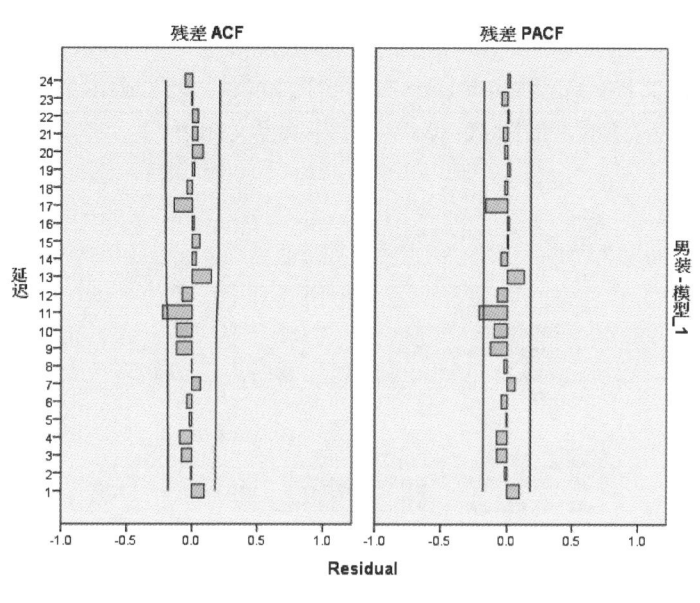

图 16-34　残差序列图

图 16-35 为拟合图形和预测结果，线性图描绘了观测值、拟合值及预测值，从图形中可以看出本例使用的模型是比较合理的。

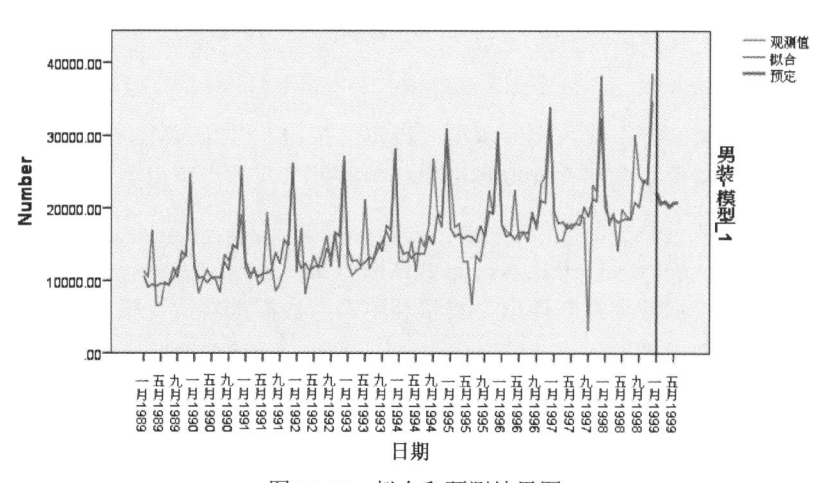

图 16-35　拟合和预测结果图

16.7　应用时间序列模型

其过程是从外部文件中加载现有的时间序列模型，并将它们应用于活动数据集。使用此过程，可以在不重新建立模型的情况下获得其新数据或修订数据可用的序列的预测值。

16.7.1 参数设置

（1）打开数据文件，选择"分析"→"时间序列预测"→"应用传统模型"，弹出"应用时间序列模型"对话框，如图 16-36 所示，各项含义如下。

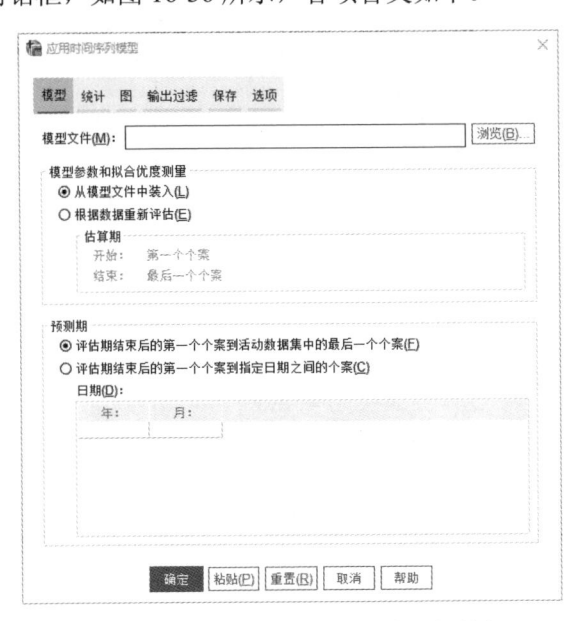

图 16-36　"应用时间序列模型"对话框

- 模型选项卡
  - "模型文件"输入框：单击"浏览"按钮，打开 XML 模型文件。
  - "模型参数和拟合优度测量"栏中提供了两种设置模型参数和适合度量好处的方式。
    - 从模型文件中装入：表示直接从模型文件中读取。
    - 根据数据重新评估：表示利用当前数据重新估计模型参数，但不改变引入的 XML 模型的结构，例如，模型文件是 ARMIA（1,0,1），重新估计只估计参数值，不改变模型的形式，但是异常值来自模型文件，不对其重新检测。
    - 估算期：重新估计模型参数的数据集，系统默认是全部数据，可以使用"数据"菜单中的"选择个案"功能重新定义估计期。
  - 预测期：用来定义预测期，设置方法见 16.6.1 节。

（2）除了模型选项卡外，其余选项卡的设置与创建模型中基本相同，参照 16.6 节

16.7.2　应用时间序列模型的 SPSS 实现

实例：以创建时间序列模型创建的 catalog01.sav 为模型基础，在 data16-02.sav 基础上加上 1999 年 1 月到 6 月的数据形成新数据集 catalog02.sav 预测 1999 年 7 月到 12 月的男装销售量，来说明时间序列模型的应用。

> 视频文件：视频文件\Chapter16\创建时间模型和应用时间模型.avi

（1）打开 catalog02.sav 文件，定义时间日期参照 16.2.2 序列图，这里不再重复介绍。

（2）选择"分析"→"时间序列预测"→"应用传统模型"弹出如图 16-36 所示的"应用时间序列模型"对话框。

（3）在"模型文件"栏中单击"浏览"按钮，打开 XML 模型文件 catalog01.xml，在"模型参数和拟合优度测量"栏中勾选"根据数据重新估计"，在"预测期"栏中勾选"评估期结束后的第一个个案到指定日期之间的个案"选项，日期中的"年"输入框输入 1999，"月"输入框输入 12。

（4）统计、图等选项卡的设置同创建时间序列模型一样，参照 16.6.2 节。

（5）完成所有设置后，单击"确定"按钮执行命令。

16.7.3　应用时间序列模型的结果分析

输出的结果中，各表的含义同创建时间序列模型中的一样，参见 16.6.3 节中表格的解释。

16.8　交叉相关性

自相关图和偏相关图是描述时间序列的重要工具，当时间序列只有一个时，我们可以采用自相关图和偏相关图进行分析，当需要考虑的时间序列为多个，且需要考虑多个时间序列之间的关系时，就需要互相关函数。互相关函数是指两个时间序列间的相关，分析的是一个时间序列中的观察值同另一个时间序列在不同的滞后和领先时的观察值之间的相关关系。互相关函数显示在图中，就是互相关图。前面介绍了时间序列的自相关，本节着重介绍时间序列的互相关。

16.8.1　参数设置

（1）打开数据文件，选择"分析"→"时间序列预测"→"交叉相关性"，弹出"交叉相关性"对话框，如图 16-37 所示，各项含义如下。

- 变量：将左边源变量列表中的两个或两个以上的数值型变量选入其中。
- 在"转换"栏中指定转换方法，具体见 15.5.1 节自相关的参数设置。

图 16-37 "交叉相关性"对话框

（2）单击"选项"按钮，弹出"交叉相关性：选项"对话框，如图 16-38 所示，各项含义如下。
- 最大延迟数：输入数值指定最大延迟数，系统默认为 7。
- 在周期性延迟处显示交叉相关性：如果定义了季节，勾选此项，显示周期延迟处的自相关。

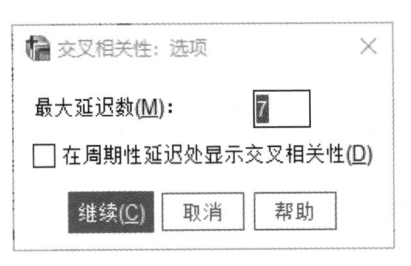

图 16-38 "交叉相关性：选项"对话框

16.8.2　交叉相关性的 SPSS 实现

实例仍用如图 16-11 所示的"data16-02.sav"数据文件来进行交叉相关性分析。

视频文件：视频文件\Chapter16\交叉相关性.avi

（1）打开"data16-02.sav"数据文件，选择"分析"→"时间序列预测"→"交叉相关性"，弹出如图 16-37 所示的"交叉相关性"对话框。

（2）从左侧源变量列表中选择"男装销售"变量和"女装销售"变量通过 ▶ 按钮选入变量列表，其他采用系统默认选项。

（3）单击"选项"按钮，弹出如图 16-38 所示的"交叉相关性：选项"对话框，设置选择系统默认。单击"继续"按钮返回主对话框。

（4）完成所有设置后，单击"确定"按钮执行命令。

16.8.3 交叉相关性的结果分析

表 16-15 给出了模型的一些基本信息，包括模型名称、系列名称、转换等。

表 16-15 模型描述

模型名称		MOD_1
序列名称	1	男装销售
	2	女装销售
转换		无
非季节性差分		0
季节性差分		0
季节周期长度		无周期
延迟范围	从	−7
	到	7
显示和绘制		所有延迟

正在应用来自 MOD_1 的模型指定项。

从表 16-16 可以看出序列长度为 120，没有缺失值，有效个案数为 120。

表 16-16 个案处理摘要

	序列长度	120
因为以下原因而排除的个案数	用户缺失值	0
	系统缺失值	0
	有效个案数	120
	差分后可计算的零阶相关系数的数量	120

从表 16-17 可以看出交叉相关系数的计算结果，从左到右依次是延迟、交叉相关性和标准误。图 16-39 对应交叉相关性表格，图中两条横线分别是置信区间的上下限。从图中可以看出最大的交叉相关性出现在延迟 0 处，为 0.802，交叉相关性数值并不关于延迟 0 处对称，说明男、女装销售量之间存在线性关系。

表 16-17 交叉相关性

序列对： 男装销售 带 女装销售

延迟	交叉相关性	标准误[a]	延迟	交叉相关性	标准误[a]
−7	.159	.094	1	.134	.092
−6	.150	.094	2	.114	.092
−5	.211	.093	3	.125	.092
−4	.224	.093	4	.209	.093
−3	.271	.092	5	.163	.093
−2	.342	.092	6	.124	.094
−1	.374	.092	7	.178	.094
0	.802	.091			

a. 基于各个序列不交叉相关性且其中一个序列为白噪声的假定。

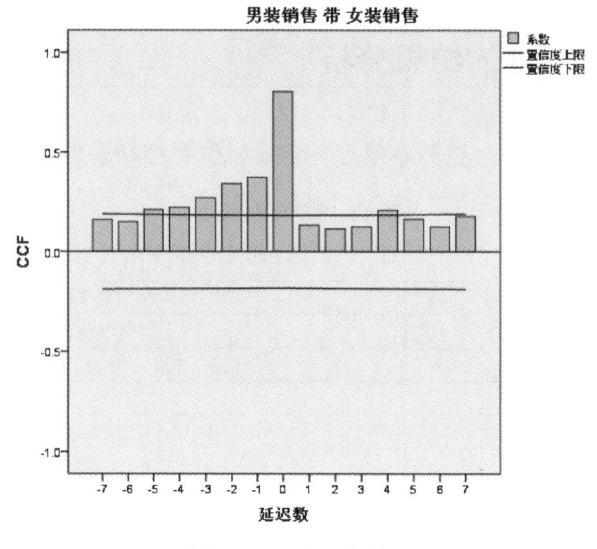

图 16-39　交叉相关图

16.9　本章小结

　　本章主要介绍了时间序列的预处理、序列图、周期性分解、谱分析、自相关、创建时间模型、应用时间模型和交叉相关性。时间序列的预处理包括替换缺失值、定义时间变量和建立时间序列这 3 步。序列图主要用于了解时间序列数据的性质，如是否呈现某种变化趋势等。周期性分解可以用来删除任何系统性的周期性变化，然后对周期性调整序列执行趋势分析。谱分析过程主要是用来标识时间序列中的周期行为。自相关分析是利用相关图来了解不同间隔观察值之间的相关程度。创建时间模型是根据时间序列的特征和分析的要求，选择合适的模型进行数据建模。应用时间序列模型是从外部文件中加载现有的时间序列模型，并将它们应用于活动数据集。交互相关性是利用互相关图来分析多个时间序列间的关系，其通过互相关函数分析一个时间序列中的观察值同另一个时间序列在不同的滞后和领先时的观察值之间的相关关系。

第17章

统计图形的绘制

　　统计图形是用点的位置、线段的高低、直条的长短或面积的大小等描绘统计数据的一种形式,这些图形清晰明了、简单易懂,非常有利于用户分析统计问题。在SPSS中的图形菜单下,有图表构建器、图形画板模板选择程序、比较子组、回归变量图及旧对话框(包括条形图、三维条形图等),用户可以直接选择其中的统计图形,根据对话框的提示进行操作以绘制图形。此外,统计图形还可随着各种统计分析过程产生。本章主要介绍图表构建器的基本操作、条形图、折线图、面积图、饼图、高低图、箱图、误差条形图、人口金字塔图、散点图、直方图、P-P概率图、Q-Q概率图、比较子组图和回归变量图。

学习目标

(1) 深入理解各个图形间的异同。
(2) 掌握各对话框选项的含义。
(3) 掌握图形绘制的方法。

17.1 图表构建器的基本操作

（1）在绘制统计图形前，需要对数据进行以下处理。

① 定义变量类型。

创建图形时，需要设置正确的变量类型，以区分连续变量、序数分类变量、名义分类变量、集合变量等，具体操作可参见 2.1.2 节。

② 制定数据文件结构。

对于同一份数据，其可以有不同的数据文件结构，而数据文件的结构往往决定着图形的类型，所以用户需要根据所需图形来制定数据文件结构。另外，还可对已有的数据文件结构进行调整，以满足图形生成的要求。

> 视频文件：视频文件\Chapter17\图表构建器.avi

（2）选择"图形"→"图表构建器"，弹出如图 17-1 所示的对话框，提示用户正确设置数据类型。单击"确定"按钮执行图表定义；单击"定义变量属性"按钮，则会弹出"定义变量属性"对话框该对话框还可通过选择"数据"→"定义变量属性"打开；勾选对话框中的"不再显示此对话框"复选框，表示以后选择图表构建器时，将不会再出现该对话框。

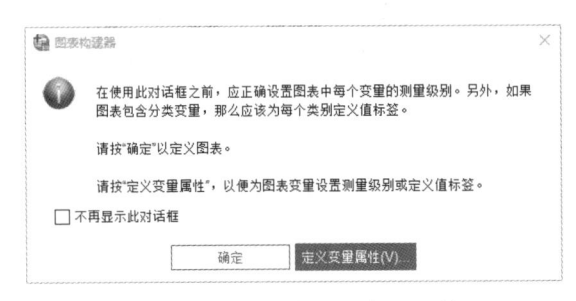

图 17-1 "设置数据类型"对话框

（3）单击"确定"按钮，弹出"图表构建器"对话框，如图 17-2 所示，在此主要通过拖曳的方式建立图形，变量列表中的变量、预设图形类型中的图标等都可以用鼠标拖动至图形预览区，在预览区还可以拖动这些元素以改变它们的位置或拖出预览区。

（4）将需要的预置图标拖至图形预览区，如拖动 预置图标后的效果如图 17-3 所示。

（5）第 4 步完成后，SPSS 会自动弹出"元素属性"对话框，如图 17-4 所示，也可通过单击"元素属性"按钮达到相同的效果。所作图形不同，"元素属性"对话框显示内容也会不同，此对话框是以作折线图为对象。

（6）在如图 17-2 所示的"图表构建器"对话框的变量列表中选择作图变量，将其拖至预览区中相应的虚线框中。

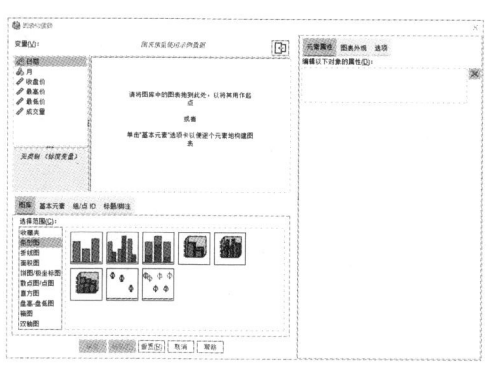

图 17-2 "图表构建器"对话框

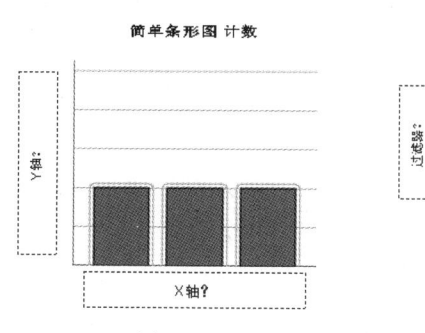

图 17-3 图形预览区

（7）设置图形元素的属性。图形里各种元素的属性都在如图 17-4 所示的"元素属性"对话框中设置，如统计量、标题、脚注等。

（8）单击"选项"按钮，"选项"对话框，如图 17-5 所示，各项含义如下。

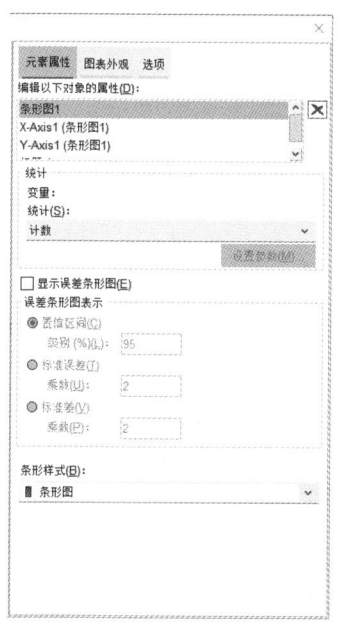

图 17-4 "元素属性"对话框

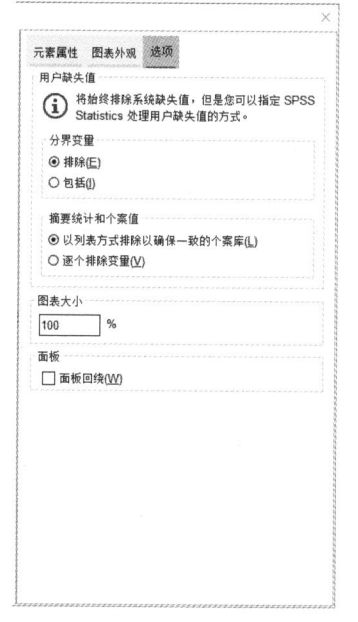

图 17-5 "选项"对话框

- 分界变量：该栏用于设置是否统计分类变量的缺失值。选择排除时，表示作图时把它们作为一个单独的类别加以统计；选择包括时，表示作图时忽略这些用户定义缺失值。
- 摘要统计和个案值：该栏用于设置是否统计包含缺失值的样本。选择以列表方式排除以确保一致的个案库时，表示作图时直接忽略这个个案；选择逐个排除变量时，表示只有包含缺失值的变量用于当前计算和分析时才忽略这个样本。
- 图表大小：设置图形显示的大小。在文本框中指定一个相对于默认图形的比例数字，大于 100 的数值有放大效果，反之亦然。

- 面板：设置有多列子图形时的显示方式。勾选它表示图形列过多时允许分行显示，这样可以避免把几列图形强制显示在同一行上；否则，图形列过多时，每行上的图形会自动缩小以显示在同一行上。

（9）完成所有设置，单击"确定"按钮，输出图形。

17.2 条形图

条形图是利用相同宽度条形的长短表现统计数据大小或变动的统计图，其一般应用于非连续性的统计资料。条形图对汇总分类变量非常有用，例如，可以使用条形图显示参与调查的男女人数，也可以使用条形图显示男性和女性的平均薪水。

实例一：本节采用"第 7 章 方差分析"中的"data07-02.sav"数据文件。现要求利用条形图分析不同肥料、不同土壤种类所培育的苗木高度分布有何特点。

数据文件：数据文件\Chapter7\data07-02.sav
视频文件：视频文件\Chapter17\条形图.avi

17.2.1 简单条形图

1. 参数设置

（1）选择"图形"→"旧对话框"→"条形图"，弹出"条形图"对话框，如图 17-6 所示，各项含义如下。

- 简单：即简单条形图，以若干平行且等宽的矩形表现数量对比关系。
- 簇状：由两条或两个以上条组成一组的条形图。
- 堆积：即堆积条形图，以条形的全长代表某个变量的整体，条内的各分段长短代表各组成部分在整体中所占比例，每一段用不同线条或颜色表示。
- 图表中的数据为：表示选择数据描述模式，有如下 3 个可选项。
    - 个案组摘要：指每组个案生成一个图形。
    - 单独变量的摘要：指每个变量生成一个图形。
    - 单个个案的值：指每个个案生成一个图形。

图 17-6 "条形图"对话框

（2）选择简单、个案组摘要后，单击"定义"按钮，弹出"定义简单条形图：个案组摘要"对话框，如图 17-7 所示，各项含义如下。

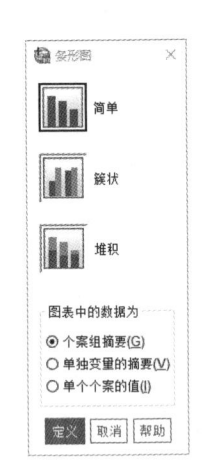

图 17-7 "定义简单条形图：个案组摘要"对话框

- 条形表示：此栏是选择条形图表达的统计量，可选项有个案数、累积数量、个案数百分比、累计百分比和其他统计。当选中"其他统计"后，激活下方的变量框。从左侧变量列表中选择一个纵轴变量进入变量框中，激活"更改统计"按钮后，单击它，弹出"统计"对话框，如图 17-8 所示，有 4 组统计函数。
  - ➢ 第一组：有 10 个统计函数，分别为值的均值、值的中位数、值的众数、个案数、值的总和、标准差、方差、最小值、最大值、累积求和。
  - ➢ 第二组：有 5 个统计函数，选中这 5 个选项中的任何一项，都激活此栏内的值输入框。
    - ✧ 上方百分比和下方百分比：分别表示大于和小于指定变量的观测量数目占总数的百分比。
    - ✧ 上方数目和下方数目：分别表示大于和小于指定变量的观测量数目。
    - ✧ 百分位数：表示等于指定变量的观测数目占总数的百分比。
  - ➢ 第三组：有 2 个统计函数，选中其中一项，都激活此栏内的低和高输入框。
    - ✧ 内间内百分比：表示处于低和高指定值范围内的观测量数目占总数的百分比。
    - ✧ 内间内数目：表示处于低和高指定值范围内的观测量数目。
  - ➢ 第 4 组：仅"值是分组中点"这一个复选框。当选中上方的"值的中位数"和"百分位"时，激活该复选框，勾选它，表示计算中位数或百分位数。
- 类别轴：用于从左侧变量列表中选入一个分类轴变量，默认的类别轴是横轴。
- 要使用的图表指定项的来源：勾选该复选框，激活"文件"按钮，单击它，弹出"使用文件中的模板"对话框，如图 17-9 所示，选中模板文件，模板文件的后缀为".sgt"。新生成的图形大小、小数位数、比例、字体及字形等都将自动转换成模板格式。

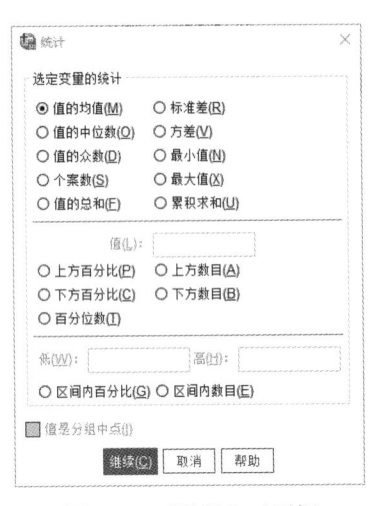

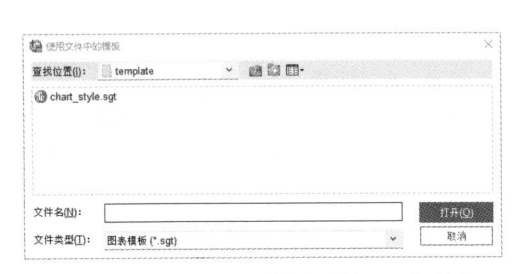

图 17-8 "统计"对话框　　　　图 17-9 "使用文件中的模板"对话框

（3）单击"标题"按钮，弹出"标题"对话框，如图 17-10 所示。该对话框用于设置标题、子标题和脚注。

（4）单击"选项"按钮，弹出"选项"对话框，如图 17-11 所示。该对话框用于选择缺失值处理和误差条图的显示方式，各项含义如下。

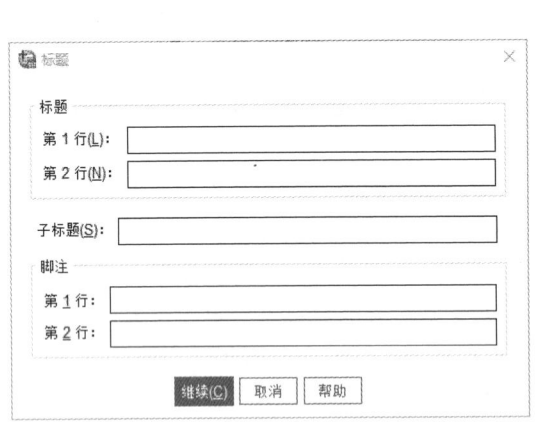

图 17-10 "标题"对话框　　　　图 17-11 "选项"对话框

- 缺失值：用于选择缺失值处理的方式。
    - ➢ 成列排除个案：在"条的表征"所指定的变量中，若某个个案在某变量中存在缺失值，则将整个个案剔除。
    - ➢ 按变量排除个案：若在"条的表征"所指定的变量中存在缺失值，则仅剔除该变量的缺失值。
    - ➢ 显示由缺失值定义的组：用于显示缺失值所定义的组。
- 显示带有个案标签的图表：指在图形中显示个案的标签值。

- 显示误差条形图：指在图形中显示误差条形图。
- 误差条形图表示：指选择误差条形图所表达的统计量。
  - ➢ 置信区间级别：需要在置信区间级别后面的输入框指定需要的水平值，默认为95.0。
  - ➢ 标准误差：需要在乘数后面的输入框指定标准误差的倍数。
  - ➢ 标准差：需要在乘数后面的输入框指定标准差的倍数。

2．简单条形图的SPSS实现和结果

（1）打开"data07-02.sav"数据文件，选择"图形"→"旧对话框"→"条形图"，弹出如图17-6所示的"条形图"对话框。

（2）选中"简单"和"个案组摘要"后，单击"定义"按钮，弹出如图17-7所示的"定义简单条形图：个案组摘要"对话框。选中"肥料"变量，单击⬇按钮，将其选入"类别轴"框内；选中"苗高"变量，单击⬇按钮，将其选入"变量"框内。

（3）单击"标题"按钮，弹出如图17-10所示的"标题"对话框。在标题中第一行输入框中输入"不同肥料处理的苗高图"，单击"继续"按钮返回主对话框。

（4）完成所有设置，单击"确定"按钮执行命令。

（5）输出图形，如图17-12所示，由图可知：经过肥料C处理的苗高平均值最大，而经过另外两种肥料处理的苗高平均值无明显差异。

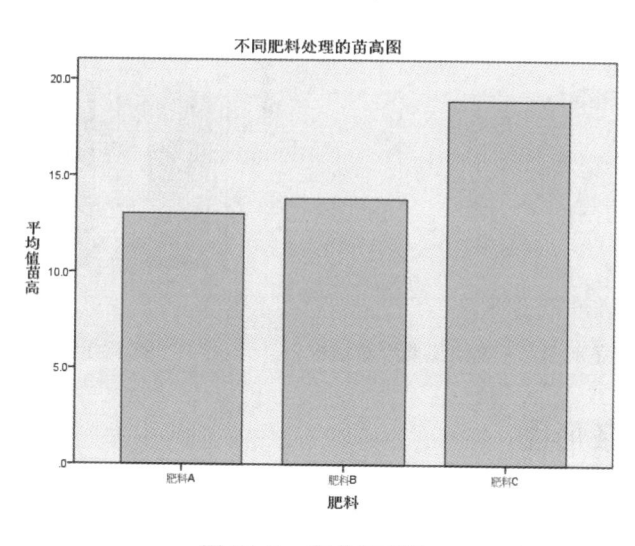

图17-12　简单条形图

17.2.2　分类条形图

分类条形图较简单条形图来说，能反映更多的信息，因为它会对X轴的每个取值按照某个变量进一步细分，以作出关于所有子类别的条形图。

（1）打开"data07-02.sav"数据文件，选择"图形"→"旧对话框"→"条形图"，弹出如图17-6所示的"条形图"对话框。

(2) 选择"簇状"、"个案组摘要"后，单击"定义"按钮，弹出"定义簇状条形图：个案组摘要"对话框，如图 17-13 所示，该对话框与图 17-7 所示的"定义简单条形图：个案组摘要"对话框基本相同。只是多了一个用于指定子分类变量的"聚类定义依据"选框。

(3) 选中"其他统计"选项，激活"变量"选框，选中左侧变量列表中的"苗高"变量，单击 ► 按钮，将其选入"变量"框内；选中"肥料"变量，单击 ► 按钮，将其选入"类别轴"框内。选中"土壤种类"变量，单击 ► 按钮，将其选入"定义聚类"框内。

(4) 单击"标题"按钮，弹出如图 17-10 所示的"标题"对话框。在标题第一行输入框中输入"不同肥料和土壤种类处理的苗高分布图"，单击"继续"按钮返回主对话框。

(5) 完成所有设置，单击"确定"按钮执行命令。

(6) 输出图形，如图 17-14 所示，由图可知：经过肥料 C 和土类 A 处理的苗高平均值均最大；经过肥料 A 和肥料 B 处理的苗高平均值在三个土类处理的苗高平均值上均无明显差异。

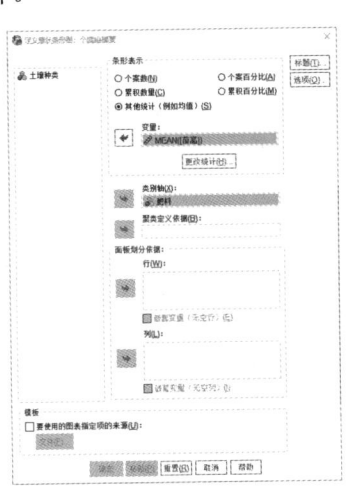

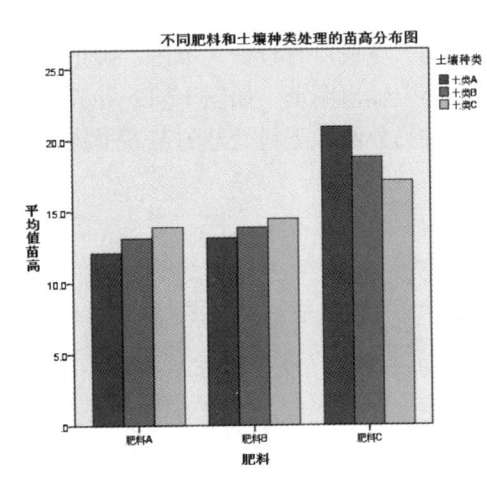

图 17-13 "定义簇状条形图：个案组摘要"对话框　　　图 17-14 分类条形图

17.2.3 堆积条形图

堆积条形图与分类条形图相似，也是对 X 轴的每个取值按照某个变量进一步细分，从而反映更多的信息。不同的是堆积条形图是把子类别逐次堆积在 Y 轴方向上，这能很好地比较总值的大小。

(1) 打开"data07-02.sav"数据文件，选择"图形"→"旧对话框"→"条形图"，弹出如图 17-6 所示的"条形图"对话框。

(2) 选择"堆积"和"个案组摘要"后，单击"定义"按钮，弹出"定义堆积条形图：个案组摘要"对话框，如图 17-15 所示，该对话框与图 17-7 所示的"定义简单条形图：个案组摘要"对话框基本相同，只是多了一个用于指定子分类变量的"堆积定义依据"选框。

（3）选中"其他变量"选项，激活变量选框，选中左侧变量列表中的"苗高"变量，单击➡按钮，将其选入"变量"框内；选中"肥料"变量，单击➡按钮，将其选入"类别轴"框内；选中"土壤种类"变量，单击➡按钮，将其选入"堆积定义依据"框内。

（4）单击"标题"按钮，弹出如图 17-10 所示的"标题"对话框。在标题中第一行输入框中输入"不同肥料和土壤种类处理的苗高堆积条形图"，单击"继续"按钮返回主对话框。

（5）完成所有设置，单击"确定"按钮执行命令。

（6）输出图形如图 17-16 所示，该图不仅反映了与图 17-14 的分类条形图相同的信息，还较好地反映了不同肥料处理的所有苗高平均值的分布特点，即肥料 C 所处理的苗高的累计平均值最大。

图 17-15　"定义堆积条形图：个案组摘要"对话框　　　图 17-16　堆积条形图

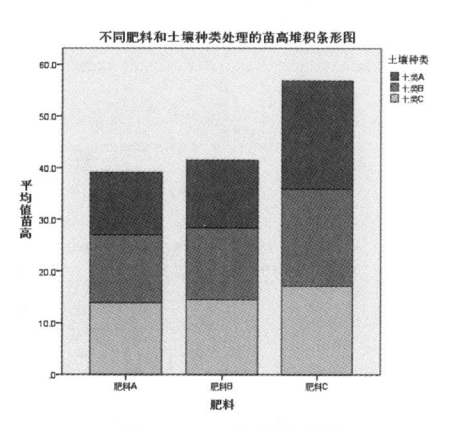

17.2.4　三维条形图

前面所介绍的条形图是指常见的平面条形图，即只能显示两个变量；而本节所介绍的三维条形图可以同时显示三个变量。三维条形图的作法和二维条形图的作法完全类似，所以本节只以实例介绍简单的三维条形图。

（1）打开"data07-02.sav"数据文件，选择"图形"→"旧对话框"→"三维条形图"，弹出"三维条形图"对话框，如图 17-17 所示。该对话框用于指定 X 轴、Z 轴所代表的含义，均有个案组、单独变量和个别个案三个可选项。

（2）选中"X 轴表示"和"Z 轴表示"中的"个案组"。单击"定义"按钮，弹出"定义三维条形图：个案组摘要"对话框，如图 17-18 所示。SPSS 自动默认 Y 轴为数值变

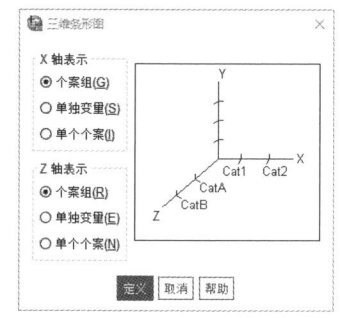

图 17-17　"三维条形图"对话框

量轴，X轴和Z轴为分类变量轴。

（3）在"条形表示"下拉菜单中选择统计量"值的均值"；从左侧的变量列表中选择"苗高"变量，单击按钮，将其选入"变量"框内；选择"肥料"变量，单击按钮，将其选入"X类别轴"框内；选择"土壤种类"，单击按钮，将其选入"Z类别轴"框内。

（4）单击"标题"按钮，弹出如图17-10所示的"标题"对话框。在标题中第一行输入框中输入"不同肥料和土壤种类处理的苗高三维条形图"，单击"继续"按钮返回主对话框。

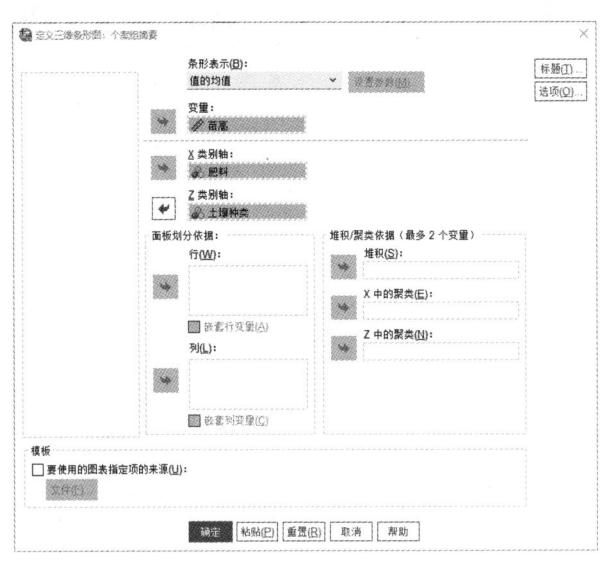

图17-18 "定义三维条形图：个案组摘要"对话框

（5）完成所有设置，单击"确定"按钮执行命令。

（6）输出不同肥料和不同土壤种类处理的苗高比图，如图17-19所示。

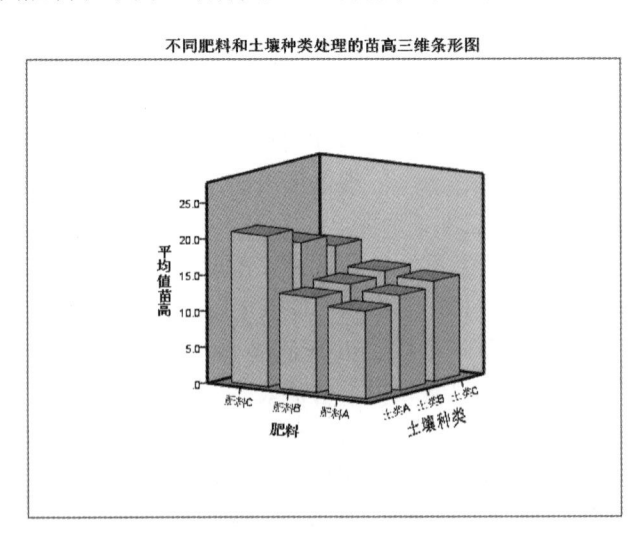

图17-19 简单三维条形图

17.3 折线图

折线图是利用线条的延伸和波动反映连续性变量的变化趋势的一种统计图,其一般应用于连续性的资料,如某对象在时间上的变化趋势等。

实例二:"data17-01.sav"数据文件来源于 SPSS 自带数据"stocks.sav",如图 17-20 所示。现要求分析收盘价、最低价、最高价的月均值走势情况。

数据文件:数据文件\Chapter17\data17-01.sav
视频文件:视频文件\Chapter17\折线图.avi

	日期	月	收盘价	最高价	最低价	成交量
1	01/04/2010	1	10.00	13.00	9.00	25000.00
2	01/05/2010	1	12.00	16.00	11.00	35718.00
3	01/06/2010	1	15.00	23.00	11.00	41439.00
4	01/07/2010	1	15.00	23.00	14.00	41331.00
5	01/08/2010	1	17.00	17.00	14.00	48956.00
6	01/11/2010	1	17.00	21.00	15.00	56286.00
7	01/12/2010	1	18.00	21.00	16.00	51469.00

图 17-20 "data17-01.sav"部分数据

17.3.1 简单折线图

(1)打开"data17-01.sav"数据文件,选择"图形"→"旧对话框"→"折线图",弹出"折线图"对话框,如图 17-21 所示。
- 简单:指用一条折线表示某种现象变动趋势的统计图。
- 多线:指用多条折线同时表现多种现象变动趋势的统计图。
- 垂线:指反映某些现象在同一时期内差距的统计图。
- 图表中的数据为:参见 17.2.1 的图 17-6。

(2)选择"简单"和"个案组摘要",单击"定义"按钮,弹出"定义简单折线图:个案组摘要"对话框,如图 17-22 所示,该对话框与图 17-7 所示的"定义简单条形图:个案组摘要"对话框相同。

(3)在"折线表示"框内单击选中"其他统计";选中"收盘价"变量,单击➡按钮,将其选入"变量"框内;选中"月"变量,单击➡按钮,将其选入"类别轴"框内。

(4)单击"标题"按钮,弹出如图 17-10 所示的"标题"对话框。在标题第一行输入框中输入"收盘价走势图"。单击"继续"按钮返回主对话框。

(5)完成所有设置,单击"确定"按钮执行命令。

(6)输出图形,如图 17-23 所示,由图可知,在 2010 年度里,收盘价基本成走高趋势。

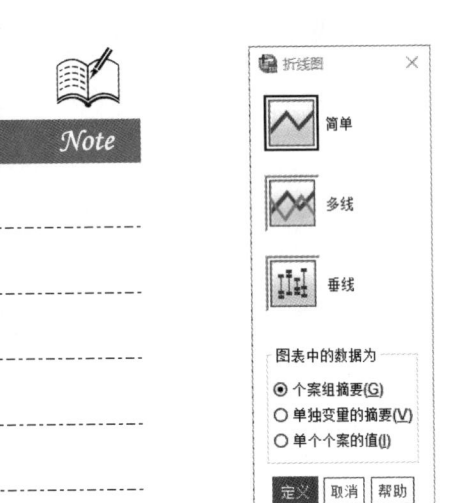

图 17-21 "折线图"对话框

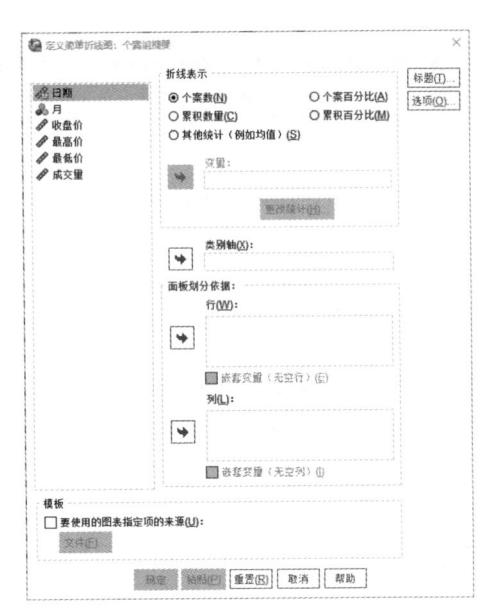

图 17-22 "定义简单折线图：个案组摘要"对话框

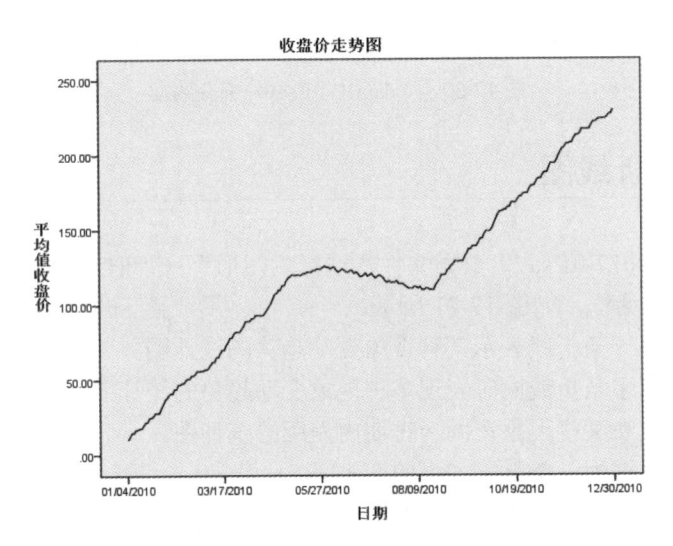

图 17-23 简单折线图

17.3.2 多线折线图

为了在同一图观察收盘价、最低价、最高价的月均值走势情况，本节采用各个变量的摘要作图，即对变量进行分组作图。

（1）打开"data17-01.sav"数据文件，选择"图形"→"旧对话框"→"折线图"，弹出如图 17-21 所示的"折线图"对话框。

（2）选择"多线"、"单独变量的摘要"，单击"定义"按钮，弹出"定义多线折线图：单独变量的摘要"对话框（图 17-24）。该对话框与图 17-7 所示的"定义简单条形图：个案组摘要"对话框基本相似，仅"折线表示"选框不一样。

（3）选中"收盘价"、"最高价"、"最低价"变量，单击按钮，将其选入"折线表示"框内；选中"月"变量，单击按钮，将其选入"类别轴"框内。

（4）单击"标题"按钮，弹出如图 17-10 所示的"标题"对话框。在标题中第一行输入框中输入"股价月均值综合走势图"。单击"继续"按钮返回主对话框。

（5）完成所有设置，单击"确定"按钮执行命令。

（6）输出图形，如图 17-25 所示，由图可知，在都取月均值的情况下，3 种价格走势完全相同。

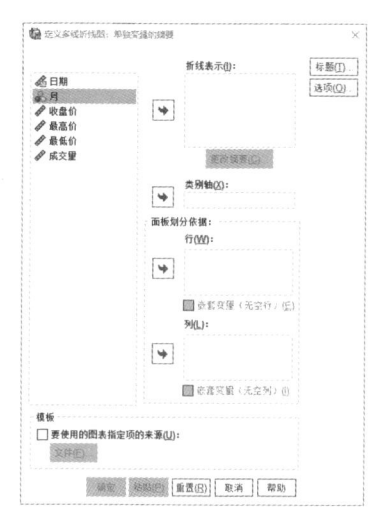

图 17-24　"定义多线折线图：单独变量的摘要"对话框

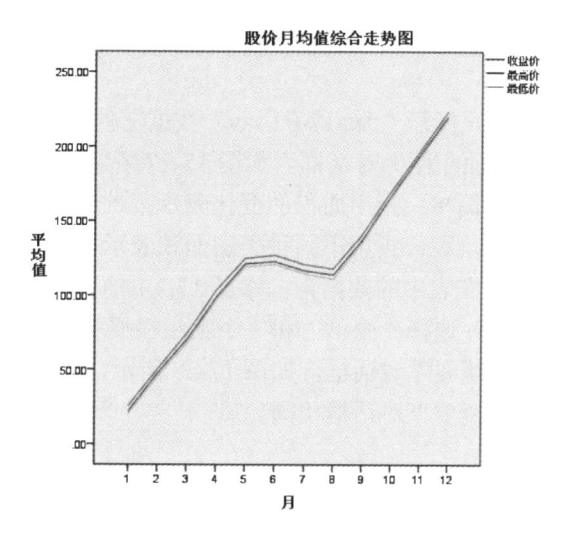

图 17-25　多线折线图

17.4 面积图

面积图是用线段下的阴影面积来描绘连续型变量的分布形状或变化趋势的一种统计图，其常应用于某个汇总变量随时间变化而连续变化的数据资料。其中的堆积面积图可表现资料总体内部结构状况，因此也称为结构曲线图。

面积图与条形图和线图具有一些相同的功能。面积图可用于汇总分类数据，这一点与条形图类似。面积图还可用于时间序列数据，这一点与线图类似。使用面积图而不是其他图表通常是为了美观。

实例三："data17-02.sav"数据文件来源于 SPSS 自带数据文件"broadband.sav"，如图 17-26 所示。现要求对"订户总数"随年份的变化进行分析，并在同一个图里对不同市场的订户数随年份的变化进行分析。

数据文件：数据文件\Chapter17\data17-02.sav
视频文件：视频文件\Chapter17\面积图.avi

	Market_1	Market_2	Market_3	Market_4	Total	YEAR	MONTH
1	3750	11489	11659	4571	31469	1999	1
2	3846	11984	12228	4825	32883	1999	2
3	3894	12266	12897	5041	34098	1999	3
4	4010	12801	13716	5211	35738	1999	4
5	4147	13291	14647	5383	37468	1999	5
6	4335	13828	15419	5496	39078	1999	6
7	4554	14273	16108	5747	40682	1999	7

图 17-26 "data17-02.sav"部分数据

17.4.1 简单面积图

（1）打开"data17-02.sav"数据文件，选择"图形"→"旧对话框"→"面积图"，弹出"面积图"对话框，如图 17-27 所示，各项含义如下。
- 简单：指用面积的变化表示某种现象变动趋势的统计图。
- 堆积：指用不同种类的面积表示多种现象变动趋势和总体内部构成。
- 图表中的数据为：参见 17.2.1 的图 17-6 的"条形图"对话框。

（2）选择"简单"和"个案组摘要"，单击"定义"按钮，弹出"定义简单面积图：个案组摘要"对话框，如图 17-28 所示，该对话框与图 17-7 所示的"定义简单条形图：个案组摘要"对话框相同。

图 17-27 "面积图"对话框　　图 17-28 "定义简单面积图：个案组摘要"对话框

（3）单击选中"其他统计"，激活"变量"选框；选中"订户总数"变量，单击 ▶ 按钮，将其选入"变量"框内；选中"年"变量，单击 ▶ 按钮，将其选入"类别轴"框内。

（4）单击"标题"按钮，弹出如图 17-10 所示的"标题"对话框。在标题中第一行输入框中输入"总订户随年份变化面积图"。单击"继续"按钮返回主对话框。

（5）完成所有设置，单击"确定"按钮执行命令。

（6）输出图形，如图 17-29 所示，由图可知，随着年份的增加，订户总数逐渐增加。

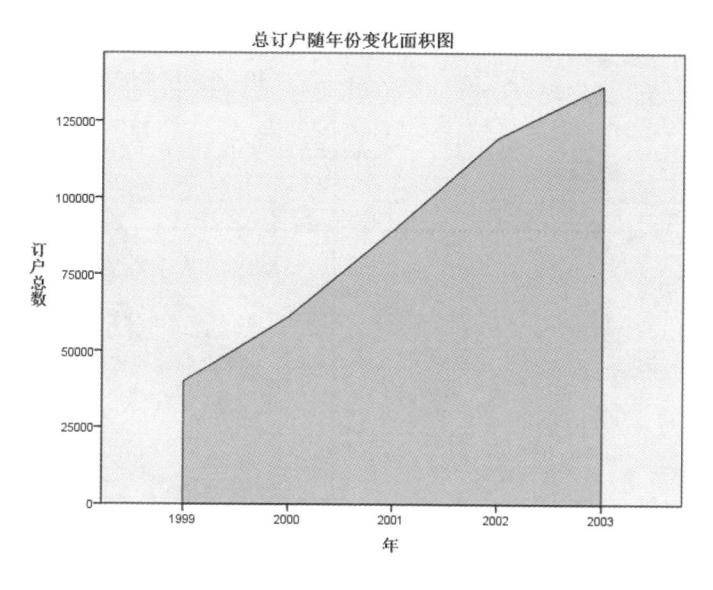

图 17-29　简单面积图

17.4.2　堆积面积图

（1）打开"data17-02.sav"数据文件，选择"图形"→"旧对话框"→"面积图"，弹出如图 17-27 所示的"面积图"对话框。

（2）选择"堆积"和"单独变量的摘要"，单击"定义"按钮，弹出"定义堆积面积图：单独变量的摘要"对话框，如图 17-30 所示，该对话框与图 17-7 所示的"定义简单条形图：个案组摘要"对话框基本相似，仅"区域表示"选框不一样。

（3）选中"市场 1 的订户"至"市场 4 的订户"变量，单击 按钮，将其选入"面积的表征"框内，并单击"更改"按钮，在弹出的如图 17-8 所示的"统计"对话框中选中"值的平均值"，单击"继续"按钮返回主对话框；选中"年"变量，单击 按钮，将其选入"类别轴"框内。

（4）单击"标题"按钮，弹出如图 17-10 所示的"标题"对话框。在标题中第一行输入框中输入"4 个市场的订户数随时间变化的堆积图"。单击"继续"按钮返回主对话框。

（5）完成所有设置，单击"确定"按钮执行命令。

（6）输出图形，如图 17-31 所示，该图将订户总数按照不同市场的订户数堆积而成，直观地显示了订户数随着时间的变化情况及订户数的构成状况。

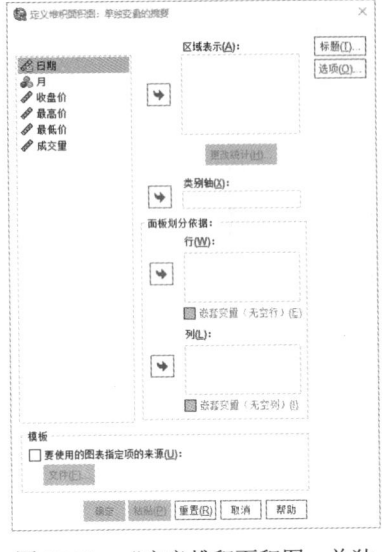

图 17-30 "定义堆积面积图：单独变量的摘要"对话框

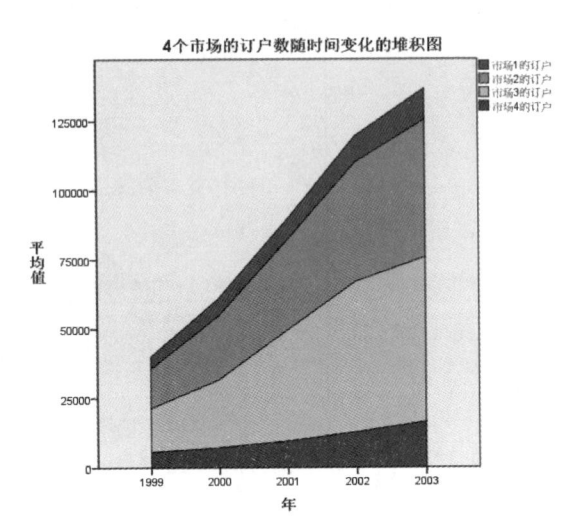

图 17-31 堆积面积图

17.5 饼图

饼图对于比较比例非常有用。饼图常用来表现构成比，以整个圆代表被研究的总体，按各个部分占总体的比例把圆面积分割成若干扇形，根据扇形的面积大小即可快速判断部分在总体中所占的比例。

17.5.1 个案分组模式的饼图

实例四：本节采用"第3章 数据文件的整理"中的"data03-10.sav"数据文件。现要求分析各健康等级的比例。

数据文件：数据文件\Chapter3\data03-10.sav
视频文件：视频文件\Chapter17\饼图.avi

（1）打开"data03-10.sav"数据文件，选择"图形"→"旧对话框"→"饼图"，弹出"饼图"对话框，如图 17-32 所示。由于 SPSS 只提供了单圆图，所以该对话框只显示了 3 种统计量描述模式，其含义可参见 17.2.1 节图 17-6 "条形图"对话框。

（2）选择"个案组摘要"，单击"定义"按钮，弹出"定义饼图：个案组摘要"对话框，如图 17-33 所示，该对话框与图 17-7 所示的"定义简单条形图：个案组摘要"对话框基本相似，其中的"分区的表示"用于设置扇面表达的统计量，而"分区定义依据"用于

图 17-32 "饼图"对话框

选入扇面的分类变量。

（3）选中"健康等级"变量，单击按钮，将其选入"分区定义依据"框内；"分区表示"栏保持默认设置，即"个案数"。

（4）单击"标题"按钮，弹出如图17-10所示的"标题"对话框。在标题第一行输入框中输入"柳树的健康等级比例"，单击"继续"按钮返回主对话框。

（5）完成所有设置，单击"确定"按钮执行命令。

（6）输出图形，如图17-34所示。

图17-33　"定义饼图：个案组摘要"对话框　　　图17-34　个案分组模式的饼图

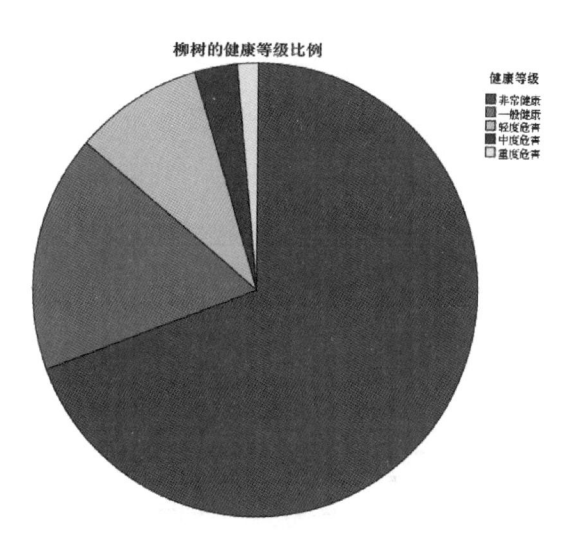

17.5.2　变量模式的饼图

实例五：本节采用本章中的"data17-02.sav"数据文件，如图17-26所示。现要求分析不同市场的订户数的比例。

数据文件：数据文件\Chapter17\data17-02.sav
视频文件：视频文件\Chapter17\饼图.avi

（1）打开"data17-02.sav"数据文件，选择"图形"→"旧对话框"→"饼图"，弹出如图17-32所示的"饼图"对话框。

（2）选择"单独变量的摘要"，单击"定义"按钮，弹出"定义饼图：单独变量的摘要"对话框，如图17-35所示，其中的"分区表示"用于设置扇面表达的统计量。

（3）选中"市场1的订户"至"市场4的订户"这4个变量，单击按钮，将其选入"分区的表征"框内。

（4）单击"标题"按钮，弹出如图17-10所示的"标题"对话框。在标题中第一行输入框中输入"4个市场的订户数的比例"。单击"继续"按钮返回主对话框。

（5）完成所有设置，单击"确定"按钮执行命令。

（6）输出图形，如图17-36所示。

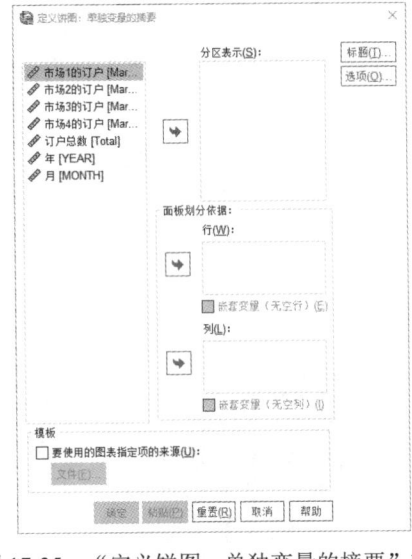

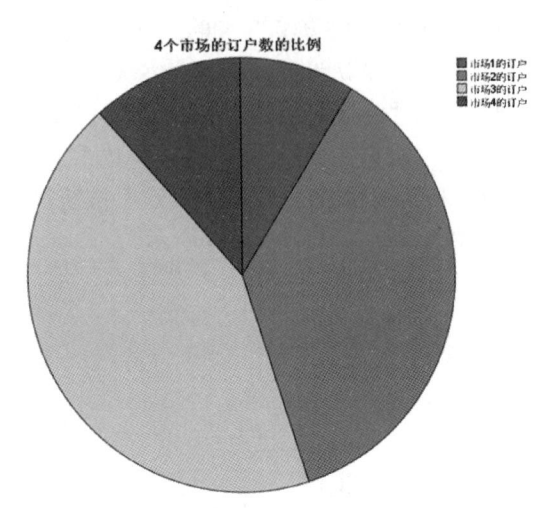

图 17-35 "定义饼图：单独变量的摘要"对话框　　图 17-36 变量模式的饼图

17.5.3 个案值模式的饼图

实例六："data17-03.sav"数据文件是俄罗斯在某年 4 个季度的失业人口统计数据，如图 17-37 所示。现要求分析 4 个季度失业人口的比例。

数据文件：数据文件\Chapter17\data17-03.sav
视频文件：视频文件\Chapter17\饼图.avi

季节	俄罗斯
1	205.12
2	230.45
3	211.68
4	250.54

图 17-37 "data17-03.sav"数据

（1）打开"data17-03.sav"数据文件，选择"图形"→"旧对话框"→"饼图"，弹出如图 17-32 所示的"饼图"对话框。

（2）选择"单个个案的值"，单击"定义"按钮，弹出"定义饼图：单个个案的值"对话框，如图 17-38 所示。其中的"分区表示"用于设置扇面表达的统计量；"分区标签"有"个案号"和"变量"两个可选项，"变量"用于选入扇面的分类变量。

（3）选中"俄罗斯"变量，单击按钮，将其选入"分区表示"框内；单击选中"变量"选项后，选中"季节"变量，单击按钮，将其选入"变量"框内。

（4）单击"标题"按钮，弹出如图 17-10 所示的"标题"对话框。在标题中第一行输入框中输入"俄罗斯每季度失业人口比例"。单击"继续"按钮返回主对话框。

（5）完成所有设置，单击"确定"按钮执行命令。

（6）输出图形，如图 17-39 所示。

图 17-38 "定义饼图：单个个案的值"对话框   图 17-39 个案值模式的饼图

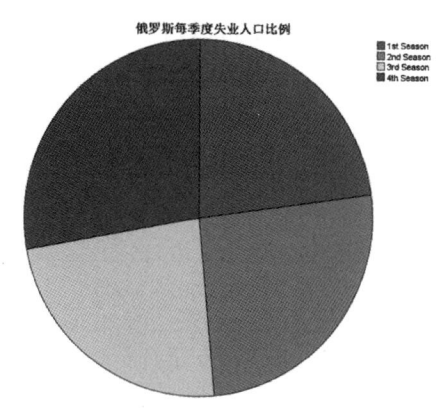

17.6 高低图

高低图可以形象地表达单位时间内某变量的最高值、最低值和最终值，它适合描述每小时、每天、每周等时间内不断波动的市场信息资料，如股票、商品价格、外汇等，高低图即说明某些现象在短时间内的变化，也可以说明他们长期的变化趋势。

SPSS 中的高低图有范围条形图、高—低—闭合图和差别面积图。在这些图表中，范围条形图最为简单，它在高低变量之间绘制条。在高—低—闭合图中，将显示附加值"闭合"，闭合值始终是可选的，因此很容易从范围条形图切换到高-低-闭合图。差别面积图，是范围条形图的变体，但该图在任意点使用颜色来显示其中哪个变量大；在创建该图表时，需要指定两个变量，但这两个变量都不能显式定义为"低"或"高"，若用户确定的"低"值始终小于"高"值，则除非是为了美观，否则无须使用差别面积图。

17.6.1 简单高低收盘

实例七："data17-04.sav"数据文件是某月股票 A 行情的统计数据，如图 17-40 所示。现要求绘制该股票在本月的变量分组模式的简单高低收盘图。

| 数据文件：数据文件\Chapter17\data17-04.sav |
| 视频文件：视频文件\Chapter17\高低图.avi |

（1）打开"data17-04.sav"数据文件，选择"图形"→"旧对话框"→"盘高-盘低图"，弹出"盘高-盘低图"对话框，如图 17-41 所示。各项含义如下：

	日期	最高价	最低价	收盘价
1	2	2.72	2.74	2.72
2	3	2.76	2.59	2.77
3	4	3.05	2.75	2.95
4	5	2.91	2.79	2.82
5	6	2.85	2.74	2.82
6	9	2.80	2.64	2.76
7	10	2.78	2.70	2.78

图 17-40　"data17-04.sav"部分数据　　图 17-41　"盘高-盘低图"对话框

- 简单盘高-盘低收盘图：即简单高低收盘图，表示单位时间内某种现象最高值、最低值和收盘值。它适用于股票、期货等。它可以说明每天最高、最低和收盘价。
- 简单范围条形图：即简单极差图，表明单位时间内某种现象最高值和最低值。它与简单高低收盘图的区别是省去了收盘值。
- 簇状盘高-盘低收盘图：即分组高低收盘图，表明在单位时间内两个或两个以上现象的最高值、最低值和收盘值。
- 簇状范围条形图：即分组极差图，表示在单位时间内两个或两个以上现象的最高值和最低值。
- 差别面积图：即距限曲线图，表示两个现象在同一时间内相互变化对比关系的线性统计图。
- 图表中的数据为：参见 17.2.1 节图 17-6 "条形图"对话框。

（2）选中"简单盘高-盘低-收盘图"和"单独变量的摘要"，单击"定义"按钮，弹出"定义简单盘高-盘低-收盘图：单独变量的摘要"对话框，如图 17-42 所示。其中的"高"指最高值；"低"指最低值；"闭合"指现象结束（如收盘）时的值。

（3）选中"最高价"变量，单击 ▶ 按钮，将其选入"高"框内；选中"最低价"变量，单击 ▶ 按钮，将其选入"低"框内；选中"收盘价"变量，单击 ▶ 按钮，将其选入"闭合"框内；选中"日期"，单击 ▶ 按钮，将其选入"类别轴"框内。

（4）完成所有设置，单击"确定"按钮执行命令。

（5）输出图形，如图 17-43 所示。

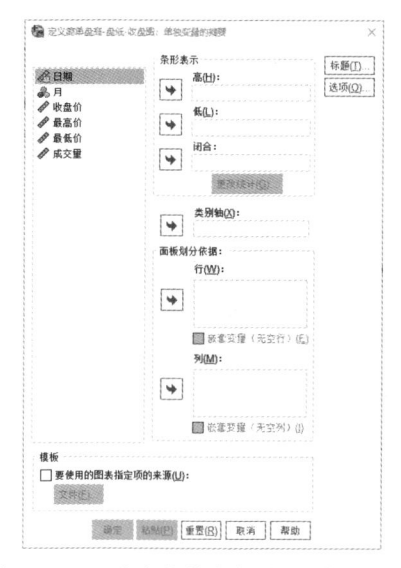

图 17-42　"定义简单盘高-盘低-收盘图：
　　　　　单独变量的摘要"对话框

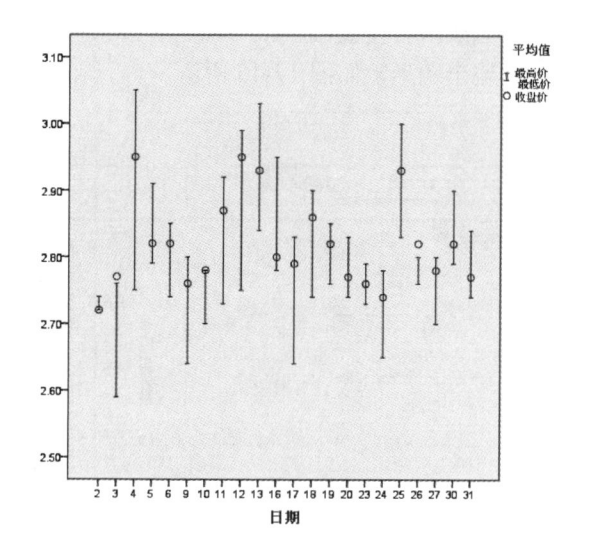

图 17-43　简单高低收盘图

17.6.2　简单极差图

实例八："data17-05.sav"数据文件是 10 支的股票的行情统计数据，如图 17-44 所示。现要求绘制两类股票每日收市平均价对比图。

数据文件：数据文件\Chapter17\data17-05.sav

视频文件：视频文件\Chapter17\高低图.avi

	日期	股票	最高价	最低价	收盘价	分类
1	1	1	5.40	5.19	5.20	2
2	2	1	5.20	5.15	5.15	2
3	3	1	5.20	5.14	5.15	2
4	4	1	5.19	5.15	5.15	2
5	5	1	5.30	5.15	5.28	2
6	8	1	5.33	5.24	5.26	2
7	9	1	5.30	5.20	5.20	2

图 17-44　"data17-05.sav"部分数据

（1）打开"data17-05.sav"数据文件，选择"图形"→"旧对话框"→"盘高-盘低图"，弹出如图 17-41 所示的"盘高-盘低图"对话框。

（2）选中"简单范围条形图"和"个案组摘要"，单击"定义"按钮，弹出"定义简单范围条形图：个案组摘要"对话框，如图 17-45 所示，"定义 2 个组，依据"选框用于确定极差图两端变量。由于极差图的两端各代表不同的变量值，所以被选入"定义两个组"框内的变量只能有两个取值，通过极差图的长短来表示这个变量值的差距。

（3）单击选中"其他统计"，激活"变量"选框；选中"收盘价"变量，单击按钮，将其选入"变量"框内；选中"日期"变量，单击按钮，将其选入"类别轴"框内；选中"分类"变量，单击按钮，将其选入"定义 2 个组，依据"框内。

（4）完成所有设置，单击"确定"按钮执行命令。

（5）输出图形，如图 17-46 所示。

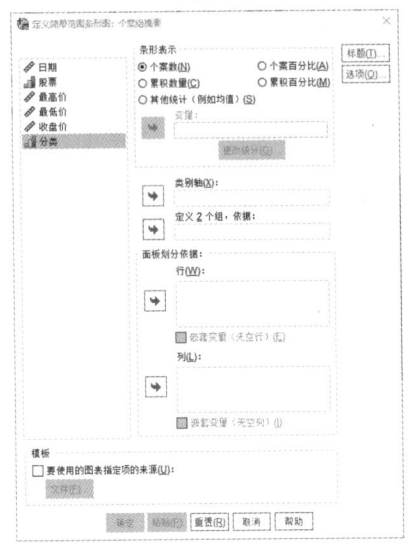

图 17-45 "定义简单范围条形图：个案组摘要"对话框

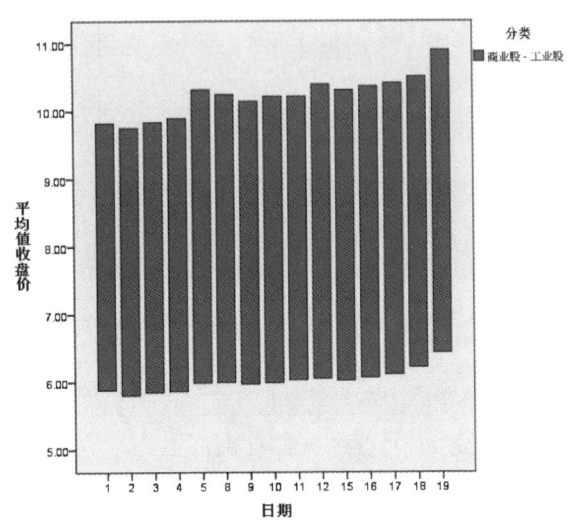

图 17-46 简单极差图

17.6.3 分组高低收盘图

实例八："data17-06.sav"数据文件是 1996 年第 14、15 和 16 周各类股票的统计数据，如图 17-47 所示。现要求绘制北旅股票、城乡股票和天龙股票的对比变化图。

数据文件：数据文件\Chapter17\data17-06.sav
视频文件：视频文件\Chapter17\高低图.avi

	week	date	bl_hi	bl_lo	bl_cl	wfj_hi	wfj_lo	wfj_cl	br_hi	br_lo	br_cl
1	14 WK 96	01-Apr-96	6.08	5.85	5.85	5.84	5.75	5.75	4.09	3.96	3.96
2	14 WK 96	02-Apr-96	5.93	5.77	5.82	5.75	5.68	5.68	3.95	3.89	3.89
3	14 WK 96	03-Apr-96	5.88	5.78	5.83	5.80	5.66	5.79	4.01	3.87	4.01
4	14 WK 96	04-Apr-96	5.90	5.81	5.85	5.84	5.75	5.78	4.06	3.98	3.98
5	14 WK 96	05-Apr-96	6.00	5.83	6.00	5.89	5.79	5.88	4.10	3.99	4.06
6	15 WK 96	08-Apr-96	6.00	5.86	5.95	5.92	5.80	5.88	4.10	4.02	4.06
7	15 WK 96	09-Apr-96	6.00	5.90	5.91	5.88	5.84	5.87	4.08	4.03	4.05

图 17-47 "data17-06.sav"部分数据

（1）打开"data17-06.sav"数据文件，选择"图形"→"旧对话框"→"盘高-盘低图"，弹出如图 17-41 所示的"盘高-盘低图"对话框。

（2）选中"簇状盘高-盘低-收盘图"和"单独变量的摘要"，单击"定义"按钮，弹出"定义簇状盘高-盘低-收盘图：单独变量的摘要"对话框，如图 17-48 所示，该对话框与图 17-42 所示的"定义高-低-闭合：各个变量的摘要"对话框基本相似。现对不同的选项进行介绍如下：

- 变量集 1/1：该栏显示 N 组变量中的第 M 组变量（M≤N）。当在"高"、"低"和"闭合"中选择完第一组变量后，单击"下一个"按钮，进入下一组变量的输入界面，此时，该栏的标题变为"2 的变量集 2"，其含义是当前的这些变量是两组变量中的第二组变量；若要对前面的变量进行修改，则可单击"上一个"按钮返回上一组变量，此时，该栏的标题显示为"2 的变量集 1"，其含义是两组变量中的第一组变量。

（3）选中"北旅最高"、"北旅最低"和"北旅收盘"变量，单击⇨按钮，将其分别选入"高"、"低"和"闭合"框内；单击"下一个"按钮，选中"城乡最高"、"城乡最低"和"城乡收盘"变量，单击⇨按钮，将其分别选入"高"、"低"和"闭合"框内；单击"下一个"按钮，单击⇨按钮，选中"天龙最高"、"天龙最低"和"天龙收盘"变量，单击⇨按钮，将其分别选入"高"、"低"和"闭合"框内。

（4）选中"周"变量，单击⇨按钮，将其选入"类别轴"框内。

（5）完成所有设置，单击"确定"按钮执行命令。

（6）输出图形，如图 17-49 所示。

图 17-48　"定义簇状盘高-盘低-收盘图：单独变量的摘要"对话框

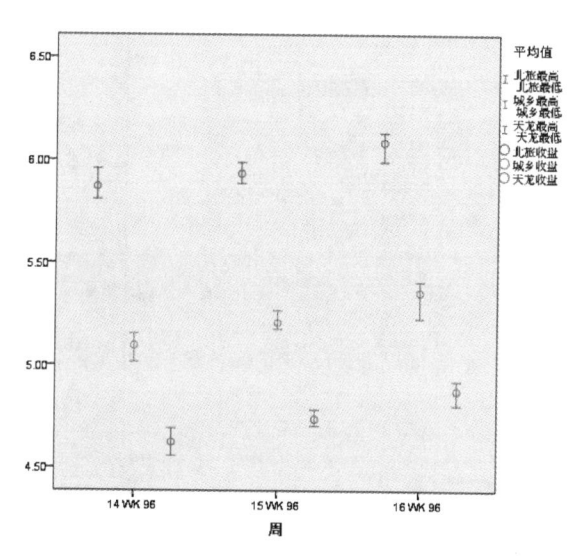

图 17-49　分组高低收盘图

17.6.4　分组极差图

实例九：本节仍采用如图 17-47 所示的"data17-06.sav"数据文件。现要求绘制在"日期"变量下的北旅股票、城乡股票和天龙股票的最高价与最低价对比变化图。

数据文件：数据文件\Chapter17\data17-06.sav
视频文件：视频文件\Chapter17\高低图.avi

（1）打开"data17-06.sav"数据文件，选择"图形"→"旧对话框"→"盘高-盘低图"，弹出如图 17-41 所示的"盘高-盘低图"对话框。

(2) 选中"簇状范围条形图"和"单独变量的摘要",单击"定义"按钮,弹出"定义簇状范围条形图:单独变量的摘要"对话框,如图 17-50 所示,该对话框与图 17-38 所示的"定义饼图:单个个案的值"对话框基本相似,只是配对 1/1"栏略有不同,该栏的"第一个"和"第二个"分别指最高值和最低值,操作方式同"定义簇状盘高-盘低-收盘图:单独变量的摘要"对话框中的"变量集 1/1"一样。

(3) 选中"北旅最高"和"北旅最低"变量,单击▶按钮,将其分别选入"第一个"和"第二个"框内;单击"下一个"按钮,选中"城乡最高"和"城乡最低"变量,单击▶按钮,将其分别选入"第一个"和"第二个"框内;单击"下一个"按钮,单击▶按钮,选中"天龙最高"和"天龙最低"变量,单击▶按钮,将其分别选入"第一个"和"第二个"框内。

(4) 在"类别轴"栏中单击选中"变量",激活下面的选框;选中"日期"变量,单击▶按钮,将其选入"变量"框内。

(5) 完成所有设置,单击"确定"按钮执行命令。

(6) 输出图形,如图 17-51 所示。

图 17-50 "定义簇状范围条形图:单独变量的摘要"对话框

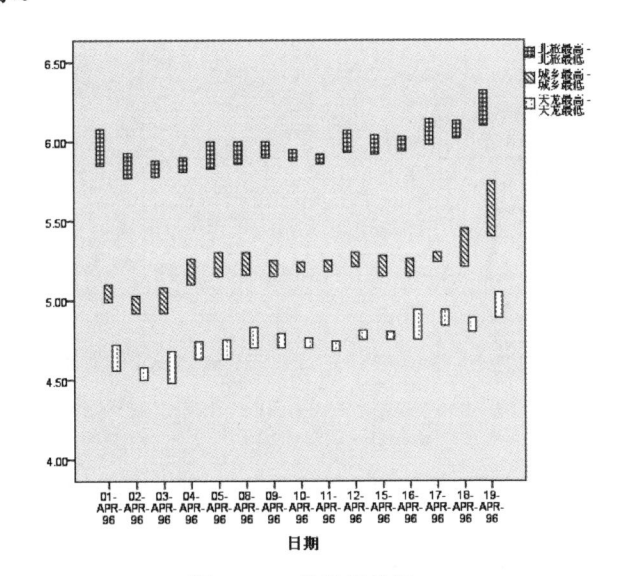

图 17-51 分组极差图

17.6.5 差别面积图

实例十:"data17-07.sav"数据文件是两类股票的行情统计数据,如图 17-52 所示。现要求绘制两类股票每日收市平均价对比图。

数据文件: 数据文件\Chapter17\data17-07.sav
视频文件: 视频文件\Chapter17\高低图.avi

图 17-52 "data17-07.sav" 数据

（1）打开"data17-07.sav"数据文件，选择"图形"→"旧对话框"→"盘高-盘低图"，弹出如图 17-41 所示的"盘高-盘低图"对话框。

（2）选中"差别面积图"和"个案组摘要"，单击"定义"按钮，弹出"定义差别面积图：个案组的摘要"对话框，如图 17-53 所示，该对话框与图 17-45 所示的"定义简单范围条形图：个案组摘要"对话框相同。

（3）单击选中"其他统计"，激活"变量"选框；选中"收盘价"变量，单击 按钮，将其选入"变量"框内；选中"日期"变量，单击 按钮，将其选入"类别轴"框内；选中"股票"变量，单击 按钮，将其选入"定义两个组，依据"框内。

（4）完成所有设置，单击"确定"按钮执行命令。

（5）输出图形，如图 17-54 所示。

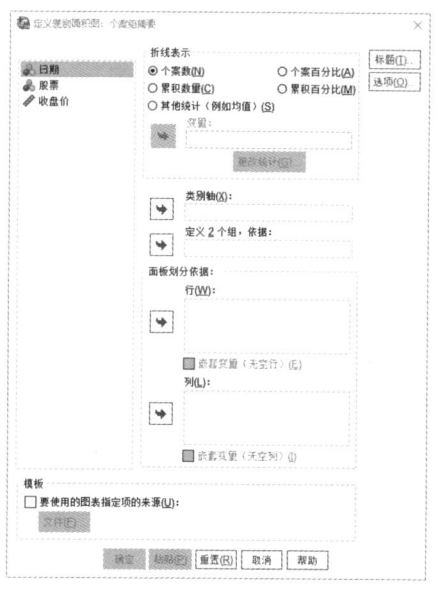

图 17-53 "定义差别面积图：个案组的摘要"对话框

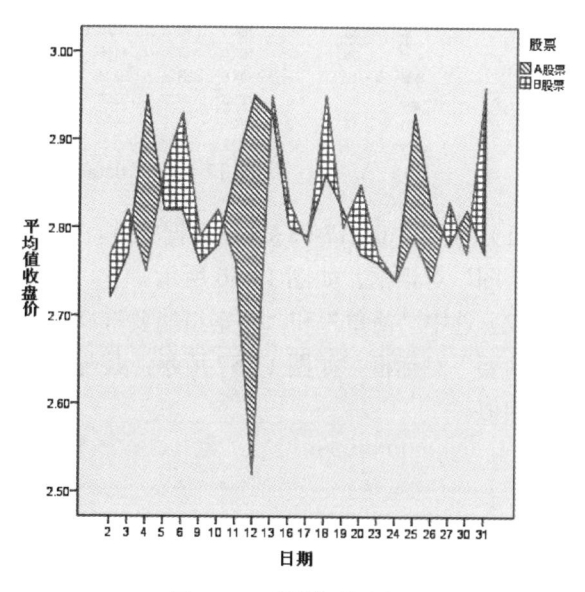

图 17-54 差别面积图

17.7 箱图

箱图，又称箱丝图，是一种描述数据分布的统计图形，利用它可以从视觉的角度观察变量值的分布情况，其主要表示变量值的 5 个百分位点，分别指最小值、第一个四分位、中位数、第三个四分位和最大值。箱图对于显示变量的分布情况并确定离群值的位置非常有用。

SPSS 提供了两种类型的箱图，分别为简单箱图和复式箱图。简单箱图用于分析只有一个分类变量的数据资料；复式箱图用于分析具有两个分类变量的数据资料。

17.7.1　简单箱图

实例十一："data17-08.sav"数据文件是 451 名青少年的身体指标，如图 17-55 所示。现要求绘制青少年不同年龄的身高分布箱图。

数据文件：数据文件\Chapter17\data17-08.sav
视频文件：视频文件\Chapter17\箱图.avi

	编号	年龄	性别	身高	体重	肺活量	舒张压	收缩压	心率	最大心率	最大吸氧量	负荷时间	做功
1	247	17	0	171.0	65.0	4020	69	120	59	209	3.64	822	188.06
2	272	16	1	161.5	58.5	2680	64	110	60	229	2.31	593	91.27
3	283	17	0	169.2	52.9	4110	62	126	62	197	2.99	752	128.17
4	4	15	0	164.1	60.2	4220	62	118	62	198	3.57	810	169.32
5	3	15	0	162.0	57.5	4100	72	118	62	199	3.14	780	150.14
6	530	19	0	184.0	67.1	5200	64	110	64	181	3.29	798	183.32
7	53	16	0	161.6	47.0	3550	64	114	64	192	2.21	710	100.94
8	531	18	0	170.9	60.5	3900	64	100	64	194	3.30	835	180.33

图 17-55　"data17-08.sav"部分数据

（1）打开"data17-08.sav"数据文件，选择"图形"→"旧对话框"→"箱图"，弹出"箱图"对话框，如图 17-56 所示。

（2）选中"简单"和"个案组摘要"，单击"定义"按钮，弹出"定义简单箱图：个案组摘要"对话框，如图 17-57 所示，其与图 17-7 所示的"定义简单条形图：个案组摘要"相似。

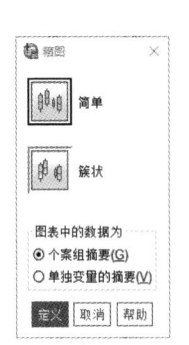

图 17-56　"箱图"对话框　　　　图 17-57　"定义简单箱图：个案组摘要"对话框

（3）选中"身高"变量，单击 按钮，将其选入"变量"框内；选中"年龄"变量，单击 按钮，将其选入"类别轴"框内。

（4）完成所有设置，单击"确定"按钮执行命令。

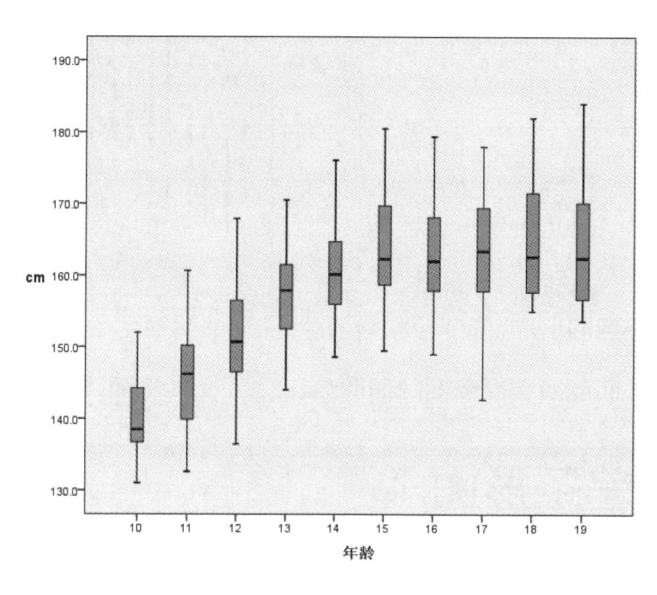

（5）输出图形，如图 17-58 所示。

图 17-58　简单箱图

17.7.2　簇状箱图

实例十二：本节仍采用图 17-55 所示的"data17-08.sav"数据文件。现要求绘制青少年不同年龄分性别的体重分布簇状箱图。

数据文件：数据文件\Chapter17\data17-08.sav
视频文件：视频文件\Chapter17\箱图.avi

（1）打开"data17-08.sav"数据文件，选择"图形"→"旧对话框"→"箱图"，弹出如图 17-56 所示的"箱图"对话框。

（2）选中"簇状"和"个案组摘要"，单击"定义"按钮，弹出"定义簇状箱图：个案组摘要"对话框，如图 17-59 所示。

（3）选中"体重"变量，单击 按钮，将其选入"变量"框内；选中"年龄"变量，单击 按钮，将其选入"类别轴"框内；选中"性别"变量，单击 按钮，将其选入"定义聚类"框内。

（4）完成所有设置，单击"确定"按钮执行命令。

（5）输出图形，如图 17-60 所示。图中带数字的散点是超出箱图标示范围的个案编号。

图 17-59 "定义簇状箱图：个案组摘要"对话框　　图 17-60　簇状箱图

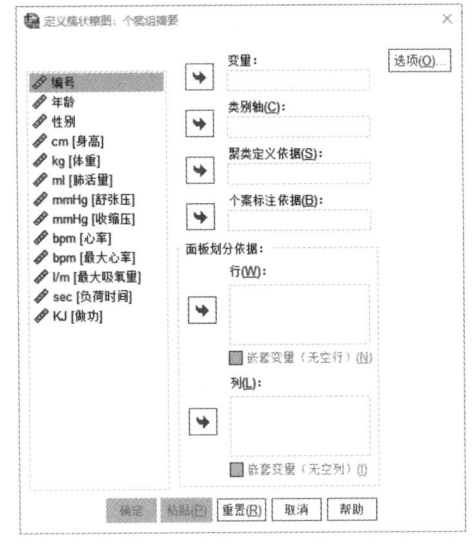

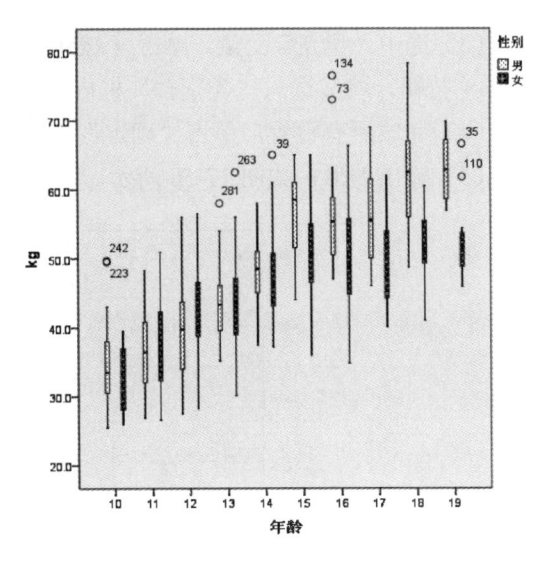

17.8　误差条形图

误差条形图是一种描述数据总体离散的统计图形，利用它可以从视觉的角度观察样本的离散程度。

误差条形图可用于描述均数、标准差、标准误和总体平均数的置信区间。在误差条形图中，小方块表示平均数，图形的两端为置信区间、标准差或标准误。

17.8.1　简单误差条形图

实例十三：本节仍采用图 17-55 所示"data17-08.sav"数据文件。现要求绘制置信区间为95%的不同性别的身高分布简单误差条形图。

| 数据文件：数据文件\Chapter17\data17-08.sav |
| 视频文件：视频文件\Chapter17\误差条形图.avi |

（1）打开"data17-08.sav"数据文件，选择"图形"→"旧对话框"→"误差条形图"，弹出"误差条形图"对话框，如图 17-61 所示。

（2）选中"简单"和"个案组摘要"，单击"定义"按钮，弹出"定义简单误差条形图：个案组摘要"对话框，如图 17-62 所示，其与"定义简单条形图：个案组摘要"相似，只是多了"条形表示"这一栏，其有 3 个可选项，各项含义如下。

- 均值的置信区间：选中该项，可在"度"后的输入框输入可信度，默认值为95%。
- 均值的标准误差：选中它，结果给出均数±若干倍标准误的区间。选中该项，激活"乘数"输入框，可在其中指定标准误的倍数，默认值为2。
- 标准差：选中它，结果给出均数±若干倍标准差的区间。选中该想，激活"乘数"

输入框，可在其中指定标准差的倍数，默认值为 2。

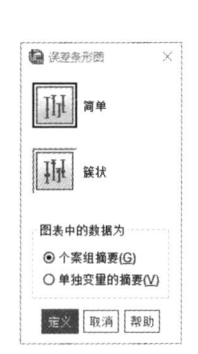

图 17-61 "误差条形图"对话框 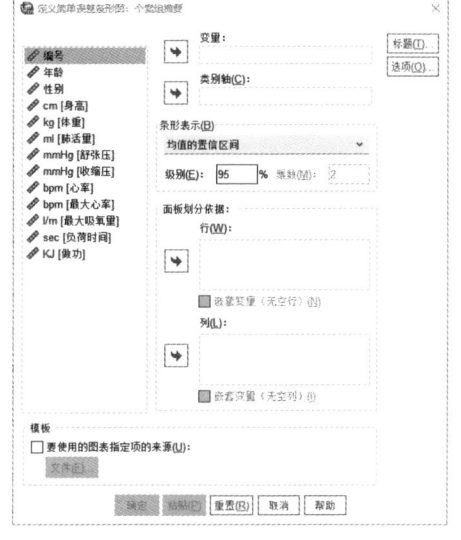　　　图 17-62 "定义简单误差条形图：个案组摘要"对话框

（3）选中"身高"变量，单击 按钮，将其选入"变量"框内；选中"性别"变量，单击 按钮，将其选入"类别轴"框内；在"条形表示"中选择"均值的置信区间"，采用默认值 95%。

（4）完成所有设置，单击"确定"按钮执行命令。

（5）输出图形，如图 17-63 所示。图中线段中间的圆圈代表变量总体均数的点估计值，线段的长度代表总体均数的区间估计。

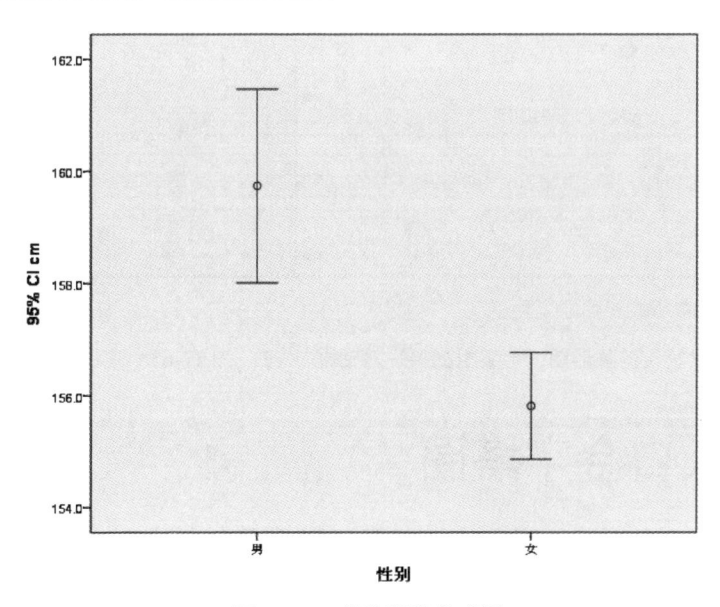

图 17-63 简单误差条形图

17.8.2 簇状误差条形图

实例十四：本节仍采用图 17-55 所示的"data17-08.sav"数据文件。现要求绘制置信区间为 95%的不同性别分年龄的体重分布复式误差条形图。

数据文件：数据文件\Chapter17\data17-08.sav
视频文件：视频文件\Chapter17\误差条形图.avi

（1）打开"data17-08.sav"数据文件，选择"图形"→"旧对话框"→"误差条形图"，弹出如图 17-61 所示的"误差条形图"对话框。

（2）选中"簇状"和"个案组摘要"，单击"定义"按钮，弹出"定义簇状误差条形图：个案组摘要"对话框，如图 17-64 所示。

（3）选中"体重"变量，单击 ▶ 按钮，将其选入"变量"框内；选中"性别"变量，单击 ▶ 按钮，将其选入"类别轴"框内；选中"年龄"变量，单击 ▶ 按钮，将其选入"聚类定义依据"框内；在"条形表示"中选择"均值的置信区间"，采用默认值 95%。

（4）完成所有设置，单击"确定"按钮执行命令。

（5）输出图形，如图 17-65 所示。

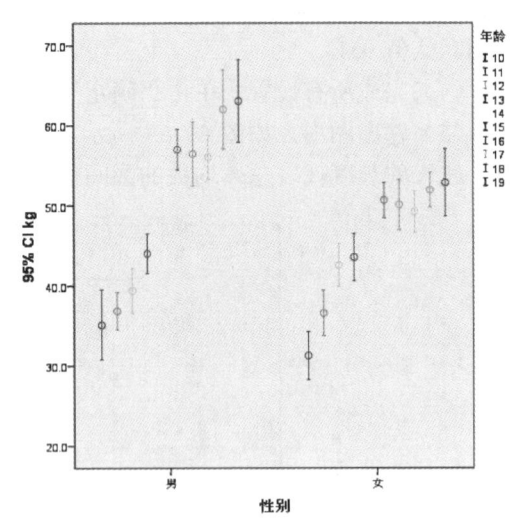

图 17-64　"定义簇状误差条形图：个案组摘要"对话框　　　图 17-65　簇状误差条形图

17.9　人口金字塔图

人口金字塔根据不同的分类描述变量的频数分布，其常用于人口的性别、年龄分布。

人口金字塔是直方图的另一种变体。它的名称源自其最常见的用途：对人口数据进行汇总。在用于人口数据时，它按性别拆分，以提供两个紧挨着的有关年龄数据的水平直方图；在人口为年轻型的国家/地区中，所产生的图形呈现金字塔形状。

第 17 章 统计图形的绘制

实例十五:"data17-09.sav"数据文件是 2000 年我国人口资料,如图 17-66 所示。现要求绘制人口金字塔图。

数据文件:数据文件\Chapter17\data17-09.sav
视频文件:视频文件\Chapter17\人口金字塔图.avi

(1) 打开"data17-09.sav"数据文件,选择"图形"→"旧对话框"→"人口金字塔",弹出"定义人口金字塔"对话框,如图 17-67 所示。

	年龄段	性别	人数
1	1	1	8595.2
2	2	1	11822.3
3	3	1	10816.9
4	4	1	12150.1
5	5	1	8618.3
6	6	1	5686.5
7	7	1	3922.4
8	8	1	1961.2
9	9	1	454.7
10	1	2	7317.9

图 17-66 "data17-09.sav"部分数据

图 17-67 "定义人口金字塔"对话框

(2) 在"计数"栏中单击选中"从变量中获取计数";选中"人数"变量,单击 ⇨ 按钮,将其选入"变量"框内;选中"年龄段"变量,单击 ⇨ 按钮,将其选入"显示基于下列各项的分布"框内;选中"性别"变量,单击 ⇨ 按钮,将其选入"拆分依据"框内。

(3) 完成所有设置,单击"确定"按钮执行命令。

(4) 输出图形,如图 17-68 所示。可以看出,该人口金字塔图以年龄为纵轴、以人口数为横轴显示人口的性别、年龄构成。

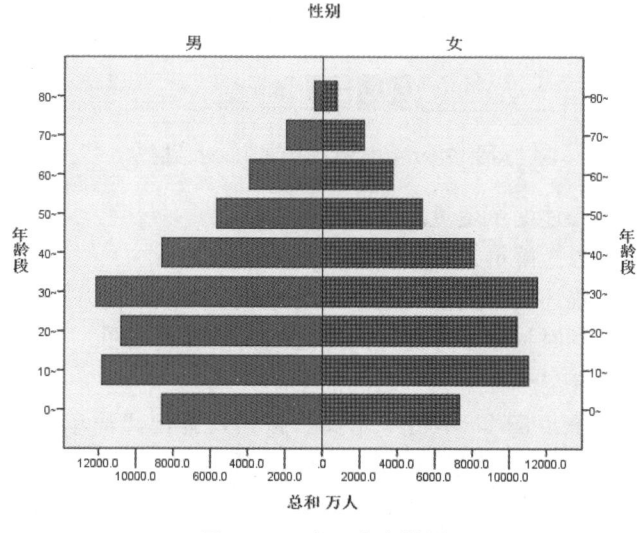

图 17-68 人口金字塔图

17.10 散点图

散点图是以点的分布反映变量之间相关情况的统计图,根据图中的各点分布走向和密集程度,大致可以判断变量之间协变关系的类型。散点图对于绘制多变量数据非常有用。它们可帮助用户确定各刻度变量之间的潜在关系。

简单散点图使用二维坐标系绘制两个变量;三维散点图使用三维坐标系绘制三个变量;如果需要绘制更多的变量,则可以尝试重叠散点图和散点图矩阵。重叠散点图同时在一个图中呈现多对变量的相关关系,但是多对变量中有一个共同变量。散点图矩阵是创建一个二维散点图的矩阵,在散点图矩阵中每个变量都参照另外一个变量进行绘制。

17.10.1 简单散点图

实例十六:本节仍采用图17-55所示"data17-08.sav"数据文件。现要求绘制"心率"与"体重"的简单散点图。

| 数据文件:数据文件\Chapter17\data17-08.sav |
| 视频文件:视频文件\Chapter17\散点图.avi |

(1)打开"data17-08.sav"数据文件,选择"图形"→"旧对话框"→"散点图",弹出"散点图/点图"对话框,如图17-69所示,各项含义如下。

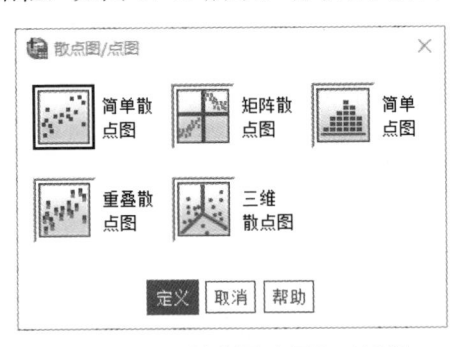

图17-69 "散点图/点图"对话框

- 简单散点图:描述两个变量之间关系的散点图。
- 矩阵散点图:以矩阵形式显示多个变量之间的关系。
- 简单点图:只描述一个变量在数轴上的分布,类似于直方图。
- 重叠散点图:同时描述多个变量两两之间关系的散点图。
- 三维散点图:能显示3个变量之间的空间关系。

(2)选中"简单散点图",单击"定义"按钮,弹出"简单散点图"对话框,如图17-70所示,其与图17-57所示的"定义简单箱图:个案组摘要"相似,只是"Y轴"、"X轴"和"标记设置依据"这三栏不同。其中,"Y轴"用于选入纵轴变量;"X轴"用于选入横轴变量。

(3) 选中"心率"变量,单击▶按钮,将其选入"Y轴"框内;选中"体重"变量,单击▶按钮,将其选入"X轴"框内。

(4) 完成所有设置,单击"确定"按钮执行命令。

(5) 输出图形,如图 17-71 所示。

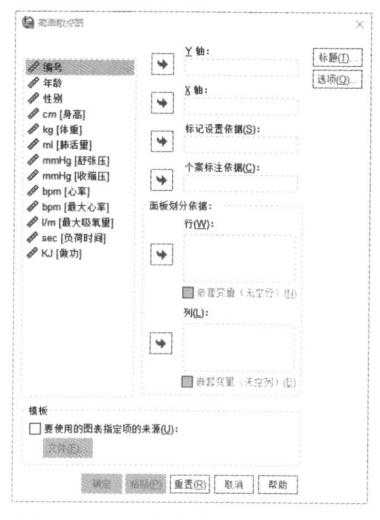

图 17-70 "简单散点图"对话框

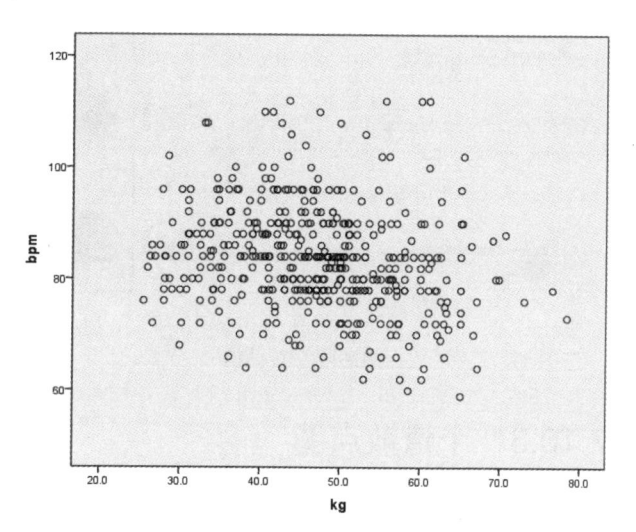

图 17-71 简答散点图

17.10.2 矩阵散点图

实例十七:本节仍采用图 17-55 所示"data17-08.sav"数据文件。现要求绘制"身高""体重""舒张压"和"收缩压"这 4 个变量的矩阵散点图。

数据文件:数据文件\Chapter17\data17-08.sav
视频文件:视频文件\Chapter17\散点图.avi

(1) 打开"data17-08.sav"数据文件,选择"图形"→"旧对话框"→"散点图",弹出如图 17-67 所示的"散点图/点图"对话框。

(2) 选中"矩阵散点图",单击"定义"按钮,弹出"散点图矩阵"对话框,如图 17-72 所示。其与图 17-70 所示的"简单散点图"对话框相似。

(3) 选中"身高"、"体重"、"舒张压"和"收缩压"这 4 个变量,单击▶按钮,将其选入"矩阵变量"框内。

(4) 完成所有设置,单击"确定"按钮执行命令。

(5) 输出图形,如图 17-73 所示。

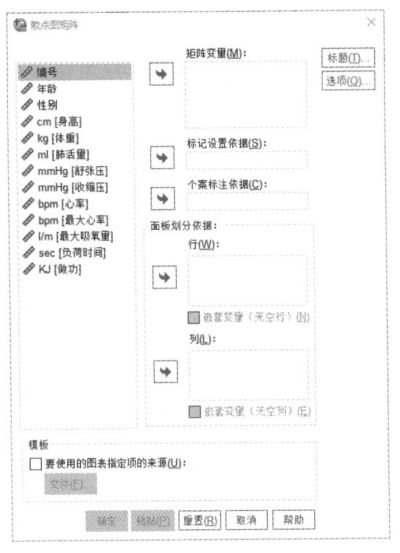

图 17-72 "散点图矩阵"对话框　　　　图 17-73 矩阵散点图

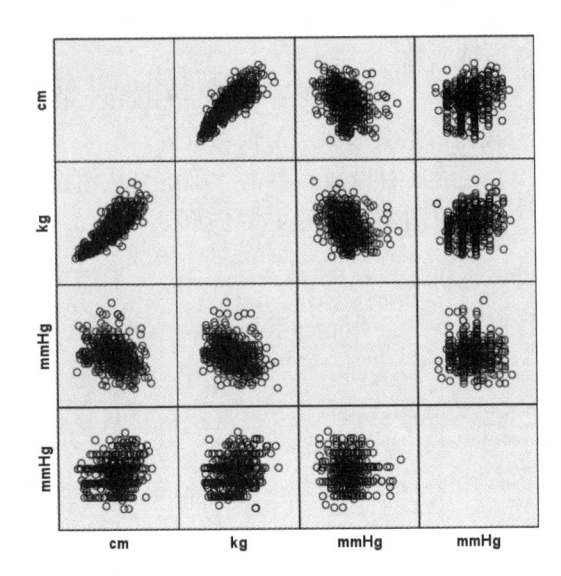

17.10.3 个值散点图

实例十八：本节仍采用图 17-55 所示的"data17-08.sav"数据文件。现要求绘制"体重"的个值散点图。

数据文件：数据文件\Chapter17\data17-08.sav
视频文件：视频文件\Chapter17\散点图.avi

（1）打开"data17-08.sav"数据文件，选择"图形"→"旧对话框"→"散点图"，弹出如图 17-67 所示的"散点图/点图"对话框。

（2）选中"简单点图"，单击"定义"按钮，弹出"定义简单点图"对话框，如图 17-74 所示。其与图 17-70 所示的"简单散点图"对话框相似。

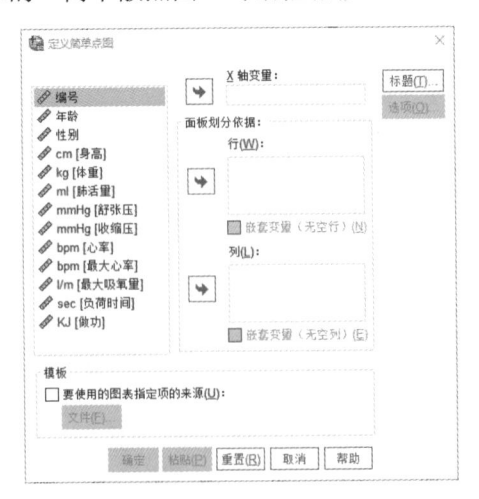

图 17-74 "定义简单点图"对话框

(3)选中"体重"变量,单击 按钮,将其选入"X轴变量"框内。

(4)完成所有设置,单击"确定"按钮执行命令。

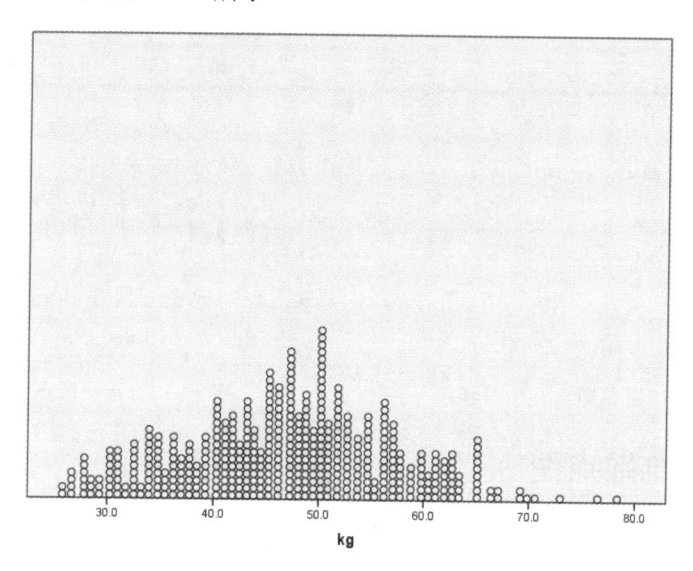

(5)输出图形,如图 17-75 所示。

图 17-75 个值散点图

17.10.4 重叠散点图

实例十九:本节仍采用如图 17-55 所示的"data17-08.sav"数据文件。现要求绘制"年龄"与"体重""年龄"与"身高"的重叠散点图。

| 数据文件:数据文件\Chapter03\data17-08.sav |
| 视频文件:视频文件\Chapter17\散点图.avi |

(1)打开"data17-08.sav"数据文件,选择"图形"→"旧对话框"→"散点图",弹出如图 17-67 所示的"散点图/点图"对话框。

(2)选中"重叠散点图",单击"定义"按钮,弹出"重叠散点图"对话框,如图 17-76 所示。其与图 17-70 所示的"简单散点图"对话框相似。其中的"配对"栏用于选择重叠的变量,操作方法:单击选中左侧变量列表中的两个变量,单击 按钮,将其选入"Y-X 对"框内作为一个变量对,此时可单击 按钮调换两个变量的排列顺序。

(3)同时选中"年龄"和"身高"变量,单击 按钮,将其选入"Y-X 对"框内,单击 按钮调换两个变量排列顺序;同时选中"年龄"和"体重"变量,单击 按钮,将其选入"Y-X 对"框内,单击 按钮调换两个变量排列顺序。

(4)完成所有设置,单击"确定"按钮执行命令。

(5)输出图形,如图 17-77 所示。

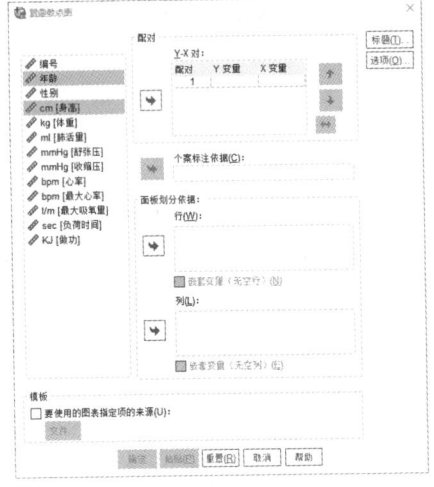

图 17-76　"重叠散点图"对话框

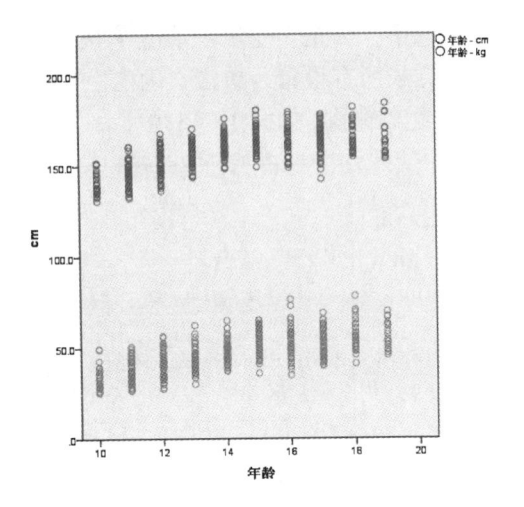

图 17-77　重叠散点图

17.10.5　三维散点图

实例二十：本节仍采用图 17-55 所示"data17-08.sav"数据文件。现要求绘制"身高"、"体重"和"心率"的三维散点图。

| 数据文件：数据文件\Chapter17\data17-08.sav |
| 视频文件：视频文件\Chapter17\散点图.avi |

（1）打开"data17-08.sav"数据文件，选择"图形"→"旧对话框"→"散点图"，弹出如图 17-67 所示的"散点图/点图"对话框。

（2）选中"三维散点图"，单击"定义"按钮，弹出"三维散点图"对话框，如图 17-78 所示。其与图 17-70 所示的"简单散点图"对话框相似。

（3）分别选中"身高""体重"和"心率"变量，单击➡按钮，将其分别选入"Y 轴""X 轴"和"Z 轴"框内。

（4）完成所有设置，单击"确定"按钮执行命令。

（5）输出图形，如图 17-79 所示。

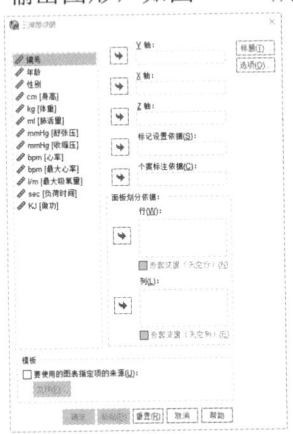

图 17-78　"三维散点图"对话框

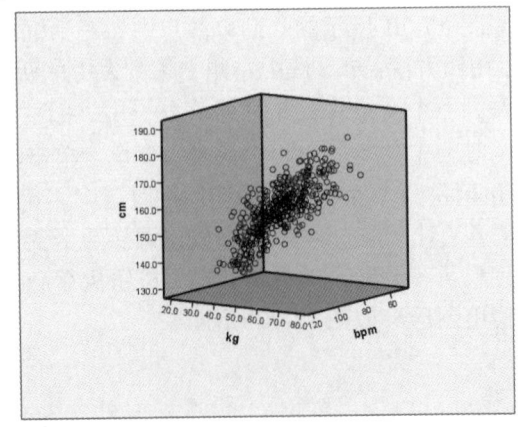

图 17-79　三维散点图

17.11 直方图

直方图对于显示单个变量的分布情况非常有用。直方图是以一组连续的直条来表现频数分布特征的统计图。直方图的横轴表示被观察的指标，纵轴的每一个直条的高度代表相应组别的频数或频率。

实例二十一：本节仍采用图 17-55 所示"data17-08.sav"数据文件。现要求绘制"体重"的直方图。

数据文件：数据文件\Chapter17\data17-08.sav
视频文件：视频文件\Chapter17\直方图.avi

（1）打开"data17-08.sav"数据文件，选择"图形"→"旧对话框"→"直方图"，弹出"直方图"对话框，如图 17-80 所示。

（2）选中"体重"变量，单击 ► 按钮，将其选入"变量"框内。

（3）完成所有设置，单击"确定"按钮执行命令。

（4）输出图形，如图 17-81 所示。

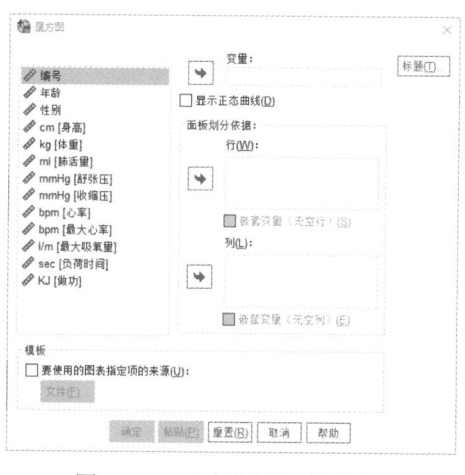

图 17-80　"直方图"对话框　　　　图 17-81　直方图

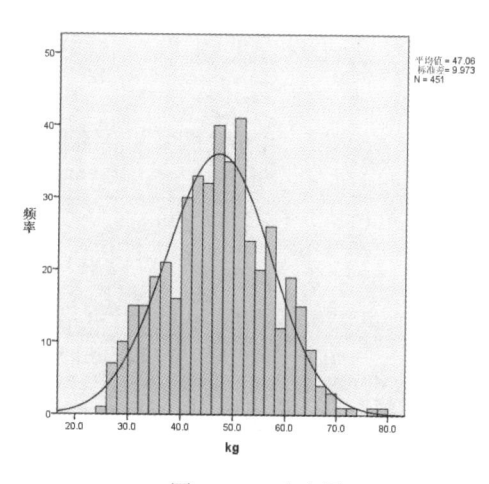

17.12 P-P 概率图和 Q-Q 概率图

上一节主要介绍了直方图，本节着重介绍 P-P 概率图和 Q-Q 概率图。P-P 概率图和 Q-Q 概率图都是根据累计分布函数理论绘制的散点图，两者的原理与用法基本相似，都可用于分布状态的检验，可以直观检查样本数据是否与某种理论概率分布图形一致。若一致，则样本数据点应围绕在一条线周围，或实际累计概率和理论累计概率之差随机分布在 $y=0$ 这条直线的上下。两者常应用于检验数据是否服从正态分布。

两者间的不同之处在于：P-P 概率图是以变量的累计概率与理论分布的累计概率为基础绘制的图形；而 Q-Q 概率图是以变量分布的分位数与理论分布的分位数为基础绘制的图形，Q-Q 概率图纵坐标采用的是概率单位而非概率本身。

实例二十二：本节仍采用图 17-55 所示"data17-08.sav"数据文件。现要求绘制"体重"的 P-P 概率图和"收缩压"的 Q-Q 概率图。

数据文件：数据文件\Chapter17\data17-08.sav
视频文件：视频文件\第十七章 P-P;Q-Q 图.avi

（1）Q-Q 概率图的各个对话框及分析步骤与 P-P 概率图的完全一样，本节以 P-P 概率图为例进行介绍。打开"data17-08.sav"数据文件，选择"分析"→"描述统计"→"P-P 图"，弹出"P-P 图"对话框，如图 17-82 所示，各项含义如下。

- 变量：用于选入被检验的变量。若选入多个变量，则在结果输出窗口中输出每个变量相应的 P-P 概率图。

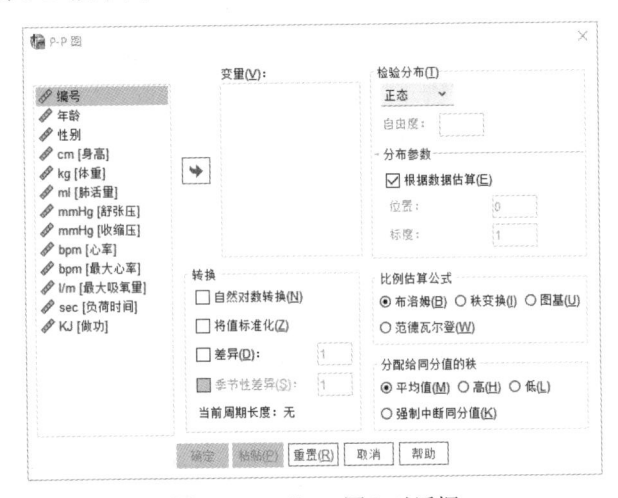

图 17-82 "P-P 图"对话框

- 检验分布：用于选择检验的理论分布。在该框中的下拉列表中，有 13 个可选项，分别为 Beta（贝塔）分布、卡方分布、指数分布、Gamma（咖玛）分布、半正态分布、拉普拉斯分布、Logistic 分布、对数正态分布、正态分布、帕累托分布、学生 t 分布、Weibull（威布尔）分布和均匀分布。当选择卡方分布或学生 t 分布时，则会激活下方的自由度输入框，在其中指定自由度。
- 分布参数：SPSS 默认勾选"根据数据中估算"，表示系统自动从检验变量值推测数据分布的参数；若不勾选，则用户需在该选项下方的参数框中根据需要自行指定。由于选择的分布不同，所以需指定的参数不同，则参数框也不同。
- 转换：用于设置变量转换的方式，有如下 4 个复选框。
    - 自然对数转换：表示将原变量值转换为以 e 为底的自然数值。
    - 将值标准化：表示将原有变量转换为均值为 0，方差为 1 的样本。
    - 差异：表示用连续两个数据的差值替换原有数据。输入一个正整数确定差分度。

➢ 季节性差异：表示计算时间序列中两个固定间距的数据差来代替原有时间序列数据。
- 比例估算公式：用于选择计算期望概率分布的公式。有 4 个可选项：布洛姆（Blom）、秩变换（Rankit）、图基（Tukey）、范德瓦尔登（Van der Waerden）。
- 分配给同分值的秩：用于选择确定相同数值的秩序的方法。有 4 个可选项：平均值、高、低和强制中断同分值。

（2）绘制 P-P 概率图时，在左侧的变量列表中选中"体重"变量，单击 按钮，将其选入"变量"框内，其余选项采用默认设置；绘制 Q-Q 概率图时，在左侧的变量列表中选中"收缩压"变量，单击 按钮，将其选入"变量"框内，其余选项采用默认设置

（3）完成所有设置，单击"确定"按钮执行命令。

（4）输出图形。图 17-83 是 P-P 概率图，可以看出，所有点基本都在直线上，因此可以知道该数据文件的"体重"变量服从正态分布；图 17-84 是去趋势 P-P 概率图，可以看出，各点是无规则的，表明是随机的。图 17-85 和图 17-86 分别是 Q-Q 概率图和去趋势 Q-Q 概率图，两者的解释分别与 P-P 概率图和趋势 P-P 概率图相同。另外，P-P 概率图和 Q-Q 概率图只是给出了大致结果，精确的推断还需要进一步的假设检验。

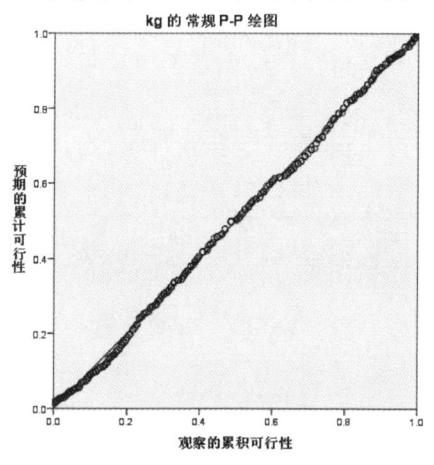

图 17-83 "体重"变量的 Q-Q 概率图 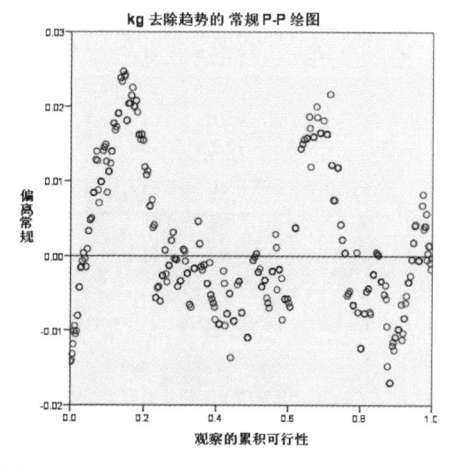　　图 17-84 "体重"变量去趋势的 Q-Q 概率图

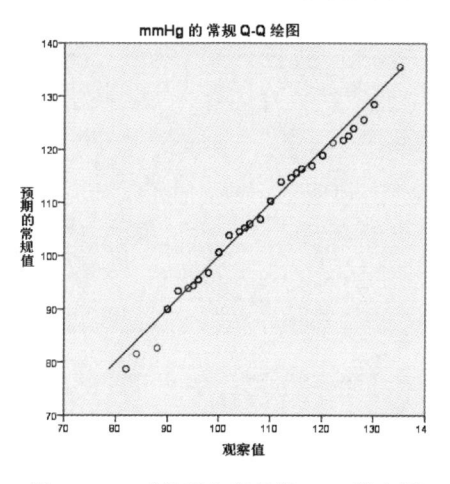

图 17-85 "体重"变量的 Q-Q 概率图 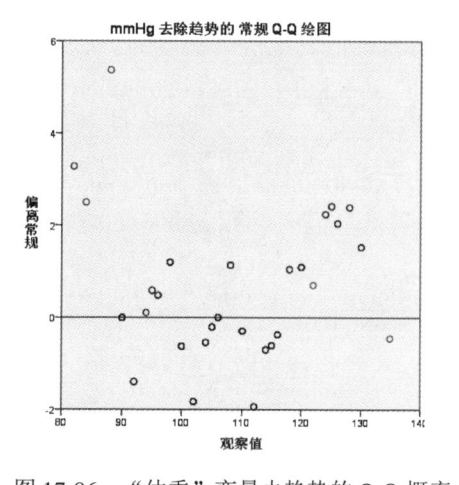　　图 17-86 "体重"变量去趋势的 Q-Q 概率

17.13 本章小结

本章主要介绍图表构建器的基本操作、条形图、折线图、面积图、饼图、高低图、箱图、误差条形图、人口金字塔图、散点图、直方图、P-P 概率图、Q-Q 概率图。

第三部分 综合应用

第18章

企业经济活动中的应用

随着经济体制改革的深入，我国的社会主义市场经济体制不断完善和发展，在国民经济活动中的主体地位日益突出。

经济效益最好的效果是经济占用少，成本的支出也相对较少，最后的回报多。所以提高经济效益对于企业及社会等具有十分重要的意义。经济效益是衡量经济活动的最终指标，企业经济效益的好坏不仅关系到企业自身的发展，而且也影响着国家竞争力与人民生活水平的提高。本章从经济效益的相关指标入手，以实际应用为主体进行讲解。

学习目标

(1) 了解企业经济效益的相关概念。
(2) 了解经济效益的相关指标和公式。
(3) 掌握主成分分析法在经济效益中的应用。
(4) 掌握聚类分析法在经济效益中的应用。

18.1 背景介绍

企业的经济效益，就是企业在经济活动中所取得的劳动成果与劳动消耗的比值，即企业的生产总值同生产成本之间的比例关系。用公式表示：经济效益＝生产总值/生产成本。

对企业经济效益的评价主要依靠对企业财务指标的分析，实质就是对企业的偿债能力、赢利能力、营运能力等指标的评价。

从生产经营角度分析，经济效益可用资产报酬率、权益报酬率等指标反映；从物化劳动效果角度分析，经济效益可用销售利税率、成本费用利税率、固定资产生产率和流动资产周转率等指标反映；而从活劳动效果角度分析，经济效益可用全员劳动生产率和人均利税率等指标反映。这些指标大多是依据财务报告数据计算出来的。

对企业经济效益因素分析，一是从资金占用和资金周转的角度，分析影响经济效益的资金因素；二是从原材料、工资、费用等支出角度，分析影响经济效益的成本因素。此外，还要把企业自身的微观经济效益与全社会的宏观经济效益联系起来，把当前的经济效益与长远经济效益结合起来。

1995年财政部公布了《企业经济效益评价体系》10项指标，国家统计局1998年制定了一套工业企业经济效益考核指标体系，含有总资产贡献率、资本保值增值率、流动资产周转率、成本费用利润率、全员劳动生产率、产品销售率和资产负债率七大指标，改变了过去采用产值和产量等单一指标考核的状况；2002年财政部、国家经贸委、中央企业工委、劳动保障部、国家计委制定了关于《企业效绩评价操作细则（修订）》28项指标。

对各地区工业企业经济效益进行综合评价和分类，是制定各地区工业企业发展政策和区域协调发展政策的重要依据。目前，我国评价工业企业经济效益的指标很多，如工业增加值率、总资产贡献率、资产负债率、流动资产周转次数、工业成本费用率和产品销售率等。这些指标仅从不同侧面评价了工业企业的经济效益，但综合分析没有得以体现。正是基于这一点，本章以2006年中国各地区全部国有及规模以上非国有工业企业主要经济效益指标为基础，运用主成分分析法和聚类分析法，对全国31个地区的工业企业综合竞争力进行综合评价，数据可见表18-1。

数据文件：数据文件\Chapter18\data18-01.sav
视频文件：视频文件\Chapter18\工业企业主要经济效益指标.avi

表 18-1　各地区全部国有及规模以上非国有工业企业主要经济效益指标（2006 年）

地　区	工业增加值率（%）	总资产贡献率（%）	资产负债率（%）	流动资产周转次数（次/年）	工业成本费用利润率（%）	产品销售率（%）
全国总计	28.77	12.74	57.46	2.50	6.74	98.18
北　京	22.41	6.32	38.91	2.06	6.17	99.18
天　津	28.66	14.70	57.83	2.57	8.68	99.22
河　北	28.76	14.40	61.05	2.94	7.33	98.21

续表

地区	工业增加值率(%)	总资产贡献率(%)	资产负债率(%)	流动资产周转次数(次/年)	工业成本费用利润率(%)	产品销售率(%)
山　西	36.40	10.49	67.59	1.81	6.56	97.66
内蒙古	42.95	12.44	61.08	2.40	9.44	97.84
辽　宁	29.23	8.22	57.50	2.32	3.38	98.31
吉　林	31.86	9.54	54.78	2.37	4.96	95.94
黑龙江	47.14	31.04	54.71	2.47	28.79	98.52
上　海	26.03	10.54	50.28	2.21	6.03	99.03
江　苏	24.90	11.62	60.58	2.71	4.88	98.53
浙　江	20.57	11.08	60.35	2.26	5.07	97.80
安　徽	31.88	10.49	62.65	2.42	4.60	98.25
福　建	28.46	12.94	53.81	2.51	6.58	96.96
江　西	30.34	12.81	60.98	2.79	5.04	98.46
山　东	29.64	17.51	57.77	3.40	7.58	98.43
河　南	33.15	18.84	60.26	3.18	9.13	98.46
湖　北	32.09	10.26	54.86	2.29	6.82	97.96
湖　南	34.07	14.24	60.20	2.93	5.27	99.55
广　东	26.37	12.24	56.72	2.48	5.48	97.65
广　西	32.02	12.44	61.10	2.36	6.51	96.24
海　南	29.71	11.71	60.50	1.97	11.49	97.16
重　庆	29.12	9.97	59.55	2.08	5.22	98.44
四　川	35.12	10.78	60.87	2.10	6.31	98.02
贵　州	36.16	10.58	65.80	1.86	6.32	96.98
云　南	37.47	17.78	54.86	1.72	10.99	98.38
西　藏	56.62	7.84	44.20	1.06	20.24	91.68
陕　西	41.21	15.21	59.76	1.90	14.00	98.15
甘　肃	28.49	9.34	58.71	2.17	4.56	97.78
青　海	40.52	13.18	65.56	1.72	21.41	96.37
宁　夏	30.77	6.90	61.54	1.73	3.26	96.85
新　疆	43.22	24.77	51.58	2.75	28.44	98.77

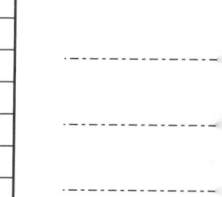

18.2　经济含义简介

下面介绍各指标的计算公式和经济含义。

（1）工业增加值率。

指在一定时期内，工业增加值占同期工业总产值的比重，它反映了降低中间消耗的经济效益。其计算公式为

工业增加值率（%）=[工业增加值（现价）/工业总产值（现价）]×100%

（2）总资产贡献率。

反映企业全部资产的获利能力，是企业经营业绩和管理水平的集中体现。它还是评价、考核企业盈利能力的核心指标。其计算公式为

总资产贡献率（%）=[（利润总额+税金总额+利息支出）/平均资产总额]×100%

（3）资产负债率。

既反映企业经营风险的大小，也反映企业利用债权人提供的资金从事经营活动的能力。计算公式为

资产负债率（%）=[负债总额/资产总额]×100%

（4）流动资产周转次数。

指在一定时期内流动资产完成的周转次数，反映流动资产的周转速度。计算公式为

流动资产周转次数=产品销售收入/全部流动资产平均余额

（5）工业成本费用率。

指在一定时期内，实现的利润与成本费用之比。它既是反映工业生产成本及费用投入的经济效益指标，又是反映降低成本的经济效益指标。计算公式为

工业成本费用利润率（%）=[利润总额/成本费用总额]×100%

（6）产品销售率。

指报告期工业销售产值与同期全部工业总产值之比。它是反映工业产品已实现销售的速度，分析工业企业产销衔接情况，研究工业产品满足社会需求程度的指标。计算公式为

产品销售率（%）=[工业销售产值/工业总产值]×100%

18.3 主成分分析的应用

18.3.1 SPSS 实现

（1）打开"data18-01.sav"数据文件，单击"分析"→"降维"→"因子"，弹出"因子分析"对话框，如图 18-1 所示。

（2）选中工业增加值率、总资产贡献率、资产负债率、流动资产周转次数、工业成本费用率和产品销售率这 6 个变量，单击 按钮，将其选入变量列表框中。

（3）单击"描述"按钮，弹出"描述"对话框，如图 18-2 所示。勾选如下复选框：单变量描述、系数、显著性水平、KMO 和巴特利特球形度检验。单击"继续"按钮返回主对话框。

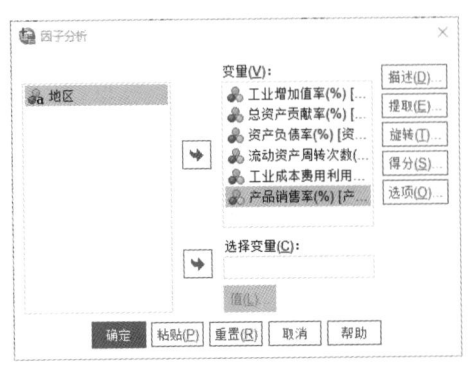

图 18-1　"因子分析"对话框

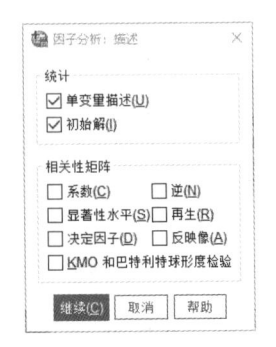

图 18-2　"描述"对话框

（4）单击"提取"按钮，弹出"因子分析：提取"对话框，如图 18-3 所示。勾选碎石图；"提取"选项栏中勾选"基于特征值"，在"特征值大于"输入框中输入 0.8，其余设置保留默认设置。单击"继续"按钮返回主对话框。

（5）单击"旋转"按钮，弹出"因子分析：旋转"对话框，如图 18-4 所示。单击选中最大方差法；勾选"载荷图"复选框。单击"继续"按钮返回主对话框。

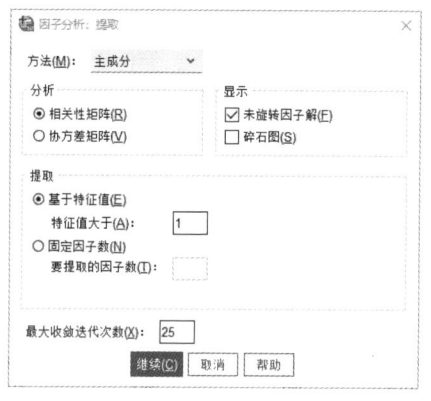

图 18-3 "因子分析：提取"对话框 　　图 18-4 "因子分析：旋转"对话框

（6）单击"得分"按钮，弹出"因子分析：因子得分"对话框，如图 18-5 所示。勾选保存为变量、显示因子得分系数矩阵复选框，单击"继续"按钮返回主对话框。

（7）单击"选项"按钮，弹出"因子分析：选项"对话框，如图 18-6 所示。勾选"按大小排序"复选框，单击"继续"按钮返回主对话框。

（8）完成所有设置后，单击"确定"按钮执行命令。

图 18-5 "因子分析：因子得分"对话框 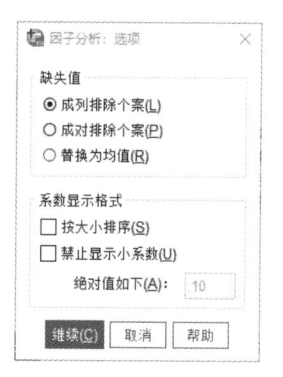　　图 18-6 "因子分析：选项"对话框

18.3.2　结果分析

表 18-2 是 6 个初始变量的描述统计量，包括平均值、标准偏差和分析数。

表 18-2　描述统计

项目	平均值	标准偏差	分析数
工业增加值率（%）	33.0755	7.53348	31
总资产贡献率（%）	12.9103	5.04520	31
资产负债率（%）	57.9335	5.88783	31
流动资产周转次数（次/年）	2.3077	.48380	31
工业成本费用利用率（%）	9.0497	6.71500	31
产品销售率（%）	97.7671	1.43088	31

表 18-3 是初始变量的相关性矩阵表。从相关系数矩阵中可以看出多个变量间的相关系数较大，且对应的显著性普遍较小，说明这些变量之间存在着显著的相关性，例如，工业增加值率与工业成本费用利用率有显著的相关性，显著性小于 0.05，进而说明有进行因子分析的必要。

表 18-3　相关性矩阵

	项目	工业增加值率（%）	总资产贡献率（%）	资产负债率（%）	流动资产周转次数（次/年）	工业成本费用利用率（%）	产品销售率（%）
相关性	工业增加值率（%）	1.000	.390	-.071	-.379	.745	-.504
	总资产贡献率（%）	.390	1.000	.011	.429	.706	.313
	资产负债率（%）	-.071	.011	1.000	.128	-.237	.131
	流动资产周转次数（次/年）	-.379	.429	.128	1.000	-.154	.595
	工业成本费用利用率（%）	.745	.706	-.237	-.154	1.000	-.208
	产品销售率（%）	-.504	.313	.131	.595	-.208	1.000
显著性（单尾）	工业增加值率（%）		.015	.351	.018	.000	.002
	总资产贡献率（%）	.015		.476	.008	.000	.043
	资产负债率（%）	.351	.476		.247	.100	.240
	流动资产周转次数（次/年）	.018	.008	.247		.204	.000
	工业成本费用利用率（%）	.000	.000	.100	.204		.131
	产品销售率（%）	.002	.043	.240	.000	.131	-.504

表 18-4 是 KMO 检验和球形 Bartlett 检验表。KMO 检验用于研究变量之间的偏相关性，计算偏相关时由于控制了其他因素的影响，所以会比简单相关系数来得小。本例中的 KMO 统计量为 0.528，还算可以接受。而本例中的 Bartlett 检验的显著性为 0.000，小于 0.01，由此可知各变量间显著相关，即否定相关矩阵为单位阵的零假设。

表 18-4　KMO 和巴特利特检验

KMO 取样适切性量数		.528
巴特利特球形度检验	近似卡方	100.190
	自由度	15
	显著性	.000

表18-5为公因子方差表,给出的是初始变量的共同度,是衡量公共因子相对重要性的指标。"提取"列即为变量共同度的取值,共同度取值为[0, 1]。如工业增加值率的共同度为0.890,可以理解为提取的公共因子对载文量变量的方差贡献率为89.0%。

表 18-5 公因子方差

项目	初始值	提取
工业增加值率(%)	1.000	.890
总资产贡献率(%)	1.000	.954
资产负债率(%)	1.000	.995
流动资产周转次数(次/年)	1.000	.785
工业成本费用利用率(%)	1.000	.930
产品销售率(%)	1.000	.786

提取方法:主成分分析法。

表18-6为总方差解释表,给出了每个公共因子所解释的方差及累计和。从"初始特征值"一栏中可以看出,前3个公共因子解释的累计方差达89.003%,而后面的公共因子的特征值较小,对解释原有变量的贡献越来越小,因此提取三个公共因子是合适的。

"提取载荷平方和"一栏是在未旋转时被提取的3个公共因子的方差贡献信息,其与"初始特征值"栏的前两行取值一样。"旋转载荷平方和"是旋转后得到的新公共因子的方差贡献信息,和未旋转的贡献信息相比,每个公共因子的方差贡献率有变化,但最终的累计方差贡献率不变。

表 18-6 总方差解释

组件	初始特征值			提取载荷平方和			旋转载荷平方和		
	总计	方差百分比	累积 %	总计	方差百分比	累积 %	总计	方差百分比	累积 %
1	2.424	40.406	40.406	2.424	40.406	40.406	2.246	37.434	37.434
2	1.943	32.388	72.794	1.943	32.388	72.794	2.067	34.454	71.888
3	.973	16.209	89.003	.973	16.209	89.003	1.027	17.115	89.003
4	.405	6.758	95.760						
5	.179	2.987	98.747						
6	.075	1.253	100.000						

提取方法:主成分分析法。

图18-7是关于初始特征值(方差贡献率)的碎石图。观察发现,第3个公因子后的特征值变化趋缓,故选取3个公共因子是比较合适的。

表18-7的"成分矩阵"是未经旋转的因子载荷矩阵,表18-8的"旋转后的成分矩阵"是经过旋转后的因子载荷矩阵。观察两个表格可以发现,旋转后的每个公共因子上的载荷分配更清晰了,因而比未旋转时更容易解释各因子的意义。

因子载荷是变量与公共因子的相关系数,某变量在某公共因子中的载荷绝对值越大,表明该变量与该公共因子越密切,即该公共因子更能代表该变量。由此可知,本例中的第1个公共因子更能代表工业增加值率(%)、工业成本费用利用率(%)和总资产贡献率（%）；第 2 个公共因子更能代表流动资产周转次数（次/年）和产品销售率（%）；第 3 个公共因子更能代表资产负债率（%）。

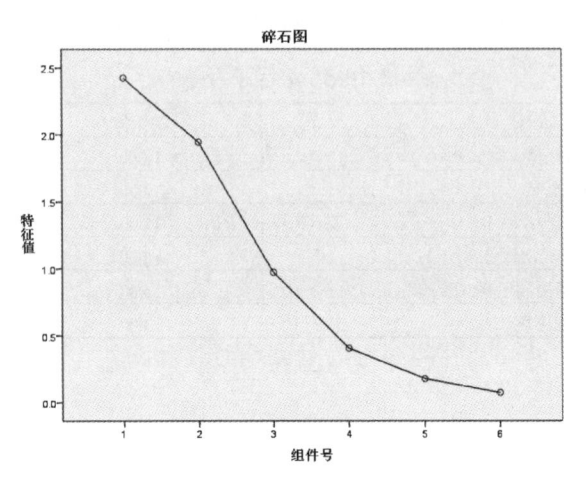

图 18-7 碎石图

表 18-7 成分矩阵 a

项目	组件		
	1	2	3
工业增加值率（%）	.917	.055	.216
工业成本费用利用率（%）	.865	.424	-.048
总资产贡献（%）	.399	.890	.047
流动资产周转次数（次/年）	-.491	.735	-.064
产品销售率（%）	-.595	.648	-.110
资产负债率（%）	-.285	.090	.952

提取方法：主成分分析法。　　a. 提取了 3 个成分。

表 18-8 旋转后的成分矩阵 a

项目	组件		
	1	2	3
工业成本费用利用率（%）	.939	-.129	-.178
总资产贡献率（%）	.841	.495	.033
工业增加值率（%）	.798	-.502	.045
流动资产周转次数（次/年）	.019	.882	.079
产品销售率（%）	-.120	.877	-.047
资产负债率（%）	-.072	.078	.992

提取方法：主成分分析法。　　旋转方法：凯撒正态化最大方差法。　　a. 旋转在 4 次迭代后已收敛。

表 18-9 为因子得分系数矩阵，由此可得最终的因子得分公式：$F1=0.347\times$工业增加值率（%）$+0.403\times$总资产贡献率（%）$+\cdots-0.019\times$产品销售率（%）；$F2=-0.224\times$工业增加值率（%）$+0.274\times$总资产贡献率（%）$+\cdots+0.427\times$产品销售率（%）；$F3=0.149\times$工业增加值率（%）$+0.048\times$总资产贡献率（%）$+\cdots-0.43\times$产品销售率（%）。

表 18-9　因子得分系数矩阵

项目	组件		
	1	2	3
工业增加值率（%）	.347	−.224	.149
总资产贡献率（%）	.403	.274	.048
资产负债率（%）	.042	−.056	.984
流动资产周转次数（次/年）	.046	.431	−.001
工业成本费用利用率（%）	.409	−.013	−.100
产品销售率（%）	−.019	.427	−.043

提取方法：主成分分析法。
旋转方法：凯撒正态化最大方差法。
组性得分。

为研究各企业经济效益，可对 3 个公共因子的得分进行加权求和，权数即为公共因子对应的方差贡献率，其可从表 18-6 总方差解释表中的"旋转载荷平方和"栏里得到。本例采用方差贡献率作为取值，3 个旋转后的公共因子的方差贡献率分别为 37.434%、34.454%和 17.115%，所以，各学报的综合得分公式为：$zF=37.434\%\times F1+34.454\%\times F2+17.115\%\times F3$，最终计算的各地区工业企业经济效益综合评价值排序如表 18-10 所示。

表 18-10　各地区工业企业经济效益综合评价值排序

排序	地区	得分	排序	地区	得分	排序	地区	得分	排序	地区	得分
1	黑龙江	1.48	9	青海	0.22	17	广西	−0.12	25	甘肃	−0.34
2	新疆	1.15	10	内蒙古	0.21	18	贵州	−0.14	26	辽宁	−0.34
3	河南	0.73	11	江西	0.2	19	海南	−0.15	27	上海	−0.38
4	山东	0.6	12	云南	0.1	20	广东	−0.16	28	吉林	−0.5
5	湖南	0.45	13	江苏	0.05	21	福建	−0.22	29	宁夏	−0.62
6	河北	0.34	14	安徽	−0.01	22	重庆	−0.23	30	北京	−0.98
7	天津	0.26	15	山西	−0.05	23	浙江	−0.25	31	西藏	−1.17
8	陕西	0.24	16	四川	−0.1	24	湖北	−0.26			

18.4　聚类分析的应用

在上节用主成分分析方法分析了各地区企业经济效益后，我们再用系统聚类的方法，看看能否通过各地区企业经济效益将 31 个地区聚为几类，并比较主成分分析和聚类分析得到的结果的差异。

18.4.1　SPSS 实现

（1）打开"data18-01.sav"数据文件，选择"分析"→"分类"→"系统聚类"，弹出"系统聚类分析"对话框，如图 18-8 所示。

（2）在左侧变量列表中选中工业增加值率、总资产贡献率、资产负债率、流动资产周转次数、工业成本费用利用率和产品销售率这 6 个变量，单击 按钮，将其选入"变量列表"，将"地区"变量选入右边的"个案标注依据"列表作为标示变量。在"聚类"栏中勾选"个案"选项，在"输出栏"中勾选"统计"和"图"复选框。

（3）单击"统计"按钮，弹出"系统聚类分析：统计"对话框，如图 18-9 所示。

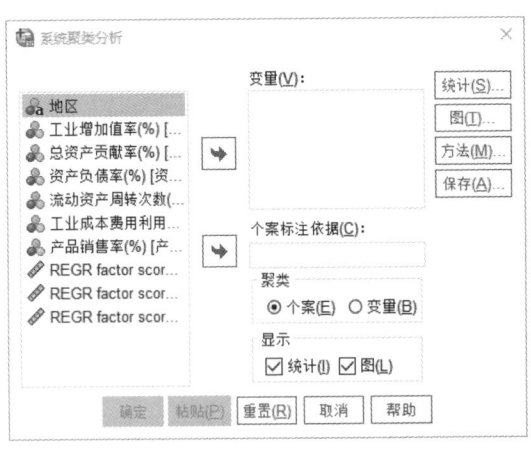

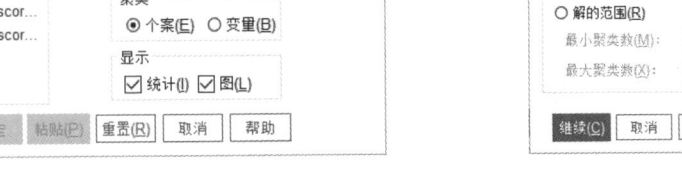

图 18-8　"系统聚类分析"对话框　　　　图 18-9　"系统聚类分析：统计"对话框

（4）勾选"集中计划"复选框，在"聚类成员"栏中选择"解的范围"，在"最小聚类数"框中输入 2，在"最大聚类数"框中输入 5，单击"继续"按钮返回主对话框。

（5）单击"方法"按钮，弹出"系统聚类分析：方法"对话框，如图 18-10 所示，在"转换值"选项栏中"标准化"选择"Z 得分"，其余选项均选择系统默认。单击"继续"按钮返回主对话框。

（6）单击"图"按钮，弹出如图 18-11 所示的"系统聚类分析：图"对话框。

（7）勾选"谱系图"复选框，在"冰柱图"中勾选"全部聚类"，在"方向"栏中勾选"垂直"选项，单击"继续"按钮返回主对话框。

（8）单击"保存"按钮，弹出"系统聚类分析：保存"对话框，如图 18-12 所示。

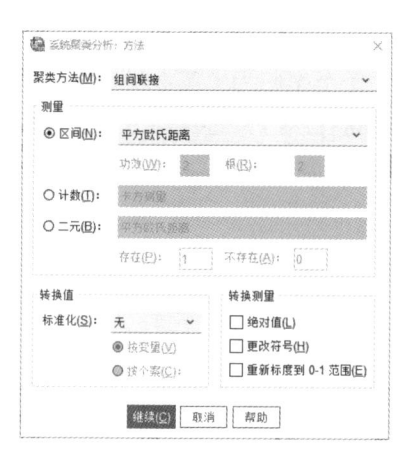

图 18-10 "系统聚类分析:方法"对话框 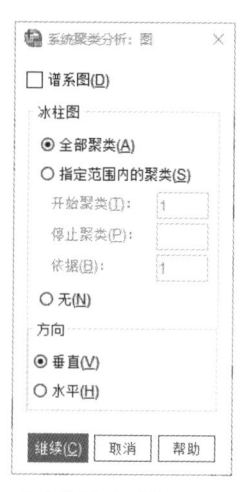　　图 18-11 "系统聚类分析:图"对话框

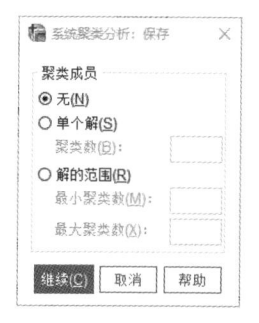

图 18-12 "系统聚类分析:保存"对话框

（9）在"聚类成员"栏中勾选"解的范围",在"最小聚类数"框中输入 2,在"最大聚类数"框中输入 5。单击"继续"按钮返回主对话框。

（10）完成所有设置后,单击"确定"按钮执行命令。

18.4.2 结果分析

从表 18-11 可以看出一共 31 个个案参与聚类,无缺失值。

表 18-11　个案处理摘要[a]

个案						
有效		缺失		总计	
数字	百分比	数字	百分比	数字	百分比
31	100.0%	0	0.0%	31	100.0%

a. 平方欧氏距离 使用中。

从表 18-12 可以看出整个聚类过程,表格"阶段"一列表示聚类的步数,我们以第 4 行为例,此步是将第 6 和 22 类合并为一类,其中第 6 类是首次出现（从首次出现阶段集群中的集群 1 中显示数字为 0），而 22 类首次出现是在第一步（从首次出现阶段集群中的集群 2 中显示数字为 1），所以第 4 步中的第 22 类其实包含了第 22 个个案和第 28 个个案，所以第 4 步是将第 6 个、第 22 个和第 28 个个案归为了第 2 类，而这第 6 类下一次合并是在第 9 步（下一个阶段列第 4 步显示的数字为 9）。最后，31 个观测经过 30 步聚为一类。

表 18-12 凝聚计划

阶段	组合的集群		系数	首次出现阶段集群		下一个阶段
	集群 1	集群 2		集群 1	集群 2	
1	22	28	.300	0	0	4
2	4	24	.332	0	0	16
3	3	14	.386	0	0	7
4	6	22	.468	0	1	9
5	13	19	.604	0	0	15
6	15	16	.726	0	0	21
7	3	10	.797	3	0	11
8	12	23	.808	0	0	10
9	6	17	.955	4	0	10
10	6	12	1.263	9	8	17
11	2	3	1.387	0	7	14
12	25	27	1.564	0	0	22
13	7	20	1.581	0	0	15
14	2	18	1.631	11	0	21
15	7	13	2.009	13	5	20
16	4	30	2.283	2	0	24
17	6	21	2.283	10	0	19
18	8	31	2.466	0	0	29
19	6	11	2.563	17	0	20
20	6	7	2.693	19	15	23
21	2	15	2.872	14	6	26
22	5	25	3.459	0	12	25
23	6	9	4.243	20	0	24
24	4	6	4.791	16	23	25
25	4	5	6.174	24	22	26
26	2	4	6.484	21	25	27
27	2	29	12.752	26	0	28
28	1	2	18.964	0	27	29
29	1	8	28.621	28	18	30
30	1	26	51.202	29	0	0

从表 18-13 可以看出聚类个数为 2～5 的各个案的最终归属类别。

表 18-13 聚类成员

个案	5 个集群	4 个集群	3 个集群	2 个集群	个案	5 个集群	4 个集群	3 个集群	2 个集群
1: 北京	1	1	1	1	17: 湖北	2	2	1	1
2: 天津	2	2	1	1	18: 湖南	2	2	1	1
3: 河北	2	2	1	1	19: 广东	2	2	1	1
4: 山西	2	2	1	1	20: 广西	2	2	1	1
5: 内蒙古	2	2	1	1	21: 海南	2	2	1	1
6: 辽宁	2	2	1	1	22: 重庆	2	2	1	1
7: 吉林	2	2	1	1	23: 四川	2	2	1	1
8: 黑龙江	3	3	2	1	24: 贵州	2	2	1	1
9: 上海	2	2	1	1	25: 云南	2	2	1	1
10: 江苏	2	2	1	1	26: 西藏	4	4	3	2
11: 浙江	2	2	1	1	27: 陕西	2	2	1	1
12: 安徽	2	2	1	1	28: 甘肃	2	2	1	1
13: 福建	2	2	1	1	29: 青海	5	2	1	1
14: 江西	2	2	1	1	30: 宁夏	2	2	1	1
15: 山东	2	2	1	1	31: 新疆	3	3	2	1
16: 河南	2	2	1	1					

图 18-13 显示的是冰柱图，用柱状图的方式显示了最终聚成 2~5 类的聚集过程。横轴为 31 个个案，纵轴为聚集个数，冰柱中最长的空格长度表示当前的聚类步数，画一条横线在纵轴 5 处，即把 31 个个案聚成 5 类，经过了 4 步，5 类分别是（北京）、（西藏）、（新疆、黑龙江）、（青海）、（天津、河北、山西、内蒙古、辽宁、吉林、上海、江苏、浙江、安徽、福建、江西、山东、河南、湖北、湖南、广东、广西、海南、重庆、四川、贵州、云南、陕西、甘肃、宁夏）。

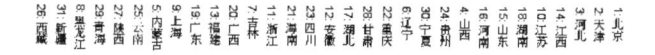

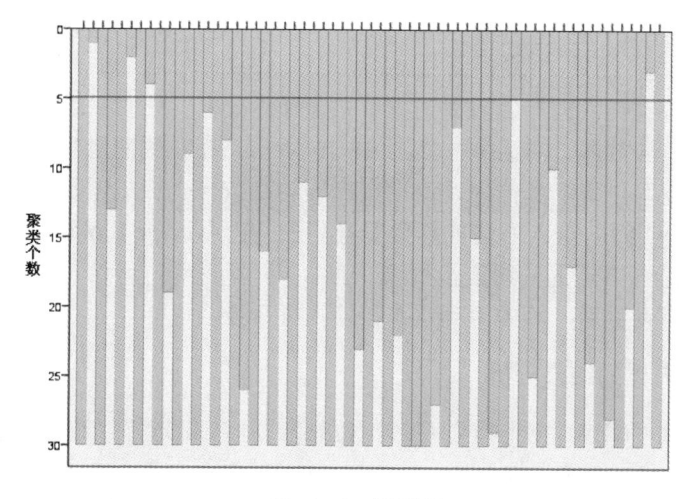

图 18-13 冰柱图

图 18-14 显示的是谱系图（树状图），直观地显示了聚类的整个过程，也可以很方便地指定聚类个数的分类结果，图中横轴 5 处的黑色线条，其与五条横线相交，表明将全部观测分为了 5 类，蓝线左侧线依然连着一起的分为一类，最终分类结果为（北京）、（西藏）、（新疆、黑龙江）、（青海）、（天津、河北、山西、内蒙古、辽宁、吉林、上海、江苏、浙江、安徽、福建、江西、山东、河南、湖北、湖南、广东、广西、海南、重庆、四川、贵州、云南、陕西、甘肃、宁夏）。

在数据窗口中，可以看到保存的"CLU5_1""CLU4_1""CLU3_1"和"CLU2_1"，如图 18-15 所示，表示的是聚类数为 2~5 各个案的最终归属类别。

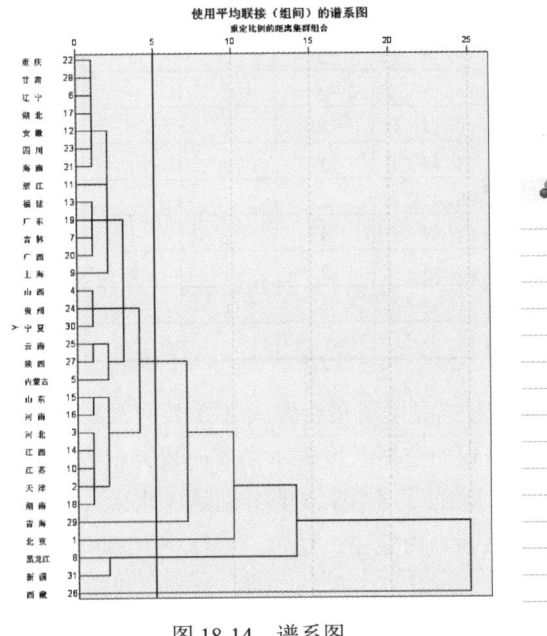

图 18-14 谱系图

图 18-15 个案的最终归属类别

18.4.3 系统聚类的进一步分析

1. OLAP立方体的SPSS实现

（1）在"系统聚类"运行后的数据窗口中选择"分析"→"报告"→"OLAP 立方体"弹出"OLAP 立方体"对话框，如图 18-16 所示，在左侧变量列表中选中工业增加值率、总资产贡献率、资产负债率、流动资产周转次数、工业成本费用率和产品销售率这 6 个变量，单击 按钮，选入右边的摘要变量列表，将"Average Linkage(Between Group) [CLU4_1]"变量选入右边的分组变量列表。

（2）完成所有设置后，单击"确定"按钮执行命令。

2. OLAP立方体的结果分析

在结果中找到"OLAP 立方体"表格，双击选中，右键选择"透视托盘"，弹出"透视托盘"对话框，将"变量"放入列，将"Average Linkage（Between Group）[CLU4_1]"和"统计"按序放入"行"，将"变量"放入列，如图 18-17 所示，就得到表 18-14。

第18章 企业经济活动中的应用

图 18-16 "OLAP 立方体"对话框　　　　图 18-17 "透视托盘"对话框

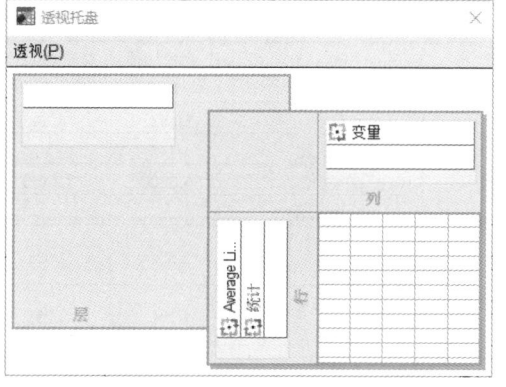

"OLAP 立方体"显示了 4 类各个变量的信息，结合聚合成员表发现，第 3 类个案为 2 个，即新疆和黑龙江，各变量基本上趋于中高等，企业经济效益较好，第 2 类包含的个案最多，各变量基本上都趋于中等，企业经济效益一般，而第 1 类个案为 1 个，即北京，各变量值都比较小，第 4 类个案为 1 个，即西藏，除了工业增加值率和资产负债率要高于其他几类，其余都低于其他几类，说明北京和西藏企业经济效益不是很高，需要加强。通过系统聚类分析得到的结果和主成分分析得到的结果（表 18-10），各地区企业经济效益的评价基本一致。

表 18-14　OLAP 立方体

Average Linkage（Between Groups）		工业增加值率（%）	总资产贡献率（%）	资产负债率（%）	流动资产周转次数（次/年）	工业成本费用利用率（%）	产品销售率（%）
1	总和	22.41	6.32	38.91	2.06	6.17	99.18
	个案数	1	1	1	1	1	1
	平均值	22.4100	6.3200	38.9100	2.0600	6.1700	99.1800
	标准偏差	.	.	.	.	.	.
	在总和中所占的百分比	2.2%	1.6%	2.2%	2.9%	2.2%	3.3%
	在总个案数中所占的百分比	3.2%	3.2%	3.2%	3.2%	3.2%	3.2%
2	总和	855.95	330.25	1606.54	63.20	196.90	2642.63
	个案数	27	27	27	27	27	27
	平均值	31.7019	12.2315	59.5015	2.3407	7.2926	97.8752
	标准偏差	5.12473	2.86021	3.78436	.44516	3.77337	.88764
	在总和中所占的百分比	83.5%	82.5%	89.5%	88.3%	70.2%	87.2%
	在总个案数中所占的百分比	87.1%	87.1%	87.1%	87.1%	87.1%	87.1%
3	总和	90.36	55.81	106.29	5.22	57.23	197.29
	个案数	2	2	2	2	2	2
	平均值	45.1800	27.9050	53.1450	2.6100	28.6150	98.6450
	标准偏差	2.77186	4.43356	2.21324	.19799	.24749	.17678
	在总和中所占的百分比	8.8%	13.9%	5.9%	7.3%	20.4%	6.5%
	在总个案数中所占的百分比	6.5%	6.5%	6.5%	6.5%	6.5%	6.5%

续表

Average Linkage (Between Groups)		工业增加值率（%）	总资产贡献率（%）	资产负债率（%）	流动资产周转次数（次/年）	工业成本费用利用率（%）	产品销售率（%）
4	总和	56.62	7.84	44.20	1.06	20.24	91.68
	个案数	1	1	1	1	1	1
	平均值	56.6200	7.8400	44.2000	1.0600	20.2400	91.6800
	标准偏差	.	.	.	.	.	.
	在总和中所占的百分比	5.5%	2.0%	2.5%	1.5%	7.2%	3.0%
	在总个案数中所占的百分比	3.2%	3.2%	3.2%	3.2%	3.2%	3.2%
总计	总和	1025.34	400.22	1795.94	71.54	280.54	3030.78
	个案数	31	31	31	31	31	31
	平均值	33.0755	12.9103	57.9335	2.3077	9.0497	97.7671
	标准偏差	7.53348	5.04520	5.88783	.48380	6.71500	1.43088
	在总和中所占的百分比	100.0%	100.0%	100.0%	100.0%	100.0%	100.0%
	在总个案数中所占的百分比	100.0%	100.0%	100.0%	100.0%	100.0%	100.0%

18.5 本章小结

　　本章以 2006 年中国各地区全部国有及规模以上非国有工业企业主要经济效益指标为基础，运用主成分分析法和聚类分析法，对全国 31 个地区的工业企业综合竞争力进行了综合评价。从计算结果看，主成分分析方法是一种较为客观的综合评价方法。它无须人为确定各个指标的权重，而是根据各项指标的相关关系和各项指标的变异程度来确定权重，以计算综合评价值。这种方法不仅可以用于各地区工业企业经济效益综合评价，而且可以用于同一地区不同时期企业经济效益综合评价，以判断企业发展变化趋势。而聚类分析方法为解读企业经济指标数据提供了一个简单而基础的工具。用户可以深入学习，不断挖掘 SPSS 的功能，以找出所分析的数据背后千丝万缕的联系。

第19章

房地产市场中的应用

房地产是房产和地产的总称,严格上是指土地及附着在土地上的建筑物、构筑物和其他附属物的总称。对房地产进行分类的标准有很多,以房地产的运营方式为标准,房地产可分为收益性房地产(如置业投资性公寓、出租性写字楼等)和非收益性房地产(如各类自用住宅及自用写字楼等)。本章从商品住宅平均价格与其影响因素入手,以实际应用为主体进行讲解。

学习目标

(1) 了解房地产的发展及商品房的影响因素。
(2) 掌握相关分析在房地产中的应用。
(3) 掌握回归分析在房地产中的应用。

19.1 背景介绍

近年来,房地产业以其较快的发展速度,极大的资金聚集功能,明显的产业带动效应,巨大的社会影响力成为举国上下高度关注的重要产业。

随着房地产行业的发展,出现的"商品房"法律术语,其是指由房地产开发公司综合开发,建成后出售的住宅、商业用房及其他建筑物。凡是自建或者委托建设者参加统建,自己使用的住宅、商业用房和其他建筑物,不属于商品房范围。而"商品住宅"则是商品房中的一部分,用数学语言来表示,也就是说商品住宅是商品房的一个子集。

自从 1998 年福利分房取消,以商品化为标志的中国住房制度改革正式启动,自此,房价一路飙升,房价上涨速度大大超过了城镇居民可支配收入的增长速度,房地产业的发展与国民经济的发展速度严重脱节,住房已经成为新城市人口的"新三座大山"之一。

为了抑制房价过快上涨,避免出现房产泡沫,保证国民经济健康稳定发展,改善民生,促进社会和谐稳定,自 2009 年开始到现在,从中央政府到地方政府,陆续出台了包括国十条,金融政策,地方限购令等一系列政策。但直至目前,商品住宅的价格始终是舆论关注的焦点,中央政府、地方政府、开发企业、金融机构、科研院所、普通群众都在密切关注行业发展趋势,许多专家学者都在不停探索影响商品房价格因素。

所以,利用 SPSS 对房地产市场进行分析,能使消费者、开发商和地方政府,对商品住宅价格的影响因素有更加清晰的认识,为消费者的购买决策、房地产开发商的投资决策,以及地方政府调控政策的制定提供参考。

本章依据大连市统计年鉴的数据,对大连市商品住宅平均价格与其影响因素进行相关分析及回归分析。(数据来源:大连理工大学,林溯的硕士学位论文《大连市商品住宅价格影响因素分析》)

数据文件:数据文件\Chapter08\data19-01.sav
视频文件:视频文件\Chapter19\商品住宅影响因素指标.avi

19.2 相关分析的应用

相关分析是研究变量之间不确定关系的统计方法,现用简单相关分析法来分析大连市商品住宅平均价格与各影响因素的相关程度,从而得出哪些因素与大连市商品住宅价格有更高的相关程度。

19.2.1 SPSS 实现

(1)打开"data19-01.sav"数据文件,选择"分析"→"相关"→"双变量",弹出"双变量相关性"对话框,如图 19-1 所示。

(2)在左侧变量列表中选中商品住宅平均价格、全市人口、住宅完成投资额、GDP、人均可支配收入、城镇家庭户数、商品住宅销售面积、竣工住宅建造成本、竣工商品住宅面积、15 年期公积金贷款年利率这 10 个变量,单击 按钮,将其选入"变量"列表。

在"相关系数"栏勾选"皮尔逊",在"显著性检验"栏勾选"双尾",同时勾选"标注显著性相关性"复选框。

(3)单击"选项"按钮,弹出"双变量相关性:选项"对话框,如图19-2所示。

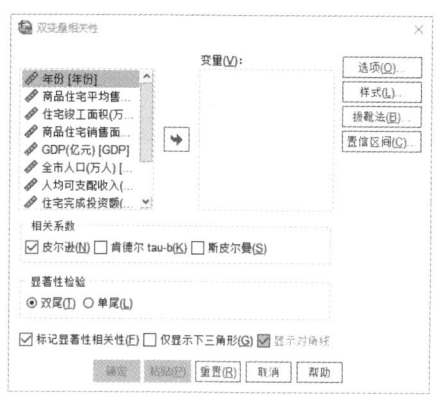

图 19-1 "双变量相关性"对话框 　　　图 19-2 "双变量相关性:选项"对话框

(4)在"统计"栏中勾选"均值和标准差"和"叉积偏差和协方差"复选框,在"缺失值栏中"勾选"成对排除个案"选项。单击"继续"按钮返回主对话框。

(5)完成所有设置后,单击"确定"按钮执行命令。

19.2.2 结果分析

从表19-1中可以看到大连市商品住宅平均价格与商品住宅竣工面积的Pearson系数为0.290,且相关系数检验t统计量的显著性概率为0.416,大于0.05,因此接受零假设,认为两者之间没有显著的相关关系。同理,可以知道,商品住宅平均价格与商品住宅销售面积、GDP、全市人口、人均可支配收入、住宅完成投资额、城镇家庭户数、竣工住宅建造成本有显著的相关关系,而与15年期公积金贷款年利率没有显著相关关系。

表 19-1 相关性

项目		商品住宅平均售价（元/平方米）	住宅竣工面积（万平方米）	商品住宅销售面积（万平方米）	GDP（亿元）	全市人口（万人）
商品住宅平均售价（元/平方米）	皮尔逊相关性	1	.290	.957**	.975**	.985**
	显著性（双尾）		.416	.000	.000	.000
	个案数	10	10	10	10	10
住宅竣工面积（万平方米）	皮尔逊相关性	.290	1	.262	.342	.360
	显著性（双尾）	.416		.465	.334	.307
	个案数	10	10	10	10	10
商品住宅销售面积（万平方米）	皮尔逊相关性	.957**	.262	1	.973**	.951**
	显著性（双尾）	.000	.465		.000	.000
	个案数	10	10	10	10	10
GDP（亿元）	皮尔逊相关性	.975**	.342	.973**	1	.989**
	显著性（双尾）	.000	.334	.000		.000
	个案数	10	10	10	10	10
全市人口（万人）	皮尔逊相关性	.985**	.360	.951**	.989**	1
	显著性（双尾）	.000	.307	.000	.000	
	个案数	10	10	10	10	10

续表

项目		商品住宅平均售价（元/平方米）	住宅竣工面积（万平方米）	商品住宅销售面积（万平方米）	GDP（亿元）	全市人口（万人）
人均可支配收入（元）	皮尔逊相关性	.973**	.292	.958**	.993**	.991**
	显著性（双尾）	.000	.413	.000	.000	.000
	个案数	10	10	10	10	10
住宅完成投资额（亿元）	皮尔逊相关性	.983**	.374	.966**	.992**	.983**
	显著性（双尾）	.000	.287	.000	.000	.000
	个案数	10	10	10	10	10
城镇家庭户数（万户）	皮尔逊相关性	.962**	.261	.946**	.982**	.987**
	显著性（双尾）	.000	.466	.000	.000	.000
	个案数	10	10	10	10	10
竣工住宅建造成本（元/平方米）	皮尔逊相关性	.932**	.210	.952**	.971**	.950**
	显著性（双尾）	.000	.561	.000	.000	.000
	个案数	10	10	10	10	10
十五年期公积金贷款年利率（%）	皮尔逊相关性	.253	.293	−.007	.114	.213
	显著性（双尾）	.481	.411	.984	.753	.555
	个案数	10	10	10	10	10

项目		人均可支配收入（元）	住宅完成投资额（亿元）	城镇家庭户数（万户）	竣工住宅建造成本（元/平方米）	十五年期公积金贷款年利率（%）
商品住宅平均售价（元/平方米）	皮尔逊相关性	.973**	.983**	.962**	.932**	.253
	显著性（双尾）	.000	.000	.000	.000	.481
	个案数	10	10	10	10	10
住宅竣工面积（万平方米）	皮尔逊相关性	.292	.374	.261	.210	.293
	显著性（双尾）	.413	.287	.466	.561	.411
	个案数	10	10	10	10	10
商品住宅销售面积（万平方米）	皮尔逊相关性	.958**	.966**	.946**	.952**	−.007
	显著性（双尾）	.000	.000	.000	.000	.984
	个案数	10	10	10	10	10
GDP（亿元）	皮尔逊相关性	.993**	.992**	.982**	.971**	.114
	显著性（双尾）	.000	.000	.000	.000	.753
	个案数	10	10	10	10	10
全市人口（万人）	皮尔逊相关性	.991**	.983**	.987**	.950**	.213
	显著性（双尾）	.000	.000	.000	.000	.555
	个案数	10	10	10	10	10
人均可支配收入（元）	皮尔逊相关性	1	.976**	.995**	.968**	.134
	显著性（双尾）		.000	.000	.000	.712
	个案数	10	10	10	10	10
住宅完成投资额（亿元）	皮尔逊相关性	.976**	1	.957**	.952**	.174
	显著性（双尾）	.000		.000	.000	.632
	个案数	10	10	10	10	10
城镇家庭户数（万户）	皮尔逊相关性	.995**	.957**	1	.966**	.127
	显著性（双尾）	.000	.000		.000	.727
	个案数	10	10	10	10	10
竣工住宅建造成本（元/平方米）	皮尔逊相关性	.968**	.952**	.966**	1	−.022
	显著性（双尾）	.000	.000	.000		.951
	个案数	10	10	10	10	10
十五年期公积金贷款年利率（%）	皮尔逊相关性	.134	.174	.127	−.022	1
	显著性（双尾）	.712	.632	.727	.951	
	个案数	10	10	10	10	10

**在 0.01 级别（双尾），相关性显著。

按照皮尔逊系数从大到小的顺序对 9 个影响因素进行排序：全市人口（0.985）>住宅完成投资额（0.983）>GDP（0.975）>人均可支配收入（0.973）>城镇家庭户数（0.962）>商品住宅销售面积（0.957）>竣工住宅建造成本（0.932），竣工商品住宅面积和 15 年期公积金贷款年利率与大连市商品住宅平均价格不相关，不参加排序。

从排序的结果可以看出，大连市全市人口与商品住宅平均售价的相关系数最大，因此可以判断影响商品住宅需求的人口数量是商品住宅价格上涨的最直接因素，而竣工住宅建造成本，作为影响供给的因素，其与商品住宅平均售价的相关系数在 7 个相关因素中是最小的。因此我们得出这样的结论：大连市商品住宅价格的上涨最主要还是受需求推动的，而推动需求的最主要因素是大连市人口的不断增加。

19.3 回归分析的应用

在研究一个变量的变化受多个因素的影响时，往往考虑建立线性回归模型进行分析。本文从需求的角度，选取 9 个变量作为商品住宅价格的影响因素：住宅竣工面积、商品住宅销售面积、GDP、全市人口、人均可支配收入、住宅完成投资额、城镇家庭户数、竣工住宅建造成本和十五年期公积金贷款年利率，将上述 9 个因素作为自变量，商品住宅平均售价作为因变量，通过逐步回归的方法建立线性回归模型。

19.3.1 SPSS 实现

（1）打开 "data19-01.sav" 数据文件，选择 "分析" → "回归" → "线性"，弹出如图 19-3 所示的 "线性回归" 对话框。

（2）在左侧变量列表中选中住宅竣工面积、商品住宅销售面积、GDP、全市人口、人均可支配收入、住宅完成投资额、城镇家庭户数、竣工住宅建造成本和十五年期公积金贷款年利率，单击 按钮，将其选入 "自变量列表"，将 "商品住宅平均售价" 变量选择进入右边的因变量列表，在 "方法" 栏中选择选择 "步进"。

（3）单击 "统计" 按钮，弹出如图 19-4 所示的 "线性回归：统计" 对话框。

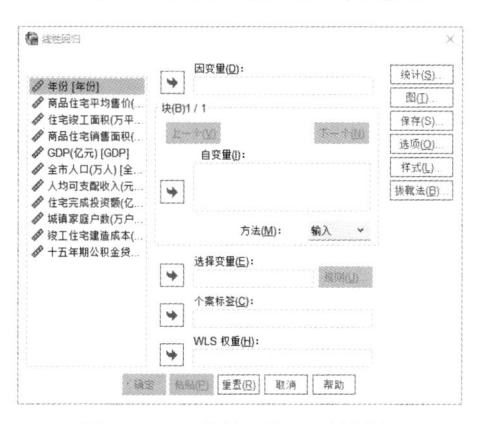

图 19-3 "线性回归" 对话框　　　　图 19-4 "线性回归：统计" 对话框

（4）在 "回归系数" 栏中勾选 "估算值" 复选框，在 "残差" 栏中勾选 "个案诊断"，在"离群值"参数框输入 3,其余还勾选"模型拟合"复选框。单击"继续"按钮返回主对话框。

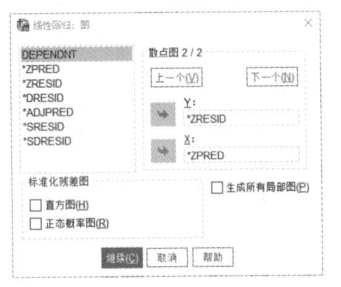

(5)单击"图"按钮,弹出如图 19-5 所示的"线性回归:图"对话框。

(6)将变量"SDRESID"和"ZPRED"分别选入 Y 轴和 X 轴,单击"下一个"按钮,将变量"ZRESID"和"ZPRED"分别选入 Y 轴和 X 轴,单击"继续"按钮返回主对话框。单击"继续"按钮返回主对话框。

图 19-5 "线性回归:图"对话框

(7)单击"保存"按钮,弹出如图 19-6 所示的"线性回归:保存"对话框,在"距离"栏中勾选"马氏距离""库克距离"和"杠杆值"复选框,在"预测区间"栏中勾选"平均值"和"单值"复选框,置信区间默认为 95,在"影响统计"栏中勾选"标准化 DfBeta""标准化 DfFit"和"协方差比率"复选框,并勾选"包括协方差矩阵"。单击"继续"按钮返回主对话框。

(8)单击"选项"按钮,弹出如图 19-7 所示的"线性回归:选项"对话框,设置选择都为系统默认。单击"继续"按钮返回主对话框。

图 19-6 "线性回归:保存"对话框

图 19-7 "线性回归:选项"对话框

(9)完成所有设置后,单击"确定"按钮执行命令。

19.3.2 结果分析

表 19-2 给出了逐步回归过程中变量的引入和剔除过程及其准则,可以看出,唯一引入模型的变量是全市人口(万人)。

表 19-2　已输入/除去变量[a]

模型	输入变量	除去的变量	方法
1	全市人口（万人）	.	步进（条件：要输入的 F 的概率 <=.050，要除去的 F 的概率 >=.100）。

a. 因变量：商品住宅平均售价（元/平方米）。

表 19-3 给出了模型的拟合情况，给出了模型编号、复相关系数 R、R^2、调整后的 R^2、估计的标准误，可见模型 1 的 R^2 为 0.971，调整后的 R^2 为 0.967，接近于 1，说明模型可解释的变异占总变异的比例较大，引入回归方程的变量是显著的，模型 1 建立的回归方程较好。

表 19-3　模型摘要[b]

模型	R	R^2	调整后的 R^2	标准估算的错误	更改统计量				
					R^2 变化量	F 更改	自由度 1	自由度 2	显著性 F 变化量
1	.985[a]	.971	.967	208.65651	.971	268.001	1	8	.000

a. 预测变量：（常量），全市人口（万人）。　　b. 因变量：商品住宅平均售价（元/平方米）。

表 19-4 给出了回归拟合过程中的方差分析结果。Sig 为 F 值大于 F 临界值的概率，可见模型 1 的显著性概率均小于 0.05，拒绝回归系数都为 0 的原假设。从表中可知，回归平方和为 11 668 119.198，残差平方和为 348 300.326，总计为 12 016 419.523，可见回归平方和占了总计平方和的绝大部分，说明线性模型解释了总平方和的绝大部分，模型拟合效果较好。

表 19-4　ANOVA[a]

模型		平方和	自由度	均方	F	显著性
1	回归	11668119.198	1	11668119.198	268.001	.000[b]
	残差	348300.326	8	43537.541		
	总计	12016419.523	9			

a. 因变量：商品住宅平均售价（元/平方米）。　　b. 预测变量：（常量），全市人口（万人）。

表 19-5 给出所有模型的回归系数估计值，包括非标准化系数、标准系数、t 值、显著性。

从显著性这一列可以看出，模型中所有变量和常数项的显著性概率均小于 0.05，均通过显著性检验。

模型 1 回归方程：商品住宅平均售价（元/平方米）=−50 239.223+95.075×全市人口（万人）。

表 19-5 系数 [a]

模型		非标准化系数		标准系数	T	显著性
		B	标准误	Beta		
1	（常量）	−50239.223	3293.326		−15.255	.000
	全市人口（万人）	95.075	5.808	.985	16.371	.000

a. 因变量：商品住宅平均售价（元/平方米）。

表 19-6 给出了各个模型中排除变量的统计信息，模型 1 中已经引入全市人口（万人）变量，其余变量均被排除在外，从显著性这一列看，被排除变量的显著性均大于 0.05，说明这些变量对模型的贡献不显著，均被排除。

表 19-6 排除的变量 [a]

模型		输入 Beta	T	显著性	偏相关	共线性统计
						容许
1	住宅竣工面积（万平方米）	−.074[b]	−1.180	.277	−.407	.870
	商品住宅销售面积（万平方米）	.211[b]	1.099	.308	.384	.096
	GDP（亿元）	.013[b]	.030	.977	.011	.021
	人均可支配收入（元）	−.192[b]	−.409	.695	−.153	.018
	住宅完成投资额（亿元）	.438[b]	1.432	.195	.476	.034
	城镇家庭户数（万户）	−.398[b]	−1.069	.320	−.375	.026
	竣工住宅建造成本（元/平方米）	−.036[b]	−.174	.867	−.066	.098
	十五年期公积金贷款年利率（%）	.045[b]	.715	.498	.261	.955

a. 因变量：商品住宅平均售价（元/平方米）。　　b. 模型中的预测变量：（常量），全市人口（万人）

图 19-8 和图 19-9 是因变量与其回归学生化的已删除残差的散点图和因变量与其回归标准化残差的散点图，可以看出观测量均在-1.5 至+1.5 之间，可以看出残差符合正态分布，因此通过残差正态性检验。

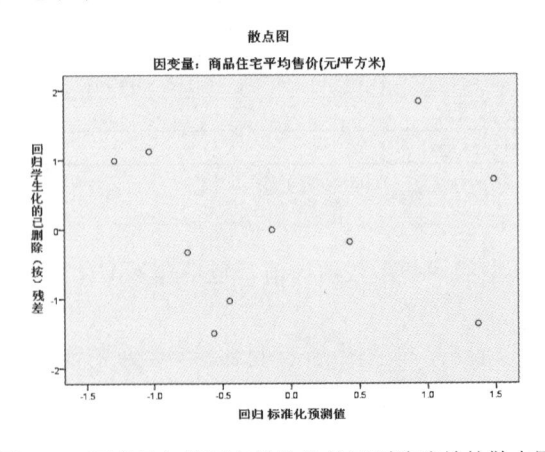

图 19-8　因变量与其回归学生化的已删除残差的散点图

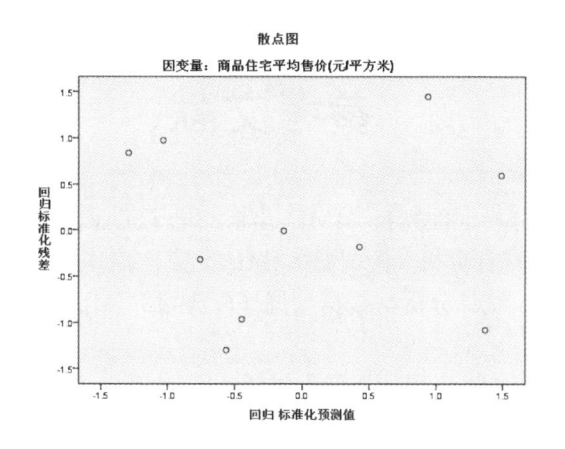

图 19-9　因变量与其回归标准化残差的散点图

经过线性回归分析，最初将 9 个因素选入线性回归模型，希望能够得到这 9 个影响需求的因素对大连市商品住宅平均价格的综合影响模型，但经过建模和显著性检验，最终保留的只有一个解释变量：全市人口数量（万人）。

回归方程：商品住宅平均售价（元/平方米）=-50239.223+95.075×全市人口（万人），这说明大连市商品住宅平均价格与全市的人口数量是同方向正比例变化的，如果大连市全市人口增加 1 万人，那么大连市商品住宅平均价格每平方米将上涨 95 元。

由于本文研究的是大连市商品住宅市场，其他影响商品住宅市场的因素，包括经济因素、政治因素、自然环境因素等，在以后的研究中也可以考虑作为自变量对商品住宅平均价格进行建模。

19.4　本章小结

本章依据大连市统计年鉴的数据，对大连市商品住宅平均价格与其影响因素进行了相关分析和回归分析。从结果可以看出大连市全市人口与商品住宅平均售价的相关系数最大；经过线性回归的建模和显著性检验后，最终只保留全市人口数量作为解释变量进入回归方程中。

利用相关分析，可以研究现象之间是否存在某种依存关系，并对具体有依存关系的现象探讨其相关方向及相关程度，是研究随机变量之间相关关系的一种非常好的统计方法。而回归分析是基于观测数据建立由自变量推算因变量的回归方程，以分析数据内在规律，并可用于预报、控制等问题。在实际应用时，当两变量都是随机变量时，常需同时给出这两种方法分析的结果。这两种方法在房地产市场分析中应用十分广泛，用户在学习 SPSS 的统计分析方法前，需对数据所属领域有一定理解，这样才有利于挖掘数据的内涵。

参考文献

[1] 卢纹岱. SPSS 统计分析（配光盘）[M]. 北京：电子工业出版社，2010.
[2] 倪雪梅. 精通 SPSS 统计分析（配光盘）[M]. 北京：清华大学出版社，2010.
[3] 谢汉龙，尚涛. SPSS 统计分析与数据挖掘（配光盘）[M]. 北京：电子工业出版社，2012.
[4] 杜强，贾丽艳. SPSS 统计分析从入门到精通[M]. 北京：人民邮电出版社，2011.
[5] ELISA T.LEE. 生存数据分析的统计方法[M]. 北京：中国统计出版社，2011.
[6] 胡良平. SAS 统计分析教程（配光盘）[M]. 北京：电子工业出版社，2012.
[7] 薛薇. 统计分析方法及应用（配光盘）[M]. 北京：电子工业出版社，2009.
[8] 刘大海，李宁，晁阳. SPSS15.0 统计分析从入门到精通[M]. 北京：清华大学出版社，2008.
[9] 夏怡凡. SPSS 统计分析精要与实例详解（配光盘）[M]. 北京：电子工业出版社，2010.
[10] 宇传华. SPSS 与统计分析（配光盘）[M]. 北京：电子工业出版社，2007.
[11] 孙振球. 医学统计（配光盘）[M]. 北京：人民卫生出版社，2002.
[12] 张文彤，钟云飞. IBM SPSS 数据分析与挖掘实战案例精粹（配光盘）[M]. 北京：清华大学出版社，2013.
[13] 陈胜可. SPSS 统计分析从入门到精通（配光盘）[M]. 北京：清华大学出版社，2013.
[14] 林溯. 大连市商品住宅价格影响因素分析[D]. 大连：大连理工大学，2011.